Inhalt

Differenzierter Arbeitsbereich: Basis, Extra, Plus

GRUNDLAGEN TRAINING DIFFERENZIERTER ARBEITSBEREICH BASIS EXTRA PLUS

Schlaue Seiten

1 Zivilcourage

Mündlich argumentieren und diskutieren

1

2

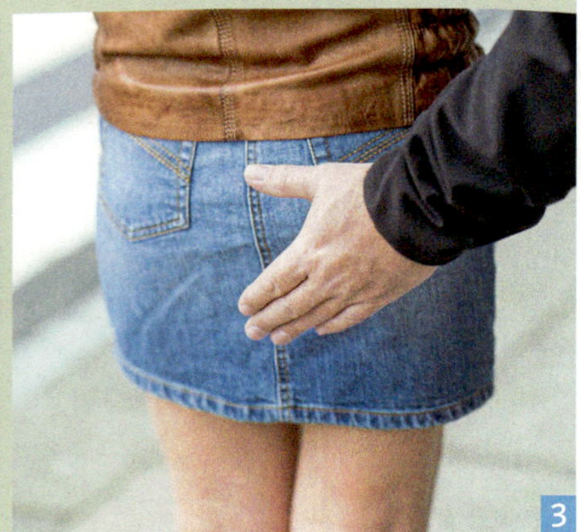
3

4

5

Das lernst du jetzt:

- Standpunkte und Argumente aus literarischen Texten herausarbeiten
- eigene Standpunkte und Argumentationen erarbeiten
- Diskussionen und Konfliktgespräche führen
- Hilfsstrategien in Konflikten anwenden
- Satzstrukturen untersuchen und Zeichensetzung verwenden

1 Seht euch die Fotos auf Seite 6 an. Beschreibt die abgebildeten Situationen.

2 Habt ihr schon einmal solche oder ähnliche Situationen erlebt? Tauscht euch darüber aus.

3 Zivilcourage bedeutet Bürgermut. Wie passt die Kapitelüberschrift **Zivilcourage** zu diesen Fotos? Beantwortet im Klassengespräch die Frage.

4 Besprecht, was ihr unter Zivilcourage versteht. Nennt weitere Beispiele für Situationen, in denen man Zivilcourage zeigen sollte.

5 Die folgenden Aussagen sind Reaktionen anderer Menschen auf die Situationen in den Bildern 1, 3 und 4. Lest sie euch durch.

Ich würde da selbst lieber nichts tun, aber ich würde Hilfe holen.

Ich würde auf jeden Fall etwas tun, auch wenn es gefährlich ist.

Das Problem können die doch selbst klären, da muss ich nichts tun.

Ich hätte zu viel Angst vor der Reaktion und den Folgen. Vermutlich trifft es mich noch selbst.

Man ist zur Hilfe verpflichtet. Stell dir vor, es würde dich treffen oder jemanden, den du magst!

6 Ordnet die Reaktionen aus Aufgabe 5 den Bildern zu. Diskutiert die verschiedenen Reaktionen und findet mögliche Gründe dafür. Mit welcher Aussage könnt ihr euch besonders gut identifizieren?

7 Tauscht euch nun über eure eigenen Haltungen zu den Situationen aus. Geht so vor:
- Stellt euch in einem Kreis auf. Nehmt einen Ball und werft ihn jemandem zu. Nur wer den Ball hat, darf etwas sagen.
- Wer den Ball hat, wählt eine der dargestellten Situationen von Seite 6 aus und beantwortet die folgende Frage:

Wie würdest du dich in dieser Situationen verhalten?

- Im Anschluss wird die Meinung begründet.
- Wer seinen Standpunkt mitgeteilt hat, wirft den Ball einem anderen zu.

8 Wertet die Standpunkte aus dem Ballspiel aus. Diskutiert darüber.

RGS **9** Verbindet die folgenden Satzteile durch Kommas. Schreibt den Satz ab.

Ich bin überzeugt davon dass es sich lohnt sich für die Gerechtigkeit einzusetzen weil man ein gutes Gefühl dabei hat.

Es ist nicht einfach, mutig zu sein

Der 14-jährige Ismael Leseur wird vom Mitschüler Barry Bagsley und dessen Freunden gehänselt und zieht sich in eine Außenseiterrolle zurück. Als James Scobie in die Klasse kommt, ändern sich die Machtverhältnisse. Der körperlich schwache, doch sehr intelligente James tritt Barry entgegen.

Leseschlüssel

○ **1** Lies den Romanauszug aus „Nennt mich nicht Ismael!“ von Michael Gerard Bauer.

„Das ist James, James Scobie. Ich bin sicher, dass ihr ihn alle sehr herzlich willkommen heißt an dieser Schule.“ […] Der neue Junge war kein Elefantenmensch oder so was. Eigentlich unterschied er sich gar nicht so sehr von allen anderen, und doch war er gerade um so viel anders, dass er direkt in der Gefahrenzone stand. Nicht so viel anders, dass er Mitleid erwarten konnte, aber anders genug, um Barry Bagsleys Augen zum Leuchten zu bringen. […] Ich wusste, was ihm bevorstand. Alles an ihm war eine Aufforderung zuzuschlagen, ein lebendiges, atmendes „Schlag mich!“-Schild. Er hätte auch mit einer Zielscheibe auf der Brust in die Schule kommen können. […] Ein paar Minuten später schlug die erste Rakete ein. Sie schoss über James Scobies Kopf, hüpfte über den Tisch und verschwand zwischen Beinen und Füßen. Die nächste traf James Scobie am Hinterkopf, prallte ab und schlug auf seinem Arbeitsbuch ein. Scobie nahm das kompakt zusammengerollte Papier und drehte es in den Händen wie ein forensisches[1] Beweisstück. Barry Bagsleys Stimme floss durch den Raum wie zähe Farbe. „He, E.T.[2], musst du nicht mal zu Hause anrufen?“ *Also, passt auf. Für solche Situationen bin ich Fachmann. Am besten verhältst du dich folgendermaßen: Tu so, als wäre nichts geschehen. Mr Baker ist bald wieder zurück. Vergiss es. Ignorier es einfach. Und dreh dich um Himmels willen nicht um. James Scobie drehte sich um. Na gut, wirf einen kurzen Blick nach hinten, aber suche auf keinen Fall Blickkontakt und fang vor allen Dingen nicht an hinzustarren.* James Scobie starrte hin. Oh Gott. „Was guckst du so, du verrückter außerirdischer Spasti?“ Das klang ein bisschen nach etwas, das Miss Tarango eine rhetorische Frage nennen würde. Eine solche Frage erfordert keine Antwort. Also beantworte sie auch nicht! „Ich weiß nicht recht“, antwortete James Scobie gedankenschwer, als säße er bei „Wer wird Millionär“ auf dem Stuhl. „Wie du betont hast, bin ich neu auf eurem Planeten, aber aufgrund der mir verfügbaren Daten würde ich sagen, dass ich eine rudimentäre[3] Form von Leben vor mir habe.“ *Wie bitte?!* „Entschuldigung“, sagte Barry Bagsley übertrieben besorgt. „Ich wollte nicht grob sein.“ *Wie bitte?* Ich fürchte fast, dass Barry Bagsley nicht wusste, was „rudimentär“ bedeutet. „Definitiv rudimentär“, murmelte James Scobie vor sich hin. Inzwischen schauten alle in der Klasse von ihren Büchern auf oder drehten sich auf ihren Stühlen, um zu sehen, was als Nächstes geschehen würde. […] „Hast du ein Problem […]“ „Wie wär's, wenn du dich jetzt wieder umdrehst, du Mutant[4], oder soll ich dir den Schädel einschlagen.“ […]

[1] forensisch: gerichtsmedizinisch
[2] E.T.: ein Außerirdischer; Film von 1982
[3] rudimentär: unvollständig, wenig entwickelt
[4] Mutant: genetisch verändertes Wesen

2 Worum geht es in dem Text? Tauscht euch im Tandem darüber aus.

TIPP
Achte auch auf die Figur, die die Geschichte erzählt.

3 Im Romanauszug treten drei Hauptfiguren auf. Notiere:
- wer die Hauptfiguren sind,
- in welcher Situation sich die Figuren befinden,
- welche Stellung sie in der Klasse haben.

4 Untersucht im Tandem die kursiven Textstellen. Welcher Hauptfigur lassen sie sich zuordnen und welche Funktion haben sie im Text?

5 Beschreibt in der Gruppe das Verhalten der drei Hauptfiguren und findet mögliche Gründe dafür.

6 Wie könnte die Szene enden? Tauscht euch in der Gruppe darüber aus.

7 Stellt euch vor, es würde zu einem Angriff von Barry auf James kommen. Beantwortet die folgenden Fragen in der Gruppe und begründet.
- Wie könnten die drei Hauptfiguren und die Mitschüler reagieren?
- Wie würdet ihr als Mitschüler reagieren?

8 Übernimm die Tabelle. Ergänze sie mit zwei weiteren Gründen **für** ein Eingreifen und **gegen** ein Eingreifen in gewalttätige Streitigkeiten.

für ein Eingreifen (pro)	gegen ein Eingreifen (kontra)
– man muss Schwächere schützen …	*– Angst, auch verprügelt zu werden …*

9 Tauscht euch in der Klasse über eure Gründe für und gegen ein Eingreifen aus. Ergänzt eure Tabellen.

10 Formuliere deine Meinung und begründe sie. Verwende deine Tabelle, z. B. *Ich bin gegen ein Eingreifen, weil ich Angst habe, verprügelt zu werden.*

11 Damit du deine Meinung überzeugend vertreten kannst, musst du Argumente finden und sie mit Beispielen stützen. Formuliere deine vollständige Argumentation, z. B. *Ich bin gegen ein Eingreifen in gewalttätige Streitereien, weil ich Angst habe, auch verprügelt zu werden. Das ist mir schon einmal passiert.*

Arbeitstechnik
Eine Argumentation erarbeiten

1. Formuliere deine **Meinung** (Behauptung) kurz.
2. Suche **Argumente**, die deine Meinung begründen. Notiere sie.
3. Finde **Beispiele** (Erläuterungen) aus deiner Erfahrung und deinem Wissen, die die Argumente stützen.

Geht mich das was an?

1 Lies die Diskussion in einer 8. Klasse zum Thema „Für oder gegen ein Eingreifen in gewalttätige Situationen“.

Marco Ich finde, man sollte immer helfen, wenn jemand angegriffen wird.

Lea Du bist blöd. Was passiert, wenn du dann auch verprügelt wirst?

Karim Und wieso sollte man immer helfen?

Marco Weil man auch einmal in eine solche Situation kommen kann und dann ist man froh, wenn einen jemand unterstützt.

Ilonka Außerdem muss man dem Angreifer klarmachen, dass er nicht machen kann, was er will. Am besten man spricht mit ihm ruhig und freundlich. Ich habe das schon einmal versucht und es hat funktioniert.

Deniz Ich hätte zu viel Angst, dass ich dann auch verprügelt werde. Ich würde lieber einem Lehrer Bescheid geben und um Hilfe bitten.

Karim Genau, das würde ich auch tun.

Lea Petzen würde ich nie. Die Beteiligten sollen das unter sich ausmachen. Was geht mich das Ganze an?

Tanja Typisch Lea: *(macht Lea nach)* Was geht mich das Ganze an? Du bist so was von egoistisch. Ich würde auch eingreifen. Ich würde so viele wie möglich aus der Klasse informieren und um Hilfe bitten. Gemeinsam kann man besser helfen.

2 Untersuche das Gespräch. Übernimm die Tabelle und fülle sie aus.

Eingreifen?	Marco	Lea	Karim	Ilonka	Deniz	Tanja
Meinung: pro oder kontra?	*pro*	...	...	...	...	...
Argumente/Begründung	...	...	...	...	...	...

Seite 268
Gesprächsregeln

3 Beantwortet im Tandem die folgenden Fragen zum Gespräch:
- Welche Person begründet ihre Meinung nicht? Ergänzt mögliche Gründe für ihre Haltung.
- Welche Lösungen, außer einem direkten Eingreifen und Helfen, schlagen die Schülerinnen und Schüler noch vor?
- Wie haben sich die Personen im Gespräch verhalten? Gegen welche Gesprächsregeln wurde verstoßen? Notiert Verbesserungsvorschläge.

4 Bereite dich auf eine Klassendiskussion zum Thema „Eingreifen oder nicht?“ vor. Erarbeite mithilfe deiner Argumentation aus Aufgabe 11 von Seite 9 einen kurzen Redebeitrag. Orientiere dich an folgendem Aufbau.

1. Thema/Fragestellung nennen
2. Meinung mit Argumenten erläutern, Beispiele ergänzen
3. Meinung in einem Satz zusammenfassend wiederholen

5 Führt nun mithilfe eurer vorbereiteten Redebeiträge eine eigene Klassendiskussion zum Thema „Sollte man in gewalttätige Situationen eingreifen?" durch. Nutzt die Fishbowl[1]-Methode. Geht so vor:
- Teilt die Klasse in eine Diskussionsgruppe (4–6 Personen + Diskussionsleitung) und eine größere Beobachtergruppe ein.
- Stellt Stühle für einen Innenkreis (Diskussion) und für einen Außenkreis (Beobachter) auf. Lasst im Innenkreis einen Platz frei.
- Die Beobachter setzen sich in den Außenkreis. Verteilt folgende Beobachtungsaufträge:
  - **Sachkenntnis**: Kennt sich die Rednerin/der Redner mit dem Thema gut aus?
  - **Überzeugungskraft**: Begründet die Rednerin/der Redner den eigenen Standpunkt logisch und überzeugend?
  - **Ausdrucksvermögen**: Formuliert die Rednerin/der Redner die Argumentation klar und verständlich?
  - **Gesprächsfähigkeit**: Hört die Rednerin/der Redner gut zu und geht auf andere ein? Werden die Gesprächsregeln beachtet?
- Innenkreis: Alle Personen halten nun nacheinander ihre Reden.
- Dann tauschen sich die Personen im Innenkreis im freien Wechsel über das Thema und ihre Standpunkte aus.
- Wenn ein Beobachter an der Diskussion teilnehmen möchte, kann er sich auf den freien Stuhl setzen und mitdiskutieren. Anschließend setzt er sich wieder in den Außenkreis.
- Nach einer verabredeten Zeit beendet die Diskussionsleiterin/der Diskussionsleiter die Diskussion und fasst sie kurz zusammen.

[1] Fishbowl: Fischglas; Methode, die an ein Aquarium mit den Fischen drinnen und den Beobachtern draußen erinnert

Seite 269
eine Diskussion leiten

6 **Innenkreis**: Besprecht die durchgeführte Diskussion.
- Wie habt ihr euch als Rednerin/Redner gefühlt?
- Konntet ihr eure Argumentation gut darlegen?
- Was würdet ihr an der Diskussion verändern und warum?

7 **Außenkreis**: Gebt den Diskutierenden ein Feedback zu ihrer Sachkenntnis, Überzeugungskraft, Gesprächsfähigkeit und ihrem Ausdrucksvermögen. Formuliert Verbesserungsvorschläge.

Seite 269
Feedback

Arbeitstechnik
Fishbowl-Methode

1. Bildet einen **Innen**- (Diskussion) und einen **Außenkreis** (Beobachter).
2. Im Innenkreis bleibt ein **Stuhl frei**. Die **Beobachter** können ihn einzeln besetzen und so an der Diskussionsrunde **teilnehmen**.
3. Der **Innenkreis** führt mit einem **Diskussionsleiter** die Diskussion durch. Die Diskutierenden **tauschen** sich mithilfe ihrer **Argumentationen** zum Thema **aus**.
4. Der **Außenkreis beobachtet** die Diskussion und gibt ein **Feedback**.

Konfliktgespräche führen

Missverständnisse, verschiedene Interessen oder persönlicher Frust sind Ursachen für Konflikte. Hier erarbeitet ihr, wie ihr diese Konflikte im fairen und freundlichen Gespräch lösen könnt.

○ **1** Wie würdest du in folgenden Situationen spontan reagieren? Lies die Sätze und mache dir Notizen.

a Während deines Vortrages tuscheln ständig zwei Schülerinnen.
b Nach deinem Vortrag macht sich ein Schüler über dich lustig, sodass die restliche Klasse lacht.
c In einer Klassendiskussion wirst du immer wieder von einem Mitschüler unterbrochen und beleidigt.

◒ **2** Tauscht euch im Tandem zu euren Reaktionen aus. Sucht nach weiteren Lösungsansätzen und entscheidet euch für die beste Vorgehensweise.

○ **3** Besprecht eure Lösungsansätze in der Klasse.

Seite 270 Rollenspiel

○ **4** Wählt im Tandem eine der folgenden Situationen aus. Wie reagiert ihr auf die Situation? Verteilt die Rollen und spielt eure Reaktion vor der Klasse.

Du hast deiner Freundin Marie dein Englischbuch geliehen, damit sie die Vokabeln für einen Test abschreiben kann. Seit Tagen vertröstet sie dich, morgen ist aber der Test. Sie hat versprochen, dir heute das Buch zu bringen. Es ist bereits Abend und sie ist immer noch nicht aufgetaucht.

Du hast dich mit deinem Freund Ben am Kino verabredet und wartest nun schon 30 Minuten. Du versuchst ihn mehrmals anzurufen, aber er geht nicht ans Handy. Du merkst, wie du langsam richtig sauer wirst. Nach weiteren 20 Minuten taucht er am Treffpunkt auf.

Seite 270 Ich-Botschaften

◒ **5** Lasst euch von der Klasse zu folgenden Fragen ein Feedback geben.
- Habt ihr eure Meinungen und eure Wünsche im Rollenspiel deutlich formuliert? Wurden Ich-Botschaften verwendet?
- Konntet ihr den Konflikt so lösen, dass beide Personen zufrieden sind?
- Habt ihr fair und freundlich miteinander gesprochen (Wortwahl, Stimmlage, Lautstärke)?
- Was haben eure Mimik und Gestik ausgesagt?

◒ **6** Überlegt im Tandem, wie ihr euer Gespräch verbessern könnt. Spielt es mithilfe der Hinweise aus der Klasse noch einmal durch.

◒ **7** Formuliert in der Klasse Tipps, wie ein Konfliktgespräch gelingen kann. Schreibt sie auf ein Plakat und hängt es im Klassenzimmer auf.

Zivilcourage lernen

○ **1** Seht euch im Tandem die folgenden Situationen an und beschreibt sie.

◒ **2** Spielt in der Klasse die beiden Szenen aus Aufgabe 1. Geht so vor:
- Verteilt alle Rollen (Akteure + Mitspieler, die dazukommen).
- Akteure: Versetzt euch in die Figuren hinein und spielt die Szenen nach.
- Mitspieler: Beobachtet die Situationen und reagiert darauf.
- Akteure: Berichtet, wie ihr euch gefühlt habt. Klärt, wie ihr euch in solchen Situationen verhalten würdet.
- Mitspieler: Berichtet, ob eure Reaktionen gewirkt haben.
- Zuschauer: Berichtet und beurteilt, wie die Situationen geklärt wurden. Nennt weitere Lösungsmöglichkeiten.

TIPP
Deutet die Prügelei nur an.

Seite 270
Rollenspiel

○ **3** Lies den folgenden Fall. Überlege, was du in dieser Situation tun würdest.

Im Park entdeckst du drei Jugendliche, die sich über einen Obdachlosen auf einer Parkbank lustig machen. Er scheint zu schlafen und nichts mitzubekommen. Da dir die Situation komisch vorkommt, bleibst du hinter einem Busch stehen und beobachtest die Jugendlichen. Nachdem sie miteinander getuschelt haben, beginnt der eine, Blätter vom Boden auf den schlafenden Mann zu werfen. Die anderen grölen und feuern ihn an, weiterzumachen. Plötzlich fängt ein anderer an, den Mann zu schlagen.

○ **4** Diskutiert eure Ideen aus Aufgabe 3 in der Klasse. Notiert alle Lösungsmöglichkeiten an der Tafel.

◒ **5** Lest die fünf Hilfsstrategien für Zeuginnen und Zeugen einer Gewalttat aus der Aktion „Tu was“ durch. Vergleicht sie mit euren Ergebnissen aus Aufgabe 4. Diskutiert in der Klasse darüber.

TIPP
Ausführliche Tipps erhältst du auf der Internetseite der Aktion „Tu was“.

Als Zeugin oder Zeuge einer Gewalttat kannst du Folgendes tun:
1. Mache auf die Situation aufmerksam.
2. Fordere andere zur Mithilfe auf.
3. Sprich die Täterin oder den Täter höflich an.
4. Rede mit dem Opfer.
5. Rufe die Polizei.

Test
r27ck3

Soll ich oder soll ich nicht?

Tobias Frohwein wird ins Ferienlager geschickt, obwohl er diesen „Kinderkram“ absolut nicht mag. Doch nach und nach findet er Gefallen daran, und das nicht nur wegen des Fußballs und der coolen Jungs.

Leseschlüssel

1 Lies den Auszug aus dem Jugendbuch „Fette Ferien“ von Jochen Till.

Das war doch wieder dieses klackende Geräusch! Aber das kann nicht sein. Oder träume ich vielleicht immer noch? Nein, ausgeschlossen, dazu bin ich zu ... Da, schon wieder! Wo kommt das her? Es ist ganz in meiner Nähe, höchstens zwei Betten entfernt.
Und ich kenne dieses Geräusch irgendwoher. Aber es passt absolut nicht in diese Umgebung. Dieses Klacken hört man normalerweise woanders. Wo habe ich das schon gehört, verdammt? Ich hab's! Im Büro meines Vaters, daher kenne ich es. Ein Tacker. Ja genau, das ist es, ein Tacker. Ein Tacker? Im Schlafsaal eines Ferienlagers mitten in der Nacht? Vielleicht träume ich ja doch noch. Oh, sind das Schritte? Tatsache, da schleicht sich jemand heran, ich kann zwei Umrisse erkennen. Scheiße, sie kommen direkt hierher, das kann nichts Gutes bedeuten. Am besten ich stelle mich erst mal schlafend und warte ab, was die im Schilde führen.
Sie stehen jetzt genau zwischen meinem und dem Bett des Psychos. Und erneut erklingt das Geräusch eines Tackers. „Den Ärmel an die Hose!“, zischt eine kichernde Stimme. „Ja, genau so!“ „Hi, hi, das wird ein Fest morgen früh.“ Oh, Mann, schlafen diese beiden Idioten denn nie? Das sind wieder genau die zwei von vorhin. „Jetzt noch das Bein ans Laken!“ Klack. „Und das andere Bein auch!“ Klack. Ich weiß, das ist fies, aber ich kann mir gerade noch so selbst ein Kichern verkneifen. Die Vorstellung, wie der Psycho morgen früh mit der Feststellung aufwacht, über Nacht an sein Bett gewachsen zu sein, ist einfach unwiderstehlich köstlich. [...]
„So, jetzt noch eine kleine Überraschung für Kamerad Frohwein hier, dann ist Schluss“, höre ich den, der vorhin das Foto gemacht hat, sagen. Das finde ich jetzt allerdings kein bisschen amüsant. Was hat dieser Kerl nur immer mit mir? Ich habe ihm doch gar nichts getan.
„Auch den Arm ans Bein?“, fragt sein Handlanger und ich spüre ihn ganz dicht an mein Bett herantreten. „Nein, viel besser“, kichert der andere. „Leg ihm das Ding einfach unters Kopfkissen. [...] Oder nein, besser noch: Unter die Matratze, sonst findet er es vielleicht selbst!“ [...]
„Scheiße, der Knirps ist ja wach!“, zuckt der mit dem Tacker zurück. [...] und drückt mir seine Hand auf den Mund. „Jetzt hör mir mal gut zu, Frohwein!“, zischt er mir ins Ohr. „Wenn wir dir nicht gleich die Vorhaut an den Bauchnabel tackern sollen, dann hältst du gefälligst jetzt und vor allem morgen früh die Klappe ganz fest geschlossen! Ist das klar?“ [...]

○ **2** Fasst im Tandem den Buchauszug in wenigen Sätzen zusammen.

○ **3** Beantworte die folgenden Fragen. Mache dir Notizen.
- Welche Figuren kommen vor, was tun sie und welchen Rollen kann man sie zuordnen (Täter – Opfer – Zeuge)?
- Welches Problem hat der Ich-Erzähler am Ende des Textausschnitts?

○ **4** Wie könnte die Geschichte weitergehen? Besprecht im Tandem, welche Handlungsmöglichkeiten der Ich-Erzähler Tobias hat. Notiert euch Stichworte dazu in einem Cluster.

Seite 274
Cluster

○ **5** Stelle dir vor, du bist Tobias und musst entscheiden, wie du dich verhältst. Formuliere eine Entscheidungsfrage. Beginne so: *Soll ich …*

◒ **6** Um eine Entscheidung treffen zu können, musst du dir einen Standpunkt erarbeiten. Übernimm die Tabelle, ergänze die Frage aus Aufgabe 5 und notiere jeweils mindestens zwei Gründen dafür oder dagegen.

Soll ich …	
dafür (pro)	**dagegen (kontra)**
…	…

○ **7** Vergleicht in der Gruppe eure Gründe aus Aufgabe 6. Ergänzt eure Tabellen.

◒ **8** Welche Begründungen aus der Tabelle überzeugen dich? Formuliere deine vollständige Argumentation, indem du deine Meinung mit Argumenten begründest und Beispiele aus deinen Erfahrungen ergänzt, z. B.
Ich bin dafür, dass Tobias die Wahrheit sagt, weil die Täter sonst ihre Streiche wiederholen. In meiner Klasse fühlten sich zwei Jungen, die andere geärgert haben, sehr sicher, weil niemand etwas gesagt hat.

Seite 9
eine Argumentation erarbeiten

◒ **9** Führt in der Gruppe eine Fishbowl-Diskussion zum Thema „Sollte Tobias die Wahrheit sagen oder nicht?“ durch. Orientiert euch an Aufgabe 5 auf Seite 11.

Seite 11
Fishbowl

◒ **10** Stellt der Klasse die Buchszene vor und präsentiert die Ergebnisse aus eurer Diskussion. Lasst die Klasse weitere Möglichkeiten finden, wie Tobias seinen Konflikt lösen könnte.

Damit bist du überstimmt ...

Der Jugendroman „Zebraland" erzählt von vier Jugendlichen, die das Schicksal auf tragische Weise zusammenführt. Ziggy, Judith, Philipp und Anouk würden am liebsten den Abend vergessen, an dem sie Yasmin (Zebra) durch ein tragisches Unglück töteten. Nach dem Unfall sitzen sie zusammen und beraten.

Leseschlüssel

○ **1** Lies den Auszug aus dem Jugendroman „Zebraland" von Marlene Röder.

Seit Stunden sitzen wir jetzt schon in der Werkstattküche und diskutieren. Das heißt, ich und Phil diskutieren, während Ziggy die meiste Zeit ins Leere starrt und aussieht, als sei ihm noch immer schlecht. Anouk ist verstummt. Ihr Gesicht ist vom Weinen verquollen. [...] Neben der Wand aus Glasbausteinen komme ich mir vor wie in einem Aquarium. Unsere Worte treiben durch den Raum wie Fische, die immerzu im Kreis herumschwimmen. „Ich sehe nicht ein, warum wir nicht zur Polizei gehen", wiederhole ich gerade zum hundertsten Mal. Auf Phils Blick hin recke ich herausfordernd das Kinn. „Was denn?! *Ich* saß schließlich nicht hinterm Steuer." „Wenn du darauf anspielst, dass Anouk schuld ist, würde ich an deiner Stelle lieber den Mund halten", entgegnet Philipp eisig. „Wer hat denn Zebras Puls gefühlt? Wer hat denn gesagt, dass sie tot ist, hm? Das waren du und Mister Rastaman da drüben!" „Ja, während du nichts Besseres zu tun hattest, als so schnell wie möglich abzuhauen!", fauche ich und Ziggy nickt heftig.

„Hört auf", sagt plötzlich eine leise Stimme. Überrascht schauen wir alle zu Anouk hinüber. [...] „Es ist doch schlimm genug, was passiert ist. Was bringt es, wenn wir uns jetzt darüber streiten, wer Schuld hat?", fragt sie. Wir schweigen beschämt. [...] „Anouk hat Recht", sagt Philipp schließlich. „Außerdem hängen wir längst alle mit drin: unterlassene Hilfeleistung ... Fahrerflucht ... Mein Großvater und mein Vater sind beide Anwälte, ich kenn mich da ein bisschen aus. Eine Bewährungsstrafe ist das Mildeste, was wir zu erwarten haben. Vielleicht sogar Gefängnis." [...]

„Natürlich könnten wir zur Polizei gehen", fährt er fort und wendet sich jetzt direkt an mich. „Aber wir müssen uns über die Konsequenzen im Klaren sein. Alle würden es erfahren, unsere Eltern, die Leute an unserer Schule, jeder, den wir kennen. Sie würden es erfahren und darüber reden, was wir getan haben. Wollt ihr das wirklich? Ich finde, wir sollten darüber abstimmen, was wir tun." Philipp mustert uns alle eindringlich, einen nach dem anderen. „Also, wer ist dafür, zur Polizei zu gehen?"

Langsam hebe ich die Hand. Anouk kaut nervös an einer Haarsträhne wie ein kleines Mädchen und schaut immer wieder zu ihrem Freund hinüber. Phils Hand bleibt unten, Anouks auch. Nur Ziggy scheint noch unentschlossen. „Ich kann das meiner Mutter nicht antun", murmelt er schließlich und wirft mir einen entschuldigenden Blick zu. „Damit wärst du wohl überstimmt, Judith", sagt Philipp ruhig. [...]

○ **2** Beantworte die Fragen zum Romanauszug schriftlich.
- Was ist den Jugendlichen passiert?
- Wer ist an dem Unglück beteiligt gewesen?
- Welches Problem stellt sich den Freunden?
- Wie verhalten sich die Figuren? Wie geht jede Figur mit dem Problem um?
- Wer erzählt in dem Ausschnitt? Welche besondere Rolle nimmt die Erzählerin ein?

◒ **3** Judith und Philipp äußern sehr klar ihre Standpunkte. Suche im Text nach Hinweisen, wie die beiden ihren Standpunkt begründen.

○ **4** Übernimm die Tabelle. Ergänze die Argumente von Philipp und Judith. Notiere die entsprechenden Zeilenzahlen.

Philipp: Wir gehen nicht zur Polizei.	Judith: Wir gehen zur Polizei.
– Konsequenzen … (Zeilen …)	*… (Zeilen …)*

◒ **5** Wie würdest du dich verhalten? Entscheide dich für einen der beiden Standpunkte aus Aufgabe 4. Formuliere eine vollständige Argumentation mit deiner Meinung, Argumenten und Beispielen.

Seite 9
eine Argumentation erarbeiten

● **6** Ziggy ist nicht ganz sicher, was er tun würde. Schreibe ihm einen Brief und versuche ihn mit Argumenten von deiner Position zu überzeugen.

◒ **7** Spielt in der Gruppe die Diskussion in der Werkstattküche mit verteilten Rollen nach. Geht so vor:
- Verteilt passend zu euren Standpunkten die Rollen.
- Legt für alle Beteiligten Rollenkarten an, auch für Anouk und Ziggy.

Seite 270
Rollenspiel

Figur: …
Aussehen/Auftreten: …
Sprechweise: …
Eigenschaften: …
Meinung: …

- Legt eine Beobachtergruppe fest, die mithilfe der Kriterien aus Aufgabe 5 von Seite 11 das Gespräch untersucht und anschließend ein Feedback gibt.
- Führt die Diskussion in der Werkstatt durch. Verwendet eure eigenen Argumentationen. Reagiert dabei auch auf die Meinungen der anderen.
- Versucht zu einer Einigung zu kommen.

Seite 269
Feedback

◒ **8** Stellt der Klasse die Buchszene vor und präsentiert die Ergebnisse aus eurer Diskussion. Lasst die Klasse weitere Möglichkeiten finden, wie der Konflikt gelöst werden könnte.

Ich habe eine Stimme

In dem Jugendroman „Elefanten sieht man nicht“ langweilt sich Mascha im Urlaub bei ihren Großeltern auf dem Land. Dort trifft sie die jüngeren Kinder Julia und Max und ihr kommt der Verdacht, dass die Geschwister zu Hause geschlagen werden.

Leseschlüssel

○ **1** Lies den Auszug aus dem Jugendbuch „Elefanten sieht man nicht“ von Susan Kreller.

An diesem einen Juliabend, an dem meine Großmutter in der Küche die Gläser abtrocknete, sagte ich aber nur, bald schlagen die Brandners ihre Kinder tot, und alles, was meiner Großmutter dazu einfiel, war, warum sagst du denn so was? Ich sagte das, weil die Brandners bald ihre Kinder totschlagen würden und weil sie es bis jetzt nur aus Versehen noch nicht getan hatten, ich sagte das, weil ich nicht wusste, ob es sonst noch irgendwen gab, der so etwas sagte, in einer Küche womöglich, die so aussah wie diese hier.

– Du bist verrückt, Mascha, meine Güte.

– Oma, wenn ich's dir sage. Die schlagen ihre Kinder, das weiß ich.

– Das *kann* gar nicht sein! Hast du mich verstanden? Das kann nicht sein, Schluss, hör auf damit. [...]

Also setzte ich mich aufs Bett, zog die frisch gewaschene Decke über mich und telefonierte im Dunkeln. [...] – Papa, ich bin's, Mascha. [...] Ich hab auf dem Spielplatz zwei Kinder getroffen. Ich glaub, die werden geschlagen. [...]

– Mascha, da musst du vorsichtig sein. Die können sich sonstwie verletzt haben. [...] – Ich hab durchs Fenster geschaut, und Max ist von seinem Vater gegen die Wand gestoßen worden. Der ist dort richtig mit dem Kopf aufgeschlagen. [...]

– Mascha, aber halt dich trotzdem lieber raus. Darum kümmert sich schon das Jugendamt. Du kannst da allein gar nichts machen.

– Aber woher sollen die vom Jugendamt denn wissen, dass sie sich kümmern müssen?

– Das wird denen schon irgendwer sagen. Wenn du das siehst, kriegen das doch auch andere mit. Die Nachbarn zum Beispiel. Oder die Lehrer. Der Kinderarzt. Irgendwann sagt jemand was. [...]

Ich wusste selbst, dass man nicht einfach so bei der Polizei anrufen durfte. [...] Die Frage war nur, was man sagte, wenn man so einen Polizisten dann tatsächlich in der Leitung hatte. [...]

– Polizeinotruf. [...]

– Mascha. Mascha Wernke. Ich hab was gesehen [...] Kinder hab ich gesehen, die haben blaue Flecken und auch was an der Stirn. Ich hab auch –

– Habt ihr euch geprügelt? Hört auf damit!

– Äh. Was?

– Was ist denn jetzt? Hier rufen ständig solche wie du an, heut schon drei. [...] Ihr wollt mich verarschen, oder? [...]

Ein paar Versuche startete ich noch, und ich redete auch noch mal mit meinen Großeltern. Aber alles umsonst. Keiner wollte irgendwas von Autohausbesitzern wissen, die ihre Kinder so sehr schlugen, dass die den ganzen Tag damit beschäftigt waren, ihre Wunden unter Haarsträhnen oder Pulloverärmeln zu verstecken. […]

– Mascha. Das geht einfach nicht. Dass du was sagst. Merkst du das nicht? Wir wollen nicht ins Heim. Wir wollen nicht, dass Mama stirbt. […] Mascha, alles wird ganz schlimm, wenn du was sagst. […] Und du musst uns auch was versprechen. Sag niemandem, was du gesehen hast. Oder was wir dir erzählt haben. Nie, verstehst du? Los, Mascha, sag es! […]

○ **2** Lege eine Übersicht an, in der du notierst, wie und bei wem Mascha Hilfe sucht und zu welchem Ergebnis sie jeweils kommt.

◒ **3** Welche Argumente haben die Erwachsenen für ihre Haltung? Ergänze sie in deiner Übersicht. Notiere die Zeilenzahlen.

◒ **4** Wie reagieren Julia und Max auf Maschas Hilfsangebot? Tauscht euch im Tandem dazu aus. Benennt den Konflikt, in dem Mascha steckt. Formuliert eine Entscheidungsfrage dazu.

◒ **5** Versetze dich in Maschas Lage. Formuliere schriftlich eine vollständige Argumentation (Meinung – Argumente – Beispiele), die du den Erwachsenen entgegensetzen würdest.

Seite 9
eine Argumentation erarbeiten

◒ **6** Spielt die Gespräche im Tandem nach. Einer übernimmt die Argumente der Erwachsenen, der andere nutzt seine eigene Argumentation. Reagiert jeweils auf die Argumente des anderen. Wechselt euch ab.

◒ **7** Notiert im Tandem weitere Möglichkeiten, die Mascha in ihrer Lage helfen könnten. Bedenkt dabei auch die Situation von Julia und Max.

TIPP
Du findest im Internet auf der Seite „Gewalt ist nie ok!“ viele Tipps.

○ **8** Der Titel des Romans „Elefanten sieht man nicht“ geht zurück auf eine englische Redewendung. Lies die folgende Erklärung dazu.

> **the elephant in the room**: großes Thema, dessen sich jeder bewusst ist, über das aber – aus Angst oder Bequemlichkeit – keiner spricht

● **9** Erläutere schriftlich den Bezug zwischen Romantitel und Romaninhalt.

◒ **10** Stellt der Klasse die Buchszene vor und präsentiert eure Ergebnisse aus den Aufgaben 6 und 7. Lasst die Klasse weitere Möglichkeiten finden, wie Maschas Konflikt gelöst werden könnte.

In Reihen

1 Lies den folgenden Text.

Was versteht man unter Zivilcourage?

Der Begriff „Zivilcourage“ ist vielen Menschen bekannt, man übersetzt ihn mit dem Wort „Bürgermut“. Jeder denkt bei Zivilcourage an Menschen, die Opfern in Schlägereien oder bei Belästigungen helfen. Die Medien heben diese Fälle besonders hervor, weil viele Leute das wissen wollen. Zivilcourage beginnt jedoch schon dort, wo man etwas ungerecht oder falsch findet und sich dagegen wehrt. Man will etwas dagegen tun, man muss öffentlich für etwas eintreten. Zivilcourage ist aber auch, wenn man die eigene politische Haltung zum Beispiel in Demonstrationen vertritt. In den meisten Fällen geht es aber darum, dass man bei körperlichen Angriffen, bei Mobbing oder anderen Ungerechtigkeiten eingreift und hilft. Oft weiß man nicht genau, wie riskant dieses Eingreifen ist, man kann auch nicht sicher sein, ob man Erfolg haben wird. Damit man in solchen unsicheren und gefährlichen Situationen nicht einfach wegschaut, braucht es viel Mut.

TIPP
Denke daran, dass in Nebensätzen die gebeugte Verbform am Satzende steht.

2 Schreibe den Text ab, lasse immer eine Zeile frei. Markiere in jedem Satz die gebeugten (konjugierten) Verbformen.

3 Unterstreiche die Hauptsätze rot und die Nebensätze blau.

4 Schreibe über die Sätze, ob es sich um Satzreihen (Hauptsatz + Hauptsatz) oder Satzgefüge (Hauptsatz + Nebensatz) handelt.

5 Prüft im Tandem eure Ergebnisse aus den Aufgaben 2 bis 4.

TIPP
Ihr könnt die Konjunktionen mehrmals verwenden.

6 Verbindet im Tandem die folgenden Satzpaare mithilfe der Konjunktionen zu Satzreihen. Schreibt sie ab und setzt Kommas, wenn nötig, z. B. *Sieh der anderen Person in die Augen und halte Blickkontakt.*

aber *oder* *denn* *und* *sondern*

Sieh der anderen Person in die Augen.	+	Halte Blickkontakt.
Nimm keine Opferhaltung ein.	+	Steh aufrecht.
Dreh dich nicht weg.	+	Pass auf, was um dich herum passiert.
Sieh nicht weg und geh vorbei.	+	Deine Hilfe wird gebraucht.
Bleib entspannt und habe Vertrauen.	+	Sei immer vorbereitet.
Sprich andere Personen an.	+	Ruf die Polizei.

7 Klärt in der Gruppe, vor welchen Konjunktionen kein Komma gesetzt werden muss. Korrigiert eure Satzreihen aus Aufgabe 6, wenn nötig.

8 Ordne die folgenden Hauptsätze einander sinnvoll zu. Verbinde sie mithilfe der Konjunktionen zu Satzreihen. Schreibe die vollständigen Sätze auf, z. B.
a *Schüler haben häufig Angst, denn sie befürchten körperliche Angriffe.*

TIPP
Denke daran, die Kommas zu setzen.

a Schüler haben häufig Angst.	*denn*	*Sie schimpfen dann über andere.*
b Manche Erwachsene schauen bei Auseinandersetzungen weg.	*aber*	*Versuche zusätzlich Hilfe zu holen.*
c Sei nicht feige.	*sondern*	*Sie befürchten körperliche Angriffe.*
d Du kannst eingreifen.	*doch*	*Hilf Menschen, die in Not sind.*

9 Bilde zwei eigene Beispiele für Satzreihen wie in Aufgabe 8. Verbinde jeweils zwei Hauptsätze mit den Konjunktionen **denn** und **aber**.

10 Diktiert einander im Tandem die Sätze aus Aufgabe 9. Prüft anschließend, ob die Kommas richtig gesetzt wurden.

11 Schreibe drei Satzreihen auf. Ergänze dabei den folgenden Hauptsatz mit drei eigenen Hauptsätzen und verbinde diese mit den Konjunktionen **und – aber – oder**.

Ich mische mich ein ...

TIPP
Achte darauf, ob du ein Komma vor die Konjunktion setzen musst.

12 Markiere in deinen Sätzen aus Aufgabe 11 die gebeugten (konjugierten) Verbformen. Notiere, an welcher Stelle die gebeugte Verbform steht.

Merke
Satzreihen

Satzreihen bestehen aus zwei (oder mehreren) **Hauptsätzen**. Sie können durch **nebenordnende Konjunktionen** verbunden werden. → Ich zögere nicht und (ich) helfe Schwächeren.
Zwischen den Hauptsätzen steht ein **Komma**, **außer** bei den Konjunktionen und sowie oder.
Nebenordnende Konjunktionen sind → und, aber, oder, doch, denn, trotzdem, ...

In **Hauptsätzen** steht die **gebeugte** (konjugierte) **Verbform** an **erster** oder **zweiter** Stelle.

Komplexe Sätze

TIPP
Beachte, dass du den zweiten Hauptsatz umstellen musst.

1 Verbinde die folgenden Hauptsätze mithilfe der Konjunktion **weil** zu einem Satzgefüge. Schreibe das Satzgefüge auf.

Manche Menschen leisten etwas Besonderes.

Sie riskieren ihr Leben für andere.

2 Markiere in deinem Satz aus Aufgabe 1 die gebeugten (konjugierten) Verbformen. Unterstreiche den Hauptsatz rot und den Nebensatz blau.

3 Formuliert im Tandem einen Merksatz zur Stellung der gebeugten (konjugierten) Verbform im Haupt- und im Nebensatz.

4 Satzgefüge lassen sich mehrfach umstellen. Lies die folgenden Sätze, in denen das Satzgefüge aus Aufgabe 1 umgestellt wurde.

Konjunktion – Nebensatz – Komma – Hauptsatz

Weil sie ihr Leben für andere riskieren, leisten manche Menschen etwas Besonderes.

Hauptsatzteil – Komma – Nebensatz – Komma – Hauptsatzteil

Manche Menschen leisten, weil sie ihr Leben für andere riskieren, etwas Besonderes.

5 Bildet im Tandem aus den folgenden Hauptsätzen mithilfe der angegebenen Konjunktionen Satzgefüge. Schreibt sie auf.

Nelson Mandela nahm 27 Jahre Gefängnis in Kauf.	damit	*Die Rassentrennung in Südafrika wurde beendet.*
Rosa Parks wurde zu einer Ikone der US-amerikanischen Bürgerrechtsbewegung.	weil	*Sie behielt ihren Sitzplatz im Bus und überließ ihn nicht einem Weißen.*
Aung San Suu Kyi wurde mit 15 Jahren Hausarrest bestraft.	da	*Sie setzte sich für die Demokratie in Burma ein.*

6 Stellt im Tandem die Satzgefüge aus Aufgabe 5 nach dem Muster in Aufgabe 4 zweimal um und schreibt sie auf.

7 Verbinde die folgenden Sätze mithilfe der angegebenen Konjunktionen zu Satzgefügen. Schreibe die vollständigen Sätze in der richtigen Reihenfolge auf, z. B. *a Wenn du als unbeteiligte Person eine bedrohliche Situation bemerkst, kannst du mit einigen Ratschlägen das Richtige tun.*

a (wenn) Als unbeteiligte Person bemerkst du eine bedrohliche Situation. – Mit einigen Ratschlägen kannst du das Richtige tun.
b Organisiere dir so viel Hilfe wie möglich. – (da) Man kann in der Überzahl den Täter einfacher stellen.
c Sprich gezielt Leute an. – (sodass) Sie sehen nicht mehr weg und helfen dir.
d (weil) Eine feste Stimme beeindruckt mehr als eine jammernde. – Du solltest mit dem Angreifer ruhig und bestimmt reden.
e Sende Ich-Botschaften. – (damit) Der Angreifer wird durch drohende Worte nicht aggressiv.

8 Schreibe den folgenden Text ab. Achte auf die Stellung der gebeugten (konjugierten) Verbform und die Konjunktionen. Setze die Kommas richtig.

Im echten Leben gibt es schwierige Situationen aber auch das Internet ist Auslöser für Probleme. In beiden Fällen ist es manchmal nötig dass man Zivilcourage zeigt. Wenn du in Chats oder in Foren auf beleidigende Beiträge stößt dann argumentiere dagegen oder informiere den Administrator. Die Verfasser solcher Beiträge werden dann nicht nur ausgeschlossen sondern in manchen Fällen auch polizeilich verfolgt. So anonym wie viele glauben ist das Internet gar nicht. In der Regel kann der Standort eines Computers ermittelt werden sodass der Nutzer namentlich bekannt wird.

9 Schreibe einen eigenen kurzen Bericht zum Thema „Mobbing im Internet“. Verwende Satzreihen und Satzgefüge. Achte auf die Kommasetzung.

10 Tauscht eure Berichte im Tandem und prüft die Kommasetzung. Überarbeitet, wenn nötig.

Merke
Satzgefüge

Satzgefüge bestehen aus einem **Hauptsatz** und einem **Nebensatz** (oder mehreren Nebensätzen). Sie können durch **unterordnende Konjunktionen** verbunden werden. Zwischen den Sätzen steht ein **Komma.** → Ich zögere nicht, wenn ich Schwächeren helfen kann.
Unterordnende Konjunktionen sind → weil, da, damit, wenn, sodass, falls, indem, während, dass, obwohl …
In **Nebensätzen** steht die gebeugte (konjugierte) Verbform immer am **Satzende.**

Lange Sätze

1 Verbinde jeweils zwei Hauptsätze zu einer Satzreihe. Verwende die Konjunktion und setze die Kommas, z. B. *a Ich helfe bedürftigen Menschen, aber ich setze mich selbst keiner Gefahr aus.*

a Ich helfe bedürftigen Menschen. Ich setze mich selbst keiner Gefahr aus. → aber
b Selbstverständlich gehe ich bei einer Schlägerei dazwischen. Ich will auch Hilfe in einer Notsituation bekommen. → denn
c Ich halte mich zurück. Ich hole lieber Hilfe. → und
d Ich bitte andere Passanten um Hilfe. Ich rufe die Polizei. → oder
e Ich hätte sicherlich ziemlich viel Angst. Mein schlechtes Gewissen würde mir keine Ruhe lassen. → doch

2 Unterstreiche die gebeugte (konjugierte) Verbform in jedem Satz in Aufgabe 1. Ergänze jeweils, ob es sich um einen Hauptsatz oder einen Nebensatz handelt.

3 Formuliere die Satzreihen aus Aufgabe 1 in Satzgefüge um. Verwende die angegebene Konjunktion, z. B. *a Ich helfe bedürftigen Menschen, ohne dass ich mich selbst einer Gefahr aussetze.*

a ohne dass
b da
c um
d bevor
e obwohl

4 Schreibe den Text ab. Finde die Satzgefüge, markiere die Hauptsätze rot und die Nebensätze blau. Kreise die Konjunktionen und Relativpronomen ein.

Auf der Suche nach der Heldenformel

Eine Studentin, die einem Hooligan[1] entgegentritt, ein Polizist, der Misshandlungen nicht akzeptiert – warum stehen manche gegen Unrecht auf?

Viele Menschen sind ständig von möglichen Vorbildern umgeben, ob sie sie in Filmen, Videospielen oder in Büchern treffen, spielt dabei keine Rolle. Wenn man Helden in der realen Welt sucht, scheinen sie rar zu sein, obwohl Zivilcourage als vorbildlich gilt. Selbst Politiker und Kirchenleute fordern sie oft ein, weil es die Welt besser zu machen scheint. Aber die psychologischen Effekte sind stärker als die meisten Appelle. Die Evolution hat den Menschen zum Herdentier werden lassen, das nach Harmonie und Übereinstimmung strebt. Der Mensch hatte es immer leichter, in einer Gruppe zu überleben als alleine. Dadurch, dass die Herde ihn schützt, verleiht sie ihm Stärke. Mit der Herde will man es sich also nicht verderben. Das führt zum sogenannten Gruppenzwang. Auch außerhalb aller Gruppenzwänge vermeiden Menschen unangenehme Auseinandersetzungen. Wer also zum Vorbild werden will, muss seine Instinkte überwinden. Das gelingt aber den wenigsten.

[1] Hooligan: gewalttätige Person, besonders beim Fußball

5 Lies die folgenden Aussagen aus dem Text.

Zivilcourage macht die Welt besser.	*Der Mensch überlebt in einer Gruppe besser als allein.*	*Wer zum Vorbild werden will, muss seine Instinkte überwinden.*

6 Wähle eine der Aussagen aus Aufgabe 5 aus und schreibe deine Meinung dazu auf. Verwende die folgenden Satzanfänge.

Ich bin der Meinung, dass ... *Ich denke, dass, ...*
Mein Standpunkt dazu ist, ... *Ich finde, dass ...*

7 Welche Art der Satzverbindungen habt ihr in Aufgabe 6 genutzt? Nennt sie und ihre Merkmale im Tandem.

8 Schreibe die folgenden Sätze ab. Wähle die jeweils passende Konjunktion und verbinde damit die Sätze. Setze die Kommas, z. B. *Menschen sollten verpflichtet werden anderen zu helfen, da sie sonst ...*

weil *und* *da* *wenn* *denn*

a Menschen sollten verpflichtet werden anderen zu helfen. ▬ Sie verstoßen sonst gegen das Gesetz und die Moral.
b Man kann niemanden zwingen anderen zu helfen. ▬ Diese Entscheidung trifft jeder für sich.
c Nichteingreifen sollte mit einem Bußgeld belegt werden. ▬ Die Abschreckung bringt einige Menschen zum Nachdenken.
d Schüler könnten frühzeitig lernen Verantwortung zu übernehmen. ▬ An Schulen wird ein Mut-Training verpflichtend eingeführt.
e Niemand wird zur Zivilcourage gezwungen. ▬ Niemand kann einem die Entscheidung zum Eingreifen abnehmen.

9 Untersuche die Satzverbindungen in Aufgabe 8. Notiere, welche Sätze Satzreihen und welche Satzgefüge sind.

10 Seht euch das Bild an. Bildet dann im Tandem zum Geschehen zwei Satzreihen und zwei Satzgefüge. Schreibt sie abwechselnd auf.

2 Hast du Argumente?

Schriftlich argumentieren

Das lernst du jetzt:

- Argumente aus Sachtexten herausarbeiten
- Argumente vergleichen und bewerten
- einen eigenen Standpunkt zum Thema finden
- eine schriftliche Argumentation vorbereiten
- eine schriftliche Argumentation verfassen
- Texte Korrektur lesen und überarbeiten

1 Seht euch die Abbildungen auf Seite 26 an. Beschreibt die Bilder und besprecht, welche Situationen hier dargestellt sind.

2 Formuliert Fragestellungen zu den Bildern. Beginnt jede Frage mit „Sollen Schülerinnen und Schüler …“.

3 Lest die folgenden Meinungen (Behauptungen). Ordnet sie den Bildern auf Seite 26 zu. Formuliert dann zu jeder Meinung die gegenteilige Ansicht.

a *An allen Schulen sollte das Unterrichtsfach „Kooperation“ eingeführt werden.*

b *Schülerinnen und Schüler sollten schon ab der 5. Klasse Praktika durchführen.*

c *Schülerinnen und Schüler haben kein Recht, Lehrerinnen und Lehrer öffentlich zu bewerten.*

d *Es ist nicht die Aufgabe von Schülerinnen und Schülern, ihre Schule selber sauberzumachen.*

4 Findet überzeugende Argumente für und gegen die Meinungen aus Aufgabe 3.

5 Was macht Argumente überzeugend? Tauscht euch darüber aus.

6 Bildet vier Gruppen und verteilt die Themen, die auf den Bildern dargestellt sind.

7 Bereitet euch jetzt auf eine Gruppendiskussion vor. Geht so vor:
- Jede Teilnehmerin und jeder Teilnehmer bildet sich eine Meinung, formuliert sie und begründet sie mit Argumenten. Notiert eure Argumente stichwortartig.
- Jeder überlegt sich, welche Beispiele oder Erläuterungen seine Argumente stützen, und macht sich Notizen dazu.
- Diskutiert dann vor der Klasse oder vor einer anderen Gruppe.
- Gebt einander Feedback. Klärt, wer am überzeugendsten war und warum.

RGS **8** Mareen hat einen Beitrag zum Thema „Helmpflicht für Radfahrer“ geschrieben. Helft ihr bei der Korrektur. Findet die acht Fehler und korrigiert sie.

Das radfahren ohne Helm sollte verboten werden. Das geltet besonders für Kinder und Jugendliche. Sie haben noch keine Verkehrsregeln gelernt bekommen und fahren unberechenbarer. Autofahrern ist oft nicht bewusst, das sich Kinder schneller ablenken lassen und dadurch unvorsichtiger fahren. Oft müssen Radfahrer auch auf der Straße fahren, das ist noch viel gefärlicher wie auf dem Radweg. Am gefährlichsten sind Kräuzungen. Die können Radfahrern sogar das Leben kosten.

Wohin soll die Reise gehen?

○ **1** Schulausflüge und Klassenfahrten sind ein häufiges Streitthema. Lest die Meinungen der Schülerinnen und Schüler dazu. Wer wünscht sich was? Tauscht euch in der Klasse darüber aus.

Leseschlüssel

○ **2** Lies das Interview mit einem Reiseveranstalter (RV).

Interviewer Sie haben sich als Reiseanbieter auf Schulfahrten spezialisiert. Welche Fahrten werden für die Klassenstufen 7 bis 9 angeboten?

RV Da gibt es verschiedene Möglichkeiten: Beliebt sind Städtereisen nach Berlin, München oder Hamburg oder Sprachreisen ins europäische Ausland. Außerdem bieten wir „Teamtage“ an. Aber auch den Klassiker: Fahrten in Schullandheime.

Interviewer Sind Schullandheime denn noch zeitgemäß und interessant?

RV Sagen wir so: Diese Fahrten sind sehr beliebt bei Lehrkräften und Eltern. Die Kinder und Jugendlichen sind an einem relativ überschaubaren Ort zusammen, es gibt viele Spiel-, Sport- und Freizeitaktivitäten. Unterrichtsthemen können praktisch veranschaulicht werden. Erlebnispädagogische Angebote wie Paddeln oder Klettern sollen die Klassengemeinschaft stärken.

Interviewer Wie sehen die Alternativen aus?

RV Städtereisen stehen bei vielen Jugendlichen deutlich höher im Kurs. Die Auswahl an Museen, Kinos, kulturellen Orten, Shopping-Möglichkeiten ist wesentlich größer. In den Jugendherbergen treffen sich Jugendliche vieler Nationen. Anderseits ist man auch mehr Gefahren ausgesetzt. Eltern haben z. B. Angst, dass ihre Kinder mit Drogen in Berührung kommen. Lehrer fürchten, im Gewimmel der Großstadt den Überblick zu verlieren und die Schülerinnen und Schüler nicht mehr beaufsichtigen zu können.

Interviewer Wie beliebt sind Sprachreisen als Klassenfahrt?

RV Sprachreisen erleben einen Boom, aber eher als Privatreise. Eine Sprache vor Ort zu lernen und anzuwenden, ist effektiv und motivierend. Allerdings sind diese Fahrten meist mit einer langen Reisezeit verbunden. Und für wen das gemeinsame Klassenerlebnis wichtig ist, der wird enttäuscht. Jeder Teilnehmer ist in einer Gastfamilie untergebracht und man trifft sich nur zum Sprachkurs oder zu gemeinsamen Ausflügen.

Interviewer Sie sprachen von „Teamtagen“. Was ist darunter zu verstehen?

RV Hier geht es um das Gruppenerlebnis. Die Teams oder Gruppen sollen gemeinsam schwierige Aufgaben lösen, bei denen die Kreativität und Geschicklichkeit aller Beteiligten gefragt ist, z. B. ein Biwak zum Schlafen aufbauen, Essen kochen, ein Segelboot steuern oder die Alpen zu Fuß überqueren. Das stärkt das Gruppengefühl und fordert jeden Einzelnen, seine Fähigkeiten zu nutzen. Allerdings ist Camping oder solch ein „Outdoor-Leben" wegen des fehlenden Komforts nicht jedermanns Sache.

3 Notiere, welche Möglichkeiten für Schulfahrten hier beschrieben werden.

4 Der Reiseveranstalter nennt die Vor- und Nachteile jeder Reise. Findet im Tandem die verschiedenen Meinungen, Argumente und Beispiele. Übernehmt die Tabelle und füllt sie für alle vier Reisemöglichkeiten aus.

TIPP
Lasst in jeder Spalte noch Platz für weitere Notizen.

	Meinung (Behauptung)	**Argument (Begründung)**	**Beispiel (Erläuterung)**
Städtereise			
dafür (pro)	*beliebt bei Jugendlichen*	*viele Freizeitmöglichkeiten, …*	*Museen, Kinos, …*
dagegen (kontra)	*Eltern oft dagegen*	*Angst, dass …*	…
Sprachreise			
dafür (pro)	…	…	…
dagegen (kontra)	…	…	…
…			

5 Ergänze zu jeder Reise in der Tabelle eigene Argumente und Beispiele.

6 Für welche Reise würdest du dich spontan entscheiden? Diskutiert im Tandem. Begründet eure Meinungen.

7 Welche Argumente sind für dich am überzeugendsten? Wähle aus der Tabelle die Reise aus, für die du dich entschieden hast. Wäge die Argumente ab und nummeriere sie nach ihrer Wichtigkeit.

8 Formuliere zu deiner Wunschfahrt einen eigenen Standpunkt. Begründe ihn mit den wichtigsten Argumenten und stütze diese durch Beispiele.

Seite 9
eine Argumentation erarbeiten

Merke
Wichtige oder starke Argumente

Wichtige Argumente sind **logisch begründbar** und **leicht beweisbar**. Sie bestehen aus einer **allgemeingültigen Feststellung** oder **Wahrheit**. Gegen sie gibt es **kaum** überzeugende **Gegenargumente**.

Was spricht für Teamtage?

○ **1** Lies den Anfang einer Argumentation für Teamtage als Klassenfahrt.

(Einleitung) *Ich bin dafür, dass wir unsere nächste Klassenfahrt als Outdoor-Teamtage veranstalten. Das bietet sich für mehrtägige Klassenfahrten gut an.*

(1. Argument) *Für die Fahrt spricht, dass wir Schüler uns untereinander besser kennenlernen. Wenn man gemeinsame Aufgaben bewältigen will, muss man kooperieren, miteinander reden und sich aufeinander verlassen können. Das stärkt das Gruppengefühl.*

(2. Argument) *Ein weiteres Argument für gemeinsame Teamtage wäre, dass viele Schüler Abenteuerurlaub lieben und sich in der Wildnis durchschlagen wollen. Viele Eltern haben keine Lust, mit ihren Kindern so etwas zu unternehmen.*

(3. Argument) *Wichtig wäre auch, ...*

(letztes Argument) *Der für mich wichtigste Punkt aber ist, dass ...*

TIPP
Achte darauf, dass sich die Argumente leicht verknüpfen lassen und sich nicht widersprechen.

◒ **2** Vervollständige die Argumentation schriftlich mit weiteren Argumenten und Beispielen. Verwende die folgenden Stichworte.

Sport- und Freizeitmöglichkeiten | *geringe Kosten* | *Naturerlebnisse* | *Kreativität* | *günstiges Angebot eines Reiseveranstalters*

○ **3** Wähle A oder B für eine eigene Argumentation.

A Wähle aus den vier Reisemöglichkeiten aus der Tabelle von Aufgabe 4 auf Seite 29 eine aus.

B Wähle eine andere Möglichkeit für Schulfahrten (z. B. Skilager, Freizeitpark ...).

Seite 29
wichtige oder starke Argumente

◒ **4** Bereite eine eigene schriftliche Argumentation so vor:
- Formuliere eine Fragestellung und nimm einen Standpunkt dazu ein.
- Überlege, an wen sich deine Argumentation richtet und was du erreichen willst.
- Sammle Daten, Meinungen, Begründungen und passende Beispiele zum Thema. Mache dir Notizen.
- Notiere alle Argumente. Ordne sie nach ihrer Wichtigkeit.
- Gliedere deine Argumentation in Einleitung, Hauptteil und Schluss.

5 Schreibe nun deine Argumentation. Beginne mit einer **Einleitung**, in der du zum Thema hinführst und die konkrete Fragestellung formulierst, z. B.
Im Juni soll unsere Klassenfahrt stattfinden. Wir konnten uns bisher auf kein Ziel einigen. Deshalb möchte ich meine Meinung dazu äußern. Ich hoffe, dass ich andere Schüler davon überzeugen kann, die nächste Klassenfahrt als … zu veranstalten.

6 Schreibe den **Hauptteil** deiner Argumentation. Verwende die Notizen aus Aufgabe 4. Verknüpfe die Argumente mit passenden Formulierungen.

Dafür spricht …	*Weiterhin …*
Als Erstes, als Zweites …	*Man sollte nicht vergessen …*
Außerdem …	*Am wichtigsten aber ist …*
Ein weiteres wichtiges Argument ist …	*Daraus ergibt sich …*

TIPP
Achte darauf, dass du sachlich und im Präsens schreibst.

7 Schreibe den **Schluss** deiner Argumentation. Der Schluss kann enthalten:
- eine kurze Zusammenfassung der wichtigsten Informationen, z. B. *Es lässt sich zusammenfassend sagen, … ; Deshalb bin ich der Meinung, …*
- eine Hoffnung, einen Wunsch oder eine Forderung, die sich aus der Argumentation ergibt, z. B. *Deshalb würde ich mir wünschen … ; Ich hoffe, dass … ; Aufgrund von … fordere ich/wäre es gut, wenn …*

8 Lies deine Argumentation noch einmal durch. Prüfe den logischen Aufbau, die korrekte Rechtschreibung und Zeitform sowie die sprachlichen Formulierungen. Korrigiere und ändere, wenn es nötig ist.

TIPP
Tauscht eure Argumentationen im Tandem aus und gebt einander ein Feedback.

Arbeitstechnik
Eine schriftliche Argumentation verfassen

Eine **Argumentation** (Stellungnahme) dient dazu, den **eigenen Standpunkt** zu einem strittigen Thema **überzeugend darzustellen.**
1. Kläre, an wen sich deine Stellungnahme richtet. Davon hängt ab, welche Form sie haben soll (Leserbrief, Aufruf, Blog usw.).
2. Gliedere deine Argumentation in:
   - **Einleitung**: Führe zum Thema hin, formuliere die Problemfrage und deinen Standpunkt.
   - **Hauptteil**:
     - Notiere deine Argumente und ordne sie (z. B. vom schwächsten zum stärksten Argument).
     - Formuliere die Argumente und stütze sie mit Beispielen.
     - Verknüpfe deine Argumente sprachlich miteinander.
   - **Schluss**: Fasse zusammen und äußere einen persönlichen Wunsch, eine persönliche Forderung oder Hoffnung.
3. Überprüfe abschließend die korrekte **Rechtschreibung**, den **sachlichen** Stil und die korrekte Zeitform (**Präsens**).

Seite 41
Texte korrigieren und überarbeiten

Test
9gq2ju

Für mehr Bewegung!?

Dass sich viele Kinder und Jugendliche zu wenig bewegen, ist längst kein Geheimnis mehr. Experten fordern deshalb mehr Sport und körperliche Bewegung im Alltag der Heranwachsenden.

Leseschlüssel

Hörverstehen
9gq2ju

1 Lies den folgenden Sachtext oder höre ihn dir an.

Für Kinder und Jugendliche ist körperliche Aktivität eine wesentliche Voraussetzung für ein gesundes Aufwachsen. […] In zahlreichen Studien werden positive Zusammenhänge zwischen der körperlichen Aktivität im Kindes- und im Erwachsenenalter berichtet. […] Durch gezielte Förderung eines aktiven Lebensstils lässt sich in jedem Alter der Entwicklung von Krankheiten und Beschwerden vorbeugen. […] Zahlreiche andere Studien belegen aber auch, dass sich Kinder und Jugendliche zu wenig bewegen. In der internationalen Kinder- und Jugendgesundheitsstudie „Health Behaviour in School-aged Children“ (HBSC[1]) […] wurden Heranwachsende u.a. zu ihren körperlichen Aktivitäten befragt. Heraus kam, dass bis zu 80 Prozent der Jugendlichen sich zu wenig bewegen. Die körperliche Aktivität bei Mädchen und Jungen im Alter zwischen 11 und 15 Jahren sinkt drastisch ab. Die Empfehlung an körperlicher Aktivität erreichen gerade mal 20 Prozent der Jungen und nur 14 Prozent der Mädchen dieser Altersgruppe. Dabei machen Toben und Rennen, Laufen und Klettern, Hüpfen und Springen Kinder nicht nur körperlich fit, sondern nachweislich auch klüger. Allein beim Gehen wird die Durchblutung des Gehirns um 13 Prozent erhöht, […] die Zahl der Nervenverbindungen und das Aktivitätsniveau des Gehirns steigt. Studien ergaben, dass eine gute Bewegungskoordination mit einer guten Konzentrationsfähigkeit einhergeht. […] Kinder, die täglich Bewegungsangebote erhalten, sind weniger aggressiv. Sie haben auch deutlich weniger Unfälle. Sie gehen motivierter zur Schule und werden in ihrer Persönlichkeit gestärkt. Überlegungen gehen dahin, eine „Pflicht zur Bewegung“ (z. B. eine Stunde sportliche Betätigung täglich) einzuführen. Die Frage ist, ob und wie diese Verpflichtung im Schulalltag tatsächlich umgesetzt werden kann. Deshalb geht ein Aufruf an die Schulen, dazu konkret Stellung zu beziehen.

[1] HBSC: Kinder- und Jugendgesundheitsstudie

2 Klärt im Tandem, worum es in dem Artikel geht und welche Meinung vertreten wird.

TIPP
Formuliere so:
Soll es … geben?
Sollten die Schüler täglich …?

3 Lest den letzten Abschnitt ab Zeile 52 noch einmal. Formuliert im Tandem die Problemfrage und tauscht euch darüber aus.

4 Formuliere deinen Standpunkt zu der Problemfrage.

5 Lies den Text noch einmal und achte auf die Argumentation für mehr Sport. Übernimm die Tabelle und ergänze sie mit den Argumenten und Beispielen aus dem Text.

	Meinung (Behauptung)	**Argument (Begründung)**	**Beispiel (Erläuterung)**
dafür (pro)	*körperliche Bewegung ist Voraussetzung für ...*	*– Vorbeugen von Krankheiten ...*	*– Studien zeigen ...*
dagegen (kontra)	...	...	...

6 Ergänzt im Tandem die Tabelle mit eigenen Argumenten für mehr Sport. Schreibt dann Argumente auf, die dagegen sprechen.

7 Notiere in der Tabelle Beispiele, die die Argumente stützen.

8 In einer Klasse wurde diskutiert, ob die Pflicht zum täglichen Sport in der Schule umgesetzt werden soll. Lies die Fragen, die diskutiert wurden.

> Wo soll der Sport stattfinden? – Welche Angebote soll es geben? – Verstößt diese Pflicht gegen die persönliche Freiheit? – Was passiert bei schlechtem Wetter? – Wer kümmert sich um die Umsetzung?

9 Tauscht euch in der Gruppe zu den Fragen aus. Formuliert eure eigenen Standpunkte zum Thema (Pflicht zum täglichen Sport?) und begründet sie.

TIPP
Beachtet dabei auch die Fragen in Aufgabe 8.

10 Bereite eine Argumentation zum Thema in Form eines Leserbriefes an die Schülerzeitung vor.
- Überlege, wer deine Argumentation lesen soll und was du damit erreichen willst.
- Notiere alle Argumente und ordne sie nach Wichtigkeit.
- Gliedere deine Argumentation in Einleitung, Hauptteil und Schluss.

Seite 31
eine schriftliche Argumentation verfassen

11 Schreibe mithilfe deiner Gliederung den Leserbrief an die Schülerzeitung. Stelle deinen Standpunkt dar und begründe. Achte auf:
- eine geeignete Hinführung zum Thema (z. B. Zeitungsartikel, Studie),
- die Verknüpfung der Argumente,
- die passenden Beispiele, die die Argumente stützen,
- eine passende Forderung, einen Wunsch oder Vorschlag am Schluss.

Seite 284
Leserbrief

12 Lest euch im Tandem eure Leserbriefe vor. Gebt einander ein Feedback.

Seite 269
Feedback

13 Stellt der Klasse euer Thema vor und diskutiert darüber.

Für mehr Sicherheit!?

○ **1** Tauscht euch in der Gruppe über die Karikatur aus. Worum geht es?

◒ **2** Welchen Standpunkt hast du zu dieser Situation? Notiere deine Meinung und begründe sie.

Leseschlüssel

○ **3** Lies den folgenden Blogbeitrag oder höre ihn dir an.

Hörverstehen 9gq2ju

Seite 286 Blog

[1] Vandalismus: Zerstörungswut

30.11.2017 | 5 Kommentare

Streit über Videoüberwachung an Schulen

Gewalt, Vandalismus[1] und Missbrauch sind Themen, die auch vor Schulen keinen Halt machen. Eine Möglichkeit, diesen Problemen entgegenzutreten, sehen Schulen und Schulträger in der Einführung von Videoüberwachung. [...] Viele dieser Schulen [mit Videoüberwachung] vermelden deren erfolgreiche abschreckende Wirkung und belegen dies durch sinkende Zahlen von Zwischenfällen. Warum gibt es dann keine Videoüberwachung an allen Schulen? Durch die installierten Kameras besteht die Möglichkeit, alle Schüler, Lehrer und sonstiges Personal an Schulen zu beobachten. Im Blickfeld der Kamera wird jeder Schritt erfasst, denn durch die Videoüberwachung können nicht automatisch nur „Verdächtige" aufgenommen werden. Schüler und Lehrer können den Kameras nicht ausweichen.

Eine Videoüberwachung stellt aber einen massiven Eingriff in die Grundrechte des Betroffenen dar. Der Betroffene hat keine Kontrolle darüber, wem gegenüber seine personenbezogenen Daten preisgegeben werden und wie diese verwendet werden. Auch das Recht am eigenen Bild wird durch Videoaufnahmen beeinträchtigt.

Gerade bei Schülern ist zu berücksichtigen, dass sie sich noch in der Entwicklungsphase befinden. Der Landesbeauftragte für Datenschutz und Informationsfreiheit Nordrhein-Westfalen stellte fest, dass sich eine Videoüberwachung „grundsätzlich nicht mit dem Auftrag der Schulen, die Entwicklung der Schüler zu selbstbestimmten mündigen Persönlichkeiten zu fördern," vereinbaren lässt. Es besteht die Gefahr, dass die Entwicklung der Schüler nachhaltig durch die Angst vor Überwachung beeinträchtigt wird. [...]

4 Beantwortet die folgenden Fragen im Tandem.
- Was sind „personenbezogene Daten“ (Zeile 14)?
- Was ist mit dem „Recht am eigenen Bild“ gemeint (Zeile 15)?

Seite 234
das Recht am eigenen Bild

5 Formuliere die Problemfrage in einem Satz.

6 Lege eine Tabelle wie auf Seite 29 an. Schreibe aus dem Blogbeitrag die Argumente (und Beispiele) für und gegen Videoüberwachung an Schulen heraus.

7 Recherchiere im Internet zum Thema „Videoüberwachung an Schulen“. Sammle weitere Argumente dafür oder dagegen.

TIPP
Lies z. B. im Internet „Ich sehe das, was du so tust“ vom LDI in NRW.

8 Tauscht euch im Tandem über eure Rechercheergebnisse aus. Besprecht die folgenden Fragen:
- Wie lassen sich Gewalt, Mobbing, Diebstahl oder Sachbeschädigung verhindern?
- Was wird gefilmt, wo wird gefilmt und wer wertet das Material aus?
- Wer bedient und wartet eine Videoanlage?
- Was passiert mit „überführten Tätern“?
- Videoüberwachung und Überwachung durch Lehrer/Aufsichtsschüler – ist das nicht das Gleiche?

9 Ergänze deine Tabelle aus Aufgabe 6 mit den recherchierten Argumenten.

10 Welche Argumente in deiner Tabelle überzeugen dich am meisten? Wäge sie gegeneinander ab und formuliere deinen Standpunkt in einem Satz.

11 Entscheide, welche Argumente überzeugend sind und sich am besten durch Beispiele und Belege stützen lassen. Nummeriere sie aufsteigend nach ihrer Wichtigkeit.

Seite 29
wichtige oder starke Argumente

12 Schreibe einen Kommentar zum Blogbeitrag, in dem du deinen Standpunkt zum Thema „Videoüberwachung an Schulen“ darlegst. Achte auf:
- eine passende Einleitung (Bezug zum Blogbeitrag),
- die Reihenfolge der Argumente (von weniger wichtig bis ganz wichtig),
- die passenden Beispiele, die die Argumente stützen,
- die sprachliche Verknüpfung der Argumente,
- eine passende Forderung, einen Wunsch oder Vorschlag am Schluss.

Seite 31
eine schriftliche Argumentation verfassen

Seite 285
Kommentar

13 Tauscht im Tandem eure Kommentare aus und gebt einander ein Feedback.

Seite 269
Feedback

14 Stellt der Klasse euer Thema vor und diskutiert darüber.

Für mehr Geld!?

○ **1** Betrachte die Abbildung und lies den Text.

Was ist Sponsoring? Im Unterschied zu Spenden, die mit keiner Gegenleistung verbunden sind, enthalten Sponsoringverträge eine vertraglich zu vereinbarende Leistung, die die Schule bzw. der Schulträger zu erbringen hat. Förderung einer Schule durch Sponsoring ist also eine Förderung mit Gegenleistung und mit Werbewirkung.

2 Klärt im Tandem, welches Problem sich aus Sponsoring an Schulen ergibt. Diskutiert die Vorteile und Nachteile von Schulsponsoring.

Leseschlüssel

○ **3** Lies den folgenden Zeitungsartikel oder höre ihn dir an.

Hörverstehen 9gq2ju

Vor sieben Jahren beschloss ein Schulleiter, dass die Aula seiner Schule [in Iserlohn] eine neue Bühne braucht. Das ist ein Luxus, der im Haushalt der Schule nicht vorgesehen war, Geld gab es keines dafür. Der Bürgermeister schlug dem Schulleiter damals vor, sich die Renovierung sponsern zu lassen. […] Der Bürgermeister brachte den Schulleiter mit […] einem im Ort ansässigen mittelständischen Entsorgungsbetrieb zusammen. […] Seitdem sind Wirtschaft und Bildung im beschaulichen Iserlohn offiziell verzahnt.

Solche Partnerschaften sind nichts Neues. In 86 Prozent aller nordrhein-westfälischen Schulen mischt jemand mit, der nicht zur Schule gehört. Darunter fällt auch das Schulsponsoring, bei dem Geld oder Sachmittel fließen. Neben diesen offiziellen Partnerschaften gibt es aber auch immer wieder Projekte, bei denen ein Unternehmen versucht, die Schüler als Konsumenten zu werben. Das ist Produktwerbung. Und hier liegt das Problem, denn Sponsoring ist erlaubt, Werbung nicht. Nur sehen sich die beiden manchmal äußerst ähnlich. Wo hört das eine auf, wo fängt das andere an? […]

Im Fall Iserlohn zahlt das Unternehmen der Schule ein paar Tausend Euro im Jahr. […] Im Gegenzug für diese Leistungen steht das Logo [der Firma] auf der Homepage der Schule. Zudem üben Schüler einmal im Jahr mit den Profis aus der Firma […] Bewerbungsgespräche oder lassen sich erklären, wie man ein Bewerbungsschreiben verfasst. Auch Praktika bietet das Unternehmen für sie an. Dann kommen die Jugendlichen aus der neunten oder zehnten Klasse für eine Woche in die Verwaltung oder ins Labor. […] Doch auch das Unternehmen profitiert von den Praktika: Es lernt den

Nachwuchs kennen; ein Absolvent der Schule hat bereits so seinen Weg zu dem Betrieb gefunden. Auch wenn es im Einzelfall gut funktioniert, ist es nicht messbar, welchen Eindruck das Engagement bei den Kindern hinterlässt. Ein Link auf der Homepage, ist das Beeinflussung oder wird er ohnehin nie angeklickt? Bleibt ein Logo im Gedächtnis? Wissen Kinder, was Werbung will? Wenn eine Marke tatsächlich in den Köpfen der Kinder hängen bleibt, ist das schlimm? Und darüber hinaus: Welches Gesellschaftsbild vermittelt eine Schule einem Kind, wenn sie Geld eintreibt?

„Die Eltern haben Angst vor Sponsoring, weil sie nicht wollen, dass ihre Kinder beeinflusst werden", sagt Schorlemmer [Sponsoring-Experte der Stiftung „Partner für Schule NRW" und selbst Schulleiter]. „Und Jugendliche sind sehr beeinflussbar." Ein ganzer Werbezweig beschäftigt sich damit, für die Kunden Produkte im Schulalltag zu integrieren. Schulmarketing nennt sich das. Zielgruppe Schüler heißt es auf den Websites – die auch damit werben, dass Schüler Taschengeld in zweistelliger Milliardenhöhe zur Verfügung haben. […]

4 Beantworte die folgenden Fragen zum Text schriftlich.
- Wie gestaltet sich das Sponsoring in der Schule in Iserlohn?
- Worin bestehen die Vorteile für Schulen?
- Worin bestehen die Vorteile für Sponsoren?
- Was hältst du vom Schulsponsoring in Iserlohn?

5 Recherchiere im Internet zum Thema „Schulsponsoring". Sammle Argumente dafür und dagegen.

6 Stelle dir vor, eure Schule hat ein Sponsoring-Angebot erhalten. In der Schulversammlung wirst du aufgefordert, schriftlich dazu Stellung zu beziehen. Bereite dafür eine Argumentation vor:
- Erstelle eine Stoffsammlung mit Argumenten für und gegen Schulsponsoring. Verwende die Ergebnisse aus den Aufgaben 4 und 5.
- Bilde dir eine Meinung und formuliere deinen Standpunkt zum Thema.
- Notiere deine Argumente. Entscheide, welche Argumente überzeugend sind und sich am besten durch Beispiele und Belege stützen lassen.
- Lege fest, in welcher Reihenfolge du die Argumente nennst.
- Fertige dir eine Gliederung an.

Seite 31 eine schriftliche Argumentation verfassen

7 Schreibe eine Argumentation zum Thema „Sponsoring an Schulen".

8 Lest im Tandem eure Argumentationen vor. Gebt einander ein Feedback.

Seite 269 Feedback

9 Stellt der Klasse euer Thema vor und diskutiert darüber.

Gute Argumente – aber die Fehler!

1 Lies den Brief, den Elena an den Schulleiter geschrieben hat. Er enthält viele Fehler, die mit Rot korrigiert sind.

Sehr geehrter Herr Mühlkern,

ich habe als Klassensprecherin den Auftrak (*Auftrag*) erhalten, Sie zu bitten, uns den Besuch der Kart-Bahn zu erlauben. Wir sind alle der meinung (*Meinung*), das (*dass*) ein solcher Besuch ein pasender (*passender*) Tagesausflug were (*wäre*). Einige von uns waren schon dort und von dem einzigartiegen (*einzigartigen*) Erlebnis begeistert. Die Speed-Kart-Bahn ist eine ungefehrliche (*ungefährliche*) Bahn. Die Karts sind von bester Qualitet (*Qualität*). So können die Pedale entsprechend der Körpergrösse (*Körpergröße*) eingestelt (*eingestellt*) werden, es gibt eine Serwolenkung (*Servolenkung*) und einen Bremsassistenten. Die Fahrer sitzen gut geschützt durch eine stabiele (*stabile*) Ummantelung. Zu den Reisekosten: Die Fahrt mit dem Bus ist kostengünstig, weil wir nähmlich (*nämlich*) alle über ein Ticket ferfügen (*verfügen*). Die Linie 49 hält in der Nehe (*Nähe*) und der Fussweg (*Fußweg*) beträkt (*beträgt*) nur eine viertelstunde (*Viertelstunde*). Wichtig ist: Ein solcher Ausflug wird für unsere Klasse bestimmt ein unvergesliches (*unvergessliches*) Erlebnis sein, weil wir sowoll (*sowohl*) als Fahrer und Fahrerinen (*Fahrerinnen*) als auch als Zuschauer vil Spass (*viel Spaß*) haben werden. Das spannende (*Spannende*) ist, wie jeder mit dem Kart, dass (*das*) für viele von uns Neulant (*Neuland*) ist, zurechtkommt. Sie werden jetzt bestimmt sagen, dass dieser Ausfluk (*Ausflug*) zu teuer ist. Aber darüber haben wir ebenfals (*ebenfalls*) gesprochen. Einige sparen schon, andere haben sogar einen Jobb (*Job*) in der Schülerfirma übernommen. Ich hoffe, Sie mit unseren Argumenten überzeukt (*überzeugt*) zu haben. Damit bin ich auch am Schluß (*Schluss*). Das besuchen (*Besuchen*) der Kart-Bahn würde uns eine große Freude bereiten und wir bitten Sie, das Ferbot (*Verbot*) zurückzunehmen.

Mit freundlichen Grüssen (*Grüßen*)

Elena Runic / Klassensprecherin

2 Übernimm die folgende Tabelle und ordne die Fehler aus Elenas Brief zu.

Fehlertypen	Beispiele	Welche Strategie hilft?
Doppelkonsonanten	*passender, …*	Mitsprechen
gleichklingende Buchstaben am Wortende	*Auftrag, …*	Verlängern
ä oder e / äu oder eu	*wäre, …*	Ableiten
Großschreibung von Substantiven/Nomen	*Meinung, …*	Nomensignale
Großschreibung von Verben und Adjektiven	*das Spannende, …*	Nomensignale
Verbform auf t-Endung	*eingestellt, …*	Verlängern, Mitsprechen
i/ie-Schreibung	*einzigartigen, …*	ie bei langem i-Laut (Ausnahmen)
s-Schreibung	*unvergessliches, …*	nach kurzen Vokalen: ss nach langen Vokalen: ß
das/dass	*Z. 3: dass, …*	dass = Konjunktion; das = Artikel
v oder f	*verfügen, …*	Vorsilben ver-/vor-, Merken, Wörterbuch
Fremdwörter	*Qualität, …*	Merken, Wörterbuch
Merkwörter	*nämlich, …*	Merken, Wörterbuch

Seite 292–294
- Rechtschreibstrategien
- i/ie-Schreibung
- s-Schreibung
- das/dass
- Fremdwörter

Seite 293
Nomensignale

3 Diktiert einander im Tandem abwechselnd den folgenden Text.

Die etwas andere Klassenfahrt

In einer Leipziger Schule entschieden die Schülerinnen und Schüler einer 8. Klasse, während ihrer nächsten Klassenfahrt nicht zu fahren, sondern zu wandern. Nämlich von Leipzig bis zur Burg Lohra im Harz. Das sind insgesamt etwa 120 Kilometer. Das Wandern war wichtig, aber auch der Plan, mit nur ganz wenig Geld auszukommen und sich notfalls mit Straßenmusik etwas mehr zu verdienen. So wanderten die Schülerinnen und Schüler los. Sie trugen ihre Sachen in Rucksäcken und transportierten den Proviant und ihre Musikinstrumente in einem Handwagen. Manchmal schliefen sie draußen und kochten ihr Essen über freiem Feuer, andere Male wurden sie großzügig eingeladen, konnten in einer Turnhalle schlafen und wurden versorgt. Als das Geld ausging, machten sie auf dem nächsten Marktplatz Musik und verdienten sich etwas. Eine Schülerin berichtete: „Als es zwei Tage regnete, da verging den meisten die Lust. Wer will schon bei Regen draußen schlafen?" Auch dies überwanden die Leipziger und kamen nach acht Tagen erschöpft, aber glücklich in der Burg Lohra an.

4 Überprüfe nun deinen Text mithilfe der Vorlage. Markiere die Fehler.

5 Prüfe, zu welchem Fehlertyp deine Fehler gehören, korrigiere sie mithilfe der Strategien. Schreibe sie dann in die passende Tabellenspalte.

TIPP
Korrigiere auch alle anderen Fehler, z. B. fehlende Buchstaben.

Fehlern auf der Spur

Du hast die Rechtschreibung in deinem Text geprüft. Außerdem achtest du darauf, dass Kommas, Satzschlusszeichen und Zeichen der wörtlichen Rede richtig gesetzt sind. Zeitformen, Fälle und Satzbau müssen auch stimmen.

Seite 299
Zeichensetzung

1 Schreibt den Text ab. Setzt im Tandem die Satzschlusszeichen, die Zeichen der wörtlichen Rede sowie die Kommas. Nennt die passenden Regeln.

Hatice hat eine Idee

Hatice fragt ihren Freund Paul Gibt es Klassenfahrten in die Steinzeit Na klar meint Paul einmal im Monat mit der Deutschen Bahn. Ich meine eine Klassenfahrt bei der man wie in der Steinzeit lebt erklärt Hatice lachend Meinen Vorschlag habe ich ernst gemeint weil ich so etwas unbedingt erleben möchte Eigene Hütten bauen Essen sammeln und nachts frieren würde dir gefallen will Paul wissen. Ja ruft Hatice auf zum Abenteuer

TIPP
Schreibt den korrigierten Text auf und vergleicht.

Seite 295
Zeitformen

2 Lest einander im Tandem den Text vor. Er enthält falsche Zeitformen und falsche grammatische Endungen. Nennt die Fehler und berichtigt sie.

Paul erkundigt sich und hat noch viele Fragen

Paul hat etwas herausgefunden und wusste jetzt, dass es kein Steinzeitreisen gibt, denn dann müsste ganze Steinzeitdörfer nachgebaut werden. Aber im Wildbach-Camp, das nur 60 Kilometer entfernt war, wird etwas Ähnlicher angeboten. Die Veranstalter nennt es Überlebenstraining, da man für drei Tagen mit nur wenigen Hilfsmittel klarkommen soll. Hütten, die gebaut wird, bestehen nur aus Material, das im Wald zu finde ist. Wasser wird gesammeln und Feuer ganz ohne Feuerzeug und Streichhölzern entfachen. Aber was soll darüber gegart wurden? Müssen wir vielleicht auf die Jagd gehen?

3 Lest den Text. Achtet auf Satzbau und Wiederholungen. Korrigiert im Tandem die Sätze. Schreibt dann den überarbeiteten Text auf.

Hatice will es genau wissen

Bei dem Camp sind noch Plätze frei, wenn wir uns bei dem Camp rechtzeitig anmelden. Drei Tage kosten nur 80 Euro und der Bus, der bringt uns in die Nähe, ist auch preiswert und kostet wenig. Aber dann müssen wir noch zwei Kilometer zu Fuß gehen und zwei Kilometer das Gepäck tragen. Aber viel Gepäck wir ja nicht brauchen. Aber wir brauchen ja nicht viel, weil wir jeden Tag dasselbe anziehen können, denn es wird schmutzig sowieso wieder. Es soll einen kleinen See in der Nähe geben, in dem wir können uns waschen. Es soll eine Quelle für Trinkwasser ebenfalls dort geben.

4 Lies den folgenden Brief. Er enthält viele Fehler in der Rechtschreibung, Zeichensetzung, Grammatik und im Ausdruck.

Liebe Eltern,

wir möchten euch davon überzeugen, das wir drei Tage in das Wildbach-Camp fahren durften. Die ganze Klasse 8b ist dieser Meinung.

Wir finden dass ein Aufenthalt in der Natur uns wirklich gut tun würde.

Wir so etwas überhaupt noch nicht kennen. So hat noch keiner von uns von allen viele Stunden am Stück in der Natur ferbracht.

Wichtig ist uns auch, dass es gut für die Klassengemeinschaft ist, da wir aufeinander angewisen sind. Beispilsweise erhält jeder Aufgabe, die er erfüllen muß.

Das letzte Argument für uns das wichtigste Argument. Eine solche Klassenfahrt wird eine beeindruckend Erfahrunk sein weil es etwas ganz neues ist. Das backen von Brot und die Stunden am Lagerfeuer unter dem Sternenhimmel beim Sternenschein wird bleibende Erinnerungen. Es ist auch nicht gefährlich, weil erfahrende Scauts uns bekleiden und unterstützen.

Wenn ihr erlaubt diese Fahrt erlaubt, werden wir ohne Handy und mitten in der Natur eine besondere lebensart lernen kennen. Deshalb bitten wir sehr um eure Zustimung.

Mit lieben Grüßen

eure Kinder

5 Prüft und korrigiert den Brief Satz für Satz. Schreibt die korrekten Sätze nacheinander auf. Vergleicht dann eure Ergebnisse im Tandem.

TIPP
Orientiert euch am Arbeitstechnik-Kasten.

Arbeitstechnik

Texte korrigieren und überarbeiten

Prüfe deine Texte nach dem Schreiben immer auf sprachliche Richtigkeit, korrigiere und überarbeite sie dann.

1. **Lies** den Text **laut**. Dann fallen die „**Stolperstellen**" auf, z. B. fehlende oder überflüssige Buchstaben und Wörter. Korrigiere diese Stellen.
2. Korrigiere und überarbeite den Text jetzt in **vier Durchgängen**:
   - Prüfe die **Rechtschreibung**. Markiere falsche Wörter und korrigiere sie mithilfe der **Rechtschreibstrategien**.
   - Prüfe die **Zeichensetzung**: Satzschlusszeichen, Zeichen der wörtlichen Rede und Kommas. Korrigiere die Zeichensetzung.
   - Prüfe die **Zeitformen** und die **grammatischen Endungen**. Markiere die Fehler und korrigiere sie.
   - Prüfe, ob **Wortwiederholungen** oder Fehler beim **Satzbau** vorhanden sind. Markiere sie. **Ersetze Wörter** und **stelle die Sätze um**.
3. Prüfe zum **Schluss**: Sind Sätze zu lang? Wurden treffende Verben und Adjektive benutzt? Sind alle Sätze logisch und verständlich? Überarbeite diese Sätze.

Woran du alles denken musst

TIPP
Ihr könnt sie z. B. in den Texten in diesem Kapitel finden.

1 Übernehmt die Tabelle. Findet im Tandem für jede Rechtschreibstrategie passende Wörter und tragt sie ein.

Mitsprechen	Verlängern	Ableiten	ss nach kurzem Vokal	ß nach langem Vokal
Grup pen ar beit, …	*Ausflug – Ausflüge, …*	*Aufträge – Auftrag, …*	*floss, …*	*Floß, …*

TIPP
Achte auf die markierten Redebegleitsätze.

2 Schreibe die folgenden Sätze ab und ergänze dabei die Zeichen der wörtlichen Rede und die Satzschlusszeichen, z. B. *„Das ist eine tolle Idee", freut sich Lisa, „sollen wir es so machen?"*

Das ist eine tolle Idee freut sich Lisa sollen wir es so machen
Ja ich bin dafür unterstützt sie Umut
Kommt Wir stimmen ab ruft Dario dazwischen

3 Hier fehlen die Kommas bei Aufzählungen. Schreibe die Sätze ab und setze die Kommas.

a Wir wollen auf den Berg dann mit der Seilbahn fahren und ein Picknick machen.
b Ich würde am Strand gern Basketball spielen eine riesige Sandburg bauen und in der Sonne faulenzen.
c Mit Kochen Wandern Spielen und Unsinnmachen können wir uns gut die Zeit vertreiben.

TIPP
Unterstreiche zur Unterscheidung die Hauptsätze rot und die Nebensätze blau.

4 Zwischen Haupt- und Nebensatz steht ein Komma. Schreibe die Sätze ab und ergänze die Kommas, z. B. *a Hatice mag eine Abenteuerreise, weil sie Langeweile nicht leiden kann.*

a Hatice mag eine Abenteuerreise weil sie Langeweile nicht leiden kann.
b Sie freut sich auf die Klassenfahrt die schon fest beschlossen ist.
c Paul mag Klassenfahrten da er dann viel Zeit für seine Freunde hat.
d Sein bester Freund der in die Parallelklasse geht darf mitfahren.

5 Ergänzt im Tandem die richtigen Verbformen. Schreibt dann die vollständigen Sätze auf.

Nachdem die Klassenfahrt vorbei ▬, konnten wir uns die Bilder ansehen. Es regnete während der Fahrt kein einziges Mal, obwohl die Vorhersage etwas anderes ▬. Nächstes Jahr möchten wir wieder etwas Besonderes machen, aber nur, wenn uns etwas Gutes ▬.

6 Ergänze die richtigen grammatischen Endungen. Schreibe die Sätze fehlerfrei auf, z. B. *a Das Brot aus dem selbstgebauten Steinofen schmeckte sehr lecker.*

a Das Brot aus dem selbstgebaut■ Steinofen schmeckt■ sehr lecker.
b Beerensammeln für den Nachtisch ist eine sehr mühevoll■ Tätigkeit.
c Die Abende am Lagerfeuer unter dem Sternenhimmel war■ toll.

7 Formuliere mit den angegebenen Wörtern vollständige Sätze und schreibe sie auf.

a ein – Erlebnis – Das – wirklich – bleibendes – war
b am – Eltern – hätten – liebsten – uns – besucht – Unsere
c froh – unter – uns – waren – Wir – nur – sein – zu

8 Schreibt den Text um, indem ihr die Wortwiederholungen vermeidet. Findet andere Wörter. Lest einander im Tandem eure neuen Texte vor.

Endlich waren wir angekommen. Endlich konnten wir unsere schweren Rucksäcke und schweren Taschen abstellen. Die Scouts begrüßten uns. Die Scouts zeigten uns alles Wichtige. Die Aussicht war einfach fantastisch. Der Platz war fantastisch.

9 Lies den Bandwurmsatz. Bilde daraus mehrere Sätze und schreibe sie auf.

Wie standen früh auf, weil der Hunger uns aus den Betten trieb, gingen zum See, um uns dort die Zähne zu putzen und uns zu waschen, damit wir halbwegs sauber das Frühstück beginnen konnten, um danach gleich mit dem Mahlen des Korns und dem Sammeln der Früchte weiterzumachen, während andere Wasser von der Quelle heranschleppten und dabei sagten, dass ihnen jede andere Arbeit lieber sein würde.

10 Immer dieselben Verben – das ist langweilig. Ersetzt sie im Tandem durch andere Verben. Schreibt euren neuen Text auf.

Wir gehen durch den dichten Wald. Kurz hinter einer Lichtung sehen wir die erste Tierspur. Wir gehen ihr nach. Die Spur geht in den Wald hinein. Dann hören wir einen Eichelhäher. Noch weitere Vögel hören wir, aber wir kennen sie nicht. Plötzlich hören wir ein lautes Knacken. Das wird doch kein Wildschwein sein? Jetzt hören wir vor allem uns, wir hören uns schreien. Aber unser Scout kommt und sagt: „Hört zu, das ist kein Wildschwein.“ Da sind wir beruhigt und gehen weiter durch den Wald.

3 Liebe – kurz und knapp

Kurzgeschichten lesen und erschließen

Das lernst du jetzt:

- Kurzgeschichten lesen und untersuchen
- Merkmale von Kurzgeschichten erkennen
- eine Textbeschreibung verfassen
- Sätze mithilfe des Feldermodells untersuchen
- Satzglieder bestimmen

1 Seht euch die Bilder auf Seite 44 an und beschreibt sie.

2 Bildet Tandems. Wählt ein Bild und denkt euch eine kurze Geschichte dazu aus. Überlegt, was vorher passiert ist oder nachher passieren könnte.

3 Erzählt eure Geschichten in der Klasse. Tauscht euch darüber aus.

4 Lest die folgende kurze Kurzgeschichte.

Wolf Wondratschek

43 Liebesgeschichten

Didi will immer. Olga ist bekannt dafür. Ursel hat schon dreimal Pech gehabt. Heide macht keinen Hehl draus.

Bei Elke weiß man nicht genau. Petra zögert. Barbara schweigt. Andrea hat die Nase voll. Elisabeth rechnet nach. Eva sucht überall. Ute ist einfach zu kompliziert.

Gaby findet keinen. Sylvia findet es prima. Marianne bekommt Anfälle. Nadine spricht davon. Edith weint dabei. Hannelore lacht darüber. Erika freut sich wie ein Kind. Bei Loni könnte man einen Hut dazwischenwerfen. Katharina muss man dazu überreden. Ria ist sofort dabei. Brigitte ist tatsächlich eine Überraschung. Angela will nichts davon wissen.

Helga kann es.

Tanja hat Angst. Lisa nimmt alles tragisch. Bei Carola, Anke und Hanna hat es keinen Zweck. Sabine wartet ab. Mit Ulla ist das so eine Sache. Ilse kann sich erstaunlich beherrschen. Gretel denkt nicht daran. Vera denkt sich nichts dabei. Für Margot ist es bestimmt nicht einfach.

Christel weiß, was sie will. Camilla kann nicht darauf verzichten. Gundula übertreibt. Nina ziert sich noch. Ariane lehnt es einfach ab. Alexandra ist eben Alexandra.

Vroni ist verrückt danach. Claudia hört auf ihre Eltern.

Didi will immer.

5 Was erzählt der Autor in der Geschichte? Tauscht euch dazu aus.

6 Schreibt eine Parallelgeschichte zu „43 Liebesgeschichten“. Wählt dazu ein Thema, z. B. Freundschaft oder Fußball.

7 Was versteht ihr unter Liebe? Beschreibt die Gefühle, die mit Liebe zu tun haben.

RGS **8** Setzt die folgenden Verben in der richtigen Form in die Sätze ein.

sich verlieben | flirten | abfahren

a Die beiden ___ schon den ganzen Abend.
b Ich glaube, sie ___ sich ___.
c Er ___ voll auf sie ___.

Eine kurze Geschichte von der Liebe

○ **1** Der Titel der Kurzgeschichte auf dieser Seite lautet „Sommerschnee“. Notiere jeweils fünf Adjektive zu den Wörtern Sommer und Schnee.

Sommer: warm, ...
Schnee: kalt, ...

Leseschlüssel

Hörverstehen
776zg7

○ **2** Lies die Kurzgeschichte von Tanja Zimmermann oder höre sie dir an.

Tanja Zimmermann
Sommerschnee

Mir ist alles so egal, ich fühle mich gut. Der Regen macht mir nichts aus, meine Stiefel sind durchweicht, die Bahn kommt nicht. Neben mir hält ein Mercedes: „Engelchen, ich fahre dich nach Hause.“ Ich hab keine Angst, setze mich einfach neben eine alte Frau, fühle mich sicher, mir kann nichts passieren!

In der Bahn stehe ich eingequetscht zwischen nassstinkenden Persianermänteln[1] und grauen Anzugmännern. Die Bahn bremst, eine dicke Frau fällt gegen mich, drückt mich an die Fensterscheibe. Die Leute fluchen, beschimpfen den Fahrer. Ich lache. Beim Aussteigen drängt jeder den anderen, ich lasse mich treiben, bin glücklich, denke nur an dich!

An der Ampel merke ich, dass ich zu laut singe. Eine Mutter mit Kinderwagen lacht mich an, eine aufgetakelte Blondine mustert mich von oben bis unten. Ich weiß, ich bin klitschnass, meine weiße Hose ist nach 5 Tagen eher dunkelgrau, doch ich weiß, dass sie dir gefällt. Meine Haare hängen nass und strähnig auf meiner Schulter. Du hast gesagt, du hast dich schon am ersten Tag in mich verliebt, und da hatte ich auch nasse Haare.

Ich laufe schnell über die Straße, leiste mir eine Packung Filterzigaretten, kaufe welche, die mir zu leicht sind, die du am liebsten magst.

Ein grelles Quietschen. Ein wütender Autofahrer brüllt, ob ich Tomaten auf den Augen hätte. Ich lache und beruhige ihn mit einem „kommt nicht noch mal vor“.

An einem Schaufenster bleibe ich trotzdem stehen, zupfe an meinen Haaren herum, ziehe die Hose über meine Stiefel, will dir ja gefallen. Ich will dir ja sogar sehr gefallen!

Auf der Apothekenuhr ist es fünf. Ich laufe quer über die nasse Wiese. Schliddere mehr, als dass ich laufe. Aber ich will dich nicht warten lassen, ich kann das auch nicht. Ich werde dann von Minute zu Minute nervöser, also laufe ich. Bevor ich schelle[2], atme ich erst ein paarmal tief durch, dann klingel ich, fünfmal hast du gesagt. Und meine Freude, dich zu sehen, ist endgültig Sieger über meine Angst.

Erst dann bemerke ich den kleinen zusammengefalteten Zettel an der Wand. Ja, es tut dir leid, wirklich leid, dass du Vera wiedergetroffen hast!

[1] Persianer: Lammfell des Karakulschafes

[2] schellen: klingeln

Ich soll es mir gutgehen lassen. Richtig gutgehen lassen soll ich es mir!
Die brennende Zigarette hinterlässt Wunden auf meiner Hand. Das Rattern der vorbeifahrenden Laster, das Kindergeschrei, Hundegebell und das laut aufgedrehte Radio von gegenüber verschwimmen zu einem nervtötenden, Angst einjagenden Einheitsgeräusch, meine Augen nehmen nur noch die gröbsten Umrisse wahr. Wie eine alte Frau gehe ich den endlos langen Weg zur Haltestelle, meine Füße sind nass und kalt in den durchweichten Stiefeln. Ein glatzköpfiger Mann pfeift hinter mir her, bietet mir sein Zimmer und sich an.
Verschüchtert stehe ich in der Ecke neben dem Fahrplan, mein Gesicht spiegelt sich in der Scheibe. Wann kommt endlich diese elende Straßenbahn? (1984)

3 Worum geht es in der Kurzgeschichte „Sommerschnee“? Wie wirkt die Geschichte auf euch? Tauscht euch in der Gruppe dazu aus.

4 Beantworte die Fragen schriftlich. Notiere die Zeilenzahlen als Textbeleg.
- Wohin ist die Hauptfigur zu Beginn der Geschichte unterwegs?
- Welche Nachricht findet sie am Ziel vor?

5 Lies die Kurzgeschichte ein weiteres Mal. Formuliere W-Fragen zum Text. Notiere dann die Antworten auf deine Fragen und gib Textbelege an.

6 Vergleicht die Ergebnisse aus Aufgabe 5 im Tandem. Ergänzt, wenn nötig.

7 Bringe die folgenden Erzählschritte in die richtige Reihenfolge. Schreibe die Sätze ab. Notiere die passenden Zeilenzahlen für jeden Textabschnitt.

Alles ist laut und nervtötend. – An der Ampel wird sie gemustert, da sie singt. – Sie rennt voller Vorfreude über die nasse Wiese. – Sie steht entspannt und froh an der Haltestelle. – Sie steht verschüchtert an der Haltestelle. – Sie geht über die Straße und wird fast überfahren. – Sie bleibt vor einem Schaufenster stehen, um sich zurechtzumachen. – Sie fährt mit der vollen Bahn. – Sie findet den Zettel.

8 Lest die folgenden Redewendungen zum Thema Liebe. Findet im Tandem die Redewendung, die am besten zu der Geschichte passt. Erklärt ihre Bedeutung und begründet den Bezug zur Geschichte. Macht euch Notizen.

TIPP
Seht euch dazu eure Adjektive aus Aufgabe 1 an.

Liebe macht blind.

Die Liebe besiegt alles.

himmelhoch jauchzend, zu Tode betrübt

9 Der Titel „Sommerschnee“ ist im übertragenen Sinn zu verstehen. Besprecht in der Klasse, wie der Titel den Inhalt der Geschichte widerspiegelt.

Überraschend am Anfang, offen am Ende

TIPP
Vergleicht mit anderen Textarten, die ihr kennt, z. B. Sagen, Erzählungen, Krimis.

1 Die Geschichte „Sommerschnee" ist eine Kurzgeschichte. Was fällt euch an dieser besonderen Textart auf? Tauscht euch in der Klasse dazu aus.

2 Lest die ersten beiden Sätze der Kurzgeschichte „Sommerschnee". Was erfahrt ihr und worüber erfahrt ihr nichts? Tauscht euch im Tandem dazu aus.

3 Finde die Textstellen, die dir Hinweise dazu geben, dass
- sich die Hauptfigur an einer Haltestelle befindet.
- die Hauptfigur ein Mädchen oder eine Frau ist.
- es später Nachmittag ist.
- die Hauptfigur auf dem Weg zu ihrem Freund ist.

4 Seht euch das Ende der Geschichte an. Wie könnte die Geschichte weitergehen? Entwickelt im Tandem Ideen zu einer Fortsetzung.

5 Tauscht euch in der Gruppe über eure Fortsetzungen aus.

Seite 135
direkte und indirekte Charakterisierung

6 Notiere alles, was du über die beiden Hauptfiguren der Kurzgeschichte erfährst. Beachte Aussehen, Verhalten, Gedanken, Gefühle.

7 Die Hauptfigur bewegt sich in einem Alltagsumfeld und reagiert darauf. Übernimm die Tabelle, notiere die „Umwelteinflüsse" in den einzelnen Situationen und schreibe dann die Reaktionen der Hauptfigur darauf auf.

„Umwelteinflüsse"	Wie reagiert die Hauptfigur darauf?
Z. 1/2: Regen, Stiefel sind durchweicht, ...	*Z. 1: ihr ist es egal, sie fühlt sich gut*
Z. 2: Mercedes hält an ...	*...*

8 Sieh dir deine Tabelle an. Ab welcher Zeile verändern sich die Reaktionen der Hauptfigur? Markiere diesen Wendepunkt.

9 Besprecht in der Gruppe, wie die Hauptfigur die Situationen wahrnimmt, wie sich ihre Reaktionen verändern und welchen Grund es dafür gibt.

10 Untersuche die sprachliche Gestaltung der Kurzgeschichte. Entscheide dich für je einen Begriff, der die Sprache der Geschichte charakterisiert. Begründe mit Textbeispielen.

TIPP
Notiere die passenden Zeilenzahlen.

ausführlich erzählt – knapp erzählt

einfache Sätze – komplizierte Sätze

Alltagssprache – anspruchsvolle Sprache mit Fremdwörtern

11 Prüfe mithilfe der folgenden Tabelle, ob in „Sommerschnee“ Merkmale einer Kurzgeschichte vorkommen. Übernimm die Tabelle und fülle sie aus.

TIPP
Notiere die Zeilenzahlen zu jedem Merkmal.

Merkmal	„Sommerschnee“
außergewöhnliche Situation im Alltagsleben einer/mehrerer Figur/en	…
unvermittelter Anfang	*man erfährt nicht, wer spricht und wo oder wann die Geschichte spielt (Z. 1–5)*
offenes Ende	…
wenige Figuren	…
kurze, lineare Handlung (geringer Umfang)	…
Wendepunkt	…
knappe, verdichtete Sprache	…

12 Schreibe mithilfe der Tabelle einen kurzen Text, in dem du nachweist, dass es sich bei „Sommerschnee“ um eine Kurzgeschichte handelt.

Merke
Kurzgeschichten

Kurzgeschichten sind **kurze Erzählungen**, die eine **außergewöhnliche Situation** darstellen. Sie entstanden im 19. Jahrhundert als ***short stories*** in den **USA**. In **Deutschland** spielte die Kurzgeschichte 1945 bis 1970 eine große Rolle. Die deutschen Autorinnen und Autoren schrieben in kurzen, einfachen und sachlichen Texten über Kriegs- und Nachkriegserlebnisse.
Kurzgeschichten weisen meist folgende **Merkmale** auf:
- **außergewöhnliche Situation**: Es wird von einem wichtigen Ausschnitt aus dem Leben eines oder mehrerer Menschen berichtet.
- **unvermittelter Anfang**: Man wird sofort in das Geschehen hineingezogen. Angaben zu Ort, Zeit oder Vorgeschichte fehlen.
- **offenes Ende**: Das Ende will Leserinnen und Leser zum Nachdenken anregen und macht keine Angaben zum weiteren Geschehen.
- **wenige Figuren**: Über die wenigen Figuren der Geschichte erfährt man nur so viel, wie für das Verständnis des Geschehens unbedingt nötig ist.
- **Inhalte des Alltags**: Dargestellt wird eine ganz alltägliche Situation.
- **kurze, lineare Handlung**: Die Handlung entwickelt sich geradlinig zum Höhepunkt hin.
- **Wendepunkt**: Die Geschichte hat eine überraschende Wendung.
- **verdichtete Sprache**: Die Geschichte ist in einem einfachen Sprachstil, mit kurzen Sätzen und in Alltagssprache geschrieben.

Fasse zusammen!

Um andere ausführlich über die Kurzgeschichte „Sommerschnee" informieren zu können, musst du den Text genauer untersuchen. Fasse danach alle Informationen in einer Textbeschreibung zusammen.

1 Beginne deine Textbeschreibung mit der **Einleitung.** Notiere darin Textart, Titel, Autorin/Autor, Erscheinungsjahr und Thema der Geschichte.

TIPP
Nutze möglichst treffende Textbelege und schreibe immer im Präsens.

2 Bereite nun den **Hauptteil** deiner Textbeschreibung vor. Gehe schrittweise vor und erledige die Aufgaben 3 bis 12.

3 Schreibe zuerst eine kurze Inhaltsangabe zur Kurzgeschichte. Gib darin die Handlung in der richtigen Reihenfolge wieder und informiere über Figuren, Orte und die Zeit, in der die Geschichte spielt.

Seite 276 Inhaltsangabe

4 Aus wessen Sicht ist die Geschichte geschrieben? Notiere die Erzählform.

Seite 274 Erzählformen

5 In deiner Textbeschreibung sollst du auch auf die Darstellungsform eingehen. Wähle aus, welche Darstellungsform in der Geschichte vorliegt.
Bericht Kommentar innerer Monolog szenische Darstellung

Seite 136 lineares und nichtlineares Erzählen

6 Informiere in deiner Textbeschreibung über die Zeitgestaltung. Gib an, ob die Geschichte linear oder nichtlinear erzählt wird.

7 Charakterisiert im Tandem die Hauptfiguren und erläutert ihr Verhältnis zueinander. Verwendet eure Ergebnisse aus den Aufgaben 6 bis 9 von Seite 48. Ordnet die Informationen folgenden Stichworten zu.
äußere Merkmale Verhaltensweisen Gedanken und Gefühle

Seite 135 direkte und indirekte Charakterisierung

8 Formuliere für deine Textbeschreibung eine Charakteristik der weiblichen Hauptfigur. Beschreibe darin auch ihr Verhältnis zur zweiten Hauptfigur.

Seite 270 Pantomime

9 Bildet vier Gruppen. Verteilt die folgenden Szenen, übt sie als Pantomime ein und spielt sie der Klasse vor.

Die Leute fluchen, beschimpfen den Fahrer. Ich lache. (Z. 8/9)

An einem Schaufenster bleibe ich trotzdem stehen, zupfe an meinen Haaren herum, ziehe die Hose über meine Stiefel, will dir ja gefallen. (Z. 22/23)

Aber ich will dich nicht warten lassen, ich kann das auch nicht. Ich werde dann von Minute zu Minute nervöser, also laufe ich. Bevor ich schelle, atme ich erst ein paarmal tief durch, dann klingel ich … (Z. 26–29)

Wie eine alte Frau gehe ich den endlos langen Weg zur Haltestelle, meine Füße sind nass und kalt in den durchweichten Stiefeln. (Z. 38–40)

10 Ordnet im Tandem die Zitate aus Aufgabe 9 der passenden Wirkung zu. Macht euch Notizen zur sprachlichen Gestaltung der Kurzgeschichte.

- Durch kurze Sätze und Teilsätze wird das Tempo der Geschichte erhöht.
- Der Schmerz der Ich-Erzählerin wird deutlich.
- Gegensätze unterstreichen die glückliche Stimmung der Hauptfigur.
- Hier zeigen sich die Vorfreude und Nervosität der Figur.

11 Das Wort „Angst" hat in der Geschichte eine wichtige Funktion. Notiere die drei Sätze mit Zeilenangaben, in denen das Wort „Angst" vorkommt.

12 Diskutiert in der Gruppe, wie die Sätze mit dem Wort „Angst" den Handlungsverlauf widerspiegeln. Mache dir Notizen dazu.

13 Schreibe nun den **Hauptteil** deiner Textbeschreibung. Fasse die Ergebnisse aus den Aufgaben 3 bis 12 zusammen und ergänze die Informationen zur Textart aus Aufgabe 12 von Seite 49.

14 Formuliere jetzt den **Schluss** deiner Textbeschreibung. Beschreibe, welche Gedanken und Gefühle die Geschichte bei dir ausgelöst hat.

TIPP
Du kannst auch deine Meinung zur Geschichte mitteilen oder offene Fragen ansprechen.

Arbeitstechnik
Eine Textbeschreibung verfassen

In einer **Textbeschreibung** fasst du alle Informationen zu einem Text zusammen.

1. Schreibe eine **Einleitung**, nenne darin Textart, Titel, Autorin/Autor, Erscheinungsjahr sowie das Thema der Geschichte.
2. Schreibe dann den **Hauptteil**:
   - Fasse den **Inhalt** des Textes (Handlung, Figuren, Ort, Zeit) in eigenen Worten kurz zusammen.
   - Nenne **Erzählform** (z. B. Ich-Erzähler), **Darstellungsform** (z. B. Bericht) und die **Zeitgestaltung** (z. B. mit Rückblenden).
   - Charakterisiere die **Hauptfiguren** und beschreibe ihr Verhältnis zueinander.
   - Beschreibe die **sprachlichen Besonderheiten** und ihre Wirkung.
   - Nenne die **Merkmale** der Textart und weise diese am Text nach.
3. Schreibe einen **Schluss**. Formuliere die Absicht der Autorin/des Autors, nenne offene Fragen oder gib deine eigene Meinung zum Text wieder.

Beachte: Gib passende **Textbelege** an, schreibe **sachlich** und im **Präsens**.

Test
776zg7

Ein wirklich netter Kerl

○ **1** Lies die Kurzgeschichte „Ein netter Kerl" oder höre sie dir an.

Leseschlüssel

Hörverstehen
776zg7

Gabriele Wohmann

Ein netter Kerl

Ich habe ja so wahnsinnig gelacht, rief Nanni in einer Atempause. Genau wie du ihn beschrieben hast, entsetzlich.

Furchtbar fett für sein Alter, sagte die Mutter. Er sollte vielleicht Diät essen. Übrigens, Rita, weißt du, ob er ganz gesund ist?

Rita setzte sich gerade und hielt sich mit den Händen am Sitz fest. Sie sagte: Ach, ich glaub schon, dass er gesund ist. Genau wie du es erzählt hast, weich wie ein Molch[1], wie Schlamm, rief Nanni. Und auch die Hand, so weich.

Aber er hat dann doch auch wieder was Liebes, sagte Milene, doch, Rita. Ich finde, er hat was Liebes, wirklich.

Na ja, sagte die Mutter, beschämt[2] fing auch sie wieder an zu lachen: recht lieb, aber doch grässlich komisch. Du hast nicht zu viel versprochen, Rita, wahrhaftig nicht. Jetzt lachte sie laut heraus. Auch hinten im Nacken hat er schon Wammen[3], wie ein alter Mann, rief Nanni. Er ist ja so fett, so weich, so weich. Sie schnaubte aus der kurzen Nase, ihr kleines Gesicht sah verquollen aus vom Lachen.

Rita hielt sich am Sitz fest. Sie drückte die Fingerkuppen fest ans Holz.

Er hat so was Insichruhendes, sagte Milene. Ich find ihn so ganz nett, Rita, wirklich, komischerweise.

Nanni stieß einen winzigen Schrei aus und warf die Hände auf den Tisch; die Messer und Gabeln auf den Tellern klirrten.

Ich auch, wirklich, ich find ihn auch nett, rief sie. Könnt ihn immer ansehn und mich ekeln.

Der Vater kam zurück, schloss die Esszimmertür, brachte kühle nasse Luft mit herein. Er war ja so ängstlich, dass er seine letzte Bahn noch kriegt, sagte er. So was von ängstlich.

Er lebt mit seiner Mutter zusammen, sagte Rita. Sie platzten[4] alle heraus, jetzt auch Milene.

Das Holz unter Ritas Fingerkuppen wurde klebrig. Sie sagte: Seine Mutter ist nicht ganz gesund, soviel ich weiß.

Das Lachen schwoll an, türmte sich vor ihr auf, wartete und stürzte sich dann herab, es spülte über sie weg und verbarg sie, lang genug für einen kleinen schwachen Frieden. Als erste brachte die Mutter es fertig, sich wieder zu fassen.

Nun aber Schluss, sagte sie, ihre Stimme zitterte, sie wischte mit einem Taschentuchklümpchen über die Augen und die Lippen. Wir können ja endlich mal von was anderem reden.

Ach, sagte Nanni, sie seufzte und rieb sich den kleinen Bauch, ach ich bin erledigt, du liebe Zeit. Wann kommt die große fette Qualle denn wieder, sag, Rita, wann denn? Sie warteten alle ab.

[1] Molch: Wasser- und Landtier, ähnelt einer Eidechse

[2] beschämt: peinlich berührt

[3] Wammen: Fettpolster

[4] herausplatzen: laut loslachen

Er kommt von jetzt an oft, sagte Rita. Sie hielt den Kopf aufrecht. Ich habe mich verlobt mit ihm.
Am Tisch bewegte sich keiner. Rita lachte versuchsweise und dann konnte sie es mit großer Anstrengung lauter als die anderen, und sie rief: Stellt euch das doch bloß mal vor; mit ihm verlobt! Ist das nicht zum Lachen!
Sie saßen gesittet[5] und ernst und bewegten vorsichtig Messer und Gabeln.
He, Nanni, bist du mir denn nicht dankbar, mit der Qualle hab ich mich verlobt, stell dir das doch mal vor!
Er ist ja ein netter Kerl, sagte der Vater. Also höflich ist er, das muss man ihm lassen.
Ich könnte mir denken, sagte die Mutter ernst, dass er menschlich angenehm ist, ich meine, als Hausgenosse oder so, als Familienmitglied.
Er hat keinen üblen Eindruck auf mich gemacht, sagte der Vater.
Rita sah sie alle behutsam dasitzen, sie sah gezähmte Lippen. Die roten Flecken in den Gesichtern blieben noch eine Weile. Sie senkten die Köpfe und aßen den Nachtisch. (1978)

[5] gesittet: brav

○ **2** Worum geht es in der Kurzgeschichte? Tauscht euch im Tandem dazu aus.

○ **3** Wie wirkt die Begebenheit auf euch? Kennt ihr solche Situationen? Habt ihr solche Gespräche schon gehört? Erzählt in der Gruppe davon.

◒ **4** Formuliert im Tandem W-Fragen zu Ort, Zeit, Figuren und Handlung und beantwortet sie schriftlich.

◒ **5** Wie passt der Titel „Ein netter Kerl" zum Inhalt der Geschichte? Tauscht euch in der Gruppe darüber aus.

○ **6** Markiere im Text, z. B. mit Klebezetteln, die wörtliche Rede. Unterscheide die fünf verschiedenen Figuren.

TIPP
Kopiere den Text und markiere mit verschiedenen Farben.

○ **7** Legt in der Gruppe eine Tabelle an und notiert die Aussagen jeder Figur.

Rita	Nanni	Milene	Mutter	Vater
er ist gesund	*wahnsinnig …*	*hat was …*	*furchtbar …*	*so ängstlich …*
…	…	…	…	…

◒ **8** Bereitet in der Gruppe eine szenische Lesung vor. Geht dabei so vor:
- Bestimmt eine Erzählerin oder einen Erzähler und verteilt die verschiedenen Rollen.
- Der Erzähler notiert die Zeilen, in denen nicht gesprochen wird.
- Jeder Sprecher notiert die wörtliche Rede seiner Rolle, legt die Sprechweisen, Betonung, Mimik und Gestik fest.
- Übt gemeinsam und tragt den Text als szenische Lesung vor.

Seite 271
szenische Lesung

Familienbande

1 Lest die Kurzgeschichte „Ein netter Kerl“ noch einmal. Beantwortet im Tandem die Fragen zum Aufbau. Macht euch Notizen und begründet eure Meinung.
- In welche Abschnitte lässt sich die Geschichte unterteilen?
- Welche Textstelle bildet den Wendepunkt?

Seite 276 Inhaltsangabe

2 Schreibe eine kurze Inhaltsangabe zu der Kurzgeschichte. Du kannst die folgenden Formulierungen verwenden.

Die Kurzgeschichte gibt ein Gespräch zwischen ... wieder.
Nachdem der Freund ... gegangen ist ...
Die Familienmitglieder ...
Rita versucht ... und verkündet schließlich, dass ...
Daraufhin bemühen sich die Familienmitglieder ...
Am Ende sitzen alle ... und ...

Seite 274 Erzählformen

3 Die Kurzgeschichte gibt vor allem ein Gespräch wieder. Es gibt aber auch einen Erzähler. Notiere, welche Position er zu dem Ereignis und den Figuren einnimmt.

Seite 145 Zeitgestaltung

4 Untersuche die Zeitgestaltung der Kurzgeschichte. Entscheide, welche Zeitgestaltung vorliegt, und begründe.

Text dehnt die tatsächliche Zeit. | *Text rafft die tatsächliche Zeit.* | *Text deckt sich mit Zeit der Handlung.*

5 Sieh dir noch einmal deine Tabelle aus Aufgabe 7 von Seite 53 an. Notiere zu jeder Person, wie sie sich im Gespräch verhält. Achte auf Unterschiede und Veränderungen, aber auch auf Mimik und Gestik.

6 Versetzt euch in Rita hinein. Besprecht in der Gruppe, wie ihr euch an ihrer Stelle verhalten hättet.

Seite 135 direkte und indirekte Charakterisierung

7 Wähle eine der Figuren aus. Schreibe eine kurze Charakterisierung der Figur und verwende dabei die folgenden Stichworte.

Name | *Stand in der Familie* | *Verhalten* | *Sprechweise* | *Verhältnis zu anderen Figuren* | *Eigenschaften*

8 Untersucht im Tandem die folgenden sprachlichen Bilder aus dem Text. Erklärt, was sie verdeutlichen.

Vergleich: weich wie ein Molch, wie Schlamm (Z. 6/7)
Metapher: mit der Qualle hab ich mich verlobt (Z. 46/47)

Seite 115 sprachliche Bilder

9 Prüft nun in der Gruppe, ob in der Geschichte „Ein netter Kerl" tatsächlich Merkmale einer Kurzgeschichte vorkommen. Geht so vor:

- Übernehmt die folgende Tabelle.
- Verteilt die Merkmale in der Gruppe.
- Jeweils zwei bis drei Schülerinnen oder Schüler untersuchen ein Merkmal gemeinsam und füllen die Tabellenspalte dazu aus. Notiert die passenden Zeilenzahlen.
- Tauscht euch in der Gruppe darüber aus, welche Merkmale vorkommen.
- Klärt, ob es sich bei „Ein netter Kerl" um eine Kurzgeschichte handelt.

Seite 49 Kurzgeschichten

Merkmal	„Ein netter Kerl"
außergewöhnliche Situation im Alltagsleben einer/mehrerer Figur/en	...
unvermittelter Anfang	...
offenes Ende	...
wenige Figuren	...
kurze, lineare Handlung (geringer Umfang)	...
Wendepunkt	...
knappe, verdichtete Sprache	...

10 Verfasse nun eine Textbeschreibung zur Kurzgeschichte „Ein netter Kerl". Gehe so vor:

- Schreibe eine **Einleitung** mit Angaben zu Textart, Titel, Autorin/Autor, Erscheinungsjahr und Thema der Geschichte.
- Verfasse den **Hauptteil**. Verwende deine Ergebnisse von Seite 53 und von dieser Doppelseite.
- Formuliere den **Schluss**. Beschreibe, welche Gedanken und Gefühle die Geschichte bei dir ausgelöst hat und welche Botschaft die Autorin mit der Kurzgeschichte vermitteln will.

Seite 51 Textbeschreibung

11 Tragt der Klasse eure szenische Lesung der Kurzgeschichte vor. Diskutiert danach das Verhalten der Familie. Gebt jeder Figur Tipps, wie sie sich besser verhalten könnte.

Das Paradies

1945: Deutschland hat den Krieg verloren und viele Städte liegen in Trümmern. Deshalb nennt man die Geschichten dieser Zeit, die sich mit dem Leben im zerstörten Deutschland beschäftigen, auch Trümmerliteratur. Die folgende Kurzgeschichte wurde in dieser Zeit geschrieben.

Leseschlüssel

Hörverstehen
776zg7

○ **1** Lies die Kurzgeschichte „Die Küchenuhr" oder höre sie dir an.

Wolfgang Borchert

Die Küchenuhr

Sie sahen ihn schon von weitem auf sich zukommen, denn er fiel auf.

Er hatte ein ganz altes Gesicht, aber wie er ging, daran sah man, dass er erst zwanzig war. Er setzte sich mit seinem alten Gesicht zu ihnen auf die Bank. Und dann zeigte er ihnen, was er in der Hand trug.

Das war unsere Küchenuhr, sagte er und sah sie alle der Reihe nach an, die auf der Bank in der Sonne saßen. Ja, ich habe sie noch gefunden. Sie ist übriggeblieben. Er hielt eine runde tellerweiße Küchenuhr vor sich hin und tupfte mit dem Finger die blaugemalten Zahlen ab.

Sie hatte weiter keinen Wert, meinte er entschuldigend, das weiß ich auch. Und sie ist auch nicht so besonders schön. Sie ist nur wie ein Teller, so mit weißem Lack. Aber die blauen Zahlen sehen doch ganz hübsch aus, finde ich. Die Zeiger sind natürlich nur aus Blech. Und nun gehen sie auch nicht mehr. Nein. Innerlich ist sie kaputt, das steht fest. Aber sie sieht noch aus wie immer. Auch wenn sie jetzt nicht mehr geht.

Er machte mit der Fingerspitze einen vorsichtigen Kreis auf dem Rand der Telleruhr entlang. Und er sagte leise: Und sie ist übriggeblieben.

Die auf der Bank in der Sonne saßen, sahen ihn nicht an. Einer sah auf seine Schuhe und die Frau in ihren Kinderwagen. Dann sagte jemand:

Sie haben wohl alles verloren?

Ja, ja, sagte er freudig, denken Sie, aber auch alles! Nur sie hier, sie ist übrig. Und er hob die Uhr wieder hoch, als ob die anderen sie noch nicht kannten.

Aber sie geht doch nicht mehr, sagte die Frau.

Nein, nein, das nicht. Kaputt ist sie, das weiß ich wohl. Aber sonst ist sie doch noch ganz wie immer: weiß und blau. Und wieder zeigte er ihnen seine Uhr. Und was das Schönste ist, fuhr er aufgeregt fort, das habe ich Ihnen ja noch überhaupt nicht erzählt. Das Schönste kommt nämlich noch: Denken Sie mal, sie ist um halb drei stehengeblieben. Ausgerechnet um halb drei, denken Sie mal!

Dann wurde Ihr Haus sicher um halb drei getroffen, sagte der Mann und schob wichtig die Unterlippe vor. Das habe ich schon oft gehört. Wenn die Bombe runtergeht, bleiben die Uhren stehen. Das kommt von dem Druck. Er sah seine Uhr an und schüttelte überlegen den Kopf. Nein, lieber Herr, nein, da irren Sie sich. Das hat mit den Bomben nichts zu tun. Sie müssen nicht immer von den Bomben reden. Nein. Um halb drei war ganz etwas anderes, das wissen Sie nur nicht. Das ist nämlich der Witz, dass sie gerade um halb drei stehengeblieben ist. Und nicht um viertel nach vier oder um sieben. Um halb drei kam ich nämlich immer nach Hause. Nachts, meine ich. Fast immer um halb drei. Das ist ja gerade der Witz. Er sah die anderen an, aber die hatten ihre Augen von ihm weggenommen. Er fand sie nicht. Da nickte er seiner Uhr zu: Dann hatte ich natürlich Hunger, nicht wahr? Und ich ging immer gleich in die Küche. Da war es dann immer fast halb drei. Und dann, dann kam nämlich meine Mutter. Ich konnte noch so leise die Tür aufmachen, sie hat mich immer gehört. Und wenn ich in der dunklen Küche etwas zu essen suchte, ging plötzlich das Licht an. Dann stand sie da in ihrer Wolljacke und mit einem roten Schal um. Und barfuß. Immer barfuß. Und dabei war unsere Küche gekachelt. Und sie machte ihre Augen ganz klein, weil ihr das Licht so hell war. Denn sie hatte ja schon geschlafen. Es war ja Nacht.

So spät wieder, sagte sie dann. Mehr sagte sie nie. Nur: So spät wieder. Und dann machte sie mir das Abendbrot warm und sah zu, wie ich aß. Dabei scheuerte[1] sie immer die Füße aneinander, weil die Kacheln so kalt waren. Schuhe zog sie nachts nie an. Und sie saß so lange bei mir, bis ich satt war. Und dann hörte ich sie noch die Teller wegsetzen, wenn ich in meinem Zimmer schon das Licht ausgemacht hatte. Jede Nacht war es so. Und meistens immer um halb drei. Das war ganz selbstverständlich, fand ich, dass sie mir nachts um halb drei in der Küche das Essen machte. Ich fand das ganz selbstverständlich. Sie tat das ja immer. Und sie hat nie mehr gesagt als: So spät wieder. Aber das sagte sie jedes Mal. Und ich dachte, das könnte nie aufhören. Es war mir so selbstverständlich. Das alles war doch immer so gewesen.

Einen Atemzug lang war es ganz still auf der Bank. Dann sagte er leise: Und jetzt? Er sah die anderen an. Aber er fand sie nicht. Da sagte er der Uhr leise ins weißblaue runde Gesicht: Jetzt, jetzt weiß ich, dass es das Paradies war.

Auf der Bank war es ganz still. Dann fragte die Frau: Und Ihre Familie?

Er lächelte sie verlegen an: Ach, Sie meinen meine Eltern? Ja, die sind auch mit weg. Alles ist weg. Alles, stellen Sie sich vor. Alles weg.

Er lächelte verlegen von einem zum anderen. Aber sie sahen ihn nicht an. Da hob er wieder die Uhr hoch und er lachte. Er lachte: Nur sie hier. Sie ist übrig. Und das Schönste ist ja, dass sie ausgerechnet um halb drei stehengeblieben ist.

Ausgerechnet um halb drei.

Dann sagte er nichts mehr. Aber er hatte ein ganz altes Gesicht. Und der Mann, der neben ihm saß, sah auf seine Schuhe. Aber er sah seine Schuhe nicht. Er dachte immerzu an das Wort Paradies. (1947)

[1] scheuerte: rieb

○ **2** Wie wirkt die Geschichte auf euch? Tauscht euch in der Gruppe darüber aus.

◒ **3** Beantwortet im Tandem die folgenden Fragen.
- Warum ist die Uhrzeit halb drei für die Hauptfigur so wichtig?
- Was bezeichnet die Hauptfigur als „Paradies“?
- Warum hat die junge Hauptfigur ein ganz altes Gesicht?

Alles selbstverständlich?!

TIPP
Beachtet dabei auch die Vorgeschichte.

Seite 276 Inhaltsangabe

1 Formuliert im Tandem W-Fragen zu Ort, Zeit, Figuren und Handlung der Kurzgeschichte „Die Küchenuhr“. Beantwortet abwechselnd eure Fragen.

2 Schreibe eine kurze Inhaltsangabe zu der Kurzgeschichte. Du kannst die folgenden Formulierungen verwenden.

Am Anfang der Kurzgeschichte setzt sich ein junger Mann ...
Der junge Mann zeigt ... und erzählt, dass ...
Die Menschen auf der Bank ...
Danach berichtet der junge Mann, dass ...
Am Ende der Kurzgeschichte ...

Seite 274 Erzählformen

Seite 136 lineares und nichtlineares Erzählen

Seite 135 direkte und indirekte Charakterisierung

3 Wer erzählt die Begebenheit in der Kurzgeschichte? Notiere die Erzählform.

4 Die Kurzgeschichte hat zwei Zeitebenen. Die zweite Zeitebene beginnt ab Zeile 37. Notiere, welche der Zeitebenen eine Rückblende darstellt.

5 Beschreibe die Hauptfigur der Geschichte. Notiere, welche Informationen du über ihr Aussehen, Verhalten, ihre Gedanken und Gefühle erhältst.

6 Beantwortet im Tandem die Fragen. Ergänzt eure Notizen aus Aufgabe 3.
- Wie bewertet die Hauptfigur das Verhalten der Mutter erst und später?
- Warum ist die Uhr für die Hauptfigur so wichtig?
- Warum ist die Hauptfigur so heiter und lacht, obwohl sie ein so tragisches Schicksal erlitten hat?

7 Notiere alle Nebenfiguren und mache dir Notizen zu ihrem Verhalten.

8 Diskutiert in der Gruppe das Verhalten des jungen Mannes und das der anderen Parkbesucher.

9 Untersucht im Tandem die sprachliche Gestaltung der Kurzgeschichte. Wählt den passenden Begriff aus. Notiert Textbeispiele dafür.

komplizierte Sätze – einfache Sätze

Alltagssprache – anspruchsvolle Sprache mit Fremdwörtern

sachlich berichtend – emotional aufgeladen

10 Im Mittelpunkt der Geschichte steht die Uhr. Untersucht im Tandem die folgenden Textstellen. Tauscht euch darüber aus, was sie bedeuten.

> Innerlich ist sie kaputt, das steht fest. Aber sie sieht noch aus wie immer. (Z. 13/14)
> Und sie ist übriggeblieben. (Z. 16)
> Da sagte er der Uhr leise ins weißblaue runde Gesicht: ... (Z. 61/62)

Seite 115 sprachliche Bilder

11 Klärt in der Gruppe, was die Uhr in der Geschichte symbolisiert. Orientiert euch an den folgenden Stichwörtern.

Paradies · Fürsorge · Mutter · Zeit vor dem Krieg · Erinnerung · Zerstörung · Kriegsfolgen · Verlust

Seite 151 Symbol

12 Prüfe, ob es sich bei „Die Küchenuhr" tatsächlich um eine Kurzgeschichte handelt. Übernimm die Tabelle, fülle sie aus, notiere passende Zeilenzahlen.

Seite 49 Kurzgeschichten

Merkmal	„Die Küchenuhr"
außergewöhnliche Situation im Alltagsleben einer/mehrerer Figur/en	...
unvermittelter Anfang	...
offenes Ende	...
wenige Figuren	...
kurze, lineare Handlung (geringer Umfang)	...
Wendepunkt	...
knappe, verdichtete Sprache	...

13 Verfasse nun eine Textbeschreibung zur Kurzgeschichte „Die Küchenuhr". Gehe so vor:
- Schreibe eine **Einleitung** mit Angaben zu Textart, Titel, Autorin/Autor, Erscheinungsjahr und Thema der Geschichte.
- Verfasse den **Hauptteil**. Verwende die Ergebnisse aus den Aufgaben 1 bis 12.
- Formuliere den **Schluss**. Beschreibe, welche Gedanken und Gefühle die Geschichte bei dir ausgelöst hat und welche Botschaft der Autor mit der Kurzgeschichte vermitteln wollte.

Seite 51 Text-beschreibung

14 Erzählt die Kurzgeschichte in der Klasse nach. Wählt dann A oder B.

A Stellt euch vor, ihr sitzt auf der Parkbank. Wie hättet ihr euch dem jungen Mann gegenüber verhalten? Tauscht euch darüber aus.

B Besprecht, welche Auswirkungen der Krieg auf die Menschen hatte.

Bald wird es wieder Tag

Leseschlüssel

Hörverstehen
776zg7

○ **1** Lies den ersten Abschnitt der Kalendergeschichte oder höre ihn dir an.

Johann Peter Hebel

Unverhofftes Wiedersehen

In Falun in Schweden küsste vor guten fünfzig Jahren und mehr ein junger Bergmann seine junge hübsche Braut und sagte zu ihr: „Auf Sankt Luciä[1] wird unsere Liebe von des Priesters Hand gesegnet. Dann sind wir Mann und Weib und bauen uns ein eigenes Nestlein." – „Und Friede und Liebe soll darin wohnen", sagte die schöne Braut mit holdem[2] Lächeln, „denn du bist mein Einziges und Alles, und ohne dich möchte ich lieber im Grab sein als an einem andern Ort." Als sie aber vor St. Luciä der Pfarrer zum zweiten Male in der Kirche ausgerufen hatte: „So nun jemand Hindernis wusste anzuzeigen, warum diese Personen nicht möchten ehelich zusammenkommen", da meldete sich der Tod. Denn als der Jüngling den andern Morgen in seiner schwarzen Bergmannskleidung an ihrem Haus vorbeiging, der Bergmann hat sein Totenkleid immer an, da klopfte er zwar noch einmal an ihrem Fenster und sagte ihr guten Morgen, aber keinen guten Abend mehr. Er kam nimmer aus dem Bergwerk zurück, und sie saumte[3] vergeblich selbigen Morgen ein schwarzes Halstuch mit rotem Rand für ihn zum Hochzeittag, sondern als er nimmer kam, legte sie es weg und weinte um ihn und vergaß ihn nie.

[1] Sankt Luciä: nach der Heiligen Lucia, ihr Gedenktag ist der 13.12.

[2] hold: lieblich

[3] saumte: einen Stoff mit Saum versehen, einfassen

◒ **2** Beantworte die folgenden Fragen schriftlich.
- Wohin geht der junge Mann am Tag vor der Hochzeit?
- Was bedeutet „der Bergmann hat sein Totenkleid immer an"?
- Wie reagiert die junge Frau auf das Verschwinden des jungen Mannes?

○ **3** Lies jetzt den zweiten Abschnitt der Geschichte oder höre ihn dir an.

Unterdessen wurde die Stadt Lissabon in Portugal durch ein Erdbeben zerstört, und der Siebenjährige Krieg ging vorüber, und Kaiser Franz der Erste starb, und der Jesuitenorden wurde aufgehoben und Polen geteilt, und die Kaiserin Maria Theresia starb, und der Struensee wurde hingerichtet, Amerika wurde frei, und die vereinigte französische und spanische Macht konnte Gibraltar nicht erobern. Die Türken schlossen den General Stein in der Veteraner Höhle in Ungarn ein, und der Kaiser Joseph starb auch. Der König Gustav von Schweden eroberte russisch Finnland, und die Französische Revolution und der lange Krieg fing an, und der Kaiser Leopold der Zweite ging auch ins Grab. Napoleon eroberte Preußen, und die Engländer bombardierten Kopenhagen, und die Ackerleute säeten und schnitten. Der Müller mahlte, und die Schmiede hämmerten, und die Bergleute gruben nach den Metalladern in ihrer unterirdischen Werkstatt.

◒ **4** Von welchem historischen Zeitraum wird hier berichtet? Informiere dich darüber und notiere die Jahreszahlen für alle Ereignisse.

○ **5** Lest jetzt den dritten Abschnitt der Geschichte oder hört ihn euch an. Worum geht es in dem Abschnitt? Tauscht euch im Tandem dazu aus.

Als aber die Bergleute in Falun im Jahr 1809 etwas vor oder nach Johannis[4] zwischen zwei Schachten eine Öffnung durchgraben wollten, gute dreihundert Ellen tief unter dem Boden, gruben sie aus dem Schutt und Vitriolwasser[5] den Leichnam eines Jünglings heraus, der ganz mit Eisenvitriol durchdrungen, sonst aber unverwest und unverändert war, also dass man seine Gesichtszüge und sein Alter noch völlig erkennen konnte, als wenn er erst vor einer Stunde gestorben oder ein wenig eingeschlafen wäre an der Arbeit. Als man ihn aber zu Tag ausgefördert hatte, Vater und Mutter, Gefreundte und Bekannte waren schon lange tot, kein Mensch wollte den schlafenden Jüngling kennen oder etwas von seinem Unglück wissen, bis die ehemalige Verlobte des Bergmanns kam, der eines Tages auf die Schicht gegangen war und nimmer zurückkehrte. Grau und zusammengeschrumpft kam sie an einer Krücke an den Platz und erkannte ihren Bräutigam; und mehr mit freudigem Entzücken als mit Schmerz sank sie auf die geliebte Leiche nieder, und erst als sie sich von einer langen heftigen Bewegung des Gemüts[6] erholt hatte, „es ist mein Verlobter", sagte sie endlich, „um den ich fünfzig Jahre lang getrauert hatte und den mich Gott noch einmal sehen lässt vor meinem Ende. Acht Tage vor der Hochzeit ist er auf die Grube gegangen und nimmer gekommen." Da wurden die Gemüter aller Umstehenden von Wehmut und Tränen ergriffen, als sie sahen die ehemalige Braut jetzt in der Gestalt des hingewelkten kraftlosen Alters und den Bräutigam noch in seiner jugendlichen Schöne, und wie in ihrer Brust nach fünfzig Jahren die Flamme der jugendlichen Liebe noch einmal erwachte; aber er öffnete den Mund nimmer zum Lächeln oder die Augen zum Wiedererkennen; und wie sie ihn endlich von den Bergleuten in ihr Stüblein tragen ließ, als die Einzige, die ihm angehöre und ein Recht an ihn habe, bis sein Grab gerüstet sei auf dem Kirchhof. Den andern Tag, als das Grab gerüstet war auf dem Kirchhof und ihn die Bergleute holten, (schloss sie ein Kästlein auf), legte (sie) ihm das schwarzseidene Halstuch mit roten Streifen um und begleitete ihn in ihrem Sonntagsgewand, als wenn es ihr Hochzeittag und nicht der Tag seiner Beerdigung wäre. Denn als man ihn auf dem Kirchhof ins Grab legte, sagte sie: „Schlafe nun wohl, noch einen Tag oder zehn im kühlen Hochzeitbett, und lass dir die Zeit nicht lang werden. Ich habe nur noch wenig zu tun und komme bald, und bald wird's wieder Tag. Was die Erde einmal wiedergegeben hat, wird sie zum zweiten Male auch nicht behalten", sagte sie, als sie fortging und sich noch einmal umschaute (1811)

[4] Johannis: Johannistag, 24.6.

[5] Vitriol: kristallwasserhaltige Sulfate

[6] Gemüt: Psyche, Seele eines Menschen

Merke

Kalendergeschichten

Kalendergeschichten sind kurze **belehrende** und **unterhaltsame** Erzählungen, in denen Figuren aus dem **alltäglichen Leben** im Mittelpunkt stehen. Die **volkstümlichen** Geschichten wurden ab dem 17. Jahrhundert in **Kalendern** veröffentlicht.

Liebe und Tod

○ **1** Untersuche Aufbau und Inhalt der Kalendergeschichte „Unverhofftes Wiedersehen“. Übernimm dazu die Tabelle und fülle sie aus.

Struktur/Überschrift	Zeit	Ort	Handlung
1. Abschnitt (Z. ...): ...	...	...	...
2. Abschnitt (Z. ...): ...	...	...	...
3. Abschnitt (Z. ...): ...	...	...	...

○ **2** Formuliere zu jedem Abschnitt der Geschichte eine Überschrift.

Seite 276 Inhaltsangabe

◒ **3** Schreibe eine kurze Inhaltsangabe zu der Kalendergeschichte.

TIPP Achtet auch auf die Zeilen 27–30.

◒ **4** Der zweite Abschnitt unterbricht die Geschichte von Braut und Bräutigam. Klärt im Tandem, welche Bedeutung dieser Abschnitt für die gesamte Geschichte hat.

Seite 274 Erzählformen

○ **5** Wer erzählt die Begebenheit in der Kalendergeschichte? Notiere die Erzählform.

Seite 145 Zeitgestaltung

◒ **6** Untersuche die Zeitgestaltung in jedem Abschnitt. Notiere, ob die Zeit gerafft, gedehnt oder zeitdeckend dargestellt wird.

Seite 135 direkte und indirekte Charakterisierung

○ **7** Lies den Text noch einmal und notiere alle wichtigen Informationen zu den beiden Hauptfiguren.

○ **8** Welche Informationen fehlen, um die weibliche Hauptfigur gut charakterisieren zu können? Klärt im Tandem, warum der Text nur wenig über die Hauptfigur bekanntgibt.

◒ **9** Lest noch einmal die letzten Sätze der weiblichen Hauptfigur (Zeilen 61–63). Erläutert im Tandem die Bedeutung dieser Aussage.

○ **10** Die Kalendergeschichte steckt voller Gegensätze. Finde die Textstellen zu folgenden Gegensatzpaaren. Notiere die Zeilenzahlen.

rot – schwarz | *Tod – Liebe* | *Morgen – Abend* | *Jugend – Alter*

● **11** Wähle ein Gegensatzpaar aus. Erläutere, welche Bedeutung diese Gegensätze in der Geschichte haben.

○ **12** Kalendergeschichten haben das Ziel, den Lesern eine Botschaft zu vermitteln. Wähle aus den folgenden Botschaften diejenige aus, die für dich am besten zu „Unverhofftes Wiedersehen“ passt.

Die Liebe kann die Zeit überwinden.	*Das private Leben hat mehr Bedeutung als die Weltgeschichte.*	*Selbst der Tod kann eine wahre Liebe nicht zerstören.*

● **13** Schreibe zu der Botschaft einen kurzen Text, in dem du deine Wahl mithilfe von Textstellen begründest.

◒ **14** Vergleiche die Kalendergeschichte „Unverhofftes Wiedersehen“ mit der Kurzgeschichte „Sommerschnee“ von Seite 46/47. Lege eine Tabelle dazu an und notiere darin die Antworten zu folgenden Fragen.
- Welche Informationen erhältst du zu Beginn der Geschichten?
- Zu welcher Zeit spielen die Geschichten?
- Welche Fragen bleiben am Ende der Geschichten offen?
- Wie viele Figuren kommen vor?
- Gibt es einen Wendepunkt? Worin besteht dieser?

Seite 49 Kurzgeschichten

Seite 61 Kalendergeschichten

◒ **15** Vergleicht in der Gruppe eure Ergebnisse aus Aufgabe 14. Tauscht euch dann über den Inhalt beider Geschichten aus und beschreibt das Verständnis von Liebe.

◒ **16** Fasse jetzt alle Ergebnisse zu der Kalendergeschichte „Unverhofftes Wiedersehen“ in einer Textbeschreibung zusammen. Gehe so vor:
- Schreibe eine **Einleitung** mit Angaben zu Textart, Titel, Autorin/Autor, Erscheinungsjahr und Thema der Geschichte.
- Verfasse den **Hauptteil**. Verwende die Ergebnisse aus den Aufgaben 1 bis 15.
- Formuliere den **Schluss**. Beschreibe, welche Gedanken und Gefühle die Geschichte bei dir ausgelöst hat und welche Botschaft der Autor mit der Kurzgeschichte vermitteln wollte.

Seite 51 Textbeschreibung

◒ **17** Bereitet in der Gruppe ein Schattenspiel zu Abschnitt 1 und 3 der Kalendergeschichte vor. Geht dabei so vor:
- Stellt die Kulissen und die Figuren her.
- Erstellt ein kurzes Drehbuch für eure Vorstellung.
- Spielt das Stück mehrmals zur Probe durch.

Seite 271 Schattenspiel

◒ **18** Stellt der Klasse euer Schattenspiel vor. Diskutiert dann, was für euch Liebe bedeutet und ob die Liebe, die in der Kalendergeschichte dargestellt ist, noch zeitgemäß ist.

Was sind Pheromone?

1 Lies den folgenden Text.

Liebe auf den ersten Riecher?!

Sich gut verstehen zu können, ist eine Sache. Man muss sich aber auch gut riechen können – im wahrsten Sinne des Wortes. Die Veränderung in unserem Hormonhaushalt während der Pubertät wirkt sich auf unsere Schweißproduktion und auf unseren Körpergeruch aus. Wenn wir schwitzen, produzieren wir ab diesem Zeitpunkt über die Schweißdrüsen Pheromone. Das Wort „Pheromon" kommt aus dem Griechischen und bedeutet übersetzt so viel wie „Träger von Erregung". Pheromone sind Botenstoffe, mit denen wir an unser Gegenüber Information weitergeben – ohne dass wir oder der andere dies bewusst merken. Es geht hier nämlich um unseren eigenen, persönlichen Körpergeruch. Pheromone können beispielsweise sexuelle Lockstoffe sein, die unsichtbar und sehr flüchtig sind und deshalb unterbewusst wirken.

Wenn du jemanden toll findest, hat das also auch etwas mit den Pheromonen und somit mit einer bestimmten chemischen Zusammensetzung deines Körpers zu tun. Man sagt ja auch: Zwischen zwei Liebenden muss die Chemie stimmen. Das heißt nicht, dass Pheromone Menschen in eine liebestolle Trance versetzen, sondern dass sie Gefühle der Attraktivität, der Entspannung, der Sicherheit und des Wohlempfindens wecken können […]. Es ist jedoch bis heute in der Forschung umstritten, wie genau Pheromone im menschlichen Körper wirken.

Anders sieht dies in der Tierwelt aus – auch hier gibt es Pheromone. Wissenschaftler haben entdeckt, dass Tiere über Duftstoffe sogar kommunizieren.

2 Erklärt einander im Tandem den Begriff „Pheromon".

3 In der Tabelle stehen Sätze aus dem Text. Untersucht im Tandem, an welcher Stelle das gebeugte (konjugierte) Verb steht.

Vorfeld	linkes Verbfeld	Mittelfeld	rechtes Verbfeld	Nachfeld
Man	*muss*	*sich aber auch gut*	*riechen können*	*– im wahrsten Sinne des Wortes.*
Die Veränderung … während der Pubertät	*wirkt*	*sich auf unsere Schweiß-produktion und auf unseren Körpergeruch*	*aus.*	*–*
…	…	…	…	…

4 Übernimm die Tabelle aus Aufgabe 3 und trage die blauen Sätze und Teilsätze aus dem Text in die Tabelle ein.

5 Untersucht im Tandem die Satzklammern in der Tabelle. Gebt an, was im linken und im rechten Verbfeld steht.

TIPP
Die Satzklammer besteht aus dem linken und dem rechten Verbfeld.

6 Schreibe die Sätze ab. Markiere jeweils das gebeugte (konjugierte) Verb.

a Julia erwiderte Romeos Liebe sofort.
b Warum mussten die beiden Liebenden sterben?
c Glaubte Shakespeare nicht an die ewige Liebe?
d … (Er glaubte), dass die Familien sich nie versöhnt hätten.
e Nimm dir den Tod der beiden nicht so zu Herzen!

TIPP
Achte auf das gebeugte Verb in dem Nebensatz.

7 An welcher Stelle steht das gebeugte (konjugierte) Verb? Ordne die Sätze aus Aufgabe 6 den folgenden Begriffen zu.

Verberstsatz *Verbzweitsatz* *Verbletztsatz*

8 Bestimmt im Tandem, um welche Satzart es sich bei den Sätzen in Aufgabe 6 handelt: W-Fragesatz, Aussagesatz, Nebensatz, Aufforderungssatz oder Entscheidungsfrage.

Merke

Das Prädikat und das Feldermodell

Das Prädikat steht im **Zentrum** des Satzes. Nach der **Stellung des gebeugten** (konjugierten) **Verbs** kann man die **Satzarten** unterscheiden:

- Bei **Aufforderungssätzen** und **Entscheidungsfragen** steht das gebeugte Verb an erster Stelle. → Verberstsatz
- Bei **Aussagesätzen** und **W-Fragesätzen** steht das gebeugte Verb an **zweiter Stelle.** → Verbzweitsatz
- Bei **Nebensätzen** steht das gebeugte Verb an **letzter Stelle.** → Verbletztsatz

Prädikate können aus einem oder zwei Teilen bestehen. **Zweiteilige Prädikate** bilden eine **Satzklammer**. Die Satzklammer teilt den Satz in drei Felder ein: **Vorfeld, Mittelfeld** und **Nachfeld**. Die Satzklammer besteht aus zwei Teilen: dem **linken** und dem **rechten Verbfeld**.

	Vorfeld	**linkes Verbfeld**	**Mittelfeld**	**rechtes Verbfeld**	**Nachfeld**
einteiliges Prädikat	Romeo	liebt	Julia.	–	(evtl. Neben-satz)
zweiteiliges Prädikat		--- **Satzklammer** ---			
1. Modalverben	Romeo	will	Julia	vergessen.	
2. trennbare Verben	Romeo	fährt	auf Julia	ab.	
3. zusammengesetzte Zeitformen	Romeo	hat	Julia	geliebt.	
	Romeo	wird	Julia	vergessen.	

Wer ist Gabriele Wohmann?

1 Lies den folgenden Text über die Autorin Gabriele Wohmann.

Gabriele Wohmann

Gabriele Wohmann ist 1932 in Darmstadt zur Welt gekommen. Sie hat nach der Schule Germanistik und Romanistik in Frankfurt am Main studiert. Sie hat als Lehrerin gearbeitet. Sie hat Mitte der 1950er-Jahre begonnen Kurzgeschichten und Romane zu schreiben. Sie ist 1960 Mitglied der Gruppe 47 geworden. Sie thematisierte vor allem menschliches Fehlverhalten im Alltag. Gabriele Wohmann ist 2015 in Darmstadt gestorben.

Seite 298
Satzglieder

2 Schreibe drei Sätze aus Aufgabe 1 ab. Führe zu jedem Satz die Umstellprobe schriftlich durch. Setze zwischen die Satzglieder senkrechte Striche.

Gabriele Wohmann | ist | 1932 | in Darmstadt | zur Welt | gekommen.
1932 | ist | Gabriele Wohmann | in Darmstadt | zur Welt | gekommen.
In Darmstadt | ist | Gabriele Wohmann | 1932 | zur Welt | gekommen.
Zur Welt | ist | Gabriele Wohmann | in Darmstadt | 1932 | gekommen.

3 Finde das Subjekt in jedem Satz, indem du mit „Wer oder was?" danach fragst. Unterstreiche die Subjekte gelb.

4 Untersuche die Sätze und finde die Prädikate. Frage „Was macht das Subjekt?" Unterstreiche die Prädikate blau und zeichne die Satzklammer ein, z. B.
Gabriele Wohmann | ist | 1932 | in Darmstadt | zur Welt | gekommen.

5 Schreibe die Sätze so um, dass das rechte Verbfeld leer bleibt, z. B.
Gabriele Wohmann kam 1932 in Darmstadt zur Welt.

TIPP
Stelle die Sätze um.

6 Gestalte den Text aus Aufgabe 1 abwechslungsreicher. Schreibe ihn um und verwende dabei deine Sätze aus Aufgabe 2.

7 Schreibe die folgenden Sätze ab. Markiere die Subjekte und Prädikate.

a Gabriele Wohmann ist die Tochter eines Pfarrers gewesen.
b An vielen Tagungen der Gruppe 47 nahm sie teil.
c Ihr Roman „Paulinchen war allein zu Haus" machte sie bekannt.
d Gabriele Wohmann schrieb besonders gern Kurzgeschichten.

Wo? Wann? Wie? Warum?

1 Schreibt die folgenden Sätze ab. Ermittelt im Tandem die Adverbialbestimmungen des Ortes und markiert sie violett.

a Ich möchte mit dir morgen ins Kino gehen.
b Wir treffen uns um 18 Uhr in der Eisdiele.
c Heute fahren wir in den Zoo.

2 Finde in den Sätzen aus Aufgabe 1 die Adverbialbestimmungen der Zeit und markiere sie grün.

3 Schreibe den folgenden Lückentext ab und setze dabei die passenden Adverbialbestimmungen der Zeit ein.

um 18 Uhr | *heute* | *15 Minuten* | *gleich* | *morgen*

Wenn wir ___ ins Kino gehen wollen, sollten wir ___ schon die Karten kaufen. Am besten, wir treffen uns ___ vor dem Kino. Ich warte dort etwa ___ auf dich, dann gehe ich hinein. Wenn du kommst, können wir ___ hineingehen.

4 Erfragt die Adverbialbestimmungen der Art und Weise in den folgenden Sätzen mit dem Fragewort „Wie?" Beantwortet die Fragen. Wechselt euch im Tandem ab. Markiert orange.

a Das Paar lebt seit zehn Jahren glücklich zusammen.
b Ich muss mit ihr ernsthaft reden.
c Er lässt sich mit letzter Kraft in ihre Arme sinken.
d Die Frau wirkte sehr geheimnisvoll.

5 Schreibe die folgenden Sätze ab. Markiere die Adverbialbestimmungen des Grundes rot.

a Wegen des Staus komme ich zu spät zu der Verabredung.
b Die Verabredung ist durch meine Verspätung geplatzt.
c Aufgrund meiner Verspätung sprichst du nicht mehr mit mir.
d Weil du nicht mehr mit mir sprichst, bin ich sehr traurig.

6 Formuliert im Tandem zwei Sätze zum Thema Liebe, in denen jeweils zwei verschiedene Adverbialbestimmungen vorkommen.

Adverbialbestimmung:
des Ortes (Wo?), der Zeit (Wann?), der Art und Weise (Wie?),
des Grundes (Warum?)

Seite 298
Adverbialbestimmungen

TIPP
Erfragt die Adverbialbestimmung des Ortes mit Wo? oder Wohin?.

TIPP
Erfrage die Adverbialbestimmung der Zeit mit Wann? oder Wie lange?.

TIPP
Erfrage die Adverbialbestimmung des Grundes mit Warum?

Wem tut es was?

1 Ergänze die folgenden Sätze. Denke dir Antworten auf die Fragewörter aus und schreibe die vollständigen Sätze auf.

a Alex besucht ___ (Wen oder was?).
b Er möchte ___ (Wem?) ___ (Wen oder was?) mitbringen.
c Er schenkt ___ (Wem?) ___ (Wen oder was?).
d Seine Freundin gibt ___ (Wem?) ___ (Wen oder was?).
e Alex erzählt ___ (Wem?) von seinem Tag.

2 Klärt im Tandem, welche Satzglieder ihr in Aufgabe 1 ergänzt habt. Nennt das Satzglied und das passende Fragewort.

3 Übernimm die folgende Tabelle und trage die Satzglieder aus den Sätzen aus Aufgabe 1 ein.

Satz	Akkusativobjekt	Dativobjekt
a	*seine Freundin*	–
b	…	…

4 Lest im Tandem den Text und ergänzt die Sätze mit den Objekten in den Klammern.

Dana liebt ___ (ihr kleiner Hund). Sie bekam ___ (der kleine Hund) zu ihrem Geburtstag. Der Hund gefällt ___ (das Mädchen) vor allem, weil er ganz schwarz ist. Sie bewundert an ___ (der Hund) ___ (das weiche Fell) und ___ (der kluge Blick). Sie kennt ___ (ihr Hund) sehr gut und kann ___ (der Hund) ___ (ihre Liebe) zeigen. Oft nimmt sie ___ (der Hund) und fährt an den Stadtrand. Dort gibt es ___ (eine Wiese), auf der viele Hunde herumtoben. Manchmal lässt sie ___ (der Hund) ___ (ein Ball) fangen.

5 Der Text ist durch die häufigen Wiederholungen eintönig. Verbessere ihn, indem du mehrmals für „Hund“ ein Personalpronomen einsetzt. Schreibe den vollständigen Text auf.

6 Fragt im Tandem nach den Objekten in den Sätzen in Aufgabe 4. Beantwortet die Fragen, z. B. *Wen oder was liebt Dana? – Ihren kleinen Hund.*

7 Trage die Objekte aus Aufgabe 6 in die Tabelle aus Aufgabe 3 ein.

Wozu nur?

1 Formuliert im Tandem Fragen zu den blau markierten Satzgliedern. Beantwortet sie, z. B. a *Mit wem geht er ins Kino? – Mit seinem Freund.*

a Er geht mit seinem Freund ins Kino.
b Die Großmutter freut sich über den Besuch des Enkelkindes.
c Julian wartet auf die erste Liebe.
d Alle denken an die Klassenfeier.
e Marie staunte über seinen Mut.
f Das Mädchen freut sich auf seinen Besuch.
g In dem Film geht es um die große Liebe.
h Er bespricht alles mit seiner Freundin.

2 Übernimm die folgende Tabelle. Trage die markierten Satzglieder aus Aufgabe 1 in die Tabelle ein.

Woran?	Worauf?	Mit wem?	Worüber?	Worum?
…	…	…	…	…
…	…	…	…	…

3 Bildet im Tandem mindestens acht Sätze mit folgenden Verben und passenden Präpositionalobjekten[1]. Schreibt sie auf.

achten (auf) | *sich aufregen (über)* | *denken (an)* | *hoffen (auf)*
sich erinnern (an) | *sich kümmern (um)* | *streiten (mit/über)*
warnen (vor) | *reden (über)* | *fragen (nach)* | *sich wundern (über)*

[1] Präpositionalobjekt: Objekt, das durch eine Präposition eingeleitet wird

4 Markiert in den Sätzen aus Aufgabe 3 die Präpositionalobjekte und überlegt im Tandem die passenden Fragen danach. Tragt die Präpositionalobjekte in die Tabelle aus Aufgabe 2 ein.

TIPP
Ergänze weitere Fragewörter in der Tabelle.

Merke
Objekte

Das Objekt ergänzt einen Satz durch Informationen. Man unterscheidet:
Akkusativobjekte → Man fragt: Wen oder was? → Sie liebt ihren Kater.
Dativobjekte → Man fragt: Wem? → Er antwortet seiner Freundin.
Präpositionalobjekte → Man fragt mit der Präposition: Zu wem? Von wem? Wozu? Wofür? Worüber? Worauf? … → Sie bedankt sich für das Geschenk.

Wer macht was mit wem und wozu?

1 Schreibe die folgenden Sätze ab und stelle sie so oft wie möglich um. Bestimme dann die Satzglieder und markiere sie verschiedenfarbig.

a Ich fahre mit der U-Bahn zu meinem Freund.
b Das nette Mädchen hat mich heute angerufen.
c Die ganze Familie sitzt am Esstisch.
d Alle lachen über den Freund der Tochter.

2 Lest zuerst die folgenden Fragen durch. Beantwortet alle Fragen im Tandem in einem ganzen Satz. Schreibt die Sätze auf.

Wer geht mit seinen zwei kleinen Kindern in den Zoo?
Wohin geht der stolze Vater mit seinen zwei kleinen Kindern?
Mit wem geht der stolze Vater in den Zoo?

3 Denke dir einen Satz mit Subjekt, Prädikat und zwei verschiedenen Objekten aus. Stelle wie in Aufgabe 2 die verschiedenen Fragen zu den Satzgliedern. Schreibe die Fragen auf.

4 Tauscht eure Fragen aus Aufgabe 3 im Tandem aus. Beantwortet die Fragen der Partnerin oder des Partners in einem ganzen Satz.

5 Lies den folgenden Text.

Zu den berühmten Paaren der Literatur zählen der Sänger Orpheus und seine Braut Eurydike. Eurydike wird von Aristaios verfolgt. Sie stirbt durch einen Schlangenbiss. Orpheus steigt in die Unterwelt hinab, um seine Braut zu suchen. Er versucht den Gott Hades mit seinem Gesang und Lyraspiel zu beeindrucken. Dieser soll ihm seine Braut zurückgeben. Hades gewährt ihm seine Bitte. Aber Orpheus darf sich auf dem Rückweg in die Oberwelt nicht umschauen. Da er Eurydike nicht hört, schaut er sich um. Daraufhin verschwindet Eurydike wieder in der Unterwelt.

6 Übernehmt die Tabelle. Ordnet im Tandem alle Satzglieder aus den Sätzen im Text ein.

Satz	Subjekt	Prädikat	**Objekt** (Wem? – Wen oder was? – Wozu? Wodurch? Womit? …)	**Adverbialbestimmung** (Wo? Wohin? – Warum? – Wie? – Wann?)
1	*der Sänger Orpheus und seine …*	…	*zu den berühmten Paaren der …*	–
…	…	…	…	…

7 Prüfe, welche Objekte aus der Tabelle aus Aufgabe 6 Dativobjekte und welche Akkusativobjekte sind. Ordne zu:

Dativobjekte: *ihm (Satz 6), ...*
Akkusativobjekte: *den Gott Hades (Satz 5), ...*

8 Notiere jetzt die Präpositionalobjekte aus der Tabelle. Ergänze die passenden Fragewörter, z. B. *zu den berühmten Paaren (Satz 1) → Zu wem?*

9 Seht euch nun im Tandem die Adverbialbestimmungen im Text und in der Tabelle an. Ordnet sie zu.

Adverbial-bestimmung des Ortes	Adverbial-bestimmung der Zeit	Adverbial-bestimmung der Art und Weise	Adverbial-bestimmung des Grundes
in die Unterwelt (Satz 4)	...	...	...
...	...	...	...

10 Lege dir Karteikarten zu Satzgliedern an. Gehe so vor:
- Überlege dir einen Satz, der möglichst viele Satzglieder enthält.
- Lege so viele Karteikarten an, wie dein Satz Satzglieder enthält.
- Schreibe auf die Vorderseiten aller Karteikarten deinen Satz.
- Unterstreiche jeweils das zu bestimmende Satzglied.
- Notiere auf der Rückseite der Karteikarte die Frage nach dem Satzglied.
- Notiere darunter den Namen des Satzgliedes. Beantworte die Frage.

Ich habe heute meinem Freund im Freibad einen Kuss gegeben.

Wo habe ich heute meinem Freund einen Kuss gegeben?

→ im Freibad

Adverbialbestimmung des Ortes

4 Mein Praktikum

Bewerbungen und Praktikumsberichte schreiben

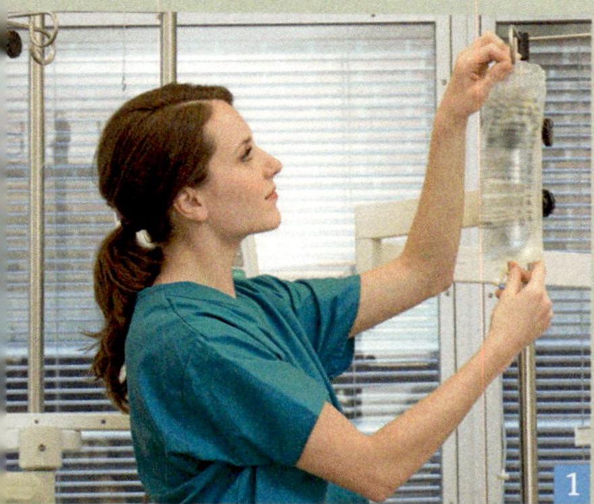
1

2

3

4

5

6

Das lernst du jetzt:

- deinen Lebenslauf schreiben
- deine eigenen Interessen, Stärken und Fähigkeiten beschreiben
- eine Bewerbung für ein Praktikum schreiben
- dich im Praktikum richtig verhalten
- einen Tagesbericht zum Praktikum verfassen
- einen Abschlussbericht zum Praktikum verfassen
- Aktiv und Passiv bilden und verwenden

1 Seht euch die Fotos auf Seite 72 an. Nennt die Berufe, die dargestellt sind.

2 Bildet Gruppen und verteilt die dargestellten Berufe. Übernehmt die Berufekarte und füllt sie aus. Stellt dann den Beruf der Klasse vor.

Berufsbezeichnung: ....
Arbeitsorte: ....
Tätigkeiten: ....
nötige Fähigkeiten: ....
Arbeitsmittel/-geräte: ....
Kontakt zu Menschen: ....

3 Tauscht euch darüber aus, ob ihr einen der vorgestellten Berufe in einem Praktikum erkunden möchtet. Begründet eure Meinung.

4 Habt ihr eigene Ideen für euer Praktikum? Welchen Beruf möchtet ihr kennenlernen und erkunden? Begründet, warum ihr euch für diesen Beruf interessiert.

5 Wie findet man einen Praktikumsplatz? Erklärt, welche Möglichkeiten sich hinter den folgenden Stichworten verbergen. Besprecht, welche ihr davon nutzen würdet.

direkter Kontakt | *persönliches Umfeld* | *Messen/Ausstellungen*

Stellenanzeigen | *Behörden/Anlaufstellen* | *Girls' Day/Boys' Day*

6 Für einen Praktikumsplatz müsst ihr eine Bewerbung schreiben. Besprecht, was das Wort „BeWERBUNG“ in diesem Zusammenhang aussagt.

7 Es gibt verschiedene Möglichkeiten, sich zu bewerben. Klärt, was die folgenden Bewerbungsarten bedeuten und was sie jeweils beinhalten:
- Onlinebewerbung
- schriftliche Bewerbung
- telefonische Anfrage
- Kreativbewerbung
- Initiativbewerbung

8 Welche Form der Bewerbung wird für euer Praktikum gefordert? Tauscht euch darüber aus.

RGS **9** Lest die beiden Sätze. Besprecht, worin sie sich unterscheiden.

Ich rufe an. | *Ich werde angerufen.*

Mein Lebenslauf

Wenn du dich für ein Praktikum bewerben willst, dann stelle eine Bewerbungsmappe zusammen. In diese gehören ein tabellarischer Lebenslauf (mit Foto), ein Bewerbungsschreiben und das letzte Zeugnis.

○ **1** Sieh dir den Lebenslauf von Linus Schmidt an.

Lebenslauf

Persönliche Daten

Name, Vorname:	Schmidt, Linus
Adresse:	Starenweg 3 74080 Heilbronn
Telefon:	071 31/12 34 56
E-Mail:	linus.schmidt@bewerbung.de
Geburtsdatum:	13.10.2003
Geburtsort:	Stuttgart

Schulbildung

aktuelle Schule:	seit 2014 Allgemeine Realschule, Heilbronn
vorherige Schulen:	2010–2014 Grundschule, Böckingen

Kenntnisse und Interessen

Computerkenntnisse:	gute Kenntnisse in Word (Microsoft Office)
Sprachkenntnisse:	Englisch (sehr gute Kenntnisse), Spanisch (Grundkenntnisse)
Interessen und Hobbys:	Medizin, Tiere und Pflanzen untersuchen, Fußball
Ort, Datum:	Heilbronn, 17.12.2017
Unterschrift:	*Linus Schmidt*

○ **2** Beschreibt im Tandem, wie der Lebenslauf aufgebaut ist, worüber er informiert und wie er gestaltet ist.

◒ **3** Schreibe jetzt deinen eigenen Lebenslauf. Orientiere dich an dem Lebenslauf von Linus.

Das interessiert mich!

Bevor du dich für ein Praktikum entscheidest und bewirbst, solltest du herausfinden, was dich interessiert. Überlege, welche Stärken und Fähigkeiten du besitzt, damit du ein Praktikum wählst, das zu dir passt.

○ **1** Übernimm die beiden Cluster. Schreibe auf, was dir zu den Fragen einfällt.

Seite 274
Cluster

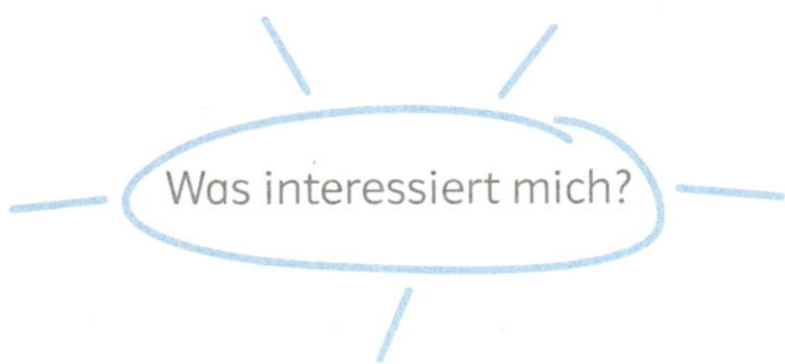

○ **2** Schätze nun ein, wie du in der Schule bist. Übernimm die Tabelle und fülle sie aus.

meine Stärken in der Schule	meine Interessen in der Schule	so arbeite ich am liebsten
…	…	…

TIPP
Denke an deine Team- und Lernfähigkeit, Lieblingsfächer und dein Sozialverhalten.

◒ **3** Tauscht im Tandem eure Tabellen aus und besprecht sie miteinander. Prüft, ob die Partnerin oder der Partner euch ähnlich einschätzt.

◒ **4** Notiere einen Beruf, der dich wirklich interessiert. Lege zu deinem Wunschberuf eine Berufekarte an. Recherchiere im Berufenet die nötigen Informationen.

Seite 290
Berufekarte

● **5** Schreibe einen kurzen Text zu deinem Wunschberuf. Begründe, warum du dich für diesen Beruf interessierst. Erläutere auch, ob du dafür geeignet bist. Verwende deine Ergebnisse aus den Aufgaben 1 und 2.

○ **6** Vergleiche jetzt deinen Text mit den Angaben auf der Berufekarte. Prüfe, ob du die für diesen Beruf nötigen Fähigkeiten besitzt und in deinem Text notiert hast.

◒ **7** Wähle einen weiteren Beruf, der für dein Praktikum ebenfalls in Frage käme. Recherchiere, welche Tätigkeiten man in diesem Beruf ausübt.

◒ **8** Schreibe auf, wie dein Tag als Praktikant in diesem Betrieb ablaufen könnte.

● **9** Stellt einander in Gruppen eure Berufe aus Aufgabe 6 vor. Erklärt, warum ihr euch für den Beruf interessiert und warum ihr dafür geeignet seid.

So bewerbe ich mich

○ **1** Linus hat sich für ein Praktikum in einem Krankenhaus beworben. Lies sein Bewerbungsschreiben.

Linus Schmidt
Starenweg 3
74080 Heilbronn
☎ 071 31 – 12 34 56
✉ linus.schmidt@bewerbung.de

Evangelisches Krankenhaus
Frau Mojsisch
Alleestraße 4
74080 Heilbronn

Heilbronn, 17.12.2017

Bewerbung um ein Praktikum als Gesundheits- und Krankenpfleger (05.02.–24.02.2018)

Sehr geehrte Frau Mojsisch,

da mich die Arbeit eines Gesundheits- und Krankenpflegers sehr interessiert, möchte ich mich hiermit für ein dreiwöchiges Praktikum in Ihrem Krankenhaus bewerben. Bei einem Krankenbesuch in Ihrer Klinik konnte ich die spannenden Tätigkeiten in diesem Beruf beobachten. Ich hoffe, während des Praktikums den Beruf näher kennenzulernen und einen tieferen Einblick in dessen Aufgaben zu bekommen.

Ich interessiere mich besonders für den menschlichen Körper und die Medizin. In der Schule zählen Deutsch und Biologie zu meinen Lieblingsfächern. Momentan lasse ich mich zum Schulsanitäter ausbilden. Bei der Ausbildung habe ich festgestellt, dass ich schwierige Situationen sehr gut einschätzen kann, mich gut in andere Menschen hineinversetze und ruhig reagiere. Ich habe Freude daran, anderen zu helfen.

Zurzeit besuche ich die 8. Klasse der Realschule Heilbronn, die ich voraussichtlich im Sommer 2020 mit dem Mittleren Bildungsabschluss beenden werde.

Gern stelle ich mich Ihnen persönlich vor und freue mich über eine Einladung zu einem Gespräch.

Mit freundlichen Grüßen
Linus Schmidt

Anlagen
tabellarischer Lebenslauf
Zeugniskopie

2 Zu einem Bewerbungsschreiben gehören folgende Bestandteile. Schreibt sie auf Klebezettel und ordnet sie im Tandem der Bewerbung auf Seite 76 zu.

Bitte um Rückmeldung – Praktikumswunsch und Begründung – Unterschrift – Betreffzeile – Briefkopf (Adressen von Absender und Empfänger, Datum) – momentane Situation (Klasse, Schule) – Anrede – persönliche Fähigkeiten/Erfahrungen – Anlagen – Grußformel

3 Klärt, welche Funktionen die Bestandteile für den Empfänger haben.

4 Schreibe nun deine eigene Bewerbung für einen Praktikumsplatz. Verwende dafür deinen Text aus Aufgabe 5 von Seite 75. Gehe so vor:
- Schreibe zuerst den Briefkopf, die Betreffzeile und die Anrede.
- Formuliere eine **Einleitung**, in der du deinen Praktikumswunsch äußerst und kurz deine Wahl begründest.
- Schreibe einen **Hauptteil**. Formuliere, warum du dich für den Praktikumsberuf interessierst und welche Fähigkeiten du dafür besitzt. Beschreibe deine Schulsituation.
- Formuliere zum **Schluss** eine Bitte um Rückmeldung.
- Schreibe eine Grußformel, unterschreibe und notiere die Anlagen.

TIPP
Prüfe am Ende die Rechtschreibung und Zeichensetzung.

5 Lest im Tandem eure Bewerbungsschreiben. Überzeugen euch die Bewerbungen eurer Partnerin oder eures Partners? Gebt einander ein Feedback.

Seite 269
Feedback

Arbeitstechnik
Eine Bewerbung für einen Praktikumsplatz schreiben

Vorbereitung
1. Lege fest, **welchen Beruf** du in deinem Praktikum erkunden möchtest.
2. Notiere **Interessen** und **Fähigkeiten**, die zum Praktikumsberuf passen.
3. **Suche** dir einen **Praktikumsbetrieb**. Nutze dafür das Internet, frage Eltern und Bekannte oder deine Praktikumsbetreuer in der Schule.
4. **Erkundige dich** möglichst frühzeitig im Praktikumsbetrieb, ob du dort dein Praktikum absolvieren kannst.

Schreiben
1. Verfasse dein **Bewerbungsschreiben**. Beginne mit dem **Briefkopf** (Absender, Empfänger, Datum), der **Betreffzeile** und der **Anrede**.
2. Verfasse dann eine **Einleitung**, in der du die Wahl des Betriebes und Berufes begründest.
3. Schreibe einen Hauptteil. Formuliere, warum du dich für diesen Beruf interessierst und welche Fähigkeiten du dafür besitzt. Beschreibe deine Schulsituation.
4. Formuliere einen **Schluss** mit der Bitte um Rückmeldung.
5. Schreibe eine **Grußformel**, unterschreibe und notiere die **Anlagen**.

Tipps für das Praktikum

Bei einem Praktikum gewinnst du Einblicke in die Arbeitswelt und machst wichtige Erfahrungen, die dir später bei der Wahl deines Berufes helfen können. Damit dein Praktikum erfolgreich wird, musst du wissen, wie du dich verhalten sollst und welche Möglichkeiten es gibt, Probleme zu lösen.

1 **Dein Telefonat:**
Bevor ihr euch bewerbt, müsst ihr in dem Betrieb nachfragen, ob ihr dort ein Praktikum absolvieren könnt. Notiert im Tandem, wie ein solches Telefongespräch ablaufen könnte. Verwendet die folgenden Bausteine.

Warum dieser Beruf? | *bedanken* | *besondere Kleidung* | *Zeitraum* | *Grund des Anrufs* | *verabschieden* | *Schule* | *geforderte Unterlagen* | *Name Ansprechpartner* | *Warum genau dieser Betrieb?* | *Name* | *Praktikumsberuf* | *persönlich vorstellen* | *Vorstellungsgespräch*

TIPP
Denkt euch die nötigen Angaben selbst aus.

Seite 270
Rollenspiel

2 Fertigt im Tandem Rollenkarten an. Einer übernimmt Frau Schumann aus der Personalabteilung, der andere den Schüler Daniel Großmann. Notiert auf den Karten alle Informationen und Fragen, die für das Gespräch nötig sind.

Daniel Großmann
....
....

Frau Schumann
....
....
....

TIPP
Notiert während des Gesprächs alle wichtigen Informationen.

Seite 269
Feedback

3 Übt jetzt euer Telefongespräch im Tandem. Achtet darauf, dass ihr höflich seid und dass ihr Antworten auf eure Fragen erhaltet.

4 Spielt nun eure Telefongespräche der Klasse vor. Gebt einander anschließend ein Feedback. Beurteilt:
- Wurde höflich, laut und deutlich gesprochen?
- Haben sich die Personen vorgestellt?
- Wurden alle Fragen zu Terminen, Arbeitszeiten, Adressen, Unterlagen, Kleidung und Ansprechpartnern beantwortet?
- Wurde passend begrüßt und verabschiedet?

○ **5** **Dein Verhalten**:
Seht euch im Tandem das folgende Bild an. Beschreibt das Verhalten der Praktikantinnen/Praktikanten und das der Betreuerin/Betreuer.

◒ **6** Beurteile das Verhalten aller abgebildeten Personen. Notiere, was du anders machen würdest.

◒ **7** Bildet Gruppen. Klärt, wie ihr euch bei einem Praktikum verhalten solltet. Formuliert Regeln.

TIPP
Über angemessenes Verhalten im Praktikum könnt ihr euch auf der Seite planet-beruf.de informieren.

◒ **8** Diskutiert in der Klasse eure Regeln aus Aufgabe 7. Legt fest, welche besonders wichtig sind, und schreibt sie auf ein Plakat.

◒ **9** **Deine Problemlösung**:
Seht euch im Tandem noch einmal das Verhalten der Betreuerin auf dem Bild oben an. Besprecht, wie ihr darauf reagieren würdet.

○ **10** Stelle dir die folgenden Situationen vor.

Der Betreuer verlangt, dass du jeden Tag die Werkstatt kehrst. Du möchtest aber lieber die Arbeiten eines Automechanikers kennenlernen.

Die Betreuerin befragt dich ausführlich zu deiner Familie. Du möchtest aber nicht so viel über private Dinge sprechen.

Du schaffst die Arbeit nicht, die dir übertragen wurde. Der Betreuer ist sauer.

◒ **11** Wählt im Tandem eine Situation aus Aufgabe 10 aus. Überlegt, wie ihr euch verhalten würdet. Bereitet die Situation als Rollenspiel vor.

Seite 270
Rollenspiel

◒ **12** Spielt der Klasse die Szenen vor. Tauscht euch darüber aus, ob die Probleme gut gelöst wurden. Gebt einander Ratschläge, was verbessert werden kann.

Praktikum im Krankenhaus

Seite 291
Tagesbericht

○ **1** Linus hat über seinen zweiten Praktikumstag im Krankenhaus einen tabellarischen Tagesbericht geschrieben. Sieh dir die Tabelle an.

Tagesbericht – Dienstag, 06.02.2018			
Zeit/Ort	Tätigkeiten	Arbeitsmittel	Arbeitsablauf
8:00–9:00 Ev. KH Heilbronn, Station 4	Frühstücks-tabletts einsammeln	Essenwagen, Frühstücks-tabletts	1. Tabletts einsammeln 2. Tabletts auf den Essenwagen stellen
9:00–9:15 Aufenthaltsraum	Pause		
9:15–10:15 Ev. KH Heilbronn, Station 4	Reinigen der Blutdruck-messgeräte	Blutdruckmess-geräte, Desinfektions-mittel, Reinigungstücher	1. Blutdruckmessgeräte mit Desinfektionsmittel einsprühen 2. Desinfektionsmittel einwirken lassen 3. mit Reinigungstuch sauber putzen 4. Blutdruckmess-geräte in den Schrank räumen
10:15–11:00 Ev. KH Heilbronn, Station 4	Bettschilder anfertigen	PC, Drucker, Bettschilder	1. Daten der neuen Patienten am PC eingeben 2. Bettschilder ausdrucken 3. Bettschilder an den Betten befestigen
11:00–12:00 …	Materialschrank auffüllen	…	…

○ **2** Überlegt in der Klasse, worüber ein Tagesbericht informiert und wofür er geschrieben wird.

◒ **3** Vervollständigt im Tandem den Tagesbericht mit weiteren möglichen Tätigkeiten, die Linus bis 15 Uhr ausführt. Schreibt sie auf.

TIPP
Recherchiert die nötigen Informationen im Berufenet.

◒ **4** Bildet sechs Gruppen und verteilt die Berufe von Seite 72. Schreibt zu eurem Beruf einen möglichen Tagesbericht. Ihr könnt ihn als Tabelle oder als fortlaufenden Text schreiben.

5 Lies die folgende E-Mail von Linus an seinen Freund Dorian.

Hi Dorian,

jetzt will ich dir erzählen, wie mein Praktikum war. Die drei Wochen waren schnell vorbei. Ich habe jeden Tag sieben Stunden im Krankenhaus hier in Heilbronn gearbeitet. Das war fast wie ein Schultag, nur viel interessanter. Ich habe mir dort angeschaut, was man als Krankenpfleger alles tun muss. Der Beruf ist spitze. Aber dass man auch nachts arbeiten muss, ist nicht so toll. Und manchmal, wenn ein Patient in Not ist, muss man ganz schnell helfen können. Davon muss man wirklich Ahnung haben. Ich habe jeden Tag beim Ausgeben des Essens geholfen, die Essentabletts eingesammelt und die Blutdruckmessgeräte gereinigt. Außerdem habe ich die Bettschilder für die neuen Patienten geschrieben. In der zweiten Woche durfte ich ohne Hilfe die Materialschränke in den Behandlungszimmern mit Verbandmaterial und Spritzen auffüllen. Und in der letzten Woche hat mir die Stationsleiterin gezeigt, wie man den Blutzuckerspiegel misst. Sie hat mich mit einem Pin in den Zeigefinger gepiekst und dann mein Blut auf einen Teststreifen geschmiert. Der kam in ein Gerät, das den Blutzuckerspiegel misst. Das durfte ich dann auch bei einigen Patienten ausprobieren. Coole Technik! Dass ich gerade zum Schulsanitäter ausgebildet werde, war echt von Vorteil. Und dass ich ja immer ziemlich entspannt und locker zu anderen bin und mich nichts stresst, hat mir auch geholfen. Alle waren total nett zu mir. Und die Patienten haben sich gefreut, hier mal einen Jugendlichen zu sehen. Jetzt habe ich echt einen Überblick und weiß, was man alles in dem Beruf machen muss. Es waren drei total geniale Wochen! Schreib mal, wie es bei dir war.

Ciao, Linus

6 Beantworte die Fragen zu Linus' Praktikum schriftlich. Verwende die Informationen aus der E-Mail und aus dem Tagesbericht auf Seite 80.
- Wer hat das Praktikum absolviert und welcher Beruf wurde erkundet?
- Wann, wie lange und wo hat das Praktikum stattgefunden?
- Welche Tätigkeiten hat Linus hauptsächlich ausgeführt?
- Was hat er über spezielle Tätigkeiten gelernt?
- Welche von Linus' persönlichen Stärken waren von Vorteil?
- Was hat dem Praktikanten gut und was hat ihm nicht so gut gefallen?
- Was ist das Fazit zu dem Praktikum?

TIPP
Der Zeitraum für das Praktikum steht in Linus' Bewerbungsschreiben.

7 Schreibe nun einen sachlichen Abschlussbericht zu Linus' Praktikum. Orientiere dich an den Ergebnissen aus Aufgabe 6. Die Fragen geben die Reihenfolge für den Bericht vor.

8 Tauscht im Tandem die Abschlussberichte aus. Prüft die Korrektheit und Vollständigkeit und gebt einander ein Feedback.

Seite 269
Feedback

Test
s7dz58

Die Gabel links, das Messer rechts

Seite 290
Berufekarte

1 Tauscht euch im Tandem über den Beruf der Restaurantfachfrau oder des Restaurantfachmanns aus. Legt eine Berufekarte dazu an.

TIPP
Recherchiert auf der Seite Berufenet der Bundesagentur für Arbeit.

2 Lies Nicos Bewerbung für ein Praktikum in einem Restaurant.

Nico Schulze
Bürgerweg 15, 58540 Meinerzhagen
Tel.: 02357 – 123456

Restaurant „Bon Appetit“
Herr Gerd Scherff
Waldbergweg 12
58507 Lüdenscheid

Bewerbung als Restaurantfachmann (05.02.–24.02.2018)

Hallo Herr Scherff,
ich möchte gern bei ihnen ein Praktikum als Restaurantfachmann machen. In meinem Schülerbetriebspraktikum möchte ich daher den Beruf des Restaurantfachmanns näher kennen lernen und Einblicke in die Aufgabenbereiche und Tätigkeitsfelder dieses Berufes erhalten. Ich gehe noch zur Schule. Ich bin in der achten Klasse an der Schule hier in Meinerzhagen.
Mich interessiert der Beruf sehr und ich konnte ihn bei meiner Tante im Restaurant ausprobieren. Dort habe ich in den Ferien ausgeholfen. Ich habe die Tische eingedeckt, Bestellungen aufgenommen und den Gästen die Getränke gebracht.
Ich habe mir im Internet ihre Homepage angeschaut und dort ganz viel über das Restaurant erfahren. Und das waren alles positive Dinge.

Ich würde mich ihnen echt gerne vorstellen.
Nico Schulze

Anlagen

Seite 77
Praktikumsbewerbung

3 Untersucht im Tandem Nicos Bewerbung. Überprüft Aufbau, Inhalt und Sprache mithilfe des Arbeitstechnik-Kastens von Seite 77.

4 Notiert im Tandem Verbesserungsvorschläge und Ergänzungen. Begründet eure Entscheidungen.

5 Schreibe nun Nicos Bewerbung neu. Nutze die Ergebnisse aus Aufgabe 4. Du kannst die folgenden Formulierungen verwenden:

Bewerbung um ein Praktikum als ...
Sehr geehrter ...
In meinem Schülerpraktikum möchte ich ...
Zu meinen besten Fächern in der Schule gehören ... *Meine Stärken sind ...*
Zurzeit besuche ich die ..., die ich voraussichtlich ...
Auf Ihrer Homepage habe ich erfahren, dass ... *Über eine Einladung ...*

6 Nico hat die ersten drei Tage des Praktikums absolviert. Lies seinen Tagesbericht vom Mittwoch.

Seite 291
Tagesbericht

Mein Tag: Mittwoch, 07.02.2018
Heute fing ich um 9:00 Uhr an. Zuerst deckte ich die Tische für das Mittagessen ein: die Gabel links, das Messer und der Suppenlöffel rechts; oberhalb des Messers das Wasserglas und das Weinglas. Ich trug weiße Stoffhandschuhe, damit ich keine Fingerabdrücke auf dem Geschirr hinterlasse. Nach meiner 15-minütigen Frühstückspause zeigte mir der Koch ab 11:00 Uhr das heutige Mittagsmenü. Ich musste mir alle Namen und auch die Zutaten merken, damit ich den Gästen bei Fragen alles erklären konnte. Ab 12:00 Uhr bewirtete ich die Mittagsgäste. Ich brachte ihnen die Speisekarten und nahm die Bestellungen für die Getränke auf. Die Menüteller fasste ich mit einer weißen Stoffserviette an und stellte sie dann den Gästen hin. Ab 14:00 Uhr hatte ich eine halbe Stunde Mittagspause. Danach half ich eine Stunde lang im Restaurant und in der Küche aufzuräumen. Bis 16:00 Uhr stellte ich gemeinsam mit dem Restaurantchef und einem Kunden ein 5-Gänge-Menü zusammen. Dafür holte ich aus der Küche kleine Kostproben und Getränke. Anschließend hatte ich frei.

7 Erstelle mithilfe von Nicos Tagesbericht einen tabellarischen Tagesbericht.

Tagesbericht – Mittwoch, 07.02.2018			
Zeit/Ort	*Tätigkeiten*	*Arbeitsmittel*	*Arbeitsablauf*
9:00–...	...	...	...

8 Bildet zwei Gruppen und verteilt die folgenden Aufgaben.

A Stellt der Klasse den Beruf Restaurantfachmann/-frau vor.

B Lest der Klasse eure überarbeitete Bewerbung aus Aufgabe 5 vor. Berichtet dann von den Tätigkeiten, die Nico am 07.02.2018 erledigt hat.

TIPP
Verwendet für A eure Berufekarte aus Aufgabe 1.

9 Tauscht euch in der Klasse darüber aus, was euch an diesem Beruf gefällt oder nicht gefällt. Begründet eure Meinung.

Für einen besseren Durchblick

Seite 290
Berufekarte

1 Legt im Tandem eine Berufekarte zu dem Beruf der Augenoptikerin oder des Augenoptikers an.

TIPP
Recherchiert auf der Seite Berufenet der Bundesagentur für Arbeit.

2 Jolina möchte sich für ein Praktikum bei einem Optiker bewerben. Schreibe Jolinas Praktikumsbewerbung. Übernimm das lückenhafte Bewerbungsschreiben und vervollständige es.

Seite 77
Praktikumsbewerbung

Jolina Plett
Kirchstr. 35
72762 Reutlingen
071 21 – 12 34 56
jolina.plett@bewerbung.de

Sehzentrum Herbert
Herrn Ingo Herbert
Am Markt 5
72762 Reutlingen

…, …

…

…,
auf Ihrer Homepage habe ich erfahren, dass … Da ich mich schon länger für diesen Beruf interessiere, möchte ich mich …

Da ich gern mit Menschen … Ich berate … Mich interessiert besonders … Daher möchte ich mehr über diesen Beruf …

Zurzeit besuche …, die ich voraussichtlich … Zu meinen Lieblingsfächern … In meiner Freizeit … Ich bin kontaktfreudig, …

Über eine Einladung …

…
Jolina Plett

Anlagen
…

3 Tauscht im Tandem eure Bewerbungsschreiben aus und überprüft sie. Überarbeitet dann eure Bewerbungen.

4 Jolina hat die erste Woche ihres Praktikums absolviert. Lies die Stichworte, die sie sich für einen Tagesbericht notiert hat.

Mein Tag: Montag, 12.02.2018
Fahrt zur Praktikumsstelle ab 8:00 Uhr mit dem Bus – Arbeitsbeginn 9:00 Uhr – bis zur Frühstückspause 10:30 Uhr Feilen eines gleichschenkligen Dreiecks aus 4 mm dickem Kunststoff – Dreiecksseiten 30 mm lang – Aufzeichnen des Dreiecks auf Kunststoffplatte mit Winkel und Lineal – grobes Aussägen des Dreiecks mit Laubsäge – zum Feilen Dreieck in den Schraubstock spannen – große und kleine Feile verwenden – Winkel mit Winkelmesser überprüfen – nach Frühstückspause ab 10:45 Uhr bei drei Brillen die Seitenstege wechseln – Schrauben der Seitenstege lösen – Schrauben entfernen – alte Seitenstege durch neue ersetzen – Schrauben einsetzen – Schrauben festziehen – Brillen im Ultraschallbad reinigen – mit Brillenputztuch polieren – ab 12:00 Uhr eine Stunde Mittagspause – danach bis Arbeitsende 15:30 Uhr angelieferte Brillengläser, Kontaktlinsen und Zubehör sortieren – Lieferung und Lieferzettel vergleichen – Warenregale aufräumen

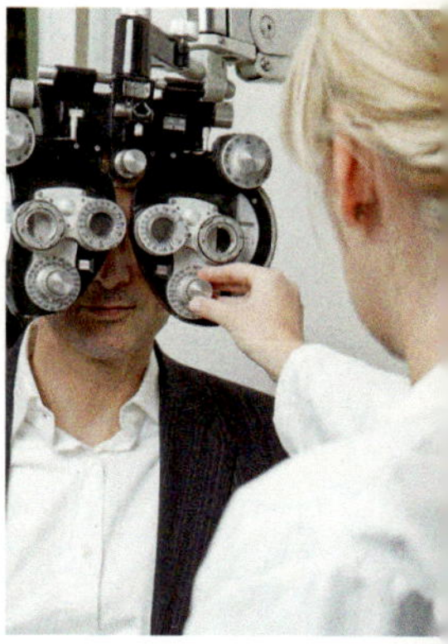

5 Schreibe mithilfe von Jolinas Notizen einen ausführlichen Tagesbericht.

Seite 291
Tagesbericht

6 Tauscht eure Tagesberichte im Tandem aus. Überprüft, ob sie vollständig und in der richtigen Zeitform und Reihenfolge geschrieben sind.

7 Überarbeite deinen Tagesbericht, wenn es nötig ist.

8 Besprecht in der Gruppe Jolinas lückenhaftes Bewerbungsschreiben in Aufgabe 2 und den Tagesbericht. Vergleicht ihre Vorstellungen von dem Beruf mit den Tätigkeiten, die sie an diesem Tag erledigt hat.

9 Jolina ist von ihrem Praktikum enttäuscht, weil sie lieber im Kundenbereich arbeiten würde. Versetze dich in Jolina hinein und schreibe drei Sätze auf, mit denen du das Problem der Betreuerin oder dem Betreuer erklären könntest.

10 Lest eure Sätze aus Aufgabe 9 in der Gruppe vor. Tauscht euch darüber aus, wie Jolinas Problem gelöst werden könnte.

11 Bildet zwei Gruppen und verteilt die folgenden Aufgaben.

A Stellt der Klasse den Beruf Augenoptiker/in mithilfe der Berufekarte vor.

B Lest der Klasse das Bewerbungsschreiben aus Aufgabe 2 vor. Berichtet dann von den Tätigkeiten, die Jolina am 12.02.2018 erledigt hat.

12 Tauscht euch in der Klasse darüber aus, was euch an diesem Beruf gefällt oder nicht gefällt. Begründet eure Meinung.

Helfen, fahnden, ermitteln

Seite 290
Berufekarte

TIPP
Recherchiert auf der Seite Berufenet der Bundesagentur für Arbeit.

1 Legt im Tandem eine Berufekarte zu dem Beruf der Polizeivollzugsbeamtin oder des Polizeivollzugsbeamten an. Recherchiert auch die verschiedenen Tätigkeiten und Aufgaben in diesem Beruf.

2 Manuel und Aylin haben sich für einen Praktikumsplatz bei der Polizei beworben. Lest die beiden Bewerbungsschreiben und untersucht sie im Tandem. Geht so vor:
- Prüft, ob Aufbau, Inhalt und Sprache der Bewerbungen korrekt sind.
- Besprecht, an welchen Bewerber ihr den Praktikumsplatz eher vergeben würdet. Begründet eure Entscheidung.
- Formuliert Tipps für beide Bewerber, mit denen sie ihre Bewerbungen verbessern können.

Lieber Herr Schoppmann,

ich interessiere mich unheimlich für den Beruf der Polizeivollzugsbeamtin. Durch die Potenzialanalyse in meiner Schule fühle ich mich in diesem Berufswunsch bestärkt, da zu meinen Fähigkeiten Geduld und Ausdauer, eine super Konstitution und Belastbarkeit gehören.

In meinem Praktikum möchte ich daher diesen coolen Beruf besser kennenlernen.
Zurzeit besuche ich die achte Klasse der Gemeinschaftsschule in Waghäusel und werde dort hoffentlich meinen Realschulabschluss machen. Zu meinen besten Fächern gehören Religion, Sport und Geschichte. Was ich gar nicht mag, sind die Fächer Mathematik und Physik.

Grundlagen für diesen Beruf konnte ich mir bereits während meiner Arbeit als Jugendtrainerin im Leichtathletikverein aneignen. Außerdem bin ich als Streitschlichterin in meiner Schule aktiv.

Ich habe mich für Ihre Dienststelle entschieden, da mein Cousin bereits letztes Jahr bei Ihnen ein Praktikum absolviert hat. Er hat mir viel Cooles und Spannendes über ihre Dienststelle erzählt.

Mit freundlichen Grüßen
Aylin Güzel

Sehr geehrter Herr Meyer,

da mein Interesse schon immer dem Beruf des Polizisten gegolten hat, möchte ich diesen Beruf in meinem Praktikum näher kennenlernen. Ich habe ja schon viel im Fernsehen darüber gesehen, mich interessiert aber noch mehr und ich möchte alle Aufgabenbereiche und Tätigkeitsfelder eines Polizeivollzugsbeamten vorgestellt bekommen.

Ich bin in meiner Freizeit bei der freiwilligen Jugendfeuerwehr tätig. Dort habe ich viele Qualifikationen erlangt, die auch für den Beruf des Polizeivollzugsbeamten wichtig sind. So gehören zu meinen Stärken Verantwortungsbewusstsein, Geduld, Ausdauer, eine gute Konstitution. Ich habe auch eine gute Beobachtungsgabe, bin teamfähig, zuverlässig und belastbar. Das passt doch gut zu diesem Beruf.

Ich habe mich für Ihre Dienststelle entschieden, da ich hier wohne und der Weg für mich nicht so weit ist. Ich möchte gern mein Praktikum bei Ihnen absolvieren.

Mit freundlichen Grüßen
Manuel Tietze

3 Schreibe nun eine eigene Bewerbung für ein Praktikum bei der Polizei. Beachte deine Tipps aus Aufgabe 2.

Seite 77 Praktikumsbewerbung

4 Tauscht eure Bewerbungen im Tandem aus und überprüft sie. Überarbeitet eure Bewerbungen, falls nötig.

5 Bildet Gruppen und recherchiert zum Beruf im Berufenet. Schreibt dann einen möglichen tabellarischen Tagesbericht zum Praktikum bei der Polizei.

TIPP Verwendet auch die Angaben von der Berufekarte.

6 Schreibe nun mithilfe der Tabelle aus Aufgabe 5 einen ausführlichen Tagesbericht.

Seite 291 Tagesbericht

7 Tauscht eure Tagesberichte im Tandem aus und überprüft, ob sie vollständig und in der richtigen Zeitform und Reihenfolge geschrieben sind. Überarbeitet eure Berichte, wenn nötig.

8 Bildet zwei Gruppen und verteilt die folgenden Aufgaben.

A Stellt der Klasse den Beruf Polizeivollzugsbeamter/-beamtin mithilfe der Berufekarte vor.

B Lest der Klasse das Bewerbungsschreiben aus Aufgabe 3 vor. Berichtet dann von den Tätigkeiten, die Polizeivollzugsbeamte erledigen müssen.

9 Tauscht euch in der Klasse darüber aus, was euch an diesem Beruf gefällt oder nicht gefällt. Begründet eure Meinung.

Wer macht was?

1 Melike hat ein Praktikum bei einem Uhrmacher absolviert. Lies ihren Praktikumsbericht.

Mein Praktikum habe ich beim Uhrmachermeister Edgar Linke in seiner Uhrmacherwerkstatt in der Hauptstraße absolviert. Der Arbeitstag beginnt dort um 9:00 Uhr.

(1) Zuerst werden die Arbeitsplätze vorbereitet. Dazu werden die Spezialwerkzeuge und die Vergrößerungsgläser bereitgelegt und die Arbeitslampen werden eingeschaltet.
Die Art der Arbeiten ist sehr unterschiedlich: So werden bei manchen Uhren nur die Batterien oder das Armband gewechselt. Bei anderen Uhren wird das komplette Uhrwerk zerlegt und nach dem Fehler gesucht. Es werden beschädigte Teile ersetzt und einzelne Elemente werden gereinigt. Danach wird das Uhrwerk wieder zusammengebaut. Abschließend wird die Uhr exakt eingestellt.
Bei sehr alten Uhren wird ein genauer Plan des Uhrwerks gezeichnet, damit die Uhr nach dem Zerlegen wieder richtig zusammengebaut werden kann. Manchmal werden spezielle Einzelteile, die im Handel nicht mehr erhältlich sind, berechnet, konstruiert und angefertigt.
Es werden aber auch Kunden im Verkaufsgespräch beraten. Dort werden dann die verschiedenen Uhren gezeigt und ihre Funktionen und Besonderheiten werden erklärt.
Am Ende des Arbeitstages werden die Arbeitsplätze aufgeräumt.

(2) In der ersten Woche bereitete ich die Arbeitsplätze vor und legte die Spezialwerkzeuge zurecht. Ich beobachtete die Uhrmacher einige Stunden bei ihrer Arbeit.
In der zweiten Woche wechselte ich Uhrenarmbänder und Batterien aus. Ich durfte auch bei einigen Uhren die Deckgläser austauschen. Zusammen mit dem Uhrmachermeister fertigte ich den Plan eines Uhrwerks einer sehr alten Uhr an. Ich erklärte den Kunden im Verkauf die Funktionen von verschiedenen Uhren.

2 Besprecht im Tandem die Tätigkeiten einer Uhrmacherin oder eines Uhrmachers. Notiert Stichworte dazu.

3 Lest die beiden Sätze. Beantwortet im Tandem die folgenden Fragen:
- Was hat sich in den beiden Sätzen verändert?
- Wer oder was steht in den beiden Sätzen jeweils im Vordergrund?

Passiv: Die Werkstatt wird aufgeschlossen.

Aktiv: Der Uhrmacher schließt die Werkstatt auf.

4 Untersucht in der Gruppe die unterschiedliche sprachliche Darstellung im ersten und zweiten Teil von Melikes Bericht. Beantwortet die Fragen:
- Wie bildet Melike ihre Sätze, wenn sie beschreibt, wie die Uhren repariert werden?
- Wie formuliert Melike, wenn sie beschreibt, was sie selbst getan hat?
- Wie heißen die beiden Formen, in denen die Verben und Sätze stehen?

5 Schreibt aus jedem Teil einen Satz ab. Markiert die Verbformen und vergleicht sie im Tandem.

6 Übernimm die Tabelle. Suche alle Passivformen aus dem ersten Teil des Berichts heraus und ordne sie ein.

Subjekt	Personalform von *werden*	Partizip II
die Arbeitsplätze	*werden*	*vorbereitet*
die Spezialwerkzeuge	...	...
...	...	...

TIPP
Das **Passiv** wird aus einer Form von *werden* und dem *Partizip II* des Verbs gebildet.

7 Wähle aus dem ersten Teil von Melikes Bericht vier Sätze aus. Formuliere die Passivsätze in Aktivsätze um, z. B. *Zuerst werden die Arbeitsplätze vorbereitet. → Zuerst bereiten die Uhrmacher die Arbeitsplätze vor.*

8 Im zweiten Teil des Berichts beschreibt Melike, was sie selbst getan hat. Dabei verwendet sie Aktivformen. Übernimm die Tabelle und notiere die Aktivsätze. Wandle sie dann in Passivsätze um und schreibe diese auf.

Aktivsatz	Passivsatz
In der ersten Woche bereitete ich die Arbeitsplätze vor ...	*In der ersten Woche wurden die Arbeitsplätze von mir vorbereitet ...*
...	...

Merke
Aktiv und Passiv

Ereignisse und Vorgänge können aus **verschiedenen Perspektiven** beschrieben werden.
- Beim **Aktiv** steht der **Handelnde** im Vordergrund. → Der Uhrmacher wechselt die Batterie der Uhr.
- Beim **Passiv** stehen **Handlungen** oder **Vorgänge** im Vordergrund. → Die Batterie der Uhr wird gewechselt.
  Das **Passiv** wird mithilfe der Personalformen von **werden** und dem **Partizip II** des Verbs gebildet. → Die Batterie wird gewechselt.

Praktikum im Beauty Salon

1 Lies den folgenden Text.

Kosmetikbehandlung: reinigen, massieren, behandeln, beraten
Das Gesicht, das Dekolleté[1], die Finger- und die Fußnägel der Kunden werden von der Kosmetikerin behandelt. Dabei wird die Gesichtshaut gereinigt und massiert. Aber auch die Problemhaut der Kunden wird von der Kosmetikerin gepflegt. Dabei werden Masken und Packungen auf das Gesicht aufgetragen. Die Kunden werden in allen Fragen der Schönheitspflege beraten. Meist wird die Haut der Kunden von der Kosmetikerin mit den Händen behandelt. Öle, Dampf- und Massageapparate werden von der Kosmetikerin aber auch eingesetzt.

[1] Dekolleté: hier: Bereich zwischen Hals und Brustansatz

2 Schreibt im Tandem abwechselnd die Passivsätze aus dem Text auf und formuliert sie in Aktivsätze um. Schreibt diese ebenfalls auf und markiert in allen Sätzen die Verbformen, z. B.
Passivsatz: Das Gesicht, das Dekolleté, die Finger- und die Fußnägel der Kunden werden von der Kosmetikerin behandelt.
Aktivsatz: Die Kosmetikerin behandelt das Gesicht, das Dekolleté, die Finger- und die Fußnägel der Kunden.

3 Lies den Text.

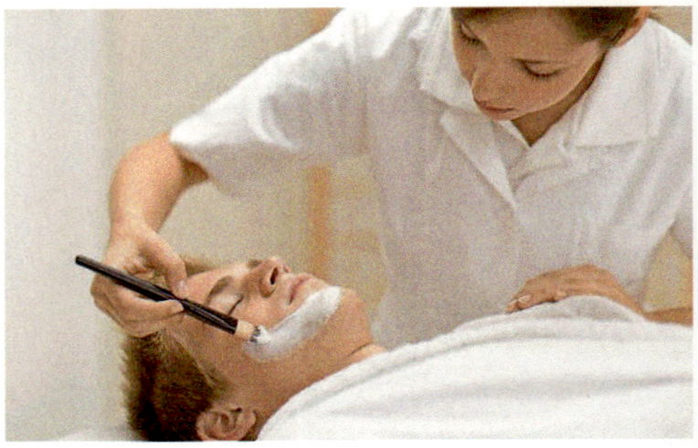

Einblicke in mein Praktikum als Kosmetikerin
In der ersten Woche bereitete ich die Behandlungsräume und Liegen vor. Dazu legte ich Handtücher und Decken zurecht. Außerdem stellte ich alle Präparate und Hilfsmittel bereit. In der zweiten Woche führte ich bei Kunden eine Grundreinigung und ein Peeling durch. Ich trug auch die ausgeführten Behandlungen in die Kundenkartei ein. Außerdem stellte ich eine Avocado-Gesichtsmaske für die Kunden her. Die ganze Zeit beobachtete ich die Kosmetikerinnen bei ihren Tätigkeiten. Dabei lernte ich eine Menge über diesen Beruf.

4 Wandle die Aktivsätze aus dem Text in Passivsätze um. Schreibe die Sätze auf und markiere die Verbformen, z. B.
Aktivsatz: In der ersten Woche bereitete ich die Behandlungsräume und Liegen vor.
Passivsatz: In der ersten Woche wurden die Behandlungsräume und Liegen von mir vorbereitet.

5 Lies den Text.

Schöne Haut durch Avocados

Avocados werden nicht nur gegessen. Das Fruchtfleisch wird auch zur Herstellung von Gesichtsmasken verwendet. Durch eine Avocado-Gesichtsmaske wird die Haut auf natürliche Art und Weise entspannt und erfrischt. Die Avocado wird gern für Gesichtsmasken verwendet. Beim Kauf muss darauf geachtet werden, dass sich die Frucht leicht mit dem Finger eindrücken lässt. Das weiche Fruchtfleisch kann einfach vom Kern getrennt werden. Außerdem kann es leicht zu einer cremigen Masse verarbeitet werden.

6 Mit dem Passiv lassen sich Handlungen und Vorgänge gut beschreiben. Möglich ist dies aber auch mit dem unpersönlichen „man". Wählt im Tandem drei Passivsätze aus dem Text aus und formuliert sie in Aktivsätze mit „man" um. Schreibt sie auf, z. B.

Passivsatz: Avocados werden nicht nur gegessen.
Aktivsatz mit „man": Avocados isst man nicht nur.

7 Lies den folgenden Text.

Die Avocado-Gesichtsmaske

Zunächst die Frucht rundherum bis zum Kern durchschneiden. Die so entstehenden beiden Hälften sanft gegeneinander drehen, um sie voneinander zu lösen. Etwa zwei Esslöffel pürierte Avocado mit einem Teelöffel Naturjoghurt und einem halben Teelöffel Honig verrühren. Die Masse erst unmittelbar vor der Verwendung herstellen, weil das Fruchtfleisch von Avocados schon nach kurzer Zeit an der Luft braun wird. Das Gesicht vor der Anwendung der Avocado-Gesichtsmaske gründlich reinigen. Die angemischte Avocadomasse anschließend auf das Gesicht auftragen. Die Maske etwa 10 bis 15 Minuten einwirken lassen. Anschließend die Reste mit lauwarmem Wasser abwaschen. Damit die in die Haut eingezogenen Inhaltsstoffe der Avocado auch nach der Maske noch weiterwirken können, beim Abwaschen keine Seife verwenden.

8 Beschreibe, wie eine Avocado-Gesichtsmaske hergestellt wird. Forme dazu die grün markierten Sätze und Satzteile in Passivsätze oder in Aktivsätze mit „man" um, z. B. *Zunächst wird die Frucht rundherum bis zum Kern durchgeschnitten.* oder *Zunächst schneidet man die Frucht rundherum bis zum Kern durch.*

Merke

Das Indefinitpronomen „man"

Das Indefinitpronomen **man** ersetzt eine Person. Man kann damit **Aktivsätze** bilden und so komplizierte Passivkonstruktionen vermeiden.
→ Zuerst reinigt man die Haut und dann entfernt man die Haare.

Tätigkeiten und Aufgaben

1 Ergänzt im Tandem die folgenden Sätze. Verwendet die Verben in den Klammern und bildet das Partizip II, z. B. *a Künstlerische Dekorationsgegenstände werden hergestellt.*

Beruf: Glasbläser/in

a Künstlerische Dekorationsgegenstände werden ▬ (herstellen).
b Vorgefertigte Glasröhren werden von Glasbläsern für Christbaumschmuck in die Form ▬ (ziehen).
c Die Kugeln, Zapfen oder Glöckchen werden innen ▬ und ▬ (versilbern, vergolden).
d Gläser, Vasen oder Obstschalen werden nach vorgegebenen Mustern ▬ (anfertigen).

2 Sieh dir die Bilder und Wortgruppen darunter an. Formuliere in Aktivsätzen, was Veranstaltungstechniker/innen tun, z. B. *1. Veranstaltungstechniker besichtigen Veranstaltungsorte.*

Beruf: Veranstaltungstechniker/in

Veranstaltungsorte werden besichtigt

Beleuchtungsanlagen werden aufgebaut

Mischpulte werden bedient

3 Übernimm die Tabelle. Ergänze die fehlenden Sätze im Aktiv oder Passiv.

Beruf: Maler/in

Aktiv	Passiv
Ich rief die Lieferanten an.	*Die Lieferanten wurden …*
Ich …	Die Farben wurden gemischt.
Der Maler rührte Spachtelmasse an.	…
…	Abdeckplanen wurden aufgeladen.
Sie säuberten Pinsel und Walzen.	…

4 Wandle die folgenden Aktivsätze mit „man" in Passivsätze um. Schreibe sie auf, z. B. *a Es werden die Tiere beim Viehhändler eingekauft.*

Beruf: Fleischer/in

a Man kauft die Tiere beim Viehhändler ein.
b Man zerlegt das Fleisch in Teile und bereitet es für den Verkauf vor.
c Man verarbeitet das Fleisch zu Fleisch- und Wurstwaren weiter.
d Als besondere Fleisch- und Wurstwaren stellt man Pasteten, Rouladen und Sülzen her.
e Man würzt, konserviert oder räuchert das Fleisch.
f Man bereitet verschiedene Aufläufe, Braten und Fertiggerichte zu.
g Für den Verkauf bereitet man Schnitzel, Steaks, Hackfleisch oder Salate vor.
h Man lernt auch, die Speisen für Veranstaltungen zu planen und zu kalkulieren.
i Mit Ideen und Sorgfalt richtet man die Fleischtheken her, berät und bedient die Kunden.

5 Wandelt im Tandem die Passivsätze aus Aufgabe 4 in Aktivsätze um. Verwendet „der Fleischer/die Fleischerin" als Subjekte, z. B. *a Der Fleischer kauft die Tiere beim Viehhändler ein.*

6 Schreibe einen Text zu den Tätigkeiten des folgenden Berufes. Nutze die vorgegebenen Wortgruppen. Verwende Aktiv- und Passivsätze. Du kannst so beginnen: *Die Rechtsanwaltsfachangestellten sind die rechte Hand der Rechtsanwälte. Sie helfen ihnen, die Rechtsangelegenheiten ...*

Beruf: Rechtsanwaltsfachangestellte/r

Kommunikation mit Mandanten[1], Gegnern und Gerichten

Führen der Korrespondenz[2] mit Behörden, Gerichten und Mandanten

Hilfe des Rechtsanwalts bei der Klärung der Rechtsangelegenheiten

Planen und Vorbereiten von Terminen

Überwachen der Fristen

Führen des Aktenmanagements[3]

Kontrollieren des Zahlungsverkehrs

Bearbeiten von Fällen aus dem Mahn- und Vollstreckungswesen[4]

[1] Mandant: Kunde bei einem Rechtsanwalt

[2] Korrespondenz: Briefwechsel

[3] Aktenmanagement: Aktenverwaltung

[4] Mahn- und Vollstreckungswesen: Eintreiben von Geldern

5 Mit Bildern erzählen

Graphic Novels lesen, erschließen und gestalten

Das lernst du jetzt:

- Graphic Novels untersuchen und erschließen
- eine Graphic Novel mit ihrer literarischen Vorlage vergleichen
- zu einer Graphic Novel eigene Bilder gestalten und Texte schreiben
- Modalverben kennen und verwenden

1 Das Bild auf Seite 94 stammt aus einer Graphic Novel. Seht es euch an und beschreibt es. Beantwortet dabei die folgenden Fragen:
- Wo spielt die Geschichte?
- In welcher Zeit spielt die Geschichte?
- Welche Situation ist dargestellt?
- Welche Figuren treten auf und wie verhalten sie sich?

2 Erklärt, woran ihr erkannt habt, wann und wo die Geschichte spielt.

3 Seht euch zwei Bilder zur Fortsetzung der Geschichte an. Beschreibt die beiden Bilder. Achtet besonders auf die Hauptfigur.

4 Die Graphic Novel heißt „Hieronymus Bosch“ und wurde von Marcel Ruijters gezeichnet und geschrieben. Recherchiert, wer Hieronymus Bosch war und in welcher Zeit er gelebt hat.

5 Seht euch den Zeichenstil der Bilder an. Beschreibt, was euch daran auffällt.

6 Vergleicht die Bilder aus der Graphic Novel mit Bildern aus Comics (z. B. Donald Duck oder Asterix). Nennt Unterschiede und Gemeinsamkeiten.

7 Kennt ihr andere Graphic Novels? Tauscht euch darüber aus.

RGS **8** Setzt die passenden Modalverben in die Lücken ein.

muss | *kann* | *sollst* | *mag* | *darf* | *will*

a Ich ___ einen Comic.
b Du ___ ihn mir bringen.
c Ich ___ das nicht selbst, weil ich nicht aufstehen ___.
d Ich ___ im Bett liegen bleiben, aber ich ___ Comics so gern.

Drachenläufer

Die Geschichte „Drachenläufer“ von Khaled Hosseini beginnt in der afghanischen Hauptstadt Kabul in den 1970er-Jahren. Sie erzählt von den Jungen Amir und Hassan und ihrer engen Freundschaft. Durch ein dramatisches Ereignis verändert sich ihr Leben, ihre Wege trennten sich, während in Afghanistan der Krieg ausbricht.

TIPP
Die Graphic Novel haben Fabio Celoni und Mirka Andolfo gezeichnet.

○ **1** Sieh dir den Auszug aus der Graphic Novel „Drachenläufer“ an.

2 Erzählt einander im Tandem, worum es in dem Auszug der Graphic Novel geht. Beantwortet dabei die folgenden Fragen.
- Welche Figuren sind abgebildet und wie heißen sie?
- Wo spielt die Szene?
- Was geschieht in der Szene?
- Worüber unterhalten sich die Figuren?
- Welche Stimmung drücken die Bilder aus? Woran ist das erkennbar?

3 Beschreibe die Situation, in der sich Amir befindet.

4 Seht euch nun die einzelnen Bilder genauer an. Tauscht euch in der Gruppe über die Gestaltung aus. Untersucht gemeinsam:
- wie die Bilder aufgebaut und angeordnet sind,
- wie die Gefühle der Figuren ausgedrückt werden,
- welche Stimmung die Farbgebung vermittelt.

TIPP
Achtet auf Vorder- und Hintergrund sowie die Größe der Figuren.

5 Übernimm die Tabelle. Ergänze die Informationen zu den restlichen Bildern.

Bild	Inhalt	Gestaltung
1	*– Rahim und Amirs Vater sitzen beim Tee und unterhalten sich* *– Amir kommt nach Hause und begrüßt Rahim und seinen Vater*	*– Vater und Rahim groß im Vordergrund, wenden sich Amir zu* *– Vater ist die größte Figur* *– Amir auf Treppe im Hintergrund*
…	…	…

6 Beschreibt im Tandem die Figur des Vaters und macht euch Notizen dazu. Klärt dabei, was dem Vater an Amir nicht gefällt. Was könnte er mit „einen Mangel an Charakter“ meinen?

Und was sagt der Roman?

1 Lies den Auszug aus dem Roman „Drachenläufer“ von Khaled Hosseini.

Es war Rahim Khan, der zum ersten Mal in einer Weise von ihm sprach, die später zu Babas berühmtem Spitznamen führen sollte: *Toophan agha*, Herr Wirbelsturm. Es war ein überaus passender Spitzname. Mein Vater war eine Naturgewalt, ein hoch gewachsenes Exemplar von einem Paschtunen[1] mit einem dichten Bart, eigensinnigem, lockigem braunem Haar, das zu einem Kurzhaarschnitt gestutzt und ebenso ungebärdig war wie der Mann selbst, mit Händen, die den Eindruck erweckten, eine Weide mitsamt ihrer Wurzel ausreißen zu können, und einem düsteren stechenden Blick, der es vermochte, „den Teufel in die Knie zu zwingen und um Gnade flehen zu lassen“, wie Rahim Khan es auszudrücken pflegte. […]

[1] Paschtunen: ostiranisch-sprachiger Volksstamm in Süd- und Zentralasien

2 Vergleiche die Beschreibung von Amirs Vater im Textausschnitt mit den Zeichnungen auf den Seiten 96/97. Mache dir Notizen zu folgenden Begriffen.

Körperstatur | Gesichtsausdruck | Blick

3 Beschreibe in einem kurzen Text den Charakter des Vaters, wie er in der Graphic Novel und in dem Romanauszug dargestellt ist.

TIPP
Verwende die Ergebnisse aus Aufgabe 5 von Seite 97 und aus Aufgabe 2 auf dieser Seite.

4 Lies den folgenden Textausschnitt.

Später am selben Abend, als ich am Arbeitszimmer meines Vaters vorbeiging, hörte ich ihn mit Rahim Khan reden. Ich presste mein Ohr an die geschlossene Tür.

„… dankbar sein, dass er gesund ist“, sagte Rahim Khan.

„Ich weiß, ich weiß. Aber er vergräbt sich ständig in seinen Büchern oder schlurft traumverloren durch das Haus.“

„Ja und?“ „Ich war nie so.“ Baba klang frustriert, beinahe wütend.

Rahim Khan lachte. „Kinder sind doch nicht wie Malbücher. Du kannst sie nicht mit deinen Lieblingsfarben ausmalen.“

„Ich sage dir“, fuhr Baba fort, „ich war ganz und gar nicht so, und auch keines der Kinder, mit denen ich groß geworden bin.“

„Weißt du, manchmal bist du der egozentrischste[2] Mann, den ich kenne“, erklärte Rahim Khan. Er war der einzige Mensch, den ich kannte, der so etwas zu Baba sagen durfte. […]

Ich hörte, wie das Leder von Babas Sessel knarrte, als er sich darin bewegte. Ich schloss die Augen und presste mein Ohr noch fester an die Tür, wollte alles hören und auch wieder nicht. „Manchmal schaue ich aus diesem Fenster und sehe ihn auf der Straße mit Nachbarjungen spielen. Ich sehe, wie sie ihn herumschubsen, ihm sein Spielzeug wegnehmen, ihm einen Stoß oder einen Schlag versetzen. Und er wehrt sich einfach nicht. Nie. Er … er lässt bloß den Kopf hängen und … “

[2] egozentrisch: ichbezogen, selbstsüchtig

„Na schön, er ist also kein gewalttätiger Mensch.“
„Das meine ich nicht, Rahim, und das weißt du auch“, schoss Baba zurück. „Dem Jungen fehlt einfach etwas.“
„Ja, ein gemeiner Zug.“
„Selbstverteidigung hat nichts mit Gemeinheit zu tun. Weißt du, was passiert, wenn ihn die Nachbarjungen hänseln? Hassan geht dazwischen und vertreibt sie […] Und wenn die beiden nach Hause kommen und ich zu ihm sage ‚Wie ist Hassan denn an die Schramme in seinem Gesicht gekommen?‘, antwortet er: ‚Er ist hingefallen.‘ Lass dir gesagt sein, Rahim, dem Jungen fehlt etwas.“
„Er muss erst noch seinen Weg finden, das ist alles“, sagte Rahim Khan. […]

5 Vergleicht im Tandem den Textausschnitt mit den Auszügen aus der Graphic Novel auf den Seiten 96/97. Beantwortet dabei folgende Fragen:
- Wo befinden sich die Figuren (Amir, Baba und Rahim) auf den Bildern und im Roman?
- Was erfahrt ihr jeweils über Amir?
- Aus wessen Sicht wird im Roman und in der Graphic Novel erzählt?
- Welche Textstellen wurden in der Graphic Novel nicht dargestellt?
- Entspricht die Darstellung der Geschichte und der Figuren in der Graphic Novel euren eigenen Vorstellungen nach dem Lesen des Romanauszugs?

TIPP
Schreibt auf Klebezettel die Bildnummern und ordnet sie dem Text zu. So könnt ihr besser vergleichen.

6 Besprecht in der Gruppe, was eine Graphic Novel im Gegensatz zum Roman leisten kann. Und was kann ein Roman bieten, das in der Graphic Novel nicht funktioniert? Begründet eure Meinungen.

Merke
Graphic Novel

Eine **Graphic Novel** ist eine besondere Form der **Bildgeschichte**. In ihr erzählen **Text und Bild** gleichberechtigt eine Geschichte.
Graphic Novels sind – im Unterschied zu Comics – komplexe, umfangreiche, romanhafte und oft **anspruchsvolle Erzählungen**. Sie erscheinen meist in einzelnen Bänden im **Buchformat**.
Häufig werden sie nach **literarischen Vorlagen** (→ Faust von Flix), als **Biografien** (→ Luther von M. Stetter) **oder politische und historische Geschichten** (→ drüben! von S. Schwartz, Palästina von J. Sacco) gestaltet.

Elemente und Begriffe von Graphic Novels sind:
- **Panel**: Einzelbild, mit oder ohne Umrahmung
- **stummes Panel**: Bild ohne Text
- **Caption**: Textbox, Erzählertext
- **Gutter**: Leerstelle, Lücke, Auslassung zwischen Panels
- **Balloon**: Sprechblase (durchgezogener Strich), Gedankenblase (unterbrochener oder wolkiger Strich), Geräuscheblase (meist gezackter Strich)

Probiert es aus!

○ **1** Sieh dir einen weiteren Auszug aus der Graphic Novel „Drachenläufer“ an.

○ **2** Beschreibt einander im Tandem die abgebildete Situation.

3 Beantwortet die folgenden Fragen im Tandem. Macht euch Notizen.
- Welche Stimmung drücken die Bilder aus? Woran erkennt man das?
- Wie verhalten sich die Figuren? Welche Gefühle zeigen sie?
- Im Bild 5 gibt es einen Wechsel der Einstellung[1]. Welcher Ausschnitt wird dargestellt und warum?

[1] Einstellung: Verhältnis vom Abgebildeten zum Bildfeld

4 Lege eine Tabelle an, in der du Notizen zum Inhalt und zur Gestaltung der Bilder auf Seite 100 aufschreibst.

Bild	Inhalt	Gestaltung
1	*– Hassan läuft zu Amir …*	*– Amir im Vordergrund …*
…	…	…

5 Überlegt in der Gruppe, wie die Geschichte weitergehen könnte. Gestaltet drei bis vier Panels dazu. Verteilt die folgenden Aufgaben:
- Macht euch Notizen zum Inhalt und zur Gestaltung eurer Panels. Verwendet eine Tabelle wie in Aufgabe 4.
- Legt ein Raster für die Panels an.
- Zeichnet die Panels. Stimmt euch untereinander ab, damit eure Bilder zueinander passen. Skizziert zuerst die Umrisse mit Bleistift.
- Zeichnet die Balloons und schreibt den Text hinein.
- Schreibt die Geräusche in die Panels.
- Stellt die Bilder mit Tusche oder Faserschreiber und Farben fertig.

Arbeitstechnik
Eine Graphic Novel gestalten

Wenn du eine Graphic Novel gestalten möchtest, kannst du so vorgehen:
1. Überlege dir ein **Thema**, z. B. Geschichten aus der Schule, Geschichten über Freundschaft, Abenteuer, Erlebnisse in der Freizeit …
2. Lege dann fest:
   - wie der **Hintergrund** aussieht,
   - welche **Figuren** mitspielen,
   - wie die Figuren **aussehen** (Sie brauchen Erkennungszeichen auch über viele Bilder hinweg, z. B. immer ein blaues Hemd, ein besonderer Haarschnitt, auffälliger Schmuck.),
   - was die Figuren **tun**,
   - was die Figuren **sagen** oder **denken** (Schreibe das in die Balloons.),
   - welche **Geräusche** vorkommen (Schreibe das in entsprechende Balloons.).
3. Zeichne ein **Raster** für die Panels. Fülle sie mit den **Zeichnungen** aus.

Beachte: Im Internet findest du **Anleitungen zum Zeichnen** von Comicfiguren.

Test
25kk44

Such dir was aus, aber beeil dich!

Die Berliner Illustratorin Nadia Budde ist für ihre Kinderbücher bekannt geworden. Sie heißen zum Beispiel „Flosse, Fell und Federbett" oder „Unterm Bett liegt ein Skelett". Auffällig sind ihr unregelmäßiger Umrissstrich und die handgeschriebenen Texte. In ihrer Graphic Novel „Such dir was aus, aber beeil dich!" beschreibt sie Eindrücke aus ihrer Kindheit in der DDR[1].

[1] DDR: Deutsche Demokratische Republik, Ostdeutschland vor der Wende

1 Seht euch die Bilder aus „Such dir was aus, aber beeil dich!" an. Beschreibt sie im Tandem. Erklärt dann, was im Text ausgedrückt wird.

2 Beantwortet in der Gruppe die folgenden Fragen:
- Welche Figuren und Situationen sind abgebildet? Wie sind sie dargestellt?
- Was sagen die Bilder über die Beziehung des Mädchens zu ihren Großeltern aus?

3 Budde spricht von „Großeltern-Land-Kindheitserinnerungen". Erklärt im Tandem diesen Begriff. Habt ihr ähnliche Erinnerungen? Erzählt einander davon.

4 Informiere dich im Internet über die Meinungsfreiheit und die Aufgaben der Staatssicherheit (Stasi)[2] in der DDR. Schreibe Stichworte dazu auf.

[2] Staatsicherheit: Geheimpolizei in der DDR

5 Sieh dir die beiden Panels an.

6 Beantwortet in der Gruppe die folgenden Fragen. Verwendet eure Ergebnisse aus Aufgabe 4.
- Wer oder was ist „Starsky und Hutch“?
- Warum sollen die Kinder nicht am Telefon darüber reden?
- Wer könnte beim Telefonat mithören?
- Was hätte passieren können, wenn die Stasi ein solches Telefonat abgehört hätte?

7 Seht euch noch einmal im Tandem die Bilder von Nadia Budde an. Vergleicht sie mit den Bildern aus „Drachenläufer“ und nennt Unterschiede. Macht euch zu folgenden Fragen Notizen.
- Welches Thema und welche Gestaltung wurden gewählt?
- Wer erzählt die Geschichte? Aus wessen Sicht wird erzählt?
- Welche Stimmung wird wiedergegeben?

Seite 99 Graphic Novel

8 Wähle A oder B.

A Zeichne ein Panel zu einer eigenen Kindheitserinnerung.

B Versetze dich in Nadia Budde hinein und erzähle von ihrer Kindheit in der Ich-Form. Verwende die Informationen von dieser Doppelseite.

Seite 101 eine Graphic Novel gestalten

Seite 271 Kurzvortrag

9 Stellt eure Ergebnisse aus Aufgabe 8 der Klasse vor.

Einstein

Der berühmte Physiker Albert Einstein (1879–1955) besuchte als Kind das Luitpold-Gymnasium in München. Er war kein besonders guter Schüler, interessierte sich aber sehr für Naturwissenschaften und Mathematik. Weil ihm der Zwang und die Strenge im Unterricht nicht gefielen, verließ er die Schule ohne Abschluss. Den holte er später nach, studierte und wurde schließlich Professor für Physik. Die Autorinnen Corinne Maier und Anne Simon haben die Biografie Albert Einsteins als Graphic Novel gestaltet.

○ **1** Seht euch im Tandem die Panels aus „Einstein“ an. Beschreibt sie einander.

◒ **2** Fasse die Geschichte in drei Sätzen schriftlich zusammen. Beschreibe die Situation, den Ort, die Figuren und ihr Verhalten.

Seite 99
Graphic Novel

○ **3** Denkt euch im Tandem ein Balloon für das letzte Panel aus. Formuliert darin, was Albert sagen oder denken könnte.

○ **4** Der Balloon aus dem Buch zu Bild 4 lautet: „Zum Glück gab es da eine andere Dimension, in die ich fliehen konnte: die GEOMETRIE.“ Vergleicht im Tandem mit eurer Idee aus Aufgabe 3.

5 Stelle dir vor, du wärst der Schüler Albert Einstein. Schreibe einen Tagebucheintrag zu der dargestellten Schulsituation.

Seite 274
Tagebucheintrag

6 Sieh dir das folgende Panel genau an.

7 Untersucht im Tandem das Panel. Beantwortet die folgenden Fragen:
- Welche Figuren sind abgebildet? Wie sind die Figuren angeordnet?
- In welchem Größenverhältnis stehen die Figuren zueinander?
- Was sagt die Darstellung der Figuren über sie aus?
- Wie stehen die Figuren zu Albert Einstein?
- Wo befindet sich Albert? Warum ist er an diesem Ort dargestellt?
- Würde man das Panel auch ohne Balloons verstehen? Begründe.

8 Besprecht in der Gruppe, was dieses Panel ausdrückt. Diskutiert, wie ihr als Albert auf die Eltern und Lehrer reagieren würdet.

9 Informiere dich über Albert Einstein, sein Leben und Wirken. Recherchiere zu Relativitätstheorie oder Nobelpreis oder Emigration.

TIPP
Du kannst auch die vollständige Graphic Novel „Einstein“ lesen.

10 Wähle A oder B. Verwende deine Ergebnisse aus Aufgabe 9.

A Zeichne drei bis fünf Panels zu einer Begebenheit in Einsteins Leben, z. B. der Nobelpreisverleihung oder der Überfahrt in die USA.

B Schreibe eine Kurzbiografie über Albert Einstein. Verwende darin auch die Informationen zu Einsteins Kindheit von dieser Doppelseite.

Seite 101
eine Graphic Novel gestalten

11 Stellt eure Ergebnisse aus Aufgabe 10 der Klasse vor.

Sprechende Hände

Helen Keller (1880–1968) erkrankte mit 18 Monaten schwer und wurde daraufhin taubblind. Bald hörte sie auch auf zu sprechen. Weil sie sich nicht verständigen konnte, wuchsen ihre Ungeduld und Wut. Ihre Eltern engagierten daraufhin Anne Sullivan als Erzieherin und Lehrerin. Sie zeigte Helen, wie sie sich über eine besondere Art der Gebärdensprache mitteilen kann. Die „sprechende" Hand kann dabei vom „Hörer" ertastet oder gesehen werden. Joseph Lambert hat Helens Geschichte in eine Graphic Novel umgesetzt.

○ **1** Seht euch die folgenden Panels aus „Sprechende Hände" an. Beschreibt einander im Tandem den Ausschnitt.

Seite 99
Graphic Novel

◒ **2** Beantwortet im Tandem die folgenden Fragen. Macht euch Notizen.
- Worum geht es in dieser Szene?
- Welche Figuren sind dargestellt und wie sind sie dargestellt?
- Erkennt ihr die Gefühle der Hauptfiguren? Nennt sie und begründet eure Meinung.
- Aus wessen Sicht wird erzählt?
- Welche Informationen liefern die Balloons?
- Wer spricht in den Captions? Welche Informationen erhaltet ihr?
- Was bedeuten die Zeichen in Bild 3?
- Wie sind die Panels gestaltet? Was drücken Zeichenstil und Farbgebung aus?

○ **3** Viele Unterrichtsstunden später sehen die Panels so aus. Sieh sie dir an.

4 Vergleicht im Tandem die Darstellungen von Helen und ihrer Umgebung mit ihrer Darstellung auf den Panels der vorigen Seite. Beschreibt, was sich verändert hat.

● **5** Schreibe einen kurzen Text über den Verlauf von Helen Kellers Lernprozess. Fasse die Informationen aus Aufgabe 4 zusammen.

6 Recherchiere zu Helen Keller. Mache dir Notizen zu ihrem Leben, ihren Büchern und ihrem Wirken.

7 Wähle A, B oder C.

A Schreibe zu den Panels auf dieser Doppelseite eine Geschichte aus der Sicht von Helen Keller oder Anne Sullivan.

B Zeichne mehrere Panels zu einer Begebenheit in Helen Kellers Leben.

C Halte einen Kurzvortrag über Helen Keller. Verwende deine Rechercheergebnisse aus Aufgabe 6.

○ **8** Stellt eure Ergebnisse aus Aufgabe 7 der Klasse vor.

TIPP
Recherchiere auch die vielen Werke über ihr Leben.

Seite 101
eine Graphic Novel gestalten

Seite 271
Kurzvortrag

Über Wünsche, Erlaubnis und Zwang

1 Lest die folgenden Sätze mit Modalverben. Besprecht im Tandem, wie sich die Satzaussage jeweils verändert.

a *Nadia soll die Hühner füttern.*
b *Nadia muss die Hühner füttern.*
c *Nadia mag die Hühner füttern.*
d *Nadia will die Hühner füttern.*
e *Nadia kann die Hühner füttern.*
f *Nadia darf die Hühner füttern.*

2 Was drücken die Modalverben in den Sätzen in Aufgabe 1 aus? Ordnet die Sätze im Tandem den folgenden Bedeutungen zu.

Fähigkeit *Absicht* *Erlaubnis* *Wunsch* *Forderung* *Zwang*

3 Formuliere mit jedem Modalverb einen Satz zum Thema Kindheit. Schreibe ihn auf, z. B. *Wir dürfen nicht alleine mit der Achterbahn fahren.*

4 Übernimm die Tabelle und ergänze die fehlenden Verbformen.

Infinitiv	können	wollen	sollen	dürfen	müssen	mögen
Präsens	*ich kann*	…	…	…	…	…
Präteritum	…	*ich wollte*	…	…	…	*ich mochte*
Perfekt	…	…	…	…	…	*ich habe gemocht*

5 Schreibe die Sätze ab und setze die Modalverben in der richtigen Form ein, z. B. a *Ich will unbedingt, dass Helen buchstabieren lernt.*

sollen *können* *müssen* *wollen* *dürfen* *mögen*

a Ich ▬ unbedingt, dass Helen buchstabieren lernt.
b Ich ▬ mich gut in Helen einfühlen.
c Weil sie so hitzig ist, ▬ ich sie nicht zu sehr drängen.
d Wenn Helen etwas tun ▬, verweigert sie es oft.
e Manchmal ▬ ich nicht mehr, weil es so schwer mit ihr ist.
f Ich glaube, ich ▬ noch viel Geduld mit ihr haben.

6 Schreibe einen Satz auf, in dem die Modalverben **sollen**, **wollen** und **können** vorkommen, z. B. *Ich soll …, aber ich will … und ich kann …*

7 Schreibe die folgenden Sätze ab und setze die Modalverben in den Klammern im Präteritum ein.

Nadia erzählt ihren Freunden vom Besuch bei den Großeltern.

a Ich ▬ (dürfen) mit meinem Großvater die Tiere füttern.
b Ich ▬ (wollen) aber beim Schlachten nicht zusehen.
c Am Abend ▬ (sollen) ich beim Wurstkochen helfen.
d Ich ▬ (können) aber den Geruch nicht ausstehen.
e Dafür ▬ (mögen) ich den Geruch von Lavendel in den Kleidern meiner Großmutter.
f Ich war traurig, als ich wieder nach Hause fahren ▬ (müssen).

TIPP
Überprüfe mithilfe der Tabelle aus Aufgabe 4.

8 Formuliert im Tandem die folgenden Sätze um, indem ihr die Modalverben ändert. Tauscht euch darüber aus, wie sich die Bedeutung der Sätze verändert hat.

Björn will mit Pfeil und Bogen schießen. Er kann es auch, weil er im Verein gut trainiert hat. Er soll es aber nicht im Wohnzimmer tun.

9 Weil Albert Einstein so berühmt war, begegneten ihm viele Menschen mit besonderer Höflichkeit. Formuliere mithilfe der Verben in den Klammern höfliche Fragen an ihn. Schreibe die vollständigen Sätze auf, z. B. *a Dürfte ich Sie um ein Autogramm bitten?*

a ▬ (dürfen) ich Sie um ein Autogramm bitten?
b ▬ (dürfen) wir erfahren, ob Sie die Stelle an der Universität annehmen?
c ▬ (mögen) Sie eine Tasse Tee trinken?
d ▬ (können) Sie mir bitte ein Stück Gebäck reichen?
e ▬ (mögen) Sie Ihre Entscheidung noch einmal überdenken?
f ▬ (sollen) Sie nicht lieber die Argumente anhören?

TIPP
Für diese Höflichkeitsformen bildet man den Konjunktiv der Modalverben.

Merke
Modalverben

Die Modalverben **können, dürfen, wollen, mögen, sollen, müssen** verändern die **Aussage eines Satzes**. Sie zeigen an, ob etwas

- als Fähigkeit oder Möglichkeit → können
- als Erlaubnis → dürfen
- als Absicht → wollen
- als Wunsch → mögen
- als Forderung → sollen
- als Verpflichtung oder Zwang → müssen

verstanden werden soll.

Die Kindheit ist eine besondere Zeit

1 Lies den fiktiven Brief des Schülers Albert Einstein an seinen älteren Freund und Lehrer Max Talmud.

Lieber Max,
jetzt bist du schon lange nicht mehr da gewesen. Bei deinem Weggang konnte ich mich gar nicht von dir verabschieden. Ich wollte dir doch unbedingt sagen, wie gut mir das Geometriebuch gefallen hat. Eine Zeit lang konnte ich es nur heimlich lesen, weil ich zuerst meine Hausaufgaben machen sollte. Das wollte ich aber nicht. Müssen wir wirklich all das lernen, was die Lehrer wollen?
Ich mag forschen, will erkunden, was im Universum los ist. Der Lehrer wollte, dass ich mich mit Goethe beschäftige. Was soll ich mit Goethe? Ich muss mich mit den Naturwissenschaften beschäftigen. Da fehlt mir noch so viel Wissen. Das kannst du doch verstehen, oder?
Darf ich dich dann bitten, mir noch einige Bücher zu schicken? Das Buch von Kant fand ich auch sehr interessant. Ich mag seine Fragen an die Welt und das Universum. Auch von Darwin würde ich gerne noch mehr lesen. Komm doch bitte bald vorbei.

Liebe Grüße
Albert

2 Im Text sind alle Modalverben markiert. Schreibe sie mit dem jeweiligen Personalpronomen auf. Ergänze den Infinitiv, z. B. *ich konnte – können ...*

3 Bilde zu den Verbformen aus Aufgabe 2 die jeweils andere Zeitform, entweder die Präsensform oder die Präteritumsform. Schreibe sie auf, z. B. *ich konnte – ich kann, ich wollte – ... , wir müssen – wir mussten, ...*

4 Lies den folgenden Text.

Bei den Großeltern
Hurra, ich darf zu meinen Großeltern fahren! Dort mag ich so gerne mit den Kaninchen spielen. Großvater sagt, ich soll sie nicht aus dem Käfig lassen, aber manchmal muss ich einfach eines von ihnen auf den Arm nehmen. Auf dem Land gibt es auch immer frische Eier, die ich morgens aus dem Stall holen darf. Darauf freue ich mich. Großvater hat vom Krieg noch ein Patronenstück im Arm. Da muss ich ihm immer den Arm verbinden, weil ich das richtig gut mache. Ich liebe es, wenn ich dann mit meinem Großvater auf dem gelbbraunen Sofa liegen darf. Wir können dann stundenlang Fernsehen gucken. Ich will am liebsten für immer hier bleiben.

5 Schreibe alle Modalverben aus dem Text mit den dazugehörigen Infinitiven heraus, z. B. *ich darf fahren, ...*

6 Schreibe die Sätze ab und setze die folgenden Modalverben im Präsens ein.

können	dürfen	wollen	müssen	mögen	sollen

a Ich ___ es kaum glauben, dass Helen so große Fortschritte macht.
b Die Öffentlichkeit ___ unbedingt davon erfahren.
c Ich ___ es einmal deutlich sagen: Wir brauchen Helen, damit wir mehr Menschen als Spender für unsere Blindenheime gewinnen.
d Du ___ doch auch, dass diese Schule ein Erfolg wird.
e Meinst du, Helen ___ noch ein Interview geben?
f Ich ___ doch auf eine positive Antwort hoffen.

7 Formuliert im Tandem Fragen mit den Modalverben in den Klammern, z. B. *Wann muss Mrs Sullivan das Armenhaus verlassen?*

a Wann verlässt Mrs Sullivan das Armenhaus? (müssen)
b An wen schickt sie regelmäßig Berichte über Helens Fortschritte? (sollen)
c Welche Dinge macht Helen schon alleine? (dürfen)
d Welche Gründe nennt der Arzt für Helens Erkrankung? (können)
e Wie lange bleibt Mrs Sullivan bei Helen? (wollen)
f Welche Gerichte isst Helen besonders gern? (mögen)

8 Beantwortet eure Fragen aus Aufgabe 7 im Tandem. Denkt euch mögliche Antworten aus und verwendet die Modalverben, z. B. *Mrs Sullivan muss das Armenhaus im September verlassen.*

9 Auf einem großen Kongress berichten die Gelehrten, was sie über Albert Einstein herausgefunden haben. Setze die Modalverben in den Klammern im Präteritum ein. Schreibe die Sätze ab.

a Er ___ (wollen) die Gründung des Staates Israel unterstützen.
b Er ___ (mögen) nicht Geige üben, er ___ (wollen) lieber spielen.
c Als er krank war, ___ (dürfen) er im Bett mit einem Kompass spielen.
d Er ___ (sollen) in die Firma seines Vaters eintreten.
e Bevor er studieren konnte, ___ (müssen) er erst sein Abitur machen.
f Sein Geometriebuch ___ (können) er auswendig wiedergeben.

10 Schreibe jeweils drei Sätze mit Modalverben auf, in denen du beschreibst:
- was du magst,
- was du kannst,
- was du willst.

11 Kennt ihr Modalverben in anderen Sprachen? Wählt in der Gruppe eine Sprache aus und notiert die Modalverben.

6 Dunkel war's, der Mond schien helle ...

Gedichte lesen, erschließen, schreiben und vortragen

Das lernst du jetzt:
- Inhalt, Form und Stimmung von Gedichten untersuchen
- das lyrische Ich bestimmen
- sprachliche Bilder erkennen und deuten
- Metrum und Rhythmus erkennen
- Gedichte auswendig lernen und vortragen
- eigene Gedichte schreiben
- Dialekte untersuchen

1 Herbert Grönemeyer hat das Gedicht „Der Mond ist aufgegangen" von Matthias Claudius vertont. Hört euch den Song im Internet an und betrachtet die Bilder auf Seite 112. Tauscht euch darüber aus, welches Bild aus eurer Sicht am besten zur Stimmung im Gedicht passt.

2 Lest die erste Strophe des Gedichts „Wunder der Liebe" von Ludwig Tieck.

Ludwig Tieck
Mondbeglänzte Zaubernacht,
Die den Sinn gefangen hält,
Wundervolle Märchenwelt,
Steig' auf in der alten Pracht!

3 Beantwortet folgende Fragen. Vergleicht eure Antworten in der Klasse.
- Was könnte der zweite Vers bedeuten?
- Welche Wörter lassen eine Stimmung entstehen?
- Welche Stimmung wird vermittelt?

4 Sucht Musik, die zur Stimmung des Gedichts passt. Spielt sie euch vor.

5 Gedichte werden rhythmisch gesprochen. Versucht es: Eine Person klatscht einen gleichförmigen Rhythmus vor. Alle klatschen ihn gemeinsam nach.

6 Übt jetzt rhythmisches Sprechen. Nehmt dazu die folgenden Silben:

TA – KE – TI – NA

- Übt als Klasse das rhythmische Sprechen der vier Silben. Achtet auf die markierten Silben, die betont werden.
- Überlegt euch Sätze, bei denen vier Silben betont sind. Dazwischen soll immer eine unbetonte Silbe stehen, z. B. *Du Mond, du stehst am Himmel hoch.*
- Während die Klasse den Rhythmus mit „TA-KE-TI-NA" vorgibt, spricht immer einer seinen Satz passend zum Rhythmus.

7 Wisst ihr noch, was Vers und Strophe, Reimwörter und Reimschema bedeuten? Wiederholt es mithilfe der folgenden Gedichtzeilen.

Dunkel war's, der Mond schien helle,
Schneebedeckt die grüne Flur,
Als ein Auto blitzeschnelle,
Langsam um die Ecke fuhr.

RGS **8** Lest die folgenden Grußformeln. Klärt, in welchen deutschsprachigen Regionen sie verwendet werden.

Guäts Nachtli! | Schnarch guud! | Guads Nächdle! | Joode Naach!

Wenn ich in Nächten wandre …

Hörverstehen
uf69qd

1 Lest das folgende Gedicht oder hört es euch an. Welche Bilder entstehen dabei in euren Köpfen? Erzählt einander im Tandem davon.

Klabund (eigentlich Alfred Henschke)
Wenn ich in Nächten wandre

Wenn ich in Nächten wandre
Ein Stern wie viele andre,
So folgen meiner Reise
Die goldnen Brüder leise.

Der erste sagts dem zweiten,
Mich zärtlich zu geleiten,
Der zweite sagts den vielen,
Mich strahlend zu umspielen.

So schreit ich im Gewimmel
Der Sterne durch den Himmel.
Ich lächle, leuchte, wandre
Ein Stern wie viele andre.

2 Fasst im Tandem den Inhalt des Gedichts in einigen Sätzen zusammen. Ihr könnt so beginnen: *In dem Gedicht von Klabund „Wenn ich in Nächten wandre" wird beschrieben, wie ein Stern … Die anderen Sterne …*

3 Welche Wörter passen zur Stimmung im Gedicht? Wählt aus und begründet eure Wahl im Tandem. Belegt eure Wahl mit Textstellen.

Angst – *Geborgenheit* – *Kraft* – *Glück* – *Einsamkeit* – *Frieden* – *Schutz* – *Verzweiflung* – *Fröhlichkeit* – *Macht* – *Gemeinschaft*

4 Beantworte die Fragen zur Sprecherin oder zum Sprecher im Gedicht.
- Wer spricht im Gedicht?
- Wo befindet sich das Ich?
- Was macht es dort?
- Wie fühlt es sich dabei?

Merke
Das lyrische Ich – Der Sprecher im Gedicht

Das lyrische Ich ist die **Stimme** oder der **Sprecher** eines Gedichts. Es spricht nicht der Autor, sondern ein von ihm **erfundener Sprecher**. Dieser Sprecher kann:

- als „Ich" oder als „Wir" auftreten → Wenn ich in Nächten wandre …
- eine Rolle einnehmen → als Stern …
- hinter die Darstellung zurücktreten → Mondbeglänzte Zaubernacht … (S. 113)

5 Untersuche den Gedichtaufbau. Übernimm die Tabelle und ergänze sie.

Seite 278
Aufbau von Gedichten

Autorin/ Autor	Titel	Anzahl der Strophen	Verse pro Strophe	Reimwörter/ Paarreime	Reim-schema
Klabund	*Wenn ich …*	…	*je …*	*wandre/andre …*	…

6 Schreibe zum Inhalt der Tabelle aus Aufgabe 5 einen kurzen Text.

Das Gedicht „…“ von … hat … Strophen.
Jede Strophe wird aus … Versen gebildet.
Das Gedicht besteht aus …
Das Reimschema ist …

7 Lies die Wörter und Wortgruppen. Ordne sie in die Tabelle unten ein.

er wandert durch die Nacht – Herrscher der Nacht – Wolken wie Türme – Sternenmeer – Mondstrahlen wie Silberfäden – sie funkeln wie Diamanten – sie steigt an Land – Wolkenbett – er schleicht aus den Wolken – sie hängt das Dunkel in die Baumspitzen – ziehen über den Himmel wie eine Schafherde

Sprachliche Bilder		
Personifikation: der Mond oder die Nacht handeln wie Menschen	**Metapher:** Wolken oder die Nacht werden mit anderen Begriffen verbunden, um eine Eigenschaft zu betonen	**Vergleich:** der Mond oder die Wolken werden mit etwas verglichen (durch „wie“ oder „als ob“)
er wandert durch die Nacht	*Herrscher der Nacht*	*Wolken wie Türme*
…	…	…

Merke
Sprachliche Bilder

Sprachliche Bilder werden in Gedichten verwendet, um das Denken und Fühlen der Leser und damit ihre **Vorstellungskraft anzuregen**. Dabei unterscheidet man:

Personifikation
Dinge, Begriffe, Naturerscheinungen **handeln wie Menschen**.
Der Stern wandert durch die Nacht.

Metapher
Zwei Dinge oder Bereiche werden vermischt, dabei entsteht ein **bildhafter Ausdruck**.
Himmelszelt

Vergleich
Zwei Dinge oder Bereiche werden durch „wie“ oder „als ob“ **miteinander verbunden**.
Der Mond sah aus wie eine Laterne.

Mondnächte

Hörverstehen
uf69qd

1 Höre dir das Gedicht „Mondnacht“ von Joseph von Eichendorff an.

2 Lest das Gedicht mehrfach durch. Stellt euch zu jeder Strophe ein Bild vor. Tauscht eure Empfindungen und Vorstellungen im Tandem aus.

Joseph von Eichendorff
Mondnacht

Es war, als hätt' der Himmel
Die Erde still geküsst,
Dass sie im Blütenschimmer
Von ihm nun träumen müsst.

Die Luft ging durch die Felder,
Die Ähren wogten sacht,
Es rauschten leis' die Wälder,
So sternklar war die Nacht.

Und meine Seele spannte
Weit ihre Flügel aus,
Flog durch die stillen Lande,
Als flöge sie nach Haus.

Seite 114
das lyrische Ich

TIPP
- Beschrieben wird …
- Das lyrische Ich befindet sich …
- Es nimmt … wahr.
- Dabei empfindet es …
- Es stellt sich vor …

3 Untersuche das Gedicht und schreibe einen kurzen Text dazu. Formuliere Aussagen zum Inhalt, zur Stimmung und zum lyrischen Ich. Beachte dabei die Sinne, die im Gedicht angesprochen werden.

4 Untersucht im Tandem in den ersten beiden Strophen des Gedichts das Metrum. Geht so vor:
- Lest die folgenden Verse halblaut. Beachtet die betonten und die unbetonten Silben.

Es war, als hätt' der Himmel   Die Erde still geküsst,

- Schreibt die nächsten beiden Verse des Gedichts ab. Markiert die betonten Silben (mit x́) und die unbetonten Silben (mit x).
- Schreibt die zweite Strophe ab und setzt die Betonungszeichen.

Merke

Metrum und Rhythmus

Das **Metrum** (auch Versmaß) ist der **„Takt“** eines Gedichts. Er ergibt sich aus der regelmäßigen Abfolge von **betonten** x́ und **unbetonten** x **Silben.**
→ Sin/get lei/se, lei/se, lei/se …
Der **Rhythmus** ist der **„Tonfall“** eines Gedichts, den der Vortragende gestalten kann. Der Rhythmus entsteht durch das **Metrum** und die **Art des Sprechens** (Betonung, Sprechtempo, Lautstärke, Pausen). → Dass sie im Blütenschimmer …

5 Lies die beiden folgenden Gedichte oder höre sie dir an.

Clemens Brentano
Wiegenlied

Singet leise, leise, leise,
Singt ein flüsternd Wiegenlied,
Von dem Monde lernt die Weise,
Der so still am Himmel zieht.

Singt ein Lied so süß gelinde,
Wie die Quellen auf den Kieseln,
Wie die Bienen um die Linde
Summen, murmeln, flüstern, rieseln.

Günter Eich
Abend im März

Ich trete in die Türe ein,
Der Mond war vor mir dort.
Ach Mond, du sollst nicht bei mir sein!
Er schweigt und geht nicht fort.

Er wohnt in meiner Stube drin
Seit gestern, als ich kam.
Ich seh ihn, weil ich traurig bin,
und kenn ihn nur im Gram. […]

Hörverstehen
uf69qd

6 Lest einander im Tandem die Gedichte vor. Klatscht oder klopft dabei den „Takt" mit. Benennt den Unterschied zwischen beiden Gedichten.

7 Entscheide dich für ein Gedicht und schreibe es ab. Markiere die betonten und die unbetonten Silben im gesamten Gedicht.

8 Bereitet jetzt im Tandem den Vortrag eurer Gedichte vor. Geht so vor:
- Erfasst die Stimmung des Gedichts, z. B. ruhig, ernst, fröhlich, traurig, vergnügt. Legt fest, wie ihr sie im Gedicht deutlich machen könnt.
- Unterstreicht die Wörter, die ihr besonders betonen wollt.
- Markiert im Gedicht die Pausen, das Sprechtempo und die Lautstärke.

Seite 279
ein Gedicht betont vortragen

9 Bildet Vierergruppen und lest einander eure Gedichte mit Betonung vor. Besprecht dann, ob die Stimmung des Gedichts gut dargestellt wurde.

10 Lerne dein Gedicht auswendig. Du kannst den Arbeitstechnik-Kasten nutzen.

TIPP
Kläre, welche Methode für dich geeignet ist.

Arbeitstechnik
Ein Gedicht auswendig lernen

- Stelle dir **Bilder** zu den Strophen vor oder zeichne welche dazu. Nutze sie als **Gedankenstütze**.
- **Gehe herum**, während du das Gedicht laut sprichst.
- Sprich das Gedicht und **nimm es auf**. Höre es immer wieder an.
- **Schreibe** das Gedicht **ab** und lerne Strophe für Strophe, indem du die anderen **abdeckst**.
- Überlege dir eine **Melodie** zu dem Gedicht und **singe** es dir vor.
- Trage dein Gedicht einer **Person** vor oder übe vor dem **Spiegel**.

11 Tragt eure auswendig gelernten Gedichte in der Klasse vor.

Gedichte-Werkstatt

Ihr seid nun in das Thema „Mondnacht“ tief eingetaucht. Jetzt könnt ihr selber Dichter werden und eure Gedanken über den Mond und eure Gefühle in der Nacht in verschiedenen Gedichtformen ausdrücken.

1 Lege zuerst eine Wörtersammlung zum Thema „Mond“ und „Mondnacht“ an. Nutze dazu auch Wörterbücher oder das Internet. Verwende Wörter und Wortgruppen aus der Sammlung in deinen eigenen Gedichten auf dieser und den folgenden Seiten.

TIPP
Wörter mit gleichen Anfangslauten in benachbarten Wörtern = **Alliteration**

Häufung gleicher Vokale in benachbarten Wörtern = **Assonanz**

2 Stellt im Tandem eure Wörter zusammen:
- nach gleichen Anfangslauten, z. B. *milchiges Mondlicht, wilde Wolken …*
- nach gleichen Vokalen, z. B. *wandern durch die Nacht …*
- zu Kombinationen, die Stimmungen auslösen, z. B. *silberweiß, Schattengespenster, Kratergesicht …*

3 Schreibe das folgende **Akrostichon** ab und ergänze die letzte Zeile. Sie soll zur Stimmung passen.

Mond
Ohne eine Wolke am Himmel
Nur ein warmer Wind weht
D…

4 Schreibe jetzt ein eigenes **Akrostichon** zum Thema „Nacht“.

5 Lies das folgende **Haiku**. Notiere, wie viele Silben jede Zeile hat.

Sternklar war die Nacht
ich sehe das Sternenmeer
und stehe staunend.

6 Schreibe ein eigenes **Haiku**. Orientiere dich an der Silbenanzahl pro Zeile.

TIPP
Orientiere dich am Merkekasten auf Seite 119.

7 Lies das folgende **Wachsgedicht**. Darin werden in jeder Zeile Wörter oder Wortgruppen hinzugefügt, in der letzten Zeile steht aber nur ein Wort. Ergänze die vierte Zeile.

Sternschnuppen
Sternschnuppen am Himmel
aufblitzende Sternschnuppen am Himmel
…
Sternschnuppen

8 Schreibe ein eigenes **Wachsgedicht**.

Merke
Die Gedichtformen Akrostichon, Haiku und Wachsgedicht

Bei einem **Akrostichon** schreibt man das **Thema** des Gedichts als ein Wort **senkrecht** auf. Man ordnet jedem Buchstaben Wörter oder Wortgruppen zu.

Das japanische Kurzgedicht **Haiku** besteht aus **3 Zeilen**. Die 1. Zeile hat 5 Silben, die 2. Zeile hat 7 Silben und die 3. Zeile hat 5 Silben.

Das **Wachsgedicht** besteht aus 5 Zeilen, die durch **Ergänzungen „anwachsen"**. **1. Zeile**: ein Substantiv/**2. Zeile**: 1. Zeile + Präposition/Konjunktion und zweites Substantiv/**3. Zeile**: Adjektiv zu erstem Substantiv/**4. Zeile**: 3. Zeile + und + drittes Substantiv mit Adjektiv/**5. Zeile**: ein Substantiv aus der 4. Zeile

9 Wähle A oder B.

A Lies das Gedicht „Roter Mond". Schreibe es ab und ergänze die Verse mit eigenen Wörtern und Wortgruppen.

Otto Reinhards
Roter Mond

Wenn am Abend
Wellen plätschern
weil der Ostwind
______
wenn die Dämm'rung
______
dann die Welt zur
Ruhe geht.

Rot siehst du den
______
steigt hervor aus
______
und ein Traum
beginnt zu
______,
Phantasie beginnt
______

Jeder Schleier,
jede Wolke
birgt in sich
______
und im Rauschen
mit den Wellen
wird man wieder
______

TIPP
Achte dabei auf das Metrum. Die Verse müssen sich aber nicht reimen.

B Lies das Gedicht „Wasserfahrt". Entscheide dich für vier Zeilen und stelle Fragen zum Inhalt, z. B. *Manchmal nachts an Meereswogen ... Warum seid ihr denn am Strande? ...*

Therese Dahn
Wasserfahrt

Manchmal nachts an Meereswogen
Steht ein Kind, des Sehnens voll:
Dann kommt ein Delphin gezogen,
Trägt das Kind durchs Flutgeroll.

Meerfrau'n steigen auf im Kreise,
Hoch der Mond am Himmel schwebt,
Und sie schaun's und murmeln leise:
„'s ist ein Stern, der wandern geht."

TIPP
Gestalte deine Fragen so, dass betonte und unbetonte Silben aufeinander folgen.

10 Tragt einander im Tandem eure Ergänzungen aus Aufgabe 9 vor. Prüft gemeinsam, ob das Metrum zum restlichen Gedicht passt.

11 Lernt eure Gedichte auswendig und tragt sie in der Gruppe vor.

Seite 117
ein Gedicht auswendig lernen

Test
uf69qd

Sternenherrlichkeit

Hörverstehen
uf69qd

1 Lies das Gedicht von Matthias Claudius oder höre es dir an.

Matthias Claudius
Die Sternseherin Lise

Ich sehe oft um Mitternacht,
Wenn ich mein Werk getan
Und niemand mehr im Hause wacht,
die Stern' am Himmel an.

Sie gehn da, hin und her zerstreut
Als Lämmer auf der Flur[1];
In Rudeln auch, und aufgereiht
Wie Perlen an der Schnur.

Und funkeln alle weit und breit
Und funkeln rein und schön;
Ich seh' die große Herrlichkeit
Und kann mich satt nicht sehn … […]

[1] Flur: Wiese

2 Habt ihr auch schon einmal intensiv den Sternenhimmel betrachtet? Erzählt einander im Tandem davon.

3 Schreibe in Sätzen auf, wovon das Gedicht handelt. Du kannst so beginnen:

In dem Gedicht „…" von … geht es um eine Frau, die …
Lise begeistert sich sehr für …
Deshalb schaut sie sich …
Das macht sie, wenn …
Dabei ist sie gern …
Die Sterne werden beschrieben als …

Seite 278
Aufbau von Gedichten

4 Untersuche den Aufbau des Gedichts. Mache dir Notizen zu Strophen, Versen, Reimwörtern und Reimschema.

Seite 114
das lyrische Ich

5 Wer spricht in diesem Gedicht? Benenne das lyrische Ich.

6 Warum schaut sich das lyrische Ich die Sterne erst dann an, wenn alles schläft? Versetze dich in das lyrische Ich und notiere eine Erklärung.

7 Wie fühlt sich das lyrische Ich? Lies noch einmal die dritte Strophe, notiere Adjektive und begründe.

8 Bestimme das Metrum. Schreibe das Gedicht ab und markiere die betonten und die unbetonten Silben. Vergleiche die Verse. Was fällt dir auf?

Seite 116
Metrum

9 Die Sterne werden nicht nur mit Lämmern verglichen, sondern es gibt noch einen weiteren Vergleich. Schreibe ihn auf.

Seite 115
sprachliche Bilder

10 Vergleicht im Tandem eure Ergebnisse aus den Aufgaben 3 bis 9. Korrigiert eure Ergebnisse, wenn nötig.

11 Wähle aus A, B und C zwei Aufgaben aus und bearbeite sie.

Seite 119
Gedichtformen

A Schreibe ein **Akrostichon**. Denke dir dafür ein Wort aus oder wähle zwischen den folgenden Vorschlägen.

Mondaufgang	oder	Mondschein
Orangerote Kugel		Ohne Stadtlaternen
Nur ich, nah am Meer		Nur Natur ringsum
D …		D …
A …		S …
U …		C …
F …		H …
G …		E …
A …		I …
N …		N …
G …		

B Schreibe ein **Haiku**. Übernimm die vorgegebenen ersten Zeilen oder denke dir eigene Zeilen aus. Gib deine Sinneseindrücke wieder.

Ich sehe Sterne	oder	Sterne am Himmel
Ich höre Eulen	oder	Eulen in Bäumen
Ich fühle den Wind	oder	Wind auf meiner Haut

C Schreibe ein **Wachsgedicht**. Setze die folgenden Anfänge fort oder denke dir ein eigenes Gedicht aus.

Vollmond	oder	Meeresfunkeln
Vollmond am Donnerstagabend		Meeresfunkeln in der Sommernacht
…		…

12 Wähle eines deiner Gedichte aus Aufgabe 11 aus. Bereite es für einen Vortrag vor und lerne es auswendig.

Seite 117
ein Gedicht auswendig lernen

13 Organisiert in der Klasse ein Gedichtefest und tragt eure Gedichte vor.

Seite 279
ein Gedicht betont vortragen

Prachtvolles Abendrot

Hörverstehen
uf69qd

○ **1** Lies die beiden Gedichte oder höre sie dir an.

Theodor Fontane
Am Abend

Sinkt der Tag
in Abendgluten,
schwimmt das Tal
in Nebelfluten.

Heimlich
aus der Himmelsferne
blinken schon
die goldnen Sterne.

Flieg zum Nest
und schwimm zum Hafen!
Gute Nacht!
Die Welt will schlafen!

Julius Karl Reinhold Sturm
Nachts/Gruß an die Nacht

Wie hast du mich so müde gemacht,
o Tag mit deiner leuchtenden Pracht,
mit deiner Farben buntem Schein,
mit deinen rauschenden Melodein[1].

Willkommen, o Nacht! und decke du
die Erde mit deinem Schleier zu,
lass schwinden die Farben, die Töne verwehn,
lass alles Leben um dich vergehn,
und lasse mich träumen allein mit dir,
vom leuchtenden Himmel hoch über mir.

[1] Melodei: dichterisch, veraltet für Melodie

2 Vergleicht die beiden Gedichte. Welches entspricht eher euren Vorstellungen von einer hereinbrechenden Nacht? Tauscht euch dazu in der Gruppe aus. Sprecht über die Stimmung in den Gedichten.

Seite 114 das lyrische Ich

3 Wähle eines der Gedichte aus und untersuche es. Mache dir Notizen:
- zum Inhalt des Gedichts,
- zum Sprecher im Gedicht,
- zum Aufbau des Gedichts und zum Metrum,
- zu Personifikationen.

Seite 278 Aufbau von Gedichten

Seite 116 Metrum

4 Was wünscht sich der Sprecher? Belegt es mit den passenden Versen aus beiden Gedichten. Vergleicht im Tandem.

Seite 115 sprachliche Bilder

○ **5** Suche dir einen Tandempartner, der das andere Gedicht bearbeitet hat. Stellt einander die Gedichte und eure Untersuchungsergebnisse vor.

6 Was versteht ihr unter den folgenden sprachlichen Bildern? Erklärt einander im Tandem die Metaphern aus den Gedichten aus Aufgabe 1.

Nebelfluten *Schleier der Nacht*

Seite 115 sprachliche Bilder

Seite 119 Gedichtformen

7 Wähle aus A, B, C, D und E drei Aufgaben aus und bearbeite sie.

A Schreibe ein **Akrostichon**. Verwende eine der folgenden Metaphern als Thema des Gedichts.

Wellentanz *Sternenstrom* *Geisterland* *Nachtgeflüster*

B Schreibe ein **Haiku**. Gib darin deine Sinneseindrücke wieder und formuliere sie um, z. B. *Ich rieche Blüten … → Honigsüßer Duft …*

C Schreibe ein **Wachsgedicht**. Setze den folgenden Anfang fort oder denke dir ein eigenes Gedicht aus.

Mondaufgang
Mondaufgang im Winter
…

D Schreibe ein Gedicht, das die **folgende Form** haben soll:
- Beginn jeder Strophe: *Wenn hoch der Mond am Himmel steht*
- Strophen mit zwei oder vier Versen
- Reimform: Paar- oder Kreuzreim

Gehe beim Schreiben so vor:
- Notiere zuerst, was du denkst und fühlst, wenn du den Mond siehst.
- Lege eine Stimmung für das Gedicht fest, z. B. *lustig, gruselig, friedlich*.
- Sammle Reimwörter, z. B. *Gespenster/Fenster, weit/breit …*

Seite 280 Parallelgedichte

E Lies das folgende Gedicht. Schreibe dazu ein Parallelgedicht. Übernimm die erste Zeile und die letzten beiden Zeilen. Gib dem Gedicht eine Überschrift.

Mascha Kaléko
Strickmuster-Spruch fürs Kopfkissen

Sobald man beginnt,
Gespenster zu sehen,
Und spärlich bekleidet
Spazieren zu gehen,
Von Türmen zu sinken,
– Im Bad zu ertrinken,
Sobald man sich duzt
Mit Dämonen und Drachen,
Empfiehlt es sich, schleunigst
Aufzuwachen.

Seite 117 ein Gedicht auswendig lernen

Seite 279 ein Gedicht betont vortragen

8 Wähle eines deiner Gedichte aus Aufgabe 7 aus. Bereite es für einen Vortrag vor und lerne es auswendig.

9 Organisiert in der Klasse ein Gedichtefest und tragt eure Gedichte vor.

Wunderbares Sternengefunkel

Hörverstehen
uf69qd

1 Lies die beiden Gedichte oder höre sie dir an.

Richard Dehmel
Manche Nacht

Wenn die Felder sich verdunkeln,
fühl ich, wird mein Auge heller;
schon versucht ein Stern zu funkeln,
und die Grillen wispern schneller.

Jeder Laut wird bilderreicher,
das Gewohnte sonderbarer,
hinterm Wald der Himmel bleicher,
jeder Wipfel hebt sich klarer.

Und du merkst es nicht im Schreiten,
wie das Licht verhundertfältigt
sich entringt den Dunkelheiten.
Plötzlich stehst du überwältigt.

Heinrich Heine
Auf den Wolken ruht der Mond

Auf den Wolken ruht der Mond,
Eine Riesenpomeranze[1],
Überstrahlt das graue Meer,
Breiten Streifs, mit goldnem Glanze.

Einsam wandl ich an dem Strand,
Wo die weißen Wellen brechen,
und ich hör viel süßes Wort,
süßes Wort im Wasser sprechen.

Ach, die Nacht ist gar zu lang,
Und mein Herz kann nicht mehr schweigen –
Schöne Nixen, kommt hervor,
Tanzt und singt den Zauberreigen!
[…]

[1] Riesenpomeranze: große Orange

Seite 114 das lyrische Ich

2 Besprecht im Tandem, wovon das lyrische Ich im ersten Gedicht überwältigt ist.

3 Tauscht im Tandem eure Vorstellungen dazu aus, was im zweiten Gedicht in einer weiteren Strophe passieren könnte.

Seite 278 Aufbau von Gedichten

4 Wähle eines der Gedichte aus und untersuche es. Schreibe einen Text dazu, der Folgendes enthalten soll:
- Autor, Titel und Inhalt des Gedichts,
- Aufbau des Gedichts,
- Metrum des Gedichts (mit einem Versbeispiel),
- lyrisches Ich im Gedicht,
- die Stimmung im Gedicht,
- die sprachlichen Bilder im Gedicht und was sie bedeuten.

Seite 116 Metrum

Seite 115 sprachliche Bilder

5 Suche dir einen Tandempartner, der das andere Gedicht bearbeitet hat. Stellt einander die Gedichte und eure Texte aus Aufgabe 4 vor.

6 Wähle aus A, B und C zwei Aufgaben aus und bearbeite sie.

A Schreibe ein **Akrostichon**, ein **Haiku** oder ein **Wachsgedicht**. Lege eine Stimmung fest, die du vermitteln möchtest, und verwende sprachliche Bilder sowie Anlaut- und Vokalhäufungen.

Seite 119
Gedichtformen

B Übernimm das Gedicht „Manche Nacht“ von Richard Dehmel von Seite 124. Schreibe zu den einzelnen Versen **Kommentare im gleichen Metrum**. Gehe so vor:

- Versetze dich in die Situation des lyrischen Ichs.
- Übernimm den ersten Kommentar oder formuliere einen eigenen.
- Übernimm für deine Kommentare das Metrum des Gedichts.
- Gestalte deine Verse so, dass du den Gedichtvers und deinen Kommentarvers im Wechsel vortragen kannst.

Richard Dehmel

Manche Nacht

Wenn die Felder sich verdunkeln,	*Ja, das kann mein Auge sehen,*
fühl ich, wird mein Auge heller;	...
schon versucht ein Stern zu funkeln,	...
und die Grillen wispern schneller,	...
[...]	

C Wähle eine der folgenden Gedichtstrophen aus und **schreibe sie weiter**. Beachte dabei Reimform und Metrum. Nutze Anlaut- und Vokalhäufungen.

Gerrit Engelke

Nachtsegen

Herrlich ist die Nacht erblüht,
Von jedem Blinkstern sprüht
Ein Himmelstropfen –

Hugo Salus

Verträumter Großstadtabend

Auch der Großstadt Lärm wird ruhig,
Wenn sich Dämmer auf sie neigen,
Und in ihre dunklen Gassen
Tritt der Abend; vor den Toren
Wiesenschlaf und Felderschweigen.

7 Wähle eines deiner Gedichte aus Aufgabe 6 aus. Bereite es für einen Vortrag vor und lerne es auswendig.

Seite 279
ein Gedicht betont vortragen

8 Organisiert in der Klasse ein Gedichtefest und tragt eure Gedichte vor.

Seite 117
ein Gedicht auswendig lernen

Und wie redest du?

Hörverstehen
uf69qd

TIPP
Sprecht ihr einen Dialekt? Dann sagt die Begriffe in eurem Dialekt.

1 In der Tabelle stehen Wörter aus vier Dialekten. Lest sie und hört sie euch an. Findet jeweils das richtige hochdeutsche Wort.

Hochdeutsch	Bairisch	Sächsisch	Hessisch	Schwäbisch
Kopf	*Schädel*	*Gobb*	*Deetz*	*Dätz*
...	*Eadäpfe*	*Ärbern*	*Kadoffel*	*Grombiira*
...	*Guadl*	*Zuckerle*	*Guutsje*	*Gutsele*
...	*Augn*	*Oochn*	*Aare*	*Glotzbebbel*
...	*Heisleschua*	*Latschen*	*Schlabbe*	*Häusleschuhe*

2 Lies den folgenden Text.

Im Laufe der Jahrhunderte veränderte sich die deutsche Sprache. Es entstand die hochdeutsche Schriftsprache. Wenn wir heute von Standardsprache (oder Hochdeutsch) reden, meinen wir damit diese hochdeutsche Schriftsprache. In vielen Bereichen kommt sie aber auch in mündlicher Form vor, so im Radio und Fernsehen. Sie kennzeichnet eine einheitliche Grammatik und eine festgelegte Aussprache. Dialekte unterscheiden sich deutlich von der Hochsprache. Im Gegensatz zu ihr sind sie immer an eine Region gebunden. Sie können in einem eng begrenzten Bereich gesprochen werden oder weit verbreitet sein. Dialekte verfügen über einen eigenen Wortschatz und eigene Regeln. Es gibt auch Stadtdialekte, z. B. in Berlin oder Köln. Plattdeutsch oder Niederdeutsch umfasst alle norddeutschen Dialekte; die Sprecher selber nennen es Plattdüütsch. Alemannisch ist im Südwesten Deutschlands verbreitet und wird auch in den angrenzenden Ländern gesprochen.

3 Erklärt im Tandem die Begriffe Standardsprache (Hochdeutsch) und Dialekt. Schreibt jeweils ein bis zwei Sätze als Definition auf.

4 Lest einander das Gedicht „Ahmdfrieden" von Lene Voigt, das im sächsischen Dialekt verfasst ist, laut vor. Besprecht, wovon das Gedicht handelt.

Lene Voigt
Ahmdfrieden

's wärd schtiller um een rum
Un schließlich is mer selwer schtumm,
Dreimt vor sich hin gemiedlich.
De ärschten Schternchen blinzeln schon,
Dr Vollmond glettert uff sein Drohn.
Nee, wärkt de Welt bloß[1] friedlich! […]

[1] bloß: hier: so

5 Was fällt euch bei den sächsischen Wörtern auf? Notiert im Tandem die Wörter und ihre Besonderheiten, z. B. *een: ee statt ei, ...*

6 Lest einander im Tandem die Strophe des Gedichts von Christa Astl laut vor. Es ist im bairischen Dialekt geschrieben. Klärt, worum es geht.

Christa Astl

A Neimondtraam

De Neimondnächt san mia a Graus,
mit dene hon i gor koa Freid,
find in da Friah vom Bett ned raus,
i traam an Bledsinn, schlaf ned gscheit. […]

7 Was fällt euch bei den bairischen Wörtern auf? Schreibt die Wörter im Tandem auf und unterstreicht auffällige Stellen, z. B. *Neimondtraam, …*

8 Wählt eines der Gedichte aus, das sächsische oder das bairische. Übersetzt es im Tandem ins Hochdeutsche.

9 Vergleicht den sächsischen und den bairischen Dialekt. Nennt jeweils die Besonderheiten. Verwendet die Ergebnisse aus den Aufgaben 5 und 7.

10 Seht euch im Tandem die Karte zu den deutschen Dialekten an. Nennt die drei großen Dialektlandschaften.

11 Notiere die Dialektlandschaften, zu denen Sächsisch und Bairisch zählen.

12 Ordnet im Tandem der mitteldeutschen Dialektlandschaft die entsprechenden Bundesländer zu. Verwendet einen Atlas.

13 Sucht auf der Karte die Region, in der ihr wohnt. Nennt euren Dialekt und die Dialektlandschaft.

Merke

Standardsprache und Dialekte

Die **Standardsprache** (das Hochdeutsch) entspricht der **Hochsprache** bzw. der **Schriftsprache**. **Dialekte** sind **regional** gebunden und haben einen **eigenen Wortschatz** und eine **eigene Grammatik**.

Plattdeutsch: De Maand

Es gibt eine Wikipedia auf Plattdüütsch (Plattdeutsch oder Niederdeutsch), die mehr als 25 000 Artikel umfasst. Man kann einen Artikel „söken“. Dazu sollst du „dat Woort ingeven, dat du söchst“. Das verstehst du doch ...

1 Sieh dir die Karte von Norddeutschland an. Schreibe die Bundesländer auf, in denen die Leute Plattdüütsch beziehungsweise Niederdeutsch „snacken“.

Hörverstehen
uf69qd

2 Lies die Auszüge aus dem niederdeutschen Wikipedia-Artikel zum Mond oder höre sie dir an.

Maand

De Maand is en Trabant, de de Eer jümmers[1] umlöpt. Ok bekannt as Moond oder Mond. De Eer hett bloot[2] dissen eenen, dör[3] wat de Maand ok[4] keen egen Naam kregen hett. De Moon is’n beten[5] wat lütter as de Eer. Ok is he nich so swoor. De Swoorkraft is bloot een Sösstel vun dat, wat wi hier op de Eer hebbt. Dat eerste Mol, dat dor een Minsch siene Fööt opsett het, wör a’n 21.07.1969. Dat wör de US-Amerikaner Neil Armstrong.
Wat nütt us de Maand? Nu, wenn wi nachts na Huus hen kaamt, denn is dat fakener[6] hell, wiel de Moon schient. Ok is he nödig, dormit wi Ebb un Floot hebbt. Dat heet[7] dann de Tiedn[8]. He treckt[9] dat Water hen und her.

[1] jümmers: immer
[2] bloot: nur
[3] dör: durch
[4] ok: auch
[5] beten: bisschen
[6] fakener: öfter
[7] heet: heißt
[8] Tiedn: Gezeiten
[9] treckt: zieht

3 Lest einander im Tandem den niederdeutschen Text laut vor.

4 Übernimm die folgende Tabelle. Schreibe zu den angegebenen Wörtern aus dem Text die passenden hochdeutschen Wörter auf.

Naam	lütter	Eer	Swoorkraft	Sösstel	wi kaamt
der ...	*...*	*die ...*	*die ...*	*das ...*	*wir ...*

5 Wähle drei Sätze aus dem Text aus und übersetze sie schriftlich ins Hochdeutsche.

6 Tauscht eure Sätze im Tandem aus und überprüft die Übersetzungen.

7 Was fällt am niederdeutschen Dialekt auf? Notiert die Besonderheiten, z. B. *aa statt o (Maand/Mond), p statt f (umlöpt/umläuft), ...*

Alemannisch: Mo

Auch auf Alemannisch existiert eine Wikipedia: „Di Alemannischi Wikipedia“ für den gesamten alemannischen Sprachraum. Hier gibt es fast 23 000 Artikel. Zum alemannischen „Sprachruum“ gehören: Dütschschwyz, Elsass, Liechtestei, Oberbade, Schwabeland und Vorarlberg.

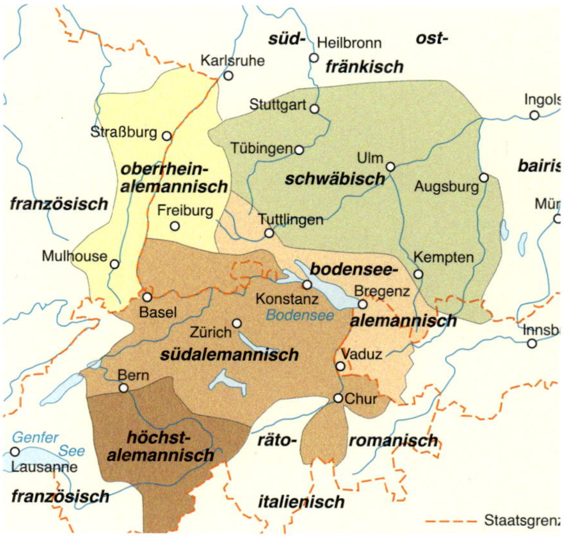

1 Sieh dir die Karte an und notiere, in welchen Ländern außer in Deutschland auch Alemannisch gesprochen wird.

2 Lest einander im Tandem die Auszüge aus dem alemannischen Wikipedia-Artikel zum Mond laut vor. Ihr könnt ihn euch auch anhören.

Mo

Dr Erdmond, wo meistens numme[1] Mo gnennt wird, isch der einzig natürlich Satellit vu dr Erde. Er isch dr einzig fremd Himmelskörper, wo bisher vu Mensche beträtte worre isch, un au ein vu dr am beste erforscht. Aber trotzdem lit noch viil im Dunkle. Die später Entwicklig un si innere Ufbau sin aber sit einige Johre witgehend chlärt. Dr Mo umchreist d’Erde im Verlauf vu ca. 29,5 Däg vu Weste nooch Oste. D’Bahn vum Mo um d’Erde isch e Ellipse. Verfinsterige zwische Sunne, Mo un Erde trätte uf, wenn die dri Himmelskörper uf ere Linie liige. Bi ere Mofinsternis, wo numme bi Vollmo ufträtte cha, stot d’Erde zwische Sunne un Mo.

[1] numme: nur

Hörverstehen
uf69qd

3 Schreibt im Tandem Aussagen auf, die in dem Artikel über den Mond gemacht werden, z. B. *Er ist der einzige natürliche Satellit der Erde.*

4 Notiere Wörter, die im Hochdeutschen und Alemannischen gleich sind.

5 Schreibe zehn alemannische Wörter auf und übersetze sie.

6 Was fällt am alemannischen Dialekt auf? Notiere die Besonderheiten, z. B. *sch statt st (isch/ist), ig statt ung (Entwicklig/Entwicklung), …*

7 Besprecht und vergleicht eure Ergebnisse im Tandem.

8 Erkundet in der Klasse weitere Dialekte und ihren Gebrauch. Untersucht:
- Welcher Dialekt wird in eurer Region gesprochen?
- Welche Dialekte habt ihr außerdem kennengelernt?
- Welche Dialekte gefallen euch und welche nicht? Begründet.
- Wann und wo wird vor allem Dialekt gesprochen?

7 Fluchtgeschichten

Auszüge aus Jugendbüchern erschließen

Das lernst du jetzt:

- Auszüge aus Jugendbüchern lesen und verstehen
- Konflikte und Probleme in Jugendbüchern benennen
- literarische Figuren beschreiben und charakterisieren
- die Beziehung der literarischen Figuren zueinander darstellen
- Orte, Handlungen und Zeitgestaltung untersuchen
- Großschreibung anwenden

1 Seht euch die Buchcover und die Titel der Bücher auf Seite 130 an. Worum könnte es in den Romanen gehen?

2 Besprecht, welche Stimmungen durch die Bilder und Titel vermittelt werden.

3 Lest die folgenden Inhaltsangaben und ordnet sie den Büchern zu. Tauscht euch darüber aus.

a *In diesem Buch steht die gefährliche Flucht zweier Straßenkinder aus Nigeria im Mittelpunkt des Geschehens. Der 16-jährige Yoba kommt in den Besitz einer Tasche mit sehr viel Geld. Mithilfe des Geldes wollen er und sein 12-jähriger Bruder die Flucht durch die Wüste und über das Mittelmeer wagen.*

b *Das Geschehen in diesem Buch spielt in der Hitlerzeit. Hanna Mai muss mit ihren Töchtern Minna und Malka überstürzt aus dem von Deutschen besetzten Polen nach Ungarn fliehen. Sie hatte gehofft, dass die Familie durch ihre Arbeit als Ärztin geschützt sei. Aber sie sind Juden und werden verfolgt.*

c *Das Buch ist Teil einer Reihe über Kinderschicksale im Zweiten Weltkrieg, es enthält zwei Bände. Ein Band handelt davon, dass erst Mirjam mit ihrer Tante und dann Erwin mit seinem Vater fliehen müssen. Mirjam und Erwin, die sich gernhaben, treffen noch einmal aufeinander. Dann müssen sie Abschied nehmen und in ferne Länder aufbrechen.*

d *Das Buch handelt von dem Jungen Koumail, der auf der Flucht vor den Kriegswirren im Kaukasus ist. Begleitet wird er von Gloria, die es immer wieder schafft, ihm auf wunderbare Art Mut zu machen. Koumail ist auf dem Weg nach Frankreich, denn nach den Auskünften von Gloria ist er eigentlich Franzose.*

4 Welches Buch interessiert euch am meisten? Nennt den Titel und begründet eure Wahl.

5 Kennt ihr Geschichten oder Berichte über Flucht? Erzählt davon.

RGS **6** Lest den folgenden Text. Klärt, welche Wörter großgeschrieben werden. Begründet mithilfe der Rechtschreibregeln.

suchst du gute unterhaltung, vielleicht etwas spannendes? bist du neugierig auf fremde kulturen oder auf vergangenes? greif zum buch! selbst das wechseln zwischen kontinenten oder der sprung in die vergangenheit dauert nur einen moment. tritt ein in fremde länder oder steig in die zeitmaschine! mit büchern kommst du überallhin.

Aufbruch in die Fremde

1933 wurde für viele Menschen in Deutschland zu einem sehr schwierigen Jahr. Hitler war an die Macht gekommen. Andersdenkende wurden verhaftet und kamen in Lager. Auch die Bewohner eines Berliner Mietshauses spürten die Auswirkungen, so auch Erwin und Mirjam. Erwins Vater gelang es, aus dem Lager zu fliehen, aber zu Frau und Kindern konnte er nicht zurück.

Leseschlüssel

Hörverstehen
6nk4fz

○ **1** Lies die Auszüge aus dem 3. und 4. Band der Jugendbuchreihe „Die Kinder aus Nr. 67“ von Lisa Tetzner oder höre sie dir an.

Der Abreißkalender über Erwins Bett war bei einer großen, schwarzen 21 angekommen. Darunter stand in kleiner Schrift „März“, darunter noch kleiner „Frühlingsanfang“. [...] Auch den kleinen Vers unter der Zahl las er täglich. *Harret aus und euch soll geholfen werden,* hieß es heute. Erwin hatte die Worte eben seiner Mutter vorgelesen, denn seit der Vater in einem großen, von Stacheldraht umzogenen Lager gefangen gehalten wurde, grämte[1] sie sich sehr, seufzte viel und weinte.
Nun glaubt ihr vielleicht, Erwins Vater sei ein Dieb oder ein Verbrecher, den die Polizei gefangen hielt, um ihn zu bestrafen. O nein, Erwins Vater war ein braver, fleißiger Mann. Er war sogar ein besonders guter Vater. Aber vor einiger Zeit hatte die Regierung gewechselt und die neuen Männer, die jetzt regierten, erlaubten nicht, dass man etwas sagte oder dachte, was gegen ihre Ansichten war [...]

Am schlimmsten war es, dass auch Mirjam ganz schnell und ohne Abschied fort gemusst hatte. Erwin wusste nicht einmal, wohin sie gegangen war. [...] Aber dann kam jener Tag – er erinnerte sich nicht mehr, wann es gewesen war –, da war er gemächlich die Straße entlang gegangen – er trieb gerade eine Murmel wie einen Fußball vor sich her –, als er sie neben Tante Mathilde, Piddel unterm Arm, eilig zum Omnibus laufen sah. Sie schleppten einige Koffer. Das fiel Erwin gleich auf. Aber, da sie ihm nicht Lebewohl gesagt hatte, nahm er an, sie würde am Abend zurückkommen. Am anderen Tag jedoch waren Leute in der Wohnung, die ihre Sachen und alle Masken und Kostüme fortholten und ein Schild aus dem Fenster hängten: *Zu vermieten.* Viel später erst kam eine Karte von Mirjam. *Wir sind in Frankreich,* schrieb sie. *In Paris. Ich würde sehr froh sein, wenn du auch herkämst.* [...]

„Fein, dass du mitkommst, mein Sohn. Wir zwei schlagen uns schon durch und werden es schaffen.“ Erwin nickte und plötzlich fühlte er, dass in ihm Tränen aufsteigen wollten. Er schluckte hastig mehrmals hintereinander, schnäuzte sich kräftig und versuchte, an etwas anderes zu denken, an etwas Lustiges [...] als der Zug schon eine Strecke gefahren war und Erwin seine Kappe abriss, sah ihn der Vater aufmerksam an; besonders sein Haar schien sein Missfallen zu erregen. „Wenn das man alles gut geht“, murmelte er vor sich hin. [...] „Du mit deinem roten Schopf und den vielen Sommersprossen auf der Nase.“ [...]

[1] sich grämen: traurig sein

Eine französische Arbeiterfamilie nahm die Flüchtlinge bei sich auf. Sie durften in einer kleinen Kammer neben der Küche schlafen, Erwin besaß aber kein eigenes Bett, sondern der Vater nahm ihn mit in das seine. [...]

Erwin musste leider die meiste Tageszeit in der neuen Schule zubringen. Dort wurde er – und das war das Allerschlimmste, er hatte sich den Kampf um die Freiheit so ganz anders vorgestellt – unter die allerkleinsten Schüler gesetzt, die eben erst zur Schule gekommen waren. Das grämte und ärgerte ihn so sehr, dass er sich manchmal vor Wut und Scham auf die Lippen biss. [...]

Sobald er aus der Schule gekommen war, begab er sich auf die Suche nach Mirjam. Das war seine eigentliche Arbeit, über die er nicht sprach. Die andern hätten ihn nur ausgelacht und verspottet. Er lief jede kleine Straße und jeden Häuserblock ab, er las alle Namen und Firmenschilder. [...]

Mirjam hatte beschlossen, Piddel Erwin zu schenken, obwohl die Tante mit ihr schalt[2], weil ein Hund nur eine Belastung für Brackmanns bedeuten musste. Sie hatten doch selbst kaum genug zu essen. [...] „Aber der Erwin hat jetzt gar nichts mehr. Keine Mutter und keine Geschwister und kein rechtes Haus, in dem er wohnen darf. Bald hat er auch mich nicht mehr. Piddel war immer bei allem dabei, was einmal schön war. Erwin hat ihn auch befreit, als die Bande ihn mir stahl. Und Erwin hat mir versprochen, ihn nie zu verlassen. Er will ihn in einer Kiste in Schweden einschmuggeln. Außerdem hat Piddel den Schnee so gern. Du weißt doch, er ist immer ganz verrückt vor Freude, wenn's schneit. Der ist sicher gern in Lappland." [...]

[2] schelten: schimpfen

Auf dem Bahnhof weinte Mirjam plötzlich laut heraus. (Vielleicht war es auch nur Piddels wegen.) Sie umarmte Erwin, ohne sich zu genieren [...] Mirjam sah heute besonders hübsch aus. Unter der roten Reisemütze wellten sich die schwarzen, lockigen Haare hervor, und ihre dunklen Augen waren noch ein wenig feucht und glänzend von den Tränen. Sie hielt diese Augen unentwegt auf ihn gerichtet, als sollten sie ihm ohne Worte noch etwas besonders Schönes sagen. [...]

Mirjam hatte noch nie einen Überseedampfer gesehen. Sie fand das Schiff reichlich groß und hoch. [...] Tante Mathilde schien plötzlich kurzsichtig geworden zu sein, als sie, von hinten geschoben, den Fuß auf die Schiffstreppe setzen wollte. Sie zögerte, griff suchend nach Mirjams Hand und stöhnte schon wieder.

„Schau dich um, mein Kind", schluchzte sie und dicke Tränen traten in ihre Augen. „Schau dich noch einmal um und bedenke, was wir jetzt tun. Das", sagte sie und ihr Fuß stampfte auf das Steinpflaster des Hafens, „das ist Europa, das ist unser Erdteil, die Erde, auf der wir geboren wurden und von der man uns jetzt vertreibt. Aber das hier – sie schob missmutig den Fuß auf die Schiffstreppe –, „die ‚Garibaldi', ist gar nichts. Die trägt uns, wenn's gut geht, über das große Wasser, doch jenseits von ihm, am anderen Ufer, erwartet uns eine fremde Welt." [...]

Erwin und Mirjam

1 Besprecht in der Klasse, welches Problem in den Textauszügen beschrieben wird. Klärt auch, wie das Problem entstanden ist.

2 Nennt die Figuren, die vorkommen, und die Orte, an denen die Handlung spielt.

3 Lies die Romanauszüge noch einmal. Mache dir zu jedem Abschnitt Notizen zum Inhalt.

4 Tauscht euch im Tandem zu den folgenden Fragen aus. Beantwortet sie und notiert die entsprechenden Zeilenzahlen.
- Warum glaubt Erwin, dass Mirjam am Abend zurückkommt?
- Wann merkt Erwin, dass Mirjam und ihre Tante Berlin verlassen haben?
- Was ist für Erwin in Paris am wichtigsten?
- Warum will Mirjam ihren Hund Piddel Erwin schenken?
- Wie stehen Erwin und Mirjam zueinander?
- Welche Gefühle zeigt Tante Mathilde, als sie auf den Überseedampfer steigt, um Europa zu verlassen?

5 Untersuche jetzt genauer, wie Erwin und Mirjam im Text beschrieben werden. Notiere, was du über Alter, Aussehen, Eigenschaften, Lebenssituation und ihr Verhältnis zu anderen Personen erfährst, z. B.
Erwin: rothaarig, sehr aufmerksam, …
Mirjam: hat schwarze Locken, zeigt ihre Gefühle, …

TIPP
Beachte, dass die Eigenschaften etwas über den Charakter einer Figur aussagen.

6 Im ersten Abschnitt auf Seite 132 beschreibt die Autorin Eigenschaften von Erwins Vater. Dies nennt man direkte Charakterisierung. Schreibe die Eigenschaften von Erwins Vater heraus.

7 Erwin wird im Text vor allem über sein Handeln und Denken beschrieben. Dies nennt man indirekte Charakterisierung. Ordnet im Tandem die Beschreibungen den passenden Erklärungen zu. Schreibt sie auf, z. B.
Erwin liest der Mutter den Kalendervers vor → er will sie trösten …

indirekte Charakterisierung von Erwin (wie Erwin handelt, was er sagt oder denkt)	**Erklärung** (welche Charaktereigenschaften er dadurch indirekt zeigt)
Zeilen 4/5: er liest der Mutter den Kalendervers vor Zeilen 19/20: es fällt ihm gleich auf, dass Mirjam und Tante Mathilde Koffer tragen Zeilen 27–30: er fühlt, dass in ihm Tränen aufsteigen wollen, und denkt an etwas Lustiges Zeilen 44/45: er sucht in Paris jeden Tag nach Mirjam	– er ist ein aufmerksamer Beobachter – er ist ausdauernd und nicht bereit, seinen Plan aufzugeben – er möchte stark sein und seine Gefühle nicht zeigen – er will sie trösten und ist mitfühlend

8 Tauscht euch in der Klasse über den Unterschied zwischen direkter und indirekter Charakterisierung aus.

9 Übernehmt die Tabelle zu Mirjam. Ergänzt im Tandem die Erklärungen zu den indirekten Charakterisierungen von Mirjam.

indirekte Charakterisierung von Mirjam	Erklärung
Zeile 25: sie schreibt, dass sie froh wäre, wenn Erwin nach Paris käme	…
Zeile 48: sie beschließt, Piddel Erwin zu schenken	…
Zeilen 50–52: sie bleibt bei ihrer Meinung, obwohl ihre Tante dagegen ist	…
Zeile 59: sie umarmt Erwin	…

10 Wähle eine der beiden Hauptfiguren, Mirjam oder Erwin. Schreibe einen kurzen Text, in dem du die Figur charakterisierst. Verwende deine Ergebnisse aus den Aufgaben 5, 7 und 9.

TIPP
Beschreibe in deiner Charakterisierung auch das Verhältnis zu den anderen Figuren.

11 Notiert Informationen zu allen weiteren Figuren, die in den Textauszügen vorkommen. Vergleicht anschließend im Tandem eure Notizen.

12 Die folgenden Sätze sagen etwas über die Beziehungen der Figuren zueinander und ihre Pläne aus. Ergänze die Sätze und schreibe sie auf.

Erwin sehnt sich nach seiner … Mirjam flieht mit … Erwin ist mit … auf der Flucht. Mirjam und ihre Tante werden mit einem Schiff … Das Ziel von Erwin und seinem Vater ist …

13 Die Hauptfiguren bewegen sich an verschiedenen Orten und haben unterschiedliche Ziele. Übernehmt das Schaubild mit den Ortsangaben und ergänzt im Tandem die Figuren und ihre Beziehungen zueinander.

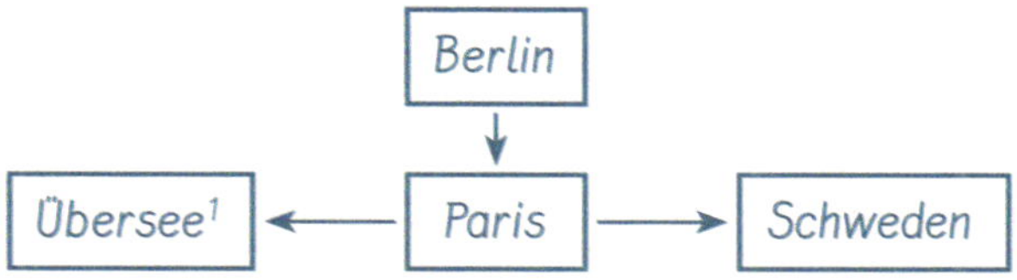

[1] Übersee: Gebiete jenseits des Meeres; meint hier Amerika

Merke
Direkte und indirekte Charakterisierung

Bei der **direkten Charakterisierung** nennen der Erzähler, die Figur selber oder andere Figuren die Eigenschaften der Figur. → Er ist ein guter Vater.
Bei der **indirekten Charakterisierung** lassen sich die Eigenschaften daraus ableiten, wie die Figur handelt, was sie sagt oder denkt. → Er beruhigt und tröstet den Sohn. → Er ist ein guter Vater.

Und wie kam es dazu?

○ **1** Schreibe in Stichworten auf, was in der Geschichte von Erwin und Mirjam passiert. Verwende deine Notizen aus Aufgabe 3 von Seite 134. Du kannst so beginnen:
– Erwin liest der Mutter den Spruch vor …
– Regierungswechsel: Erwins Vater …
– Mirjam und Tante fliehen nach …

◒ **2** An einigen Stellen wird die aktuelle Handlung unterbrochen und von früheren Ereignissen erzählt. Sucht im Tandem auf Seite 132 im ersten Abschnitt den Satz, der eine Rückblende[1] darstellt. Schreibt den Satz ab.

[1] Rückblende: Rückblick

TIPP
Achtet besonders auf die Abschnitte 2 und 5.

◒ **3** Untersucht im Tandem die Abschnitte auf Seite 132/133 nach weiteren Textstellen, die von früheren Ereignissen berichten. Notiert die Zeilen.

○ **4** Seht euch im Tandem die folgende Zeichnung an. Ergänzt anschließend die Sätze darunter mithilfe der Zeichnung und der Romanauszüge.

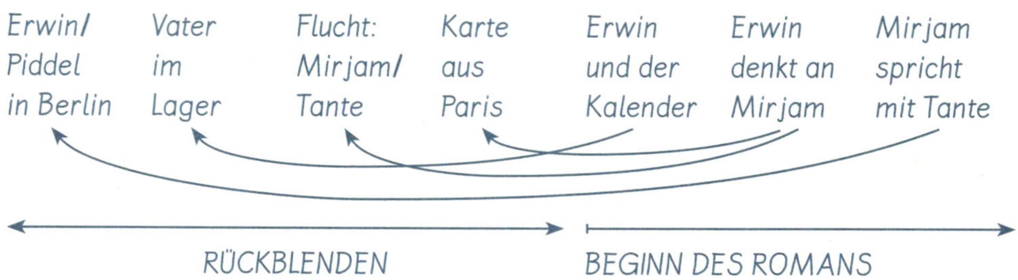

- Erwin steht vor dem Kalender und denkt an den Vater, der …
- Erwin denkt an Mirjam und ihre Tante, die … und er ist froh über …
- Mirjam spricht mit ihrer Tante und erinnert sich daran, dass …

● **5** Besprecht in der Klasse die Rückblenden. Klärt mithilfe der Textauszüge, welche Funktion Rückblenden haben.

Merke

Lineares und nichtlineares Erzählen

Wird durchgängig in einer **zeitlichen Reihenfolge** erzählt, spricht man von **linearem Erzählen.**
Werden die zeitlich aufeinanderfolgenden Ereignisse durch **Rückblenden** unterbrochen, spricht man von **nichtlinearem Erzählen.**

Rückblenden informieren über **frühere Ereignisse**. Sie helfen, die Geschichte und die Figuren besser zu verstehen.

6 Seht euch die Tabelle unten an. Übernehmt sie und ergänzt sie im Tandem mit folgenden Informationen.

Erwin lernt Französisch – Bahnhof in Paris – Straßen in Paris – Mirjam/Tante fliehen – Erwin/Vater fliehen – Wohnung in Paris – Mirjam redet mit Tante – Arbeiterwohnung in Paris

Ort	Zeit	Handlung
Lager	vor dem 21. März	Erwins Vater eingesperrt
Mietshaus Berlin	vor dem 21. März	…
…	vor dem 21. März	Mirjam schreibt Erwin
Mietshaus Berlin	21. März 1933	Erwin liest den Spruch
Zug	nach dem 21. März	…
…	nach dem 21. März	Erwin/Vater haben nur ein Bett
Schule in Paris	nach dem 21. März	…
…	nach dem 21. März	Erwin sucht Mirjam
Wohnung Tante	nach dem 21. März	…
…	nach dem 21. März	Abschied von Mirjam
am Hafen	nach dem 21. März	Mirjam/Tante verlassen Europa

7 Erzählt einander im Tandem die Geschichte von Erwin und Mirjam mithilfe der Tabelle. Wechselt euch dabei ab.

8 Fertigt in der Gruppe eine Wandzeitung zum Jugendbuch von Lisa Tetzner an. Informiert dabei über Buch und Autorin sowie die Figuren, ihre Beziehungen, die Orte des Geschehens und die Handlung.

TIPP
Recherchiert zur Autorin und der Jugendbuchreihe „Die Kinder aus Nr. 67“.

Arbeitstechnik
Jugendbuchauszüge erschließen und darüber informieren

1. Sieh das **Buchcover** an, beachte den **Titel** und lies den **Klappentext**.
2. Informiere dich über **Autor/in** und die **Entstehung** des Buches.
3. Verschaffe dir einen **Überblick** über die Handlung und den Konflikt.
4. Notiere **Figuren, Orte** und Aussagen dazu, **wann das Geschehen spielt**, sowie Besonderheiten der **Zeitgestaltung**.
5. Halte stichpunktartig **wichtige Informationen zu den Figuren** fest. Schreibe **Eigenschaften** auf, die aus den Verhaltensweisen, den Äußerungen und den Gedanken der Figuren hervorgehen.
6. Stelle dar, wie die **Figuren zueinander** stehen.
7. Notiere, wie die **Geschehnisse** und die **Figuren** auf dich **wirken**.
8. Gestalte **Informationsmaterial** und **stelle** das Buch **vor**.

Test
6nk4fz

Yobas Traum

Hörverstehen
6nk4fz

Yoba ist 16 Jahre alt. Sein Heimatdorf liegt im Süden von Nigeria. Nach dem Tod der Mutter flieht er mit dem 12-jährigen kranken Bruder vor dem gewalttätigen Vater in die nahe Großstadt Aba. Sie schlagen sich mit Gelegenheitsarbeiten durch. Yoba erledigt auch kleinere Aufträge für einen Gangsterboss. Dabei fällt ihm eine Tasche mit viel Geld in die Hände. Yoba behält das Geld und will mit seinem Bruder Chioke nach Europa fliehen.

Leseschlüssel

○ **1** Lies die Auszüge aus dem Roman „Der Schrei des Löwen“ von Ortwin Ramadan oder höre sie dir an.

Die Stille und die Warterei machten Yoba müde. Seine Lider wurden immer schwerer, aber er zwang sich wach zu bleiben. Solange sein Bruder und er in der Stadt waren, war ihr Leben keinen Naira[1] wert. Gleichzeitig gesellte sich zu seiner Angst allmählich ein gewisses Hochgefühl. Heute Morgen noch hatten Chi-Chi und er um Essen betteln müssen – jetzt waren sie plötzlich reich wie ein Drogenbaron! In Zukunft konnten sie essen, was immer sie wollten. Und nicht nur das: Sie konnten sogar zu Onkel Abeche nach Europa reisen. […]

[1] Naira: Währung in Nigeria

Die Straße ringelte sich wie eine schwarze Schlange über die ausgedörrte Hochebene. Seit Stunden krochen sie nun schon über das endlose Plateau. Zu Yobas Linken versank die glühende Sonne allmählich hinter den kargen Bergen. Die Schatten des Tanklasters und der wenigen Bäume wurden bereits länger und länger. Bald würde es dunkel werden und er hoffte inständig, Osondu würde einen weiteren Pausenstopp einlegen. Yobas dreckiges T-Shirt klebte an seinem Körper und mittlerweile kam er fast um vor Durst. Zum ersten Mal seit Beginn ihrer Reise in den Norden verspürte er ein leichtes Unbehagen. Wenn es jetzt schon so unerträglich heiß und trocken war, wie mochte es dann erst in der großen Wüste werden? […]

Nachdem sie die Berge endlich hinter sich gelassen hatten, war es nicht mehr weit bis Kano. Trotzdem war es bereits tiefste Nacht, als sie das Ortsschild passierten und in die Stadt einfuhren. Der Viehlaster rumpelte durch ein endloses Meer aus geduckten Lehmbauten. Es brannten kaum Lichter. Yoba kletterte auf die Metallbrüstung und sog die Luft ein. Kano war mindestens dreimal so groß wie Aba. Und es roch auch ganz anders. Ihm wurde mulmig zu Mute. Fremde Städte waren gefährlich. Besonders bei Nacht. Mit Unbehagen dachte er daran, wie Chioke und er nach Aba gekommen waren. […]

Die schwitzende Warteschlange rückte einen Schritt vorwärts. Jetzt waren Yoba und sein Bruder nur noch zehn Meter von der Grenzstation und den kontrollierenden Soldaten entfernt. […]

Der hünenhafte[2] Soldat sah argwöhnisch auf sie herab. „Papiere!“, blaffte er. „Wir … wir haben keine Papiere!“, stotterte Yoba auf Haussa[3]. Hoffentlich ging sein Vorhaben auf. Der Soldat machte eine ungeduldige Handbewegung. „Verschwindet! Ihr haltet alles auf!“ Dann wandte er sich an den nächsten Erwachsenen. […]
„Aber wir müssen über die Grenze“, flehte Yoba den Soldaten an, „sonst verdienen wir nichts!“ Er zog den Reißverschluss der Leinentasche auf, in der sich die gekauften Schuhe befanden. Wie erwartet erwachte das Interesse des Soldaten sofort. „Die wollen wir drüben verkaufen“, erklärte Yoba scheinheilig. […]
Bei der Einreise in den Niger wiederholte sich die Prozedur. Allerdings kostete sie der Grenzübertritt diesmal vier Paar Schuhe statt zwei. Trotzdem fühlte sich Yoba großartig, als sie endlich auf der anderen Seite waren. Auch wenn ihn der Verlust der teuer bezahlten Schuhe schmerzte – sein Plan hatte funktioniert. […]

[2] hünenhaft: riesig
[3] Haussa: Handelssprache in Afrika

Der Mann tippte wieder Zahlen in seinen Taschenrechner. Dann drehte er ihn um und zeigte Yoba die Summe. „Dollars?“, rief Yoba erschrocken aus, als er die Zahl las. Der Menschenschleuser hob unschuldig die Hände: „Ich dachte, ihr hättet das nötige Geld. Aber wenn …“ „Wir haben das Geld!“, schimpfte Yoba. „Aber nicht so viel! Wir zahlen höchstens die Hälfte!“ Nun entbrannte ein harter Kampf. Yoba feilschte gut, so wie er es von seiner toten Mutter gelernt hatte, und am Ende zahlte er für sich und seinen Bruder jeweils hundertzwanzig Dollar. […]

Yoba entrollte die Wolldecke und deckte seinen Bruder damit zu. Dann legte er sich neben ihn und wickelte sich ebenfalls in seine Schlafdecke. Schon jetzt war er froh Babatundes Ratschlag gefolgt zu sein, außer Lebensmitteln noch Wolldecken vor der Abfahrt zu kaufen. Obwohl der Sand und die Felsen noch warm waren, war die Luft mit dem Verschwinden der Sonne sofort eiskalt geworden. Nie hätte er gedacht, dass es nachts in der Wüste so kalt werden würde. […]

Yoba […] brauchte genau zwei Wimpernschläge, um die Situation zu erfassen. Sofort zerrte er Chioke in die Brandung, dann wateten sie hinüber zu dem Boot, auf dem der ägyptische Kapitän bereits hastig versuchte den Motor zu starten. Babatunde, Sunday und Maurice kamen hinterher. Sie kletterten über die niedrige Reling und hievten Chioke gemeinsam an Bord, bevor der Dieselmotor mit einem Stottern ansprang. Als der Strand kurz darauf von den Scheinwerfern mehrerer Polizei-Jeeps in gleißendes Licht getaucht wurde, kauerten sie bereits an Deck des Fischerbootes. Unter den am Strand Zurückgebliebenen brach währenddessen Panik aus. Viele wollten sich dem Zugriff der libyschen Polizei entziehen, indem sie sich ins Wasser stürzten und verzweifelt versuchten das Boot zu erreichen. Aber der Kapitän hatte nicht vor, seine eigene Haut aufs Spiel zu setzen. […]

Ein langer, gefährlicher Weg

1 Besprecht in der Gruppe, warum Yoba und sein Bruder die Heimat verlassen und welches Ziel Yoba verfolgt.

2 Lies die Romanauszüge noch einmal. Mache dir zu jedem Abschnitt Notizen zum Inhalt.

3 Schreibt im Tandem die Länder, Städte und Landschaften von Yobas Fluchtweg auf. Orientiert euch an der Karte auf Seite 138 und am Text.

4 Beantwortet im Tandem die folgenden Fragen schriftlich.
- Warum will Yoba in Aba auf keinen Fall einschlafen?
- Warum fühlt er sich in Aba doch ganz gut?
- Womit legen Yoba und sein Bruder die erste Strecke der Reise zurück?
- Welche Belastungen zeigen sich dabei?
- Mit welchem Verkehrsmittel kommen sie in die Stadt Kano?
- Welchen Trick wendet Yoba an, um die Grenze passieren zu können?
- Was ereignet sich an der libyschen Küste?

5 Welche Informationen sind richtig? Vergleiche mit dem Text und verbessere die falschen Sätze.
- Es gibt einen Onkel in den USA.
- Die Brüder leben als Straßenkinder in Aba.
- Die Mutter wohnt in einem Dorf in der Nähe von Aba.

6 Charakteristisch für Yoba ist, dass er vorausschauend[1] handelt. Suche die Textstellen, die diese Eigenschaft belegen, und notiere die Zeilenzahlen.

[1] vorausschauend: man kann gut einschätzen, was kommen wird

7 Ordnet im Tandem die **indirekten Charakterisierungen** Yobas den passenden Erklärungen zu. Nennt die Textstellen mit den Zeilenzahlen.

Seite 135 direkte und indirekte Charakterisierung

indirekte Charakterisierung von Yoba	Erklärung
Zeilen …: er handelt einen guten Preis für die Tickets zur Weiterfahrt aus Zeilen …: in der kalten Wüstennacht deckt er seinen Bruder zu Zeilen …: am Strand von Libyen erfasst er sofort die Situation	– er ist reaktionsschnell – er ist geschickt und selbstbewusst, auch gegenüber Erwachsenen – er verhält sich fürsorglich

8 Schreibe einen kurzen Text, in dem du Yoba charakterisierst.

9 Schreibe die weiteren Figuren auf, die in den Textauszügen vorkommen.

○ **10** Ordne die folgenden Informationen den Figuren aus Aufgabe 9 zu.

a steuert das Schiff auf dem Mittelmeer
b Onkel in Europa
c kontrolliert an der Grenze die Ausreise aus Nigeria
d flüchtet mit Yoba
e feilscht mit Yoba
f kontrolliert die libysche Küste
g fährt sie über die Hochebene
h klettern in das Fischerboot

○ **11** Übernehmt die Zeichnung und schreibt im Tandem die fehlenden Orte in die Kästchen. Zeigt die Beziehungen zwischen den Figuren durch Verbindungslinien an.

Osondu	Soldat	Polizei	Kapitän
...	...	...	...
Onkel Adeche	*Yoba*	*Chioke*	*Maurice/Sunday/Babatunde*
...			...

○ **12** Bringt im Tandem die Handlungsschritte in die richtige Reihenfolge.
- Yoba und Chioke warten in Aba auf den Beginn der Flucht.
- Yoba feilscht mit einem Menschenschleuser um Tickets für die Weiterfahrt.
- Sie flüchten vor der libyschen Polizei auf das Fischerboot.
- Mit dem Viehlaster erreichen sie mitten in der Nacht Kano.
- Yoba und Chioke übernachten in der Wüste.
- Osondu fährt sie viele Stunden bis zur Nacht über die Hochebene.
- An der Grenze nach Niger funktioniert Yobas Plan.

◒ **13** An einer Stelle erinnert sich Yoba an eine frühere Situation. Notiert den Inhalt und die Zeilenzahlen zur Rückblende. Vergleicht im Tandem.

Seite 136 lineares und nichtlineares Erzählen

◒ **14** Legt im Tandem eine Tabelle zu Ort, Zeit und Handlung an. Verwendet eure Ergebnisse aus den Aufgaben 2, 3 und 12.

Ort	Zeit	Handlung
Aba	*in der Nacht vor der Flucht*	*Yoba hat Angst und bleibt wach*
...	...	...

TIPP
Es sind nicht zu jedem Handlungsschritt Zeitangaben möglich.

◒ **15** Erzählt euch im Tandem abwechselnd die Geschichte mithilfe der Tabelle.

◒ **16** Stellt der Klasse das Jugendbuch „Der Schrei des Löwen“ von Ortwin Ramadan vor. Informiert über Buch und Autor sowie die Figuren, ihre Beziehungen, den Fluchtweg und die Handlung.

Seite 137 Jugendbuchauszüge

◒ **17** Tauscht euch in der Klasse darüber aus, welche Erfahrungen Yoba machen musste und wie diese seine Entwicklung beeinflusst haben könnten.

Gut, dass es Wunder gibt

Gloria, die aus Abchasien stammt, und Koumaïl sind auf der Flucht vor dem Krieg im Kaukasus. Sie erzählt dem Jungen immer wieder die Geschichte, wie sie ihn nach einem Zugunglück zu sich genommen hat. In Wirklichkeit ist sie seine Mutter. Gloria hofft, dass Koumaïl in Frankreich eine Chance auf ein besseres Leben hat.

Leseschlüssel

Hörverstehen
6nk4fz

○ **1** Lies die Auszüge aus dem Roman „Die Zeit der Wunder“ von Anne-Laure Bondoux oder höre sie dir an.

Meine ältesten Erinnerungen reichen ins Jahr 1992 zurück, als Gloria und ich mit anderen Flüchtlingsfamilien im Großen Haus wohnen. Ich weiß nicht mehr, wie die Stadt heißt. Ich bin sieben Jahre alt. Es ist Winter, und wir haben keinen Strom mehr, auch keine Heizung. Es herrscht Krieg. [...]

Zu dieser Zeit heißen meine Spielkameraden Emil, Baksa, Rebeka, Tasmin und Faïna. Sie sind mager, verlaust und wendig wie Aale. Einige sprechen Russisch, so wie ich, andere nicht. Aber wir brauchen keine Worte, um uns zu verstehen. Wir laufen so lange, bis wir keine Luft mehr bekommen. Wir springen die Treppen hinab, wir verstecken uns in den Toiletten oder hinter den Laken, die auf dem Dach trocknen [...] Unser Lachen fährt von oben bis unten durch das Große Haus, schneller als der Wind.
Gloria sagt, sie hört mich gern lachen, das sei das Wichtigste auf der Welt. Ich höre sie auch gern lachen, doch noch öfter hustet Gloria, und das mag ich überhaupt nicht. Plötzlich wird sie ganz lila, bekommt keine Luft mehr, und es klingt, als würde ein Hund in ihrer Brust bellen. Natürlich bin ich kein Arzt, aber ich kann mir denken, dass dieser Husten alles andere als gut ist. Was ist, wenn Gloria stirbt? „Papperlapapp!“, ruft sie, sobald der Anfall vorüber ist, und fängt an zu lachen. „Machen Sie nicht so ein Beerdigungsgesicht, Monsieur Blaise! Ich bin stark wie ein Baum, das wissen Sie doch. Und jetzt lauf los, Koumaïl! Hol Wasser, wenn du heute Abend etwas essen willst!“ Ich renne mit dem Eimer zum Wasserrohr im Hof. [...]

Im Großen Haus hat jeder seine Geschichten zu erzählen. [...] Alles ist neu für mich, ich stelle pausenlos Fragen und lerne schnell, aber keine Geschichte fesselt mich so wie meine eigene, wenn Gloria sie mir abends vor dem Einschlafen zuflüstert. [...]
„Ich ging näher heran und sah, dass sie ein Baby an die Brust gedrückt hielt. Sie warf mir einen bittenden Blick zu, und ich verstand, was sie von mir wollte. [...] Die Frau hatte ein gebrochenes Rückgrat, sie konnte sich nicht mehr bewegen. Ich habe meine Arme um das Baby gelegt und es an mich genommen. Sie gab mir zu verstehen, dass sie Französin sei, und sagte mir ihren Namen: Jeanne Fortune. Dann zeigte sie auf ihren Sohn und murmelte: Blaise. So habe ich dich gerettet. [...]

In der Ferne ist Lärm zu hören. Laute Stimmen und das Geräusch von Stiefeln. „Es ist so weit, die Miliz[1] durchkämmt das Viertel", flüstert jemand. Einen Augenblick später ist das Große Haus leer und wir rennen alle durcheinander zum Ufer des Flusses Psezkaya. Gloria zerquetscht mir fast die Finger. Ich versuche mich ganz leicht zu machen, mich fast in Luft aufzulösen.

Ich kann Emil nicht sehen. Auch Baksa, Tasmin oder Rebeka nicht. [...]

„Du wirst sehen, wie schön es auf der anderen Seite ist", flüstert mir Gloria zu. „Wir sind frei, Koumaïl, und die Welt ist so groß!" [...]

Die letzte Erinnerung an meine Kindheit ist gleichzeitig die schmerzhafteste. Ich würde sie gerne vergessen, aus meinem Gedächtnis herausreißen wie Unkraut aus einem Garten, aber das ist unmöglich.

Also los. Es passiert nahe der ungarischen Grenze [...] „Setz dich", sagt Gloria. „Rühr dich nicht von der Stelle. Tu so, als wärst du nicht da. Ich versuche, uns eine andere Mitfahrgelegenheit zu organisieren, o.k.?" [...]

Gerade als die Angst unerträglich wird, kommt Gloria durch die Tür. [...]

Sie gibt mir die Kekse und sagt, es sei alles geregelt. Der Lastwagenfahrer nimmt uns mit nach Frankreich. Er wartet draußen. [...] „Das Problem ist, dass im Fahrerhaus nicht genug Platz für uns beide ist." „Und wie machen wir es dann?" „Keine Sorge, wir schummeln ein bisschen. Ich setze mich zum Fahrer nach vorne und du kletterst heimlich in den Lastwagenanhänger." [...]

Sie zittert. Ich finde, sie sieht komisch aus, aber wir haben keine Zeit zu verlieren. Sie wedelt nervös mit den Händen, während sie mir erklärt, was ich zu tun habe. „Du folgst mir unauffällig zum Lastwagen. Der Fahrer darf dich nicht sehen [...] Dann schlüpfst du in den Anhänger und versteckst dich dort. Du rührst dich nicht von der Stelle, bis wir in Frankreich angekommen sind. Hast du verstanden?" Ich nicke, auch wenn mir dieser Plan nicht gefällt. [...]

Ich wurde am 13. Dezember 1997 zwischen einer Ladung Schweine gefunden, von einer Zoll-Patrouille[2], die die Lastwagen auf der Autobahn A4 bei Sarreguemines im Département de la Moselle kontrollierte. [...] Die Zollbeamten zogen mich am Kragen meines Pullovers aus dem Viehtransporter. Ich war noch nicht richtig wach, so dass mir keine Zeit blieb, nach dem Marschgepäck zu greifen. Ich landete auf französischem Boden und suchte nach Gloria. [...] Ich stürzte mich auf den Fahrer und flehte ihn an mir zu sagen, wo sie war, aber er verstand kein Wort. [...]

Ich war zwölf Jahre alt, das Marschgepäck lag noch im Viehtransporter und ich musste ohne Gloria im Land der Menschenrechte und Charles Baudelaires[3] zurechtkommen. In meinem ganzen Leben hatte ich noch nie solche Angst gehabt. [...]

[1] Miliz: Polizei

[2] Zoll-Patrouille: Gruppe von Zollbeamten

[3] Charles Baudelaire: berühmter französischer Dichter

Hinter den Wolken sind immer Sterne

○ **1** Besprecht in der Gruppe, in welcher Lebenssituation sich Gloria und Koumaïl befinden und welche Probleme sich daraus ergeben.

○ **2** Mache dir Notizen zu allen Figuren, die vorkommen, und zu den Handlungsorten. Notiere, wer die Geschichte erzählt.

◒ **3** Recherchiert im Tandem über die Kaukasusstaaten und die besondere Situation von Abchasien. Informiert euch außerdem über die Hintergründe des Georgisch-Abchasischen Krieges im Jahr 1992.

○ **4** Lies die Romanauszüge noch einmal. Mache dir zu jedem Abschnitt Notizen zum Inhalt.

○ **5** Besprecht im Tandem, welchen Plan Gloria verfolgt und wie sie ihn umsetzt. Beschreibt den Plan in wenigen Sätzen.

Seite 135
direkte und indirekte Charakterisierung

● **6** Beschreibt und erklärt einander im Tandem Glorias Verhalten auf dem LKW-Parkplatz sowie Koumaïls Reaktion am Ende seiner Flucht. Schreibt auf, welche Eigenschaften sich daraus schließen lassen.

◒ **7** Finde zu den folgenden vier Erklärungen Textstellen auf den Seiten 142/143, in denen Gloria **indirekt** charakterisiert wird. Übernimm die Tabelle und notiere die passenden Zeilenzahlen.

indirekte Charakterisierung von Gloria	Erklärung
Zeilen ...:	- sie ist lustig - sie hat Fantasie - sie lässt sich nicht entmutigen - sie ist optimistisch

◒ **8** Und Koumaïl? Wie verhält er sich? Was denkt er? Wie fühlt er? Wie handelt er? Finde im Text Informationen zu seiner Person, die ihn **indirekt** charakterisieren. Mache dir Notizen dazu.

◒ **9** Wähle eine der beiden Figuren, Gloria oder Koumaïl. Schreibe einen kurzen Text, in dem du die Figur charakterisierst.

○ **10** Fertigt im Tandem eine Zeichnung mit Orten und Figuren an. Zeigt die Beziehungen zwischen den Figuren durch Verbindungslinien.

○ **11** Fasst im Tandem die Handlungsschritte kurz schriftlich zusammen, z. B.
Im Alter von sieben Jahren ... Die kranke Gloria erzählt ihm ...

12 Lege eine Tabelle zu Ort, Zeit und Handlung an. Vergleicht eure Tabellen im Tandem. Erzählt einander dann die Geschichte. Wechselt euch ab.

13 In der gesamten Geschichte erinnert sich Koumaïl an frühere Ereignisse. An einer Stelle wird die Erinnerung durch ein zeitlich weiter zurückliegendes Ereignis unterbrochen. Finde diese Rückblende, fasse ihren Inhalt kurz schriftlich zusammen und notiere die Zeilenzahlen.

14 Welche Bedeutung hat diese Rückblende für die Geschichte? Tauscht euch in der Gruppe darüber aus.

15 Lest die folgenden Textstellen. Untersucht im Tandem die Zeitgestaltung. Klärt, in welchem Text die Zeit **gedehnt** und in welchem sie **gerafft** wird.

a *Ich gehe noch näher heran. Jetzt sehe ich ihr Profil, die Form ihrer Nase, den Bogen ihrer Wangenknochen. Eine Bombe explodiert in meiner Brust. (S. 159)*

b *In derselben Nacht hat Vassili uns heimlich mit einem Lastwagen in die nächste Stadt gebracht. Dort hat er mich zurückgelassen, mit dir. (S. 173)*

TIPP
Orientiere dich an der Tabelle in Aufgabe 6 auf Seite 137.

Seite 136
lineares und nichtlineares Erzählen

TIPP
Vergleicht die Zeit in der Handlung mit der Zeit, die ihr zum Lesen der Textstelle braucht.

Merke
Die Zeitgestaltung

Um abwechslungsreicher zu erzählen, werden unterschiedliche Formen der Zeitgestaltung genutzt. Ereignisse können **zeitlich gerafft**, **gedehnt** oder **zeitdeckend** dargestellt werden.

zeitraffend: Ein längeres Geschehen wird kürzer zusammengefasst.
zeitdehnend: Eine Figur oder Situation wird ausführlich beschrieben oder es werden längere Gedankengänge geäußert.
zeitdeckend: Die in der Geschichte erzählte Zeit entspricht der Zeit, die man zum Lesen braucht, z. B. bei Dialogen.

16 Stellt der Klasse das Jugendbuch „Die Zeit der Wunder" von Anne-Laure Bondoux vor. Informiert über Buch und Autorin sowie die Figuren, ihre Beziehungen, die Orte und die Handlung.

17 Tauscht euch in der Klasse darüber aus, welche Erfahrungen Koumaïl machen musste und wie diese seine Entwicklung beeinflusst haben könnten.

Seite 137
Jugendbuchauszüge

Das Ende einer Kindheit

1939 begann Hitler den Zweiten Weltkrieg mit dem Überfall auf Polen. Auch dort wurden in den folgenden Jahren viele Juden verfolgt und ermordet. Die 7-jährige Malka, ihre 16-jährige Schwester Minna sowie die Mutter Hanna leben im damals polnischen Lawoczne, dicht an der Grenze zu Ungarn. Anfangs glaubt Hanna, von den Deutschen verschont zu werden.

Leseschlüssel

Hörverstehen
6nk4fz

○ **1** Lies auf den folgenden Seiten die Auszüge aus dem Roman „Malka Mai" von Mirjam Pressler oder höre sie dir an.

Malka sprang aus dem Bett und schlüpfte in das Kleid […]. Das Kleid war sehr schön und es wäre noch schöner gewesen, wenn dieser blöde gelbe Stern nicht gewesen wäre. […] Malka hockte sich auf den Boden und zog ihre Sandalen an. Die waren auch von den Deutschen, Holzsandalen mit langen, roten Schnüren, die kreuzweise bis halb über die Unterschenkel gewickelt und dann mit einer Schleife zugebunden wurden. […] Noch nie hatte Malka so schöne Schuhe besessen. Sie lachte vor Vergnügen. Frau Schneider schenkte ihr oft etwas, wenn sie zu der Villa unten an der Straße ging, um mit Veronika zu spielen. […]

„Du bist jetzt die Mutter und ich wäre der Vater", sagte Veronika. Malka nickte. Sie konnte schon viele deutsche Wörter verstehen, zum Spielen reichten sie jedenfalls. […] Malka zog Liesel den Strampelanzug aus, so dass die Puppe nur noch die Socken, die grüne gestrickte Unterhose und ein weißes Unterhemd anhatte, und wühlte im Puppenkoffer nach einem passenden Kleidungsstück.
In diesem Moment trat Frau Schneider ins Zimmer. „Malka", sagte sie, kam mit ein paar raschen Schritten näher und zog das Kind hoch. „Malka, du musst nach Hause gehen, du kannst nicht hier bleiben zum Spielen." […] Frau Schneider schob Malka auf den Flur und zur Hintertür. Die Sonne schien grell in Malkas Gesicht, als die Tür aufging. Dann stand sie hinter dem Haus. „Beeil dich", sagte Frau Schneider noch. „Los, lauf." Aber Malka beeilte sich nicht. Sie ging langsam, mit gesenktem Kopf, die Straße hinauf. Sie war gekränkt und wütend und trat nach einem Stein. Erst als er laut gegen das Tor der Kronowskis krachte, spürte Malka den Schmerz in ihrem Zeh. Tränen traten ihr in die Augen. Warum hatte Veronika nicht gesagt: Ich will aber, dass Malka dableibt? […] Malka bückte sich, um ihren schmerzenden Zeh zu reiben. In diesem Moment merkte sie, dass sie immer noch Liesels Arm umklammert hielt. Sie schaute sich schnell um, bevor sie die Puppe in ihre Rocktasche schob. […]

Das Dorf war seltsam still, auf der Straße war kein Mensch zu sehen. […] Dahinten, an einer Hauswand, entdeckte Malka ihre Mutter, die sich mit einem deutschen Offizier unterhielt. […] „Alle werden weggebracht", sagte der Deutsche leise zu ihrer Mutter. „Alle Juden des Bezirks werden umgesiedelt." „Auch diejenigen, die für die Deutschen arbeiten?", fragte die

Mutter. Er nickte. „Ich auch?“ Malka hörte, dass die Stimme ihrer Mutter anders klang, seltsam hoch und gepresst. Der Deutsche nickte. „Jude ist Jude, da werden keine Unterschiede gemacht.“ Dann sagte er so laut, dass seine Kameraden es hören mussten. „Kümmern Sie sich jetzt um Ihren Patienten, Frau Doktor, wir holen Sie später.“ Und leise fügte er hinzu: „Laufen Sie weg, Frau Doktor, sofort. Sie müssen über die Grenze.“ [...]

Endlich erreichten sie den Wald und im Schatten blühte Malka wieder auf, zumal der Pfad nun auch weniger steil war. Die Kleine schaute sich neugierig um. An einem niedrigen Brombeerstrauch blieb sie stehen, pflückte ein paar reife Beeren und steckte sie in den Mund. Minna machte es ihr nach. [...] Auf einmal stieß Iwan ein zischendes Geräusch aus und legte den Finger auf den Mund. Die drei hielten erschrocken mitten in der Bewegung inne [...]. Malkas Fröhlichkeit war wie weggewischt. Sie zog an Hannas Arm und sagte: „Ich will nach Hause. Warum gehen wir nicht nach Hause?“ Hanna wusste nicht, wie sie ihr erklären sollte, dass sie kein Zuhause mehr hatten, deshalb sagte sie: „Wir machen einen Ausflug nach Ungarn. Das ist weit, du musst jetzt groß und tapfer sein.“ Zum Glück gab sich Malka mit dieser Auskunft zufrieden. [...]

Hanna streckte die Hand aus und klopfte an die Tür, gleich darauf waren Schritte zu hören, ein Riegel wurde zurückgeschoben, die Tür ging auf. Frau Kowalska stutzte, doch dann erkannte sie Hanna. „Frau Doktor“, sagte sie mit einem fragenden Ton in der Stimme, „Frau Doktor?“ Hanna brachte kein Wort heraus, sie hob hilflos die Hände, räusperte sich, erst dann beherrschte sie ihre Stimme wieder. „Wir brauchen Hilfe“, sagte sie. „Die Deutschen ...“ Frau Kowalska nickte und führte sie in die Küche, die von einer Petroleumlampe mehr schlecht als recht erhellt wurde. Minna hielt noch immer die schlafende Malka auf dem Arm, ein blonder Zopf baumelte über den Ärmel ihrer blauen Jacke. [...] Malka schien den Blick der fremden Frau zu spüren, ihre Lider zitterten, dann machte sie die Augen auf. „Was für ein hübsches Mädchen“, sagte Frau Kowalska und streckte die Arme aus. Vom Stall her hörte man das Muhen einer Kuh. „Ich habe Hunger“, sagte Malka und richtete sich auf. [...]

Die Frau hatte einen Narren an dem Kind gefressen. Kein Wunder, Malka war mit ihren goldblonden Haaren und den großen braunen Augen wirklich auffallend schön. [...]
„Sie müssen vorsichtig sein, Frau Doktor, Verräter gibt es überall.“ Und plötzlich, während sie sich ihr Kopftuch umband, fragte sie, ohne die Mutter anzuschauen: „Wollen Sie das Kind nicht bei mir lassen? Sie ist zu klein für so einen langen Weg. Ich würde gut für sie sorgen.“ Malka erschrak, sie hörte auf zu kauen und starrte ihre Mutter an. [...] Doch da schüttelte die Mutter auch schon den Kopf. „Kommt nicht infrage, wir bleiben zusammen. Entweder schaffen wir es gemeinsam oder gar nicht.“ Minna nickte und Malka konnte den Brei in ihrem Mund endlich hinunterschlucken. [...]

Malka betrachtete den Mann, der Wlado hieß. Er war groß und breit, mit einem freundlichen, von der Sonne verbrannten Gesicht, in dem seine Augen sehr hell aussahen, fast farblos. [...] Als er merkte, dass Malka das Gehen schwer fiel, bot er an, sie auf den Schultern zu tragen. [...] Malka hatte das Gefühl, hoch oben auf einem Turm zu sitzen und auf die Welt hinunterzuschauen. [...] Die Schritte des Mannes schaukelten sie hin und her, hin und her, holprig und weich zugleich. [...] Als in der Ferne ein ziemlich großes Holzhaus auftauchte, blieb Wlado stehen und hob Malka von seinen Schultern. „So", sagte er, „jetzt muss ich wieder zurück." [...] Sie schauten Wlado nach. Er drehte sich noch einmal um und winkte und Malka war auf einmal so traurig, dass sie sich nicht mehr beherrschen konnte und zu weinen begann. „Ich will auch nach Hause. Ich will nicht nach Ungarn, bitte, Mama, gehen wir nach Hause." „Das ist unmöglich", sagte ihre Mutter. „Wir können nicht mehr nach Hause gehen." „Nie mehr?", fragte Malka erschrocken. Die Mutter schüttelte den Kopf. „Nein, nie mehr." [...]

Der Abstieg über die vom Tau nassen Wiesen war steil und glatt. Malka legte ihn fast kriechend zurück, denn immer wieder rutschte sie mit dem Wachstuch unter ihren Fußsohlen auf dem nassen Gras aus. Obwohl sie nicht mehr die Sandalen mit den Schnüren trug und obwohl ihr Beine und ihre Füße fest verbunden waren, taten sie ihr heute noch weher als an den Tagen davor, und die Fußlappen wurden allmählich nass. Sie hätte gerne geweint, wäre gerne wieder das Kind gewesen, das sie vor ihrer Flucht gewesen war, aber tief innen wusste sie, dass diese Zeit vorbei war. [...] Sie tastete nach Liesel, die in ihrer Jackentasche steckte [...]. Nicht an die Schmerzen denken. Und nicht an zu Hause. [...]

„Malka", sagte die Mutter. „Du bleibst ein paar Tage hier, bei der Familie Kopolowici. Und wenn es dir wieder besser geht, bringt Herr Kopolowici dich mit der Eisenbahn zu uns. Wir müssen nach Munkatsch und du bist zu krank, um mitzukommen." Malka brauchte lange, um die Worte zu verstehen, und auch dann waren sie nicht klar und es fiel ihr schwer, den Sinn zu erfassen. Aber „du hier" und „wir Munkatsch" drang zu ihr durch. Sie weinte. „Ich will nicht hier bleiben", sagte sie. „Ich kann gut laufen, das weißt du doch. Ich bin kein kleines Kind mehr."
Die Mutter zog sie hoch, so dass sie im Bett saß, legte die Arme um sie und drückte sie an sich. „Es geht nicht anders, es muss so sein, wir haben keine Wahl." [...]

Herr Kopolowici brachte Malka nicht in ein neues Versteck, wie sie es erwartet hatte, sondern ging mit ihr die Straße entlang, die zur Stadt führte. [...] Er lief schnell, mit großen Schritten, so dass Malka kaum mitkam und fast rennen musste. Als die ersten Häuser schon so nahe waren, dass Malka die Fenster und Türen unterscheiden konnte, blieb er stehen, hob den Arm und deutete auf die Stadt. „Du musst dir etwas anderes suchen, dort", sagte er so laut, dass Malka unwillkürlich zusammenfuhr. [...] Malka stand auf der Straße und verstand nicht gleich, was passiert war. Langsam, ganz langsam drang es in ihr Bewusstsein. Sie war allein. […]

Im Ghetto[1] war es anders, ganz anders als in der Hütte am Waldrand. Ein paar Tage lief Malka wie betäubt herum. Die Familie Goldfaden […] hatte sie zwar nach einigem Widerstreben aufgenommen und eine dünne Matratze für sie im Flur auf den Boden gelegt, als Schlafplatz, und sie bekam auch etwas zu essen, aber ansonsten kümmerte sich niemand um sie. Hätte sie Liesel nicht gehabt, wäre sie ganz allein gewesen. […]

[1] Ghetto: abgetrennter Stadtbezirk, nur für Juden

Sie fühlte sich allein, verlassen, übrig geblieben. Früher hatte sie die Leute um sich herum gekannt, von fast jedem Menschen, den sie in Lawoczne getroffen hatte, hätte sie den Namen gewusst und das Haus zeigen können, in dem er wohnte […]. Seit jenem Tag, als sie plötzlich nach Kalne gehen mussten, weil Frau Doktor Mai, die damals noch ihre Mutter war, das gesagt hatte, hatte sie ständig neue Leute kennen gelernt, Menschen, die wie aus dem Nichts auftauchten und ins Nichts verschwanden, eine unendlich lange Reihe von Menschen […]

Die Tage gingen vorbei. Morgens, in aller Herrgottsfrühe, wenn gerade die Fensterkreuze der Häuser auf der anderen Straßenseite zu erkennen waren, verließ Malka den Keller und kam erst zurück, wenn es schon dunkel war. Sie wollte nicht gesehen werden, weil sie Angst hatte, jemand könne ihr das Versteck streitig machen […]. In den ersten Tagen hatte sie noch versucht, sich den Kohlenstaub aus dem Mantel und der Hose zu klopfen, aber das tat sie schon lange nicht mehr, wozu auch, ihr war es egal, wie sie aussah, wer schaute sie schon an, sie war ja allein. […]

Die Tage vergingen, ohne dass Malka sie zählte. Sie teilte ihre Tage in Essen oder Nichtessen ein. Die Essenstage trugen Namen, waren Lichtblicke im Grau der dahinfließenden Tage, die vom Hunger bestimmt waren und die sie einfach „andere" Tage nannte. Ein Tag, an den sie sich besonders gern erinnerte, hieß Ein-Laib-Brot-Tag. Eine Frau hatte ihr einen ganzen Laib Brot geschenkt […]

Schwester Rosa zog Malka die Treppe hinunter, doch immer wieder musste sie sich umdrehen, weil Malka sich an das Geländer klammerte. Malka wollte nicht hinunter zu Schmulik, dem Hausmeister, sie wollte ihre Haare behalten. […]
Ihr Kopf war leicht und fühlte sich fremd an, als würde er ihr nicht mehr gehören. Langsam hob sie die Hand und fuhr sich über den Kopf. Er war glatt und die kurzen Borsten, die an manchen Stellen zurückgeblieben waren, fühlten sich kratzig an, nicht weich wie bei einem frisch geschorenen Schaf. Wer wird mir jetzt noch etwas geben, wenn ich so aussehe?, dachte sie. […] Nur schönen Kindern gab man Brot. Plötzlich fing sie an zu weinen, sie konnte nicht mehr, das, was ihr jetzt passiert war, überstieg alles, jetzt war sie endgültig nicht mehr das Mädchen, das sie einmal gewesen war. […]

Allein und verlassen

1 Besprecht in der Gruppe, warum und wie sich die Lebenssituation von Malka ändert.

2 Welche weiteren Figuren kommen vor und an welchen Orten spielt die Handlung? Macht euch dazu im Tandem Notizen.

3 Recherchiere, wie die Situation für Juden 1943 in Ungarn war.

4 Lies die Romanauszüge noch einmal. Mache dir zu den wichtigsten Handlungsschritten Notizen.

5 Formuliert im Tandem Fragen zum Text, z. B. zu den Themen: Verhalten der Mutter, Hilfe durch andere, Malkas Leben in den Verstecken.

6 Beantwortet im Tandem eure Fragen aus Aufgabe 5. Macht euch Notizen.

Seite 135
direkte und indirekte Charakterisierung

7 Finde in den Textauszügen die Stellen, in denen Malka **direkt** charakterisiert wird. Notiere die Eigenschaften.

8 Übernimm die Tabelle. Finde drei bis vier weitere **indirekte Charakterisierungen** Malkas im Text und erkläre sie.

indirekte Charakterisierung von Malka	Erklärung
Zeilen 6/7: Noch nie hatte Malka so schöne Schuhe besessen. Sie lachte vor Vergnügen. Zeilen …	– sie freut sich über schöne Dinge – …

9 Vergleicht eure Tabellen im Tandem und ergänzt sie.

10 Schreibe einen kurzen Text zur Charakterisierung von Malka. Beachte dabei, wie sich ihre Persönlichkeit verändert.

11 Fertigt im Tandem eine Zeichnung mit Orten und Figuren an. Zeigt die Beziehungen zwischen den Figuren durch Verbindungslinien. Notiert an die Linien besondere Ereignisse, z. B. *(Frau Schneider) schickt Malka weg …*

TIPP
Orientiere dich an den Textabschnitten.

12 Fasse die Handlungsschritte kurz schriftlich zusammen. Nutze deine Ergebnisse aus den Aufgaben 4 und 11.

13 Lege eine Tabelle zu Ort, Zeit und Handlung an. Vergleicht eure Tabellen im Tandem. Erzählt einander dann die Geschichte. Wechselt euch ab.

14 Eine Textstelle auf Seite 149 enthält eine Rückblende. Woran erinnert sich Malka? Notiere den Inhalt und die Zeilenzahlen der Textstelle.

Seite 136 lineares und nichtlineares Erzählen

15 Welche Bedeutung hat die Rückblende für die Entwicklung der Hauptfigur und für die Geschichte? Tauscht euch in der Gruppe darüber aus.

16 Lies die Romanauszüge noch einmal. Untersuche die Zeitgestaltung. Nenne je eine Textstelle mit Zeilenzahl, in der die Ereignisse **zeitlich gerafft**, **gedehnt** oder **zeitdeckend** dargestellt werden.

Seite 145 Zeitgestaltung

17 Was bewirkt die unterschiedliche Zeitgestaltung? Seht euch die Textstellen an und tauscht euch im Tandem darüber aus.

18 Die Puppe Liesel ist ein Gegenstand, der im Text wiederholt vorkommt und eine wichtige Bedeutung hat. Notiere die Situationen, in denen die Puppe vorkommt und ab wann von ihr nicht mehr die Rede ist.

19 Besprecht in der Gruppe, welche Rolle die Puppe für Malka spielt und was durch das Symbol der Puppe verdeutlicht wird.

20 Du findest im Text ein weiteres Symbol, die Haare Malkas. Suche und nenne die entsprechenden Textstellen.

21 Tauscht euch in der Gruppe darüber aus, welche Bedeutung das Symbol der Haare in der Geschichte hat.

Merke
Das Symbol

Ein **Symbol** ist ein **Sinnbild oder Zeichen**, das stellvertretend für einen nicht sichtbaren Sachverhalt steht. → Rose: Liebe
Das **Symbol** kann ein Gegenstand, ein Lebewesen oder eine Farbe sein, es **tritt** in einer Geschichte **immer wieder auf** und spielt eine **wichtige Rolle**.
Es verweist auf eine **tiefere Bedeutung**.

22 Stellt der Klasse das Jugendbuch „Malka Mai“ von Mirjam Pressler vor. Informiert über Buch, Autorin und Figuren. Gestaltet dazu ein Interview, in dem ihr der Hauptfigur Malka Fragen stellt und sie antworten lasst. Informiert so über die Handlung und Malkas Wahrnehmungen.

Seite 137 Jugendbuchauszüge

23 Tauscht euch in der Klasse darüber aus, welche Erfahrungen Malka machen musste und wie diese ihre Entwicklung beeinflusst haben könnten.

Bilder entstehen im Kopf

1 Was sind Substantive/Nomen und woran erkennt man sie? Tauscht euch dazu in der Klasse aus.

2 Bildet Gruppen. Schreibt fünf Sätze mit je zwei Substantiven/Nomen auf und markiert diese mit roter Farbe.

TIPP
Beachtet, dass Satzanfänge und Eigennamen immer großgeschrieben werden.

3 Seht euch eure Beispiele in der Klasse an. Besprecht, woran ihr die Substantive/Nomen erkannt habt. Schreibt einige Beispielsätze an die Tafel und notiert das passende Nomensignal, z. B.

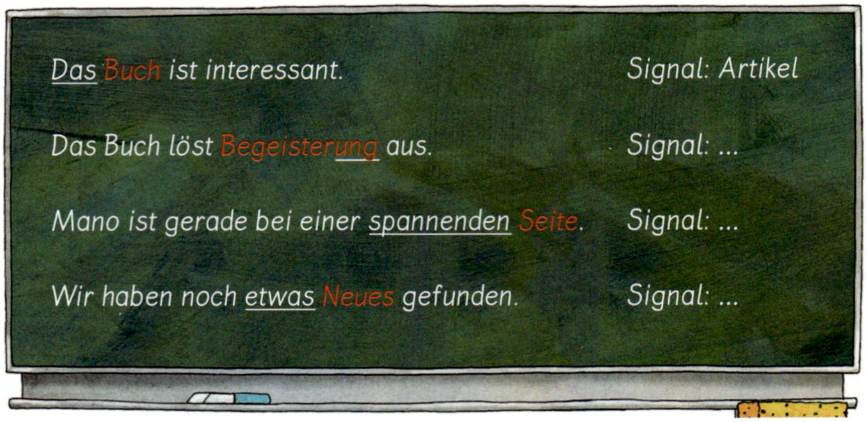

4 Lies die Rezension[1] zum Buch von Ortwin Ramadan „Der Schrei des Löwen". Schreibe die Substantive/Nomen und ihre Signale heraus.

Was Sejla zum Buch zu sagen hat:
Mich hat dieses Buch von Ortwin Ramadan sehr berührt. Es ließ in meiner Vorstellung deutliche Bilder entstehen, zum Beispiel von Kindern, die auf der Straße klarkommen müssen. Selbst die Sonnenhitze oder die Kälte der Wüstennacht konnte ich fast spüren. Ich fand nichts Langweiliges an dem Buch. Immer wieder stand da etwas Unerwartetes. Das liebevolle Verhältnis der Brüder zueinander war für mich das Beeindruckendste. Ich habe das Buch mit Neugier und großer Begeisterung gelesen.

[1] Rezension: Buchbesprechung

TIPP
Es gibt Wörter, die du in zwei Spalten eintragen kannst.

5 Übernehmt die Tabelle. Ordnet im Tandem die Substantive/Nomen aus dem Text ihren Nomensignalen zu.

Artikel/ Pronomen	Endung -heit, keit, -ung, -schaft, -nis, -tum	Präposition + Artikel	Adjektiv	alles, wenig, nichts, etwas, viel
dieses Buch	...	*zum Buch*	...	...
...	...	...	...	...

6 Lies die folgende Buchrezension von Hannes. Ergänze dann die Tabelle aus Aufgabe 5 mit weiteren Substantiven/Nomen aus diesem Text.

Und das hat Hannes geschrieben:
IM BUCH KOMMT NOCH JULIAN VOR. ER IST EIN SCHULMÜDER JUNGE, DER MEHR ODER WENIGER GEZWUNGEN MIT SEINEN ELTERN EINEN URLAUB AUF SIZILIEN VERBRINGT. BEIM TAUCHEN SIEHT ER DIE LEICHE EINES SCHWARZAFRIKANISCHEN JUNGEN UND FINDET EIN TAGEBUCH AM STRAND, VERPACKT IN WASSERDICHTER FOLIE. BEIM LESEN DER NOTIZEN BEGINNT ER ÜBER SEIN LEBEN NACHZUDENKEN. IM GEGENSATZ ZU DEN GEFLÜCHTETEN MENSCHEN HAT ER ALLES LEBENSNOTWENDIGE ZUR VERFÜGUNG.

7 Diktiert einander im Tandem je eine der folgenden Rezensionen.

TIPP
Achtet auf die richtige Großschreibung von Substantiven/Nomen.

A WARUM DAS BUCH „DER SCHREI DES LÖWEN“ HEIẞT, HABE ICH NICHT SO GANZ VERSTANDEN. IST ES, WEIL YOBA SO MUTIG IST UND WIE EIN LÖWE KÄMPFT? – EIGENTLICH IST BEI MIR VON LESERATTE KEINE SPUR, ABER DIESES BUCH ENTHÄLT VIEL AUFSCHLUSSREICHES. ES ZEIGT NÄMLICH, WAS MANCHE MENSCHEN AUF SICH NEHMEN MÜSSEN, UM EIN BISSCHEN GLÜCK ZU ERREICHEN. DAS BUCH FORDERT DAS NACHDENKEN WIRKLICH HERAUS.

B DIESES BUCH IST DICHT AM LEBEN VON YOBA UND CHIOKE DRAN. DAS SCHILDERN DES FLUCHTWEGES IST AUFREGEND. ALLES SCHRECKLICHE, DAS WIR AUS DEN NACHRICHTEN KENNEN, WIRD IN INTENSIVER FORM BESCHRIEBEN. VOR ALLEM DIE SCHILDERUNGEN, DIE GROẞE ANGST MACHEN, GEHEN UNTER DIE HAUT. IMMER WIEDER WERDEN DIE BEIDEN BRÜDER BEDROHT. SEITDEM LÖST DAS ANSCHAUEN DER NACHRICHTEN BEI MIR MEHR BETROFFENHEIT AUS.

8 Überprüft im Tandem eure Texte. Nennt zu jedem Substantiv/Nomen das entsprechende Nomensignal.

Merke

Signale für die Großschreibung (Nomensignale)

Wörter werden großgeschrieben, wenn
- ein **Artikel** oder ein **Pronomen** (→ der, ein, mein, dieses …) davorsteht.
- ein **Adjektiv** (→ das gute Buch) das Substantiv/Nomen näher beschreibt.
- Wörter wie **alles**, **wenig**, **nichts**, **etwas**, **viel** davorstehen.
- das Wort auf **-heit**, **-keit**, **-ung**, **-schaft**, **-nis** oder **-tum** endet.

Beachte: Schon wenn **ein** Nomensignal zutrifft, muss man das Wort großschreiben.

Viel Neues

1 Wandle die folgenden Adjektive in Substantive/Nomen um. Schreibe die Sätze auf und unterstreiche Adjektiv und Substantiv/Nomen, z. B.
a *interessant – Das Interessante war die genaue Beschreibung der Flucht.*

a interessant (die genaue Beschreibung der Flucht)
b spannend (die Situation an der Grenze)
c wissenswert (die Hintergründe der Flucht)
d hoffnungsvoll (der Onkel in Europa)

2 Wandle die markierten Verben in Substantive/Nomen um. Bilde mit ihnen Sätze und unterstreiche Verb und Substantiv/Nomen, z. B. a *ein Buch lesen – Das Lesen eines Buches ist ein guter Zeitvertreib.*

a ein Buch lesen (ein guter Zeitvertreib sein)
b die Situation nachempfinden (einen vieles verstehen lassen)
c von Macht und Gewalt berichten (beängstigend sein)
d in andere hineindenken (Mitempfinden auslösen)

3 Verbindet im Tandem die folgenden Wörter mit den Adjektiven und Wortgruppen unten zu Sätzen. Schreibt sie auf und unterstreicht, z. B.
a *Viel Neues enthält das Buch.* oder *Das Buch enthält viel Neues.*

viel | alles | wenig | nichts | etwas

a neu (das Buch enthält)
b spannend (die Geschichte greift auf)
c schrecklich (über die Flucht wird ausgelassen)
d unerwartet (über die Menschenschleuser wird berichtet)
e wünschenswert (im Gelingen der Flucht liegt)

4 Bilde zu den folgenden Verben und Adjektiven passende Substantive/Nomen. Verwende die Endungen -heit, -keit, -ung, -schaft, -nis, -tum. Schreibe die neuen Wörter auf.

achten – frech – irren – verwandt – erlauben – finster – spannend – gesund – reich – ehrlich – erzählen – vorstellen

5 Schreibe den Text ab und unterstreiche die Nomensignale.

Die Situation von afrikanischen Flüchtlingen wird im Buch von Ortwin Ramadan in einer spannenden Geschichte dargestellt. Die Schilderung der Flucht hat etwas Bedrückendes. Auf ihrem Weg durch die Wüste und über das Meer sehen sich Yoba und sein jüngerer Bruder Chioke der harten Natur ausgesetzt. Das Wechseln von Sonnenhitze und Nachtkälte ist sehr belastend. Besonders beunruhigend ist die Gewalt, die von Grenzsoldaten, Militärpolizei und Menschenschleusern ausgeht.

6 Notiere die Adjektive und Verben aus dem Text in Aufgabe 5, die zu einem Substantiv/Nomen geworden sind.

7 Wählt jeweils einen Text und diktiert ihn euch gegenseitig im Tandem.

A Mit Verantwortung kümmert sich Yoba um den jüngeren Bruder, der autistisch ist. Chioke spricht nicht und beachtet seine Umgebung kaum. Das erschwert ihre Flucht, ist aber ein wichtiges Motiv für Yoba. Er will seinen Bruder zu Ärzten nach Europa bringen. Auf Chioke lastet auch noch ein traumatisches Ereignis. Der Vater wollte ihm einen „bösen Geist" austreiben lassen. Schrecklich ist noch, dass die Mutter gestorben ist. So bleibt den Brüdern nur das Fliehen in die nahe Stadt.

B Sehr anrührend ist die Geschichte des Mädchens Adaeke, in die Yoba verliebt ist. Er macht sich viele Gedanken darüber, sie später nach Europa zu holen. Er ist sogar bereit, das Mädchen zu heiraten. Adaeke war von einem betrunkenen Mann angefahren worden, der danach flüchtete. Seitdem ist ihr Bein verkrüppelt. Ihre Mutter hat eine kleine Garküche. Das Mädchen gibt den Jungen immer wieder einmal etwas Essbares. Das Verschenken des Essens muss vor der Mutter geheim gehalten werden. Bei einem der Treffen erzählt Yoba von seinen Fluchtplänen.

8 Überprüfe und korrigiere deinen Text.

9 Besprecht im Tandem, welche Wörter großgeschrieben werden. Nennt die passenden Nomensignale.

10 Schreibe den folgenden Text in der richtigen Groß- und Kleinschreibung auf. Unterstreiche die Nomensignale.

IN DEM NOTIZBUCH, DAS YOBA AUF EINER MÜLLKIPPE GEFUNDEN HAT, SCHREIBT ER SEINE FLUCHTERFAHRUNGEN AUF. DAS SCHREIBEN HAT ER SEINER KLUGEN MUTTER ZU VERDANKEN, DENN ER DURFTE DIE SCHULE BESUCHEN. MIT IHREM TOD WAR ALLES GUTE VORBEI. SEIN VATER HAT IHN ZUM HÜTEN VON ZIEGEN VERKAUFEN WOLLEN.

11 Besprecht und vergleicht eure Texte und die Nomensignale in der Gruppe.

8 Gestatten, mein Name ist ...

Autorinnen und Autoren kennenlernen und vorstellen

1

2

3

4

Das lernst du jetzt:

- Interview- und Romanauszüge lesen und erschließen
- Informationen zu Leben und Werk von Jugendbuchautorinnen und -autoren sammeln und ordnen
- ein Referat über eine Autorin oder einen Autor vorbereiten, üben und halten
- Zeitformen des Verbs bilden und verwenden
- Zeitformen und Zeitstufen untersuchen

1 Seht euch die Porträtfotos bekannter Jugendbuchautorinnen und -autoren auf der linken Seite an. Kennt ihr sie? Nennt ihre Namen.

2 Lest die folgenden Informationen zu den Autorinnen und Autoren und ihrem Werk. Ordnet die Informationen den Bildern zu.

a **Jack London**
US-amerikanischer Autor von Abenteuerromanen, am 12.01.1876 in San Francisco geboren, am 22.11.1916 gestorben. Eines seiner bekanntesten Bücher ist „Wolfsblut“, das von den Abenteuern eines Halbwolfs in der kanadischen Wildnis erzählt.

b **Joanne K. Rowling**
britische Autorin, am 31.07.1965 in Südengland geboren. Sie erfand die Geschichten um den Zauberlehrling Harry Potter und seine magische Welt.

c **Andreas Steinhöfel**
deutscher Autor, am 14.01.1962 im hessischen Battenberg geboren. Bekannt machten ihn seine drei Bücher um Rico und dessen Freund Oskar.

d **Astrid Lindgren**
schwedische Autorin, am 14.11.1907 bei Vimmerby geboren, am 28.01.2002 gestorben. Sie schrieb mehr als 80 Kinder- und Jugendbücher, darunter „Die Brüder Löwenherz“ und „Pippi Langstrumpf“.

3 Tauscht euch über die vier Autorinnen und Autoren und ihre Werke aus. Beantwortet die folgenden Fragen:
- Was wisst ihr noch über diese Autorinnen und Autoren?
- Welche Autorin oder welcher Autor interessiert euch am meisten? Begründet.
- Welche Bücher der Autorinnen und Autoren habt ihr schon gelesen? Welche würdet ihr gern lesen?
- Habt ihr Verfilmungen ihrer Bücher angeschaut? Haben sie euch gefallen?

4 Stellt nun der Klasse eure Lieblingsautorinnen und -autoren vor. Erzählt alles, was ihr über ihr Leben wisst und welche Bücher sie geschrieben haben. Erklärt auch, warum sie bei euch so beliebt sind.

5 Stellt euch vor, ihr könnt eine Autorin oder einen Autor interviewen. Sammelt in der Klasse Fragen dafür und notiert diese an der Tafel.

RGS **6** Nennt die Zeitformen, in denen die folgenden Verben stehen.

sie schrieben | *er hat gelebt* | *du liest* | *wir werden fragen* | *sie hatte erzählt*

Lachen ist gut gegen die Angst

Andreas Steinhöfel ist einer der beliebtesten Kinder- und Jugendbuchautoren der neueren Zeit in Deutschland. Vieles in seinen Geschichten ist autobiografisch[1]. Auf den nächsten Seiten kannst du den Menschen und Autor Andreas Steinhöfel und seine Bücher entdecken.

[1] autobiografisch: aus dem eigenen Leben

Leseschlüssel

○ **1** Lies die Auszüge aus einem Interview mit Andreas Steinhöfel.

Interviewerin Herr Steinhöfel, von Ihrem Schriftstellerkollegen Paul Maar, dem Autor des „Sams", stammt der Satz: „Alle Kinderbuchautoren hatten entweder eine sehr glückliche oder eine sehr unglückliche Kindheit". Stimmt das?

Andreas Steinhöfel Ja. Da ist wohl was dran. […] Wenn man für Kinder schreiben und sie wirklich erreichen will, muss man selbst noch viel Kindliches in sich haben. Das hat man, wenn man die eigene Kindheit intensiv erlebt hat.

Interviewerin Sie selbst hatten eine sehr unglückliche Kindheit. Sie kommen aus einem „gewalttätigen Haushalt", haben Sie einmal gesagt. Was war da los?

Andreas Steinhöfel Das Problem war mein Vater, ein Flüchtlingskind, später ein Nazi. […] Er war selbst Opfer von Gewalterfahrungen. Die hat er einfach weitergegeben.

Interviewerin Wie kommt jemand, der so eine Kindheit hatte, darauf, später selbst Kinderbücher zu schreiben?

Andreas Steinhöfel Durch Zufall. Ich wollte ursprünglich keine Kinderbücher schreiben. Aber mein Bruder Dirk, der Junge aus „Dirk und ich", zeichnete gern. Irgendwann sollte er probeweise für den Carlsen Verlag ein Buch illustrieren. Den Text des Buches fand ich richtig schlecht. „Das kann ich besser", habe ich gesagt. […] So entstand meine erste Kurzgeschichte. Ich schickte sie mit den Worten an den Verlag: „So hat gefälligst ein gutes Kinderbuch auszusehen." […] Ein halbes Jahr später meldete sich der Verlag. Ob ich nicht noch mehr solcher Geschichten schreiben könne. Das war der Startschuss für den Erzählband „Dirk und ich".

Interviewerin Das Buch „Dirk und ich" enthält autobiografische Elemente. Aber die Angst vor der Unberechenbarkeit Ihres Vaters fehlt völlig. Warum? Die Angst vor Prügel hat Ihre Kindheit schließlich stark geprägt – wie die vieler anderer Kinder dieser Zeit.

Andreas Steinhöfel Es stimmt, dass ein dunkler Schatten über meiner Kindheit liegt. Aber so eine Angst sollte in jeder Kindheit fehlen. Ich finde, sie gehört auch nicht in ein gutes Kinderbuch hinein.

Interviewerin Was macht für Sie ein gutes Kinderbuch aus?

Andreas Steinhöfel Kinder brauchen eine Welt, in der es etwas Optimistisches[2] gibt. Sie sind selber noch ganz optimistisch: Alle Kinder lachen zum Beispiel gern. Also mache ich Bücher, mit denen Kinder lachen können. Ich habe als Kind auch total gerne gelacht. Lachen ist gut gegen die Angst. […]

[2] optimistisch: positiv, lebensfroh

Kinder lachen immer an Stellen, an denen sie über Erwachsene triumphieren[3].
Interviewerin Oskar, der hochbegabte Junge aus Ihrer „Rico und Oskar"-Trilogie, trägt auch im ganz normalen Alltag immer einen Sturzhelm. Er rechnet ständig damit, dass ihm etwas passieren kann. Ist das ein Bild für Ihr Lebensgefühl damals?
Andreas Steinhöfel Nein. Allenfalls unbewusst. Auf der bewussten Ebene meint der Sturzhelm eher das Gegenteil. Ich finde es schrecklich, dass manche Helikoptereltern von heute ihre Kinder so überbehüten. Sie verpassen ihnen symbolisch einen Sturzhelm, damit ihnen nur ja nichts passiert. Es soll ja schließlich was Tolles aus ihnen werden. Darüber wollte ich schreiben. Deshalb trägt Oskar den Helm.
Interviewerin Rico denkt langsamer als andere, er kann sich schlecht konzentrieren. Das ist etwas, was Kinder sich nicht gerade wünschen. Trotzdem lieben sie ihn. Warum eigentlich?
Andreas Steinhöfel Rico kommt tatsächlich in fast jedem Brief vor, den Kinder an mich schreiben. Er ist eine Figur, die ganz vielen Kindern aus der Seele spricht. Er geht zwar in eine Förderschule. Trotzdem ist er zutiefst optimistisch. Offen. Direkt. Er kann sogar über sich selber lachen. Rico gibt den Kindern das Gefühl: Endlich ist da jemand wie ich. Der fühlt massenweise komische Sachen und ist trotzdem kein Außenseiter, kein Freak. Ich finde, das sollte ein Kinderbuch leisten.

[3] triumphieren: besiegen

2 Fasst im Tandem kurz zusammen, worum es in dem Interview geht und zu welchen Themen Aussagen gemacht werden.

3 Welchen Eindruck macht Andreas Steinhöfel auf euch? Welche Aussagen findet ihr wichtig und interessant? Tauscht euch in der Gruppe darüber aus.

4 Steinhöfel spricht in Zeile 45 von „Helikoptereltern". Erklärt einander im Tandem diesen Begriff mit euren Worten. Nennt Beispiele für das Verhalten der Eltern.

5 Lies das Interview ein weiteres Mal. Lege dann eine Tabelle an zu den Begriffen **Kindheit**, **schriftstellerischer Beginn**, **Werke**, **Themen**. Notiere alle Informationen, die du zu den Begriffen im Text findest.

TIPP
Nimm für die Tabelle ein Blatt Papier im Querformat und lass Platz für weitere Spalten.

6 Steinhöfel erklärt, was für ihn ein gutes Kinderbuch ist und was für ihn nicht hineingehört: Angst. Lest den dazugehörigen Abschnitt noch einmal. Diskutiert in der Klasse über Steinhöfels Haltung.

7 Möchtest du eher lustige Geschichten lesen oder interessiert dich mehr, wie Menschen mit Problemen, Sorgen und Ängsten umgehen? Magst du Fantasygeschichten oder historische Romane? Schreibe einen kurzen Text, in dem du erläuterst, was für dich ein gutes Buch ausmacht.

Wir wollen es genauer wissen

○ **1** Lies den folgenden Lexikontext über Andreas Steinhöfel.

Andreas Steinhöfel wird am 14.01.1962 in Battenberg geboren und wächst mit seinen Eltern und den beiden Brüdern Dirk und Björn im hessischen Biedenkopf auf. Nach dem Abitur nimmt er zunächst ein Lehramtsstudium mit den Fächern Englisch und Biologie an der Universität Marburg auf, wechselt dann jedoch zu einem Magisterstudium der Anglistik[1], Amerikanistik und Medienwissenschaft, das er 1991 mit einer Arbeit über die Rezeption[2] der Gothic Novel in der aktuellen Horrorliteratur abschließt. Im gleichen Jahr erscheint mit *Dirk und ich* seine erste literarische Publikation[3], weil er, wie er in Interviews berichtet, über ein pädagogisch bemühtes Kinderbuch, das sein Bruder Dirk illustrieren sollte, verärgert war. Nach dem Studium lebt Steinhöfel zunächst als freier Autor von Kinder- und Jugendliteratur, Drehbüchern sowie Übersetzungen in Berlin und zieht 2010 in seine Heimatstadt Biedenkopf zurück.

[1] Anglistik: Wissenschaft von der englischen Sprache und Literatur
[2] Rezeption: Übernahme, Aufnahme
[3] Publikation: Veröffentlichung, Buch

◒ **2** Ergänze in deiner Tabelle aus Aufgabe 5 von Seite 159 die Spalten zu **Herkunft/Familie**, **Beruf** und **Lebensorte**. Schreibe die Informationen aus dem Text in die Tabelle.

○ **3** Seht euch im Tandem das Foto und das Buchcover an und beschreibt sie. Erklärt, wie die Personen auf euch wirken und welche davon Andreas Steinhöfel sein könnte.

○ **4** Lies die kurze Zusammenfassung von „Dirk und ich".

Wo die Brüder Andreas und Dirk auftauchen, ist das Chaos vorprogrammiert. Dabei können sie meistens gar nichts dafür! Ob als Spaghettimonster auf dem Kindergeburtstag, als Nikoläuse im Altenheim oder als spektakuläre Unfallfahrer mit dem Rodelschlitten – immer geht so ziemlich alles schief, was schiefgehen kann. Aber dafür gibt es immer viel zu lachen. Und jetzt kommt auch noch Babybruder Björn dazu – mit dem müssen sie gleich mal eine Weltraumexpedition starten!

5 Ergänze in deiner Tabelle aus Aufgabe 2 die Informationen aus dem Text zu „Dirk und ich". Notiere, welche Beziehung zwischen Buch und Biografie besteht.

6 Lies den folgenden Text zu Andreas Steinhöfels Werken.

Leseschlüssel

Dem ersten Buch „Dirk und ich" von Andreas Steinhöfel folgten zahlreiche weitere Werke für Kinder und Jugendliche, zum Beispiel „Paul Vier und die Schröders" aus dem Jahr 1992, „Beschützer der Diebe" von 1994 und „Die Mitte der Welt" von 1998. Bis 2011 erschienen drei Bände der Rico-Oskar-Reihe, die aber noch nicht abgeschlossen ist. Steinhöfels 2014 veröffentlichter Roman „Anders" erzählt von einem Jungen, der nach einem Unfall aus dem Koma erwacht, „anders" ist und sich und seine Umwelt neu erkunden muss.
Im Mittelpunkt seiner Texte stehen meist Kinder und Jugendliche, die anders als andere sind. Sie sind entweder nicht so schlau wie andere, lieben Jungs statt Mädchen, verbreiten Chaos oder sind aus irgendeinem anderen Grund Außenseiter. Doch verblüffenderweise kommen die Protagonisten[4] erstaunlich gut mit ihrer Situation zurecht oder werden gerade in der Auseinandersetzung mit ihren Problemen stark. Die Bücher haben deshalb auch keinen traurigen, die Gesellschaft anklagenden Unterton, sondern sind witzig und spannend geschrieben. […]
Bei Jugendlichen ist besonders der Steinhöfel-Roman „Die Mitte der Welt" beliebt. Es geht darin um den 17-jährigen Phil. Seine Familie gilt als sonderbar und wird darum von den anderen Bewohnern des Dorfes geschnitten. Er hat nur eine echte Freundin, Kat, die Phil aber auch irgendwann schwer enttäuscht. Phils Vater ist schon tot, darum sieht er zu seinem Onkel auf wie zu einem Vater. Und dann ist da noch Nicholas – Phil liebt ihn. Phil hat also einige Probleme, mit denen er in der schwierigen Zeit der Pubertät fertig werden muss. „Die Mitte der Welt" ist ein Roman, der von den Schwierigkeiten des Erwachsenwerdens, der Suche nach der eigenen Identität, nach Anerkennung und Liebe handelt. […]

[4] Protagonist: Hauptfigur

7 Ergänze deine Tabelle aus Aufgabe 2 mit den Informationen aus dem Text.

8 Jetzt habt ihr schon viele Informationen über Andreas Steinhöfel gesammelt. Überlegt im Tandem, was ihr über den Autor und sein Werk außerdem noch wissen möchtet. Notiert eure Fragen.

TIPP
Denkt dabei auch an Verfilmungen, Preise usw.

9 Überlegt in der Klasse, woher ihr weitere Informationen über Andreas Steinhöfel bekommt. Notiert alle geeigneten Informationsquellen.

TIPP
Sucht nicht nur nach Texten, sondern bezieht auch Bilder oder Filmausschnitte mit ein.

10 Recherchiert im Tandem zu euren Fragen über Leben und Werk von Andreas Steinhöfel. Macht euch Notizen und ergänzt eure Tabelle.

Darf ich vorstellen: Andreas Steinhöfel

Du hast dich ausführlich mit dem Schriftsteller Andreas Steinhöfel beschäftigt und Informationen zu ihm gesammelt. Jetzt kannst du die vielen Informationen in eine sinnvolle Reihenfolge bringen und sie in einem interessanten Referat präsentieren.

TIPP
Orientiere dich an der Tabelle, die du auf den vorherigen Seiten angelegt hast.

Seite 281
Mindmap

○ **1** Überlege dir zuerst, was du über Andreas Steinhöfel in deinem Referat erzählen möchtest. Mache dir dazu Notizen, z. B. *über seine Kindheit, über die Rico-Oskar-Reihe ...*

○ **2** Lege eine Mindmap für dein Referat an, in der du alle Teilthemen aus Aufgabe 1 nennst und Unterpunkte ergänzt.

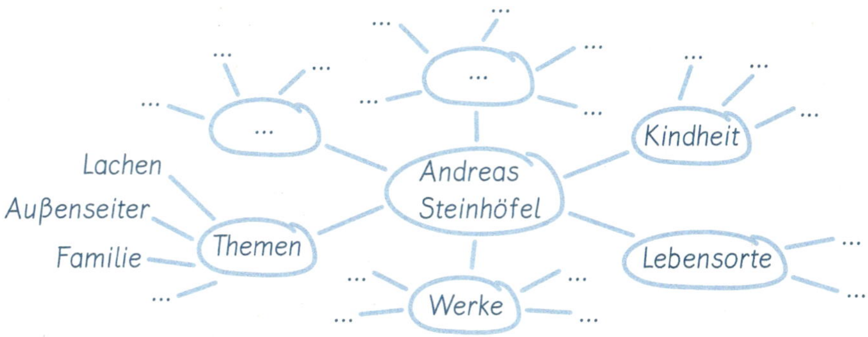

○ **3** Überlege dir jetzt eine Gliederung für dein Referat. Nimm dazu deine Mindmap und lege die Reihenfolge fest, in der du die Informationen präsentieren möchtest.

○ **4** Schreibe die Gliederung deines Referats auf eine Karteikarte. Lege anschließend zu jedem Teilthema eine eigene Karteikarte an.

TIPP
Verwende auch für Einleitung und Schluss je eine Karteikarte.

◒ **5** Beginne dein Referat mit einer **Einleitung**. Gehe so vor:
- Überlege dir eine interessante Information zu deinem Schriftsteller, die die Zuhörer neugierig macht.
- Nenne außerdem das Thema deines Referates und stelle deine Gliederung vor.

Ich möchte heute über ... sprechen.
In meinem Referat möchte ich ... vorstellen.
Das Thema meines Referats lautet: ...
Zurzeit läuft der Film ... im Kino, der mir sehr gefallen und mich zu meinem Referat über ... angeregt hat.
Ich werde in meinem Referat über folgende Themen sprechen: ...
Ich möchte mit ... beginnen, dann komme ich zu ... und im letzten Teil geht es um ...

6 Bereite jetzt den **Hauptteil** vor. Verwende die Karteikarten aus Aufgabe 4 und schreibe zu jedem Teilthema die Informationen in Stichworten auf.

Kindheit
– …
– …
– …

Herkunft/Familie
– …
– …
– …

Einleitung
– Film „Rico, Oskar und die Tieferschatten" läuft gerade im Kino!
– Thema: Andreas Steinhöfel
– Gliederung: …

7 Damit deine Zuhörer neugierig bleiben und sie dir weiter folgen können, musst du die einzelnen Teilthemen gut miteinander verknüpfen. Lies die folgenden, weniger gut gelungenen Überleitungssätze.

a Jetzt mache ich mit dem Punkt „Bücher" weiter.
b Als Nächstes kommen seine Hobbys.
c Jetzt komme ich zum Schluss.

8 Verbessert im Tandem die Sätze aus Aufgabe 7. Formuliert Überleitungssätze, die die einzelnen Gliederungspunkte gut miteinander verbinden, z. B. *Als Nächstes möchte ich über … sprechen.*

9 Bereite jetzt den **Schluss** vor. Formuliere deine persönliche Meinung zum Autor und zu seinen Büchern. Gib eine Buchempfehlung oder informiere über geplante Projekte.

10 Entscheide dich für eine Präsentationsform, z. B. PowerPoint. Recherchiere nach geeignetem Bild- und Tonmaterial und ergänze dein Referat damit.

Arbeitstechnik
Ein Referat vorbereiten

1. Lege dein **Thema** fest und **sammle** ausreichend **Informationen** dazu.
2. **Ordne** deine Informationen in einer **Mindmap**.
3. **Gliedere** dein Referat in **Einleitung**, **Hauptteil** und **Schluss**.
4. Finde für die **Einleitung** einen interessanten **Einstieg** in das Thema. Stelle **Thema** und **Gliederung** vor.
5. Gliedere den **Hauptteil** nach den Teilthemen in deiner Mindmap und notiere zu allen Teilthemen **Informationen in Stichworten**. Formuliere **Überleitungen** zwischen den Teilthemen.
6. Ergänze am **Schluss** eine kurze **Zusammenfassung**, formuliere eine eigene **Meinung**, **Empfehlung** oder eine **Fragestellung** zur Diskussion.
7. Entscheide dich für eine **Präsentationsform** und bereite das Material dafür vor.
8. Ergänze dein Referat durch **Bild- und Tonmaterial**.

Für ein Referat üben

Ein Referat zu halten, ist nicht einfach. Aber: Du bist die Expertin/der Experte für dein Thema und nur du kannst den Zuhörern spannende und interessante Informationen vermitteln. Die folgenden Seiten helfen dir, damit du selbstbewusst und sicher vor die Klasse treten und vortragen kannst.

○ **1** Seht euch im Tandem die Bilder und Gedankenblasen der Schülerinnen und Schüler an. Tauscht euch darüber aus, wie man mit der jeweiligen Situation umgehen sollte.

○ **2** Damit du vor deinem Referat locker und entspannt bist, kannst du die folgenden Aufwärmübungen durchführen.

Körperhaltung und Atmung

A Stelle dich aufrecht hin, deine Füße stehen schulterbreit auseinander. Schließe deine Augen und konzentriere dich nur auf deinen Atem. Spüre, wie dein Atem deinen Körper ausfüllt und du langsam ruhiger wirst.

B Atme jetzt tief ein, halte den Atem für etwa fünf Sekunden an und atme dann ganz langsam wieder aus. Wiederhole diese Übung dreimal.

C Atme tief ein und ziehe beim Einatmen deine Schultern zu deinen Ohren. Halte deinen Atem für etwa fünf Sekunden an und atme dann wieder aus. Lasse dabei deine Schultern ganz langsam nach unten sinken. Wiederhole diese Übung dreimal.

Stimmübungen

A Stelle dich entspannt hin, wähle eine Tonlage und singe „Hu“. Wiederhole dein „Hu“ dreimal und singe jedes Mal tiefer. Wiederhole das Ganze mit „Ho“ und singe immer höher.

B Atme aus und mache ein Geräusch wie ein Pferd, indem du ein „B“ auf den Lippen vibrieren lässt.

Bevor du dein Referat vor der Klasse hältst, solltest du es wenigstens einmal üben. Zum Beispiel kannst du es einer Freundin oder einem Freund oder deinen Eltern vortragen. Du kannst aber auch allein vor dem Spiegel trainieren oder dich mit dem Handy aufnehmen.

3 Übe deinen Vortrag, indem du mithilfe deiner Karteikarten von Seite 163 das gesamte Referat vorträgst. Prüfe,
- ob der Ablauf stimmt,
- ob du die Zeitvorgaben einhältst,
- ob du Text und Materialien richtig verbunden hast,
- ob du zusammenhängend frei sprechen kannst.

TIPP
Trage dein Referat einer Partnerin oder einem Partner vor und lass dir ein Feedback geben.

4 Nun geht es los. Halte dein Referat vor der Klasse. Achte auf die folgenden Hinweise.

Stehe aufrecht und fest auf dem Boden.

Halte Blickkontakt mit deinen Zuhörern.

Sprich langsam, laut und deutlich.

Mache kurze Pausen.

5 Frage nach deinem Vortrag die Zuhörer, ob sie noch Fragen zu deinem Referat haben. Beantworte diese Fragen.

6 Setzt euch in der Gruppe zusammen und entwickelt für die Zuhörerinnen und Zuhörer eine Feedback-Checkliste. Sie sollte inhaltliche (Aufbau, Verständlichkeit, Anschaulichkeit) und formale Kriterien (Sprechverhalten, Blickkontakt) enthalten.

7 Gebt nach jedem Vortrag der oder dem Vortragenden ein Feedback mit Verbesserungsvorschlägen. Verwendet eure Checkliste aus Aufgabe 6.

Seite 269
Feedback

Arbeitstechnik
Ein Referat halten

1. Bereite dich auf das Referat mit **Aufwärmübungen** vor.
2. **Übe** dein Referat. Trage es vor Freunden, den Eltern oder dem Spiegel vor.
3. Trage dein Referat **vor der Klasse** vor:
   - Atme ruhig und stelle dich entspannt und aufrecht hin. Stehe fest auf dem Boden.
   - Versuche möglichst frei zu sprechen. Halte Blickkontakt.
   - Sprich langsam, laut und deutlich. Mache Pausen.
4. **Beantworte** nach deinem Referat die **Rückfragen** deiner Zuhörer.

Test
g9hf5v

Ein Buch für Besessene

Joanne K. Rowling, die den Namen ihrer Großmutter Kathleen in ihren Namen einfügte (daher das „K."), ist eine Bestseller-Schriftstellerin der Superlative. Mit ihrem Namen ist untrennbar die Harry-Potter-Reihe verbunden.

Leseschlüssel

○ **1** Lies die folgenden Auszüge aus Interviews mit Joanne K. Rowling.

Über die **Entstehung ihrer Bücher** sagte Joanne K. Rowling:
„Alles begann im Jahr 1990. Ich saß im Zug von Manchester nach London – ohne einen Gedanken ans Schreiben zu verschwenden. Und aus dem Nichts kam mir plötzlich die Idee, ich hatte diesen dürren kleinen Harry ganz deutlich vor Augen und der Gedanke ging mir durch Mark und Bein. Ein so bewegendes Gefühl hatte ich nie zuvor erlebt, wenn es um das Schreiben ging. Es war das erste Mal, dass mich eine Idee innerlich so aufgewühlt hat. Dann kramte ich in meiner Tasche nach einem Bleistift oder Kuli, aber ich hatte noch nicht einmal einen Kosmetikstift dabei. So konnte ich nur dasitzen und nachdenken. Während der vier Stunden, die ich in dem verspäteten Zug verbrachte, sprudelten mir alle diese Ideen nur so im Kopf herum.
Diese Begeisterung kann vielleicht nur jemand nachvollziehen, der selbst Bücher schreibt. Sie ist mit dieser unbeschreiblichen Hochstimmung vergleichbar, die man hat, wenn man sich so richtig verliebt hat. So ähnlich fühlte ich mich, als ich aus dem Zug stieg. Als wenn ich gerade einen traumhaften Menschen kennengelernt hätte, mit dem ich eine wunderschöne Liebesbeziehung eingehen würde. Berauscht, ausgelassen und begeistert. Und so kam ich zurück in meine Wohnung […] und begann zu schreiben […]."

Rowling hat zu einigen Orten ihrer Geschichten einen persönlichen Bezug. So sagt sie z. B. über den Bahnhof **„King's Cross"**:
„King's Cross ist für mich ein ganz romantischer Ort, vielleicht der romantischste Bahnhof überhaupt, weil meine Eltern sich hier kennengelernt haben. Er war schon immer Teil meiner Kindheitserinnerungen. Mein Vater und meine Mutter waren gleichzeitig in die Marine eingetreten und befanden sich auf dem Weg von London nach Arbroath in Schottland. Sie lernten sich im Zug kennen, als er gerade aus King's Cross ausfuhr. Deshalb sollte Harry mit dem Zug nach Hogwarts fahren. Es musste einfach King's Cross sein."

Aus ihren Notizbüchern und losen Seiten, aus allen Zeichnungen und Anmerkungen ist schließlich nach fünf Jahren **das erste Buch** entstanden. Dazu sagt sie:
„Wie ein Bildhauer habe ich aus diesem Berg an Notizen ein Buch herausgemeißelt. Die Aufgabe bestand letztendlich darin, die Unmenge an Mate-

rial über Harry zu verdichten, zu bearbeiten und in eine Form zu bringen. Ich stellte mir vor, dass dieses Buch – sofern es jemals veröffentlicht werden würde – ein Buch für Besessene sein würde. Für Leute, die sich an jedem noch so winzigem Detail erfreuen, weil ich schließlich auch jedes noch so winzige Detail beschrieben habe."

Auf die Frage, ob sie schon immer **Buchautorin werden** wollte, antwortet Rowling:
„Ja, ich wusste schon, als ich sechs war, dass ich Autorin werden will, weil ich da ein Buch schrieb. Es war eine herausragend geniale Arbeit über einen Hasen namens Hase. Ich gab es meiner Mutter und sie sagte: ‚Das ist toll', wie es eine Mutter sagt, ‚das ist sehr, sehr gut.' Ich stand da und dachte: ‚Na, dann lass es veröffentlichen.' Das ist etwas eigenartig, wenn ein sechsjähriges Kind so denkt. Ich weiß nicht, woher das kam. Ich dachte: ‚Na los, worauf wartest du?' Ich wollte es wirklich tun. […]"

2 In diesen Auszügen hast du einiges über Joanne K. Rowling und die Entstehung des ersten Harry-Potter-Bandes erfahren. Beantworte die folgenden Fragen. Mache dir Notizen.
- Wann und wo hat Joanne K. Rowling begonnen, Ideen für ihr erstes Buch zu sammeln?
- Was verbindet die Autorin mit „King's Cross"?
- Wie lange hat es gedauert, aus der ersten Idee ein Buch zu entwickeln?
- Warum bezeichnet die Autorin das Buch als ein „Buch für Besessene"?
- Wie beschreibt Rowling ihre schriftstellerischen Anfänge?

3 Wie wirkt Frau Rowling auf euch? Welche Aussagen findet ihr interessant? Tauscht euch darüber im Tandem aus.

TIPP
Seht euch den Film „Die zauberhafte Geschichte der J. K. Rowling" an.

4 Lies den folgenden Lexikontext. Notiere wichtige Informationen zur Biografie von Joanne K. Rowling.

Die britische Autorin Joanne K. Rowling wurde am 31.07.1965 in Yate/Südengland geboren. Sie studierte Französisch und Altphilologie[1] an der University of Exeter und arbeitete anschließend als Sekretärin in London. Ab 1990 beschäftigte sie sich mit der magischen Welt von Harry Potter. Sie ging 1991 als Lehrerin nach Portugal, heiratete und bekam die Tochter Jessica. 1993 kehrte sie nach der Trennung von ihrem Mann nach Großbritannien zurück. Sie betreute die Tochter und schrieb den ersten Band der Harry-Potter-Reihe, der erst 1997 erschien. Ein Jahr später kam Band zwei heraus, aber erst der dritte Band „Harry Potter und der Gefangene von Askaban" machte die Autorin in der Welt bekannt. Die nächsten vier Bände, zahlreiche Übersetzungen und die Verfilmungen trugen zum Riesenerfolg von „Harry Potter" bei und machten Joanne K. Rowling zu einer berühmten und reichen Frau. 2001 heiratete sie erneut, 2003 bekam sie einen Sohn und 2005 eine Tochter. Heute lebt sie in Schottland.

[1] Altphilologie: Wissenschaft, die sich mit alten Sprachen und Literaturen beschäftigt

Mein Thema: Joanne K. Rowling

○ **1** Lies den folgenden Text zu Joanne K. Rowlings **Kindheit und Jugend**.

Joanne stammt aus einfachen Verhältnissen, ihr Vater arbeitete in einer Autofirma und ihre Mutter in einem Labor. Sie lebten in Winterbourne in der Nähe von Bristol. Joanne begann schon früh, sich Geschichten auszudenken, die sie der zwei Jahre jüngeren Schwester Dianne erzählte. 1974 zieht die Familie nach Tutshill an der walisischen Grenze. Joanne fühlt sich in der neuen Schule, wo sie den ganzen Tag sitzen muss, nicht wohl. Sie ist sehr schüchtern, hat wenige Freunde und liest in ihrer Freizeit sehr viel. 1976 wird sie in die Wyedean Gesamtschule eingeschult, wo sie später als sehr gute Schülerin zur Schulsprecherin gewählt wird. Hier freundet sie sich mit einem Mitschüler an, der ihr später als Vorbild für Ron Weasley diente. Als Joanne 15 Jahre alt ist, erkrankt ihre Mutter an Multipler Sklerose[1] und stirbt sieben Jahre später, was für Joanne einen schlimmen Verlust bedeutet.

[1] Multiple Sklerose: eine Nervenkrankheit

◐ **2** Ergänze deine Notizen zu Joanne K. Rowling mit den Informationen zu ihrer Kindheit.

○ **3** Überlegt in der Gruppe, was ihr noch über Joanne K. Rowling und ihre Werke wissen möchtet. Notiert eure Fragen.

TIPP
Ihr könnt z. B. fragen, was sie heute macht oder welche anderen Bücher sie geschrieben hat.

◐ **4** Recherchiert im Tandem im Internet, in Nachschlagewerken, in Büchern der Autorin, um weitere Informationen zu sammeln und eure Fragen zu beantworten.

Seite 163
ein Referat vorbereiten

○ **5** Überlege, was du über Joanne K. Rowling in deinem Referat erzählen möchtest. Mache dir dazu Notizen, z. B. *Kindheit, Harry-Potter-Reihe …*

Seite 281
Mindmap

○ **6** Lege eine Mindmap zu den Teilthemen in deinem Referat an. Ergänze Unterpunkte mit weiteren Informationen.

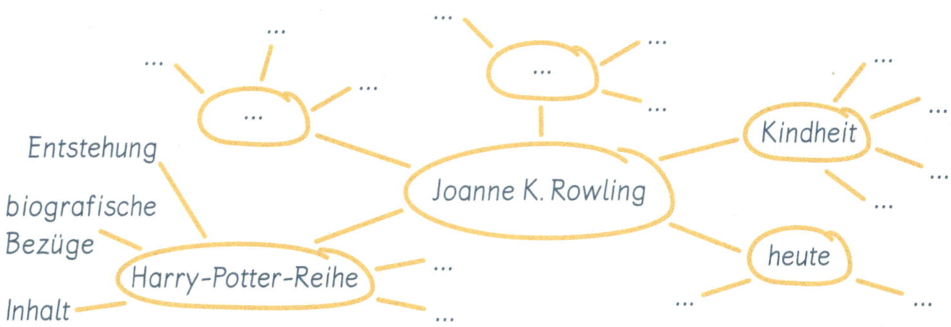

○ **7** Gliedere dein Referat mithilfe der Notizen in der Mindmap. Lege die Reihenfolge fest, in der du die Informationen präsentieren möchtest.

8 Lege zu jedem Gliederungspunkt in deinem Referat eine Karteikarte an.

9 Mache dir zuerst Notizen für deine **Einleitung**. Sie sollte enthalten:
- einen interessanten Einstieg, der neugierig macht,
- das Thema des Referats,
- die Gliederung des Referats.

10 Bereite dann den **Hauptteil** vor. Schreibe die Informationen zu jedem Gliederungspunkt in Stichworten auf deine Karteikarten. Verwende deine Notizen aus den Aufgaben 2 und 4 von Seite 167 und Seite 168.

Harry-Potter-Reihe: Entstehung
– Idee für Reihe: 1990 im Zug Manchester–London
– 1990–95 entsteht Band 1 „H. P. und der Stein der Weisen", erscheint 1997
– ...

TIPP
Achte darauf, deine einzelnen Gliederungspunkte miteinander zu verknüpfen.

11 Mache dir Notizen zum **Schlussteil**. Schreibe deine persönliche Meinung zur Autorin und zu ihren Büchern, informiere über geplante Projekte oder stelle eine Frage zur weiteren Diskussion in der Klasse.

12 Recherchiere zu deinem Thema geeignetes Bild- und Tonmaterial und ergänze dein Referat damit.

TIPP
Verwende Material, das die Aussagen in deinem Referat unterstreicht.

13 Übe dein Referat mehrfach und bereite dich auf den Vortrag vor.

14 Tragt einander im Tandem eure Referate vor.

15 Gebt einander im Tandem ein Feedback zum Referat. Achtet auf:
- logische Gliederung und Reihenfolge,
- interessante, verständliche und korrekte Informationen,
- deutlich und frei gesprochenen Vortrag.

Seite 165 ein Referat halten

Seite 269 Feedback

16 Überarbeite dein Referat, wenn nötig.

17 Gestaltet in der Gruppe ein Plakat zu Joanne K. Rowling. Verwendet eure Informationen aus den Referaten und weiteres Material dafür.

18 Stellt der Klasse die Schriftstellerin Joanne K. Rowling mithilfe eures Plakats vor.

19 Tauscht euch in der Klasse über die Harry-Potter-Bücher und ihre Verfilmungen aus. Besprecht, was euch daran gefällt und was nicht. Begründet eure Meinung.

Kindheit in Bullerbü

Die meisten Kinder und Jugendlichen kennen die schwedische Schriftstellerin Astrid Lindgren und sind mit ihren Büchern groß geworden. Ihre Erzählungen, Märchen und Romane, die Werte wie Toleranz und Mitgefühl vertreten, zählen inzwischen zu den Klassikern der Kinder- und Jugendliteratur.

Leseschlüssel

○ **1** Lies die Auszüge aus einem Interview mit Astrid Lindgren.

Walter Ausweger In diesem Naturparadies Schweden handeln Ihre Erzählungen und Abenteuer von Karlsson, der über die Dächer fliegt, die Wald- und Wiesenkinder von Bullerbü, Michel aus Lönneberga und natürlich Pippi Langstrumpf, die bekannteste Kinderbuchfigur der Welt. Wie entstand eigentlich dieser Bestseller?

Astrid Lindgren Ja, durch einen Zufall. Meine Tochter Karin war mal, als sie sieben Jahre alt war, krank. Sie hatte eine Lungenentzündung. Und sie wollte jeden Abend etwas von mir hören. Erzähl mir etwas, sagte sie immer. Und da sagte ich eines Abends: „Aber was soll ich denn erzählen?“ „Erzähl mir von Pippi Langstrumpf“, sagte sie. Sie erfand den Namen in diesem Augenblick und ich fragte nicht: „Wer ist Pippi Langstrumpf?“, sondern ich fing an von einem Mädchen zu erzählen, das zu diesem Namen passen könnte. Und danach wollte sie nichts anderes mehr hören als von Pippi Langstrumpf. […]

Walter Ausweger In Ihren 1975 erschienenen Erinnerungen „Das entschwundene Land“ heißt es: „Es begann am 14. November 1907. Da wurde ich als zweites Kind des Landwirts Samuel August Ericsson und seiner Ehefrau Hanna in einem alten roten Haus geboren, das von Apfelbäumen umgeben war. Der Hof, auf dem wir lebten, hieß und heißt auch heute immer noch Näs. Näs ist seit 1411 ein Pfarrhof, aber mein Vater war nicht Pfarrer, sondern Pächter auf Näs wie sein Vater vor ihm und wie es sein Sohn später auch wurde. Es war schön, dort Kind zu sein.“ Astrid Lindgren, war diese Welt in Småland die schönste Zeit Ihres Lebens?

Astrid Lindgren Ja, für mich war die Kindheit eine sehr schöne Zeit. Ich erinnere mich so genau, wie es war, und ich habe festgestellt, dass manche Menschen sich nicht an die Kindheit, sondern nur an das Erwachsensein erinnern. Das ist glaube ich so, weil sie nicht eine so schöne Kindheit gehabt haben. Aber für mich war die Kindheit die beste Zeit. Das heißt nicht, dass ich nicht mein ganzes Leben fröhlich finde. Ich habe sehr viel Glück gehabt. Aber nichts kann so sein wie die Kindheit. […]

Walter Ausweger Ihrem Geburtsort Näs haben Sie mit dem Bestseller „Die Kinder von Bullerbü“ ein literarisches Denkmal gesetzt. Diese Bullerbü-Geschichten spielen in den Jahren des Ersten Weltkrieges, von dem ja Schweden als neutraler Staat verschont blieb. Astrid Lindgren, aus Erzählungen meiner Großeltern weiß ich von Hunger, Elend und Leid in jenen Kriegsjahren. War diese Zeit in Schweden wirklich die heile Welt, die Sie beschreiben, oder führt nicht auch die zeitliche Distanz zur Verklärung?

Astrid Lindgren Es gibt ja verschiedene Menschen. Sie können in demselben Land leben und ganz verschiedene Dinge erfahren. Meine Welt war eine heile Welt und wir hatten keinen Hunger. Mein Vater war Bauer und wir hatten immer zu essen. […]

Walter Ausweger In einem Ihrer Aufsätze über Sinn und Funktion von Kinderliteratur warnten Sie davor, private und gesellschaftliche Konflikte breitzutreten. Geht das nicht doch zu weit in Richtung heile Welt, verschweigen Sie nicht einen wesentlichen Teil der Wirklichkeit, der hässlichen Wirklichkeit in der Großstadt, Scheidungskinder, Drogenszene und so weiter?

Astrid Lindgren Ich kann nur schreiben von Sachen, die ich sehr genau kenne. Ich weiß nicht, wie es ist, ein Kind von geschiedenen Eltern zu sein oder in einer Großstadt aufzuwachsen. Ich kann nur von meiner Welt erzählen, wie es damals war. Und in meinen Büchern sind doch nicht nur glückliche Kinder. Es gibt auch andere. […]

Walter Ausweger Kein Heile-Welt-Buch ist auch „Die Brüder Löwenherz", Mitte der siebziger Jahre erschienen. Dieses Buch ist eines Ihrer umstrittensten Bücher, weil Sie sich darin mit dem Phänomen des Todes und dem Selbstmord auseinandersetzen. […]

Astrid Lindgren Es ist ein Märchen von der Liebe zwischen zwei Knaben. Ich weiß nicht, was man von der Kinderliteratur erwarten kann, wegen Tabus. Aber ich kenne keine Tabus. Ich schreibe, was ich will und was ich wünsche, ohne nach links oder rechts zu gucken und zu sagen: Was werden sie davon denken? Ich schreibe nach meiner eigenen Meinung.

Walter Ausweger In einem Ihrer Kati-Bücher heißt es: „Lebe nicht so, als hättest du 1 000 Jahre vor dir. Der Tod schwebt über dir, so lange du noch lebst, so lange du noch kannst. Sei gut!" Astrid Lindgren, ist dieses Zitat auch eine Art persönliche Lebensphilosophie[1] von Ihnen?

Astrid Lindgren Ja, das ist es. Aber es ist Marcus Aurelius[2], glaube ich, der das gesagt hat. Aber ich finde das sehr gut und ich will gerne so leben, das ist meine Lebensphilosophie. Man muss jeden Tag bereit sein, dass plötzlich Schluss ist. Und möglicherweise sollte man nicht allzu viel Elend hinterlassen. Wir haben diese Welt nur geliehen und sollen sie unseren Enkelkindern einmal übergeben. Das muss jedem bewusst sein. Die Werte, wofür wir leben, sind Wahrheit und Liebe und auch Natur, für mich wenigstens.

[1] Lebensphilosophie: persönlicher Blick auf das Leben

[2] Marcus Aurelius: 121–180, römischer Kaiser, Philosoph

2 Sprecht in der Gruppe über die Tabuthemen, die Astrid Lindgren in ihren Büchern anspricht. Welche sind das und wieso glaubt sie, dass es wichtig sei, darüber zu schreiben?

3 Notiere alle Informationen aus dem Text, die du zu folgenden Stichworten finden kannst.

schriftstellerischer Beginn | Herkunft/Familie | Kindheit | Figuren | Werke | Themen | Lebensphilosophie

Es geht um Astrid Lindgren

Leseschlüssel

1 Lies den folgenden Text über Lindgrens politisches Wirken und ihre Kriegstagebücher.

Neben dem Schreiben engagierte sich Astrid Lindgren in verschiedenen politischen Diskussionen, sie setzte sich für die Rechte der Kinder und gegen Gewalt in der Erziehung ein. Sie kämpfte gegen die Nutzung der Atomkraft und gegen die Massentierhaltung. 1994 erhielt sie den Alternativen Nobelpreis für ihren Einsatz für Gerechtigkeit, Gewaltfreiheit und das Verständnis von Minderheiten. Über Lindgrens antimilitaristische[1] Haltung erfuhr die Öffentlichkeit erst mehr, als 2015 ihre Kriegstagebücher „Die Menschheit hat den Verstand verloren“ erschienen.
Sie begann die Tagebücher mit dem Beginn des Zweiten Weltkrieges am 01.09.1939 und beendete sie Ende 1945. In 17 Notizbüchern dokumentierte und kommentierte sie, was sich in Europa ereignete, ergänzte ihre Notizen durch Zeitungsausschnitte und Fotos, beschrieb aber auch ihr eigenes Leben im neutralen Schweden. Die Autorin formulierte ihr Vorhaben so: „Ich begann diese Tagebücher zu schreiben, um mein Gedächtnis zu unterstützen und um ein Gesamtbild der Weltereignisse zu bekommen und zu sehen, wie sie auf uns wirkten.“
In diesem besonderen Zeitdokument schildert Astrid Lindgren, wie sich in Europa durch Faschismus, Rassismus und Gewalt das Grauen ausbreitete. Sie nimmt Anteil an den Ereignissen in den skandinavischen Nachbarländern, sorgt sich um die leicht zerbrechliche Neutralität[2] Schwedens und berichtet über die zerbombten Städte in England und Deutschland. Sehr nahe geht der Autorin, was sie über die Verfolgung und Ermordung der Juden erfährt. Sie wusste sehr zeitig, dass die Deutschen Konzentrationslager errichtet hatten und deutsche Juden nach Polen verschleppten. Bereits 1941 dokumentierte sie jüdische Ghettos in Polen. Neben allen politischen Berichten schrieb Astrid Lindgren aber auch über ihr Alltagsleben und über ihre Kinder. Sie entwickelte sich mit dem Schreiben der Tagebücher zur Schriftstellerin, 1944 war die Pippi-Langstrumpf-Geschichte fertig und ihre Karriere als Kinder- und Jugendbuchautorin begann.

[1] antimilitaristisch: Ablehnung von Militär und Krieg

[2] Neutralität: Politik eines Staates, bedeutet, dass er sich in Konflikte zwischen anderen Staaten nicht einmischt

2 Welche politische Haltung vertritt die Autorin? Schreibt zwei Sätze dazu auf. Tauscht euch anschließend im Tandem darüber aus.

3 Notiere wichtige Informationen aus dem Text, die das politische Engagement von Astrid Lindgren beschreiben.

4 Überlegt in der Gruppe, was ihr noch über Astrid Lindgren und ihre Werke wissen möchtet. Notiert eure Fragen.

5 Recherchiert im Tandem weitere Informationen zu Astrid Lindgren und beantwortet eure Fragen aus Aufgabe 4.

TIPP
Lest die Lindgren-Autobiografie „Das entschwundene Land“.

6 Überlege, worüber du in deinem Referat über Astrid Lindgren berichten möchtest. Lege eine Mindmap mit den Teilthemen deines Referats an. Ergänze Unterpunkte mit weiteren Informationen.

Seite 281
Mindmap

Seite 163
ein Referat vorbereiten

7 Gliedere dein Referat mithilfe der Notizen in der Mindmap. Lege die Reihenfolge fest, in der du die Informationen präsentieren möchtest.

8 Mache dir nun Notizen für deine **Einleitung**. Denke dir einen spannenden Einstieg aus, nenne das Thema und stelle die Gliederung vor.

9 Bereite dann den **Hauptteil** vor. Schreibe die Informationen zu jedem Gliederungspunkt in Stichworten auf Karteikarten. Verwende deine Notizen aus den Aufgaben 3 von Seite 171 und 172 sowie von Aufgabe 5 auf dieser Seite.

TIPP
Achte darauf, deine einzelnen Gliederungspunkte miteinander zu verknüpfen.

10 Formuliere den **Schluss**. Schreibe deine persönliche Meinung zur Autorin und zu ihren Büchern oder stelle eine Frage zur weiteren Diskussion in der Klasse.

11 Recherchiere geeignetes Bild- und Tonmaterial zu Astrid Lindgren.

12 Bereite eine PowerPoint-Präsentation zu deinem Referat vor. Gehe so vor:
- Lege zu jedem Unterpunkt eine Folie an.
- Notiere die Überschrift als Titel der Folie.
- Schreibe die Informationen als Stichpunkte oder kurze Sätze auf.
- Ergänze Bilder, die die Aussagen deines Referats veranschaulichen.

13 Übe dein Referat mehrfach und bereite dich auf den Vortrag vor.

Seite 165
ein Referat halten

14 Tragt einander im Tandem eure Referate vor, gebt euch ein Feedback und überarbeitet eure Referate, wenn nötig.

Seite 269
Feedback

15 Stellt der Klasse mithilfe eurer PowerPoint-Präsentation die Schriftstellerin Astrid Lindgren vor.

16 Tauscht euch in der Klasse über die politische Haltung von Astrid Lindgren aus. Kennt ihr noch andere Berichte über den Zweiten Weltkrieg? Vergleicht sie mit den Kriegstagebüchern der Autorin.

„I like!"

Abenteuer waren seine Leidenschaft. Jack London (1876–1916) ist einer der wichtigsten amerikanische Autoren von Abenteuerromanen. In seinen Büchern, die in Alaska zur Zeit des Goldrausches, in Kalifornien und auf dem Pazifischen Ozean spielen, verarbeitete der Autor seine eigenen Erfahrungen und Erlebnisse.

Leseschlüssel

○ **1** Lies die Inhaltsangabe zu Londons Roman „Die Reise mit der Snark".

Eine unfähige Crew, ein untüchtiges Schiff und endlose Strapazen auf See: Jack Londons Bericht einer „glücklichen, glücklichen Reise"

Zeitungsleser in ganz Amerika waren besorgt, als Jack London ankündigte, mit einem Segelboot um die Welt reisen zu wollen – und Monate später vor allem amüsiert: Denn das Boot, das der Autor sich eigens bauen ließ, wurde und wurde nicht fertig, verschlang Unsummen von Geld und wurde bald zum Gespött der Nation. Jack London ließ sich nicht beirren. Im April 1907 stieß die *Snark* endlich in See und verließ San Francisco mit Kurs auf Hawaii. Doch bereits kurz nach dem Auslaufen setzten sich die Pannen fort: Der Schiffsmotor erwies sich als unbrauchbar, die Inneneinrichtung fiel auseinander, der Schiffskoch konnte nicht kochen, niemand an Bord beherrschte die Navigation[1] und der Hilfsnavigator glaubte fest daran, dass das Schiff im Inneren einer hohlen Erdkugel segelte.

Keine Frage: Die Reise war ein Debakel[2]. Und trotzdem verbrachte Jack London an Bord der Snark, in Gesellschaft seiner über alles geliebten Frau Charmian, die wohl glücklichste Zeit seines Lebens. Dies zeigt auch sein Bericht über die Reise, der selbstironisch[3], unterhaltsam und ohne Aussparung der peinlichen Details von allen Heldentaten, Malheurs[4] und Abenteuern erzählt: von der katastrophalen Überfahrt nach Honolulu, einem Besuch der Leprakolonie auf Molokai, ersten Erfahrungen mit dem Surfsport, von Begegnungen mit exzentrischen[5] Einsiedlern, gefährlichen Riesenkakerlaken und von dem endlosen Warten auf einen Fliegenden Fisch. Voller Leben und Komik ist diese Geschichte eines grandiosen Scheiterns, in welcher Jack London mit Inbrunst[6] einer einzigen Maxime folgte, die da hieß: "I like".

[1] Navigation: Orts- und Kursbestimmung

[2] Debakel: Niederlage

[3] selbstironisch: sich über sich selbst lustig machen

[4] Malheur: Missgeschick

[5] exzentrisch: überspannt, flippig

[6] Inbrunst: Begeisterung

○ **2** Tauscht euch im Tandem über den Autor aus. Wie stellt ihr ihn euch vor? Was für ein Typ war er? Schreibt zwei bis drei Sätze dazu auf.

◒ **3** Notiere wichtige Informationen aus dem Text.

○ **4** Sieh dir die Fotos aus Jack Londons Leben an. Notiere, worüber sie Auskunft geben könnten.

5 Recherchiert im Tandem die genauen Ereignisse und die Jahre, in denen sie stattfanden. Ordnet die Stationen unten den folgenden Jahreszahlen zu.

1891 – 1894 – 1896 – 1897/98 – 1901 – 1904 – 1905 – 1906 – 1907 – 1907–09 – 1910 – 1912 – 1914

- Reise mit der „Snark"
- Eisenbahntramp
- Häftling im Erie-County-Gefängnis
- Austernpirat
- Reise um Kap Hoorn
- Korrespondent im Russisch-Japanischen Krieg
- Studium an der University of Berkeley
- Goldsucher in Alaska
- autobiografischer Roman „Abenteurer des Schienenstranges"
- Kriegsberichterstatter in Mexiko
- Heirat mit Charmian Kittredge
- Eintritt in die Sozialistische Partei
- Bau des „Wolfshauses"
- „Wolfsblut"

TIPP
Beachtet, dass zwei Ereignisse im gleichen Jahr stattfanden.

6 Notiere in einem Flussdiagramm chronologisch die Ereignisse aus Jack Londons Leben.

Seite 274
Flussdiagramm

7 Schreibe eine Kurzbiografie zu Jack London als Lexikontext. Beginne mit den Lebensdaten.

Er ist die Hauptfigur

Leseschlüssel

1 Lies den folgenden Text über Jack London.

„Ich habe oft gedacht, dass ich meine Erfolge als Schriftsteller der Erfahrung zu verdanken haben muss, die ich in meinen Vagabundentagen gesammelt habe. Um die Nahrung zu erhalten, die ich zum Leben brauchte, war ich genötigt, Geschichten zu erzählen, die wahrscheinlich klangen. [...] Im Staate Nevada wohnt eine Frau, die ich einmal bewusst und schamlos mehrere Stunden hintereinander belogen habe. Ich will mich nicht bei ihr entschuldigen, keineswegs. Aber ich möchte eine Erklärung geben [...] Ich klopfte vorsichtig an, und als ich das freundliche Gesicht einer Frau in mittleren Jahren sah, die mir öffnete, fiel mir plötzlich die ‚Geschichte' ein, die ich ihr erzählen musste. Denn man muss wissen, dass für einen Bettler viel vom Erzählen einer guten Geschichte abhängt." [...]

Eine Lüge wäre eigentlich nicht nötig gewesen. Unser bettelnder Tramp hätte ebenso gut bei der biografisch abgesicherten Wahrheit bleiben können. Sein wirkliches Leben war seine eindrucksvollste und erfolgreichste Story.

Jack London hat sie immer wieder aufs Neue erzählt und ein Vermögen aus ihr gemacht. Der hungrige Vagabund stieg auf zum erfolgreichsten und bestverdienenden Schriftsteller seiner Zeit.

Manche Kritiker werfen dem Autor vor, er habe seine Lebensgeschichte dramatisiert, romantisiert und verfälscht. In der Tat: Diese Schwäche ist seine Stärke. Jack London neigte – wie viele gute Erzähler – zum Übertreiben, und manchmal half er den Tatsachen ein bisschen nach, damit eine gute Story daraus wurde. Die Wahrheit verbessern nannte er das.

Trotzdem bleibt er dabei näher an der Wirklichkeit als andere Autoren: Jack London schöpft aus eigenen Erlebnissen und Erfahrungen. In vielen Geschichten ist er selbst die Hauptperson, sein eigener Held, seine beste Erfindung: Als Austernpirat, Seemann, Arbeitsloser, Tramp, Zuchthäusler, Alkoholiker oder Goldsucher bringt er seine Abenteuer und Erkenntnisse unmittelbar mit ein. Selbst in der Maske von Weißzahn, dem Wolfshund, bellt, heult und träumt der Autor, umschreibt selbsterlebte Wirklichkeiten, thematisiert, was ihn persönlich bewegt. [...]

2 Fasst im Tandem zusammen, woher Jack London die Ideen für seine Geschichten bezieht und wie er dabei mit der Wahrheit umgeht.

3 Überlegt in der Gruppe, was ihr noch über Jack London und seine Werke wissen möchtet. Notiert eure Fragen.

TIPP
Seht euch den Film „Jack London – ein amerikanisches Original" an.

4 Recherchiert im Tandem weitere Informationen zu Jack London und beantwortet eure Fragen aus Aufgabe 3.

○ **5** Überlege, was du über Jack London berichten möchtest. Lege eine Mindmap mit Teilthemen und Unterpunkten für dein Referat an.

Seite 281
Mindmap

○ **6** Gliedere dein Referat mithilfe der Notizen in der Mindmap. Lege die Reihenfolge fest, in der du die Informationen präsentieren möchtest.

Seite 163
ein Referat vorbereiten

◒ **7** Mache dir nun Notizen für deine **Einleitung**. Denke dir einen spannenden Einstieg aus, nenne das Thema und stelle die Gliederung vor.

◒ **8** Bereite dann den **Hauptteil** vor. Schreibe die Informationen zu jedem Gliederungspunkt in Stichworten auf Karteikarten.

TIPP
Achte darauf, deine einzelnen Gliederungspunkte miteinander zu verknüpfen.

◒ **9** Formuliere den **Schluss**. Schreibe deine persönliche Meinung zum Autor und zu seinen Büchern oder stelle eine Frage zur weiteren Diskussion in der Klasse.

◒ **10** Recherchiere geeignetes Bildmaterial zu Jack London.

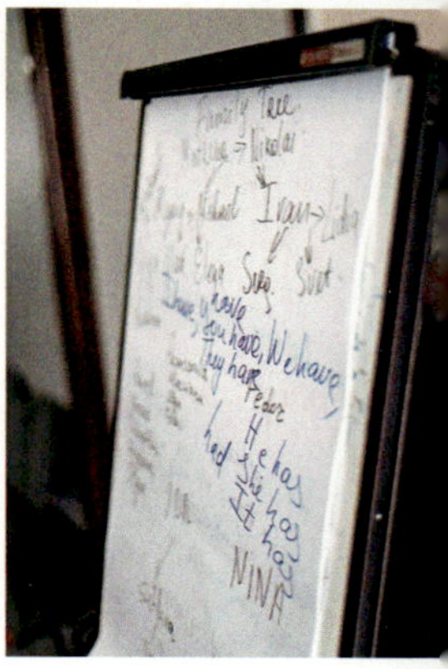

● **11** Bereite eine Flipchart-Präsentation zu deinem Referat vor. Gehe so vor:
- Lege zu jedem Unterpunkt ein Blatt an.
- Notiere die Überschrift als Titel, schreibe nur wenige Wörter oder Jahreszahlen auf eine Seite.
- Schreibe in Druckschrift und arbeite mit Symbolen (Pfeile, Stern usw.).
- Veranschauliche deine Informationen durch grafische Übersichten, z. B. einen Zeitstrahl.
- Ergänze Bilder oder eigene Zeichnungen, die die Aussagen deines Referats verdeutlichen.

◒ **12** Übe dein Referat mehrfach und bereite dich auf den Vortrag vor.

TIPP
Du kannst auch während deines Referats Wörter und Zeichnungen ergänzen.

◒ **13** Tragt einander in der Gruppe eure Referate vor. Verwendet eure Flipchart-Präsentation.

◒ **14** Gebt einander in der Gruppe ein Feedback zu euren Präsentationen. Beurteilt, ob die Flipchart-Präsentation anschaulich war, alle wichtigen Informationen enthielt und diese lebendig vorgetragen wurden.

◒ **15** Überarbeite deine Präsentation, wenn nötig.

Seite 165
ein Referat halten

◒ **16** Stellt der Klasse mithilfe einer Flipchart-Präsentation den Autor Jack London vor.

Seite 269
Feedback

● **17** Tauscht euch in der Klasse über Jack London und die Abenteuerliteratur aus. Berichtet über Bücher von Jack London und deren Verfilmungen oder erzählt von Abenteuerbüchern und -filmen, die euch gefallen haben. Erläutert, was euch begeistert hat, und begründet.

Der Autor hat geschrieben ...

Seite 295
Zeitformen des Verbs

1 Lies den Text über den Kinder- und Jugendbuchautor Erich Kästner.

Erich Kästner hat einmal gesagt: „Die meisten Menschen legen ihre Kindheit ab wie einen alten Hut. Sie vergessen sie wie eine Telefonnummer, die nicht mehr gilt.“ So etwas äußert nur ein Schriftsteller, der Kinder sehr schätzt. Kästner war ein Autor, der Kinder nicht nur wichtig genommen hatte, sondern der sich auch in besonderer Weise in sie hineinversetzte. Er stellte fest, wie wichtig es ist, auch noch dann, wenn man die Kindheit schon hinter sich gelassen hat, wie ein Kind zu denken und zu fühlen. So erklärte er: „Nur wer erwachsen wird und Kind bleibt, ist ein Mensch!“ Mit dieser Einstellung ist es ihm besonders gut gelungen, die Probleme von Kindern in seinen Büchern zu schildern. Dabei geht es auch immer lustig zu, wie zum Beispiel im Buch „Das doppelte Lottchen“. Lotte und Luise sind Zwillinge. Sie wissen nichts voneinander, weil sich ihre Eltern früh getrennt haben. In einem Ferienlager treffen sie durch Zufall aufeinander. Sie kommen dem Geheimnis auf die Spur, nachdem sie durch ihr Aussehen aufeinander aufmerksam geworden sind. Gemeinsam entwerfen sie einen Plan, damit sie in Zukunft als Schwestern mit beiden Elternteilen zusammen leben können. Deshalb zieht erst einmal jedes Mädchen zu dem anderen, „falschen“ Elternteil. Vater und Mutter fällt zuerst auch nichts auf, da sich die beiden Mädchen wie ein Ei dem anderen gleichen. Nachdem das Buch 1949 geschrieben war, folgte schon im nächsten Jahr die Verfilmung. Schon bald bewarben sich Japan und die USA um die Filmrechte. Sie hatten gesehen, wie gut der Film in Deutschland angekommen war. Mit „Charlie und Louise“ gibt es auch eine moderne Filmfassung der Geschichte. Während uns im Film von 1950 die Menschen und ihr Aussehen doch recht fremd erscheinen, ist in dem Film von 1994 nichts befremdlich. Aber bestimmt werden Regisseure auch in der Zukunft noch weitere Verfilmungen drehen.

2 Schreibe zu den blau markierten Verbformen aus dem Text den Infinitiv auf, z. B. *er hat gesagt → sagen ...*

3 Übernimm die Tabelle. Trage die Verbformen aus dem Text ein und ergänze die fehlenden Formen.

Präsens	Perfekt	Präteritum	Plusquamperfekt	Futur
er sagt	*er hat gesagt*	*er sagte*	*er hatte gesagt*	*er wird sagen*
sie legen	...	...	...	...
...	...	...	...	...

4 Vergleicht eure Tabellen im Tandem. Korrigiert sie, wenn nötig.

5 **Zeitformen-Kette**
Trainiert das Bilden von Zeitformen.
Geht so vor:
- Bildet Fünfergruppen und setzt euch an einen Tisch. Sammelt gemeinsam zehn Verben im Infinitiv aus den Texten auf den Seiten 161, 172 und 176.
- Eine oder einer aus der Gruppe nennt ein Verb und wählt ein Personalpronomen aus, z. B. *sagen + er ...*
- Reihum bilden die anderen Mitspielerinnen und Mitspieler die Verbformen in den verschiedenen Zeitformen in der Reihenfolge Präsens – Perfekt – Präteritum – Plusquamperfekt – Futur, z. B. *er sagt – er hat gesagt – er sagte – er hatte gesagt – er wird sagen ...*
- Wer das Verb vorschlägt und beginnt, hat auch die Aufgabe, die Fehler zu korrigieren.

6 Lies den Text über den englischen Autor Roald Dahl.

Roald Dahl lebte von 1916 bis 1990 in England. Er hat witzige und ungewöhnliche Geschichten geschrieben. Mit 18 Jahren geht er nach Ostafrika, weil er Abenteuer sucht. Im Zweiten Weltkrieg war er als Kampfpilot eingesetzt. Nachdem er mit seiner Maschine abgestürzt war, begann er mit dem Schreiben und entdeckte sein Talent. Seinen Kinderroman „Matilda" lesen bestimmt noch viele Kinder. Sie lieben die Hauptfigur Matilda, weil das siebenjährige Wunderkind durch seine magischen Fähigkeiten alles zum Guten wenden kann.

7 Übernimm die folgende Tabelle und trage die blau markierten Verben an den passenden Stellen ein.

Zeitstufen	**Zeitformen**			
	Präsens	**Perfekt**	**Präteritum**	**Plusquamperfekt**
Vergangenheit	...	...	...	...
Gegenwart	...			
Zukunft	...			

8 Tauscht euch im Tandem darüber aus, welche Zeitstufen durch welche Zeitformen ausgedrückt werden können.

Vergangenheit – Gegenwart – Zukunft

1 Lies den Text. Er informiert über Ereignisse, die in der Vergangenheit geschehen sind. Notiere, in welcher Zeitform die Verben stehen.

Astrid Lindgren verbringt ihre Kindheit in Vimmerby, einer Kleinstadt in Småland im Süden von Schweden. Die Familie lebt im ehemaligen Pfarrhaus von Näs. Mutter und Vater bewirtschaften einen Hof mit großem Garten. Es gibt eine vielköpfige Familie sowie Knechte und Landarbeiter. Die Eltern sind streng gläubig, erziehen aber ihre Kinder liebevoll und großzügig. Zwar müssen Astrid und ihre Geschwister immer mithelfen, doch an den Nachmittagen haben sie Zeit, sich im Wald zu verstecken oder im See zu baden. Viele Erinnerungen an diese friedliche Kindheit spiegeln sich in den Erlebnissen der Kinder aus Bullerbü wieder.

2 Bei den folgenden Sätzen wird als Zeitform immer das Präsens verwendet. Schreibe die Verbformen ab und notiere die Zeitstufe, z. B. *a er kommt → Zeitstufe: Vergangenheit, ...*

a Janosch kommt als Horst Eckert 1931 im heutigen Polen zur Welt.
b Er ist ein deutscher Kinderbuchautor, Illustrator und Schriftsteller.
c Janosch lebt heute auf der spanischen Insel Teneriffa.
d Nach dem Ende des Zweiten Weltkrieges flüchten die Eltern mit Janosch nach Westdeutschland, wo er eine Textilschule besucht.
e 1953 beginnt Janosch ein Kunststudium in München, das er nach einiger Zeit abbrechen muss, weil er angeblich nicht begabt genug ist.
f 1960 erscheint sein erstes Kinderbuch „Die Geschichte von Valek dem Pferd".
g Einige der bekannten Figuren aus Janoschs Geschichten sind Schnuddel, der kleine Bär und der kleine Tiger.

Merke
Das Präsens

Die Zeitform (das Tempus) **Präsens** kann für die drei Zeitstufen **Gegenwart, Vergangenheit** und **Zukunft** verwendet werden.
Zeitstufe **Gegenwart**: Es wird ausgedrückt, **was gerade geschieht**.
→ Ich lese gerade ein Buch von Janosch.
Zeitstufe **Vergangenheit**: Es wird gesagt, **was früher geschah**.
→ Janosch erfindet 1964 den fliegenden Onkel Poppoff.
Zeitstufe **Zukunft**: Es wird beschrieben, **was zukünftig geschehen wird**.
→ Die Tigerente begeistert sicher auch morgen noch viele Kinder.
Mit dem **Präsens** drückt man auch aus, **was immer gilt**.
→ Janosch ist bekannt.

Wie man Vergangenes ausdrückt

1 Schreibe die beiden kurzen Texte ab und unterstreiche die Verbformen. Notiere zu jedem Text, in welcher Zeitform er steht und welche Zeitstufe ausgedrückt wird.

> 1980 ist Janosch zur Erholung von einer Krankheit nach Teneriffa in ein Haus in den Bergen gezogen. Dort hat es ihm so gut gefallen, dass er es zu seinem ständigen Wohnort gemacht hat.

> Janoschs Bücher erschienen in vielen Sprachen. Aus seinen Geschichten produzierte das Fernsehen 1985 und 1989 „Janoschs Traumstunde".

2 Formuliere die Texte aus Aufgabe 1 um. Schreibe den ersten Text im Präteritum und den zweiten Text im Perfekt auf.

3 Welches Ereignis liegt weiter zurück? Verwende dafür das Plusquamperfekt. Vervollständige die blau markierten Teilsätze und unterstreiche das Plusquamperfekt, z. B. *a Astrid Lindgren wurde von ihrem Chef schwanger, nachdem sie mit 18 ein Volontariat bei der Zeitung begonnen hatte.*

a Astrid Lindgren wurde von ihrem Chef schwanger, nachdem … mit 18 ein Volontariat bei der Zeitung beginnen
b Nachdem … nach Stockholm ziehen, kam ihr Sohn Lars zur Welt.
c Bevor … in Stockholm Ausbildung als Sekretärin abschließen, wuchs ihr Sohn bei Pflegeeltern in Kopenhagen auf.
d Nachdem … zweiten Mann Sture Lindgren kennenlernen, wurde Astrids Tochter Karin geboren.
e Die Mutter erzählte Karin die Geschichte von Pippi Langstrumpf zur Aufheiterung, nachdem … Lungenentzündung bekommen

4 Nenne die Zeitform, in der die anderen Teilsätze in Aufgabe 3 stehen.

Merke

Die Zeitformen der Vergangenheit

Das **Präteritum** verwendet man, wenn man **schriftlich** von etwas Vergangenem erzählt oder berichtet. → ich ging, ich sagte …
Das **Perfekt** verwendet man, wenn man **mündlich** über etwas Vergangenes erzählt oder berichtet. → ich bin gegangen, ich habe gesagt …
Das **Plusquamperfekt** verwendet man, wenn man über etwas erzählen oder berichten will, das noch **weiter zurückliegt** als das, was bereits in der Vergangenheit geschehen ist. → Nachdem ich das Buch gekauft hatte, begann ich sofort mit dem Lesen.

Schreiben – schrieb – geschrieben

Astrid Lindgren engagierte sich bis ins hohe Alter auch politisch, z. B. für die Rechte der Kinder. 1978 erhielt sie den Friedenspreis des Deutschen Buchhandels. In ihrer Dankesrede macht sie mit einer Geschichte ihre Ansicht deutlich, dass Kinder niemals gewaltvoll erzogen werden sollten.

TIPP
Schreibt die Verbformen mit dem Personalpronomen auf.

1 Lest den folgenden Redeauszug. Schreibt die markierten Verbformen auf und bestimmt im Tandem die Zeitform, z. B. sie rufen: *Präsens, …*

Jenen aber, die jetzt so vernehmlich nach härterer Zucht[1] und strafferen Zügeln rufen, möchte ich das erzählen, was mir einmal eine alte Dame berichtet hat. Sie war eine junge Mutter zu der Zeit, als man noch an diesen Bibelspruch glaubte, dieses „Wer die Rute[2] schont, verdirbt den Knaben“. Im Grunde ihres Herzens glaubte sie wohl gar nicht daran, aber eines Tages hatte ihr kleiner Sohn etwas getan, wofür er ihrer Meinung nach eine Tracht Prügel verdient hatte, die erste in seinem Leben. Sie trug ihm auf, in den Garten zu gehen und selber nach einem Stock zu suchen, den er ihr dann bringen sollte. Der kleine Junge ging und blieb lange fort. Schließlich kam er weinend zurück und sagte: „Ich habe keinen Stock finden können, aber hier hast du einen Stein, den kannst du ja nach mir werfen.“ Da aber fing die Mutter an zu weinen, denn plötzlich sah sie alles mit den Augen des Kindes. Das Kind musste gedacht haben: „Meine Mutter will mir wirklich weh tun, und das kann sie ja auch mit einem Stein.“ Sie nahm ihren kleinen Sohn in die Arme, und beide weinten eine Weile gemeinsam. Dann legte sie den Stein auf ein Bord in der Küche, und dort blieb er liegen als ständige Mahnung an das Versprechen, das sie sich in dieser Stunde selber gegeben hatte: NIEMALS GEWALT!

[1] Zucht: hier: strenge Erziehung

[2] Rute: hier: Stock zum Schlagen

2 Lies den folgenden Text. Schreibe ihn ab und ergänze dabei die Verben in den Klammern in der richtigen Präteritumsform.

Klaus Kordon, geboren 1943, ___ zur Zeit der DDR[3] in Ost-Berlin ___ (aufwachsen). Mit „Krokodil im Nacken“ ___ er sein Leben in der DDR als Thema ___ (aufgreifen). Der Autor ___ (schreiben) darüber, wie das Leben in der DDR war und wie es zu seiner Verhaftung kam. Als Kind hatte er nur seine Mutter, da der Vater im Krieg gestorben war. Als seine Mutter ___ (sterben), musste er ins Heim. Später absolvierte er eine Ausbildung und machte das Abitur. Kordon ___ (beginnen) mit dem Schreiben, als er als Exportkaufmann durch Indien, Indonesien und Nordafrika ___ (reisen). Nachdem ihm die Politik der DDR immer weniger gefiel, ___ (entscheiden) er sich zur Flucht. Man ___ (lassen) ihn verhaften. Ein Jahr später ___ (kaufen) ihn die BRD[4] frei. Klaus Kordon meint, dass Kinder und Jugendliche ganz besondere Leser seien, da sie noch dabei sind, die Welt zu entdecken. Ein Kind sieht die Welt noch mit anderen Augen und stellt oft Fragen, die Erwachsene nicht mehr stellen.

[3] DDR: Deutsche Demokratische Republik, Ostdeutschland vor der Wende

[4] BRD: Bundesrepublik Deutschland, Westdeutschland vor der Wende

3 Forme die folgenden Sätze um, indem du alle Verbformen vom Präterium ins Perfekt setzt. Schreibe die Perfektsätze auf, z. B. *a Klaus Kordon hat eine Ausbildung zum Fernsehmechaniker aufgenommen.*

a Klaus Kordon nahm eine Ausbildung zum Fernsehmechaniker auf.
b Nach seinem Fluchtversuch blieb er ein Jahr in Haft.
c 1977 erschien Kordons erster Jugendroman „Tadiki".
d Für seine Erzählungen erhielt er viele Preise.
e Später zog Klaus Kordon wieder nach Berlin, wo er noch heute lebt.

4 Finde heraus, welche beiden Teilsätze jeweils zusammengehören. Ergänze den Teilsatz, der über das weiter zurückliegende Ereignis berichtet, mit der Verbform im Plusquamperfekt. Schreibe die vollständigen Sätze auf.

Nachdem bereits etliche seiner Bücher auf der Auswahlliste (stehen),	erhielt Astrid Lindgren mit ihrem Buch „Britt-Mari erleichtert ihr Herz" den zweiten Preis in einem Literaturwettbewerb.
Nachdem ein Verlag das Manuskript zu Pippi Langstrumpf zunächst (ablehnen),	riet ihm sein Verleger, sich Janosch zu nennen.
Nachdem Horst Eckert 1956 (beginnen) für die Zeitung zu schreiben,	erhielt Klaus Kordon den Deutschen Jugendliteraturpreis.

5 Prüft eure Sätze aus Aufgabe 4 im Tandem. Verbessert sie, wenn nötig.

6 Übernimm die Tabelle und ergänze die fehlenden Verbformen.

Präsens	Perfekt	Präteritum	Plusquamperfekt	Futur
es erscheint	*es ist erschienen*	*es erschien*	*es war erschienen*	*es wird erscheinen*
…	…	*sie nahm*	…	…
…	…	…	*er hatte gegeben*	…
sie bleiben	*sie sind geblieben*	…	…	…
…	…	*ich kannte*	…	…
wir wissen	…	…	…	*sie werden wissen*
sie geht	…	…	…	…

9 Was macht dich glücklich?

Sachtexte lesen und erschließen

Das lernst du jetzt:
- Sachtexte lesen und verstehen
- die Funktionen von Sachtexten untersuchen
- verschiedene Textarten erkennen und untersuchen
- Schaubilder und Diagramme lesen und verstehen
- Informationen aus Sachtexten zusammenfassen und wiedergeben
- Wörter klassifizieren

1 Seht euch die Bilder auf Seite 184 an. Beantwortet die folgenden Fragen:
- Welche Glücksmomente werden in den Bildern dargestellt?
- Welche dieser Glücksmomente habt ihr schon einmal so ähnlich erlebt? Wie habt ihr euch dabei gefühlt?
- Erzählt von euren eigenen Glücksmomenten.

2 Lest den folgenden Spruch.

Das Glück ist das Einzige, das sich verdoppelt, wenn man es teilt. (Albert Schweitzer)

3 Erklärt einander, wie dieser Spruch gemeint ist. Kennt ihr das, was der Spruch beschreibt? Erzählt davon.

4 Schreibt weitere Sprüche zum Thema Glück, auch in anderen Sprachen, an die Tafel. Erklärt sie.

5 Was versteht ihr unter Glück? Tauscht euch darüber aus. Formuliert anschließend eine Definition.

6 Lest die folgende Definition des Begriffs „Glück“.

In der deutschen Sprache wird der Begriff „Glück“ in zwei sehr unterschiedlichen Bedeutungen gebraucht: Glück im Sinne von „Glück haben“. Glück im Sinne von „Glück empfinden oder erleben“.
Glück haben heißt, durch einen (glücklichen) Zufall begünstigt zu sein, zum Beispiel durch Zufall im Lotto gewinnen.
Glück empfinden ist sowohl ein Gefühl als auch ein Zustand, in dem sich eine Person befindet. Das Glücksempfinden kann ein kurzer Glücksmoment sein, zum Beispiel ein gutes Essen, aber auch ein dauerhaftes Glück, zum Beispiel Zufriedenheit mit dem Leben.

7 Sammelt eigene Beispiele für „Glück haben“ und für „Glück empfinden“.

8 Fasst alle Informationen von dieser Seite zum Thema Glück zusammen. Gestaltet dazu ein Plakat und verwendet weitere Texte und Bilder zum Thema.

RGS **9** Bildet Wörter mit „Glück“. Schreibt die Wörter an die Tafel und erklärt ihre Bedeutung. Ordnet sie dann den verschiedenen Wortarten zu.

Glück(s)-/ glück-

-bringer *-pilz* *-los* *-treffer* *-fee*

-selig *-wunsch* *-bringend* *-spiel* *-haft*

Glück war auch im Spiel

○ **1** Erinnert ihr euch an den WM-Sieg der deutschen Fußballnationalmannschaft 2014? Tauscht euch in der Klasse darüber aus.

○ **2** Lies den folgenden Zeitungsartikel.

Warum die Deutschen den WM-Titel gewonnen haben

[…] Joachim Löw hat nach Ansicht von DFB-Chefausbilder Frank Wormuth einen „riesengroßen Anteil“ am WM-Triumph. […] Acht Trainer des Deutschen Fußball-Bundes hatten unter Wormuths Regie vom Achtelfinale an die Spiele und Mannschaften in Brasilien analysiert. […]
Die Erfolgsgeheimnisse des deutschen Weltmeister-Teams sind nach Ansicht von Wormuth und seiner Kollegen: Kompaktheit, taktische Variationsbreite, zielorientierter Kombinationsfußball mit Einzelaktionen, ein WM-Kader von großer Qualität, ein hoch professioneller Funktionsstab – sowie Teamgeist und Siegermentalität.
Für Wormuth ist Deutschland – „völlig objektiv gesagt“ – verdienter Weltmeister. „Die deutsche Nationalmannschaft war die kompletteste Mannschaft“, sagte er. […]
Wormuth machte auch deutlich, dass es nicht mehr das eine Spielsystem für eine Mannschaft gebe, sondern in der Regel ein offensives und ein defensives – das auch je nach Gegner abgewandelt wird. […]

○ **3** Warum haben die deutschen Fußballer die WM gewonnen? Nennt im Tandem die Gründe, die Frank Wormuth angibt.

○ **4** Lies den Zeitungsartikel zum WM-Sieg.

Kanzlerin Merkel stößt mit Bierdose an

Merkel hatte laut DFB in der Kabine mit einer Dose Bier auf den WM-Sieg angestoßen. Auch Champagner lag für die Helden von Rio bereit. Der Bundestrainer habe in den acht Jahre als Chef auch viel Kritik einstecken müssen, aber er sei „seinen Weg weiter gegangen“, übermittelte der Verband einige Worte der launigen Kabinenansprache Merkels. […]
Den historischen 1:0-Triumph nach Verlängerung gegen Lionel Messis Argentinier hatte vor 74738 Zuschauern Joker Mario Götze in der 113. Minute perfekt gemacht. „Es ist wie im Traum“, sagte der Matchwinner. Er stoppte eine Flanke von André Schürrle mit der Brust und jagte den Ball dann in die lange Ecke. „So ein Moment ist pures Glück, pure Freude und auch Stolz“, konstatierte Niersbach […].

○ **5** Notiere alle Fakten über den WM-Sieg, die der Beitrag enthält.

○ **6** Lies, was der Fußballer Mats Hummels fordert.

Jetzt gemeinsam mit Mats Hummels helfen!

Schutz und Bildung sind für Kinder aus Krisengebieten oft die letzte Chance für eine Kindheit. Deshalb rufe ich gemeinsam mit UNICEF dazu auf, sich für folgende Forderungen stark zu machen:

1. Jedes Kind braucht Schutz in seiner Heimat!

2. Jedes Kind muss zur Schule gehen können!

3. Jedes Kind auf der Flucht muss geschützt sein und betreut werden!

Jede Stimme hilft, diese Forderungen gegenüber der Bundesregierung und in der Öffentlichkeit zu vertreten – danke fürs Mitmachen!

TIPP
Informiere dich über UNICEF.

○ **7** An wen ist der Aufruf von Mats Hummels gerichtet? Wofür setzt er sich ein? Tauscht euch im Tandem dazu aus.

◒ **8** Sieh dir noch einmal die Texte aus den Aufgaben 2, 4 und 6 an. Ordne sie den folgenden Absichten zu:

Informieren | *Appellieren* | *Argumentieren*

TIPP
Lies die Überschriften. Sie lassen oft erkennen, worauf ein Text abzielt.

◒ **9** Woran konntet ihr die Aussageabsichten der Texte erkennen? Begründet im Tandem eure Entscheidung mit Textbelegen.

Merke

Funktionen von Sachtexten erkennen

In einem Sachtext kann eine Autorin oder ein Autor verschiedene **Aussageabsichten** vermitteln. Es können drei Grundformen der Kommunikation gewählt werden:

- **Informieren**: Fakten nennen, Sachverhalte beschreiben, Zusammenhänge erklären → Lexikonartikel, Bericht …
- **Argumentieren**: Stellung zu einem Thema beziehen, durch Pro- und/oder Kontra-Argumente begründen → Kommentar, Leserbrief …
- **Appellieren**: für etwas werben, zu einer bestimmten Verhaltensweise oder Handlung auffordern → Werbung, Spendenaufruf …

Beachte: Häufig haben Sachtexte **mehrere Funktionen gleichzeitig**, z. B. informieren und appellieren sie.

Glück – was ist das eigentlich?

Hörverstehen
5q927v

1 Worum geht es in dem folgenden Sachtext? Sieh dir das Bild an und lies die Überschrift. Stelle Vermutungen an.

2 Was wisst ihr über dieses Thema? Tauscht euch im Tandem über eure Vermutungen aus Aufgabe 1 und euer Wissen zum Thema aus.

3 Überfliege den Text. Lies die Anfänge der Abschnitte, wichtige Wörter und bekannte Begriffe. Verschaffe dir damit einen groben Überblick über den Inhalt.

Was passiert bei Glück im Körper?

Eine gelungene Mathearbeit, die Vorfreude auf den Geburtstag oder ein Nachmittag mit Freunden: Das alles kann glücklich machen. Jeder kennt dieses schöne Gefühl und kann es spüren: Kribbeln im Bauch, Lachanfälle, Herzklopfen. Doch was passiert eigentlich in unserem Körper, wenn wir glücklich sind?

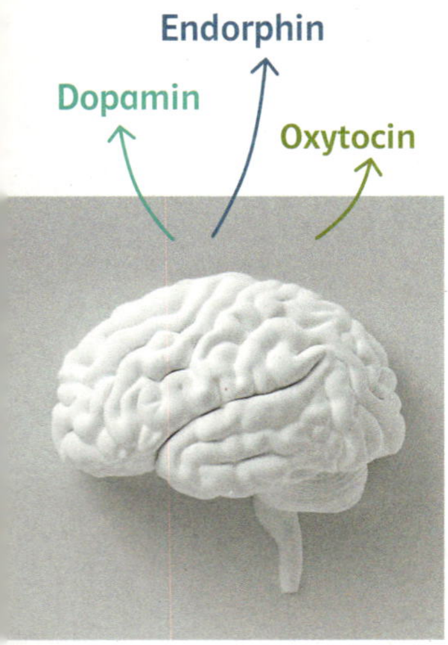

Glück findet im Gehirn statt

Auch wenn wir Glück im ganzen Körper empfinden, entsteht dieses Gefühl vor allem im Gehirn. Im Gehirn gibt es verschiedene Bereiche. Im Mittelhirn liegt das Belohnungszentrum. Es besteht aus einer Ansammlung von Neuronen. Neuronen sind Nervenzellen, die elektrische Signale aufnehmen und weiterleiten.

Wenn uns etwas Tolles passiert, werden in dem Belohnungszentrum Glückshormone ausgestoßen, zum Beispiel Dopamin. Dieses Glückshormon wird dann von den Nervenzellen in das Vorderhirn und in das Frontalhirn weitergeleitet. Das Dopamin bewirkt, dass unser Gehirn besser funktioniert und wir aufmerksamer werden.
Es gibt noch andere Glückshormone: Endorphine werden ausgestoßen, wenn wir uns stark bewegen wie beispielsweise beim Sport. Oxytocin entsteht, wenn wir einen anderen Menschen lieben und ihm vertrauen.

Entdeckt wurde das Belohnungszentrum bei einem Experiment mit Ratten. Ein Psychologe fand heraus, dass die Ratten es mochten, wenn dieser Bereich im Gehirn mit einem elektrischen Signal gereizt wurde. Deswegen sorgte er dafür, dass die Ratten durch einen Knopfdruck den Bereich im Gehirn selbst anregen konnten. Ratten lernen schnell: Sie drückten den Knopf immer wieder. Sie vergaßen sogar zu essen und zu trinken, weil dieses Glücksgefühl für sie so schön war.

Natürlich können wir Menschen nicht pausenlos glücklich sein. Sonst würde es uns womöglich wie den Ratten gehen und wir würden vergessen zu essen und zu trinken. Deswegen sorgt das Gehirn dafür, dass unser Glücksgefühl nach einiger Zeit wieder abflaut. Trotzdem wollen auch wir gerne so oft es geht glücklich sein und suchen nach Wegen, wie wir Glück erleben können. Dafür gibt es verschiedene Möglichkeiten. Die sind aber für jeden etwas anders. […]

Tatsächlich haben Menschen, die viele Glücksmomente erleben, weniger Stress. Wenn wir glücklich sind, gelingt uns vieles besser. Die meisten Menschen sind zufrieden, wenn sie mit Freunden oder der Familie zusammen sind, wenn ihnen die Schule Spaß macht und ihnen ihre Arbeit gelingt. Und wenn wir mit unserem Leben zufrieden sind, können uns auch unglückliche Momente oder Tage, an denen auch mal etwas daneben geht, nicht viel anhaben.

4 Beantwortet im Tandem die folgenden Fragen zum Text:
- Wo im Körper entstehen die Glücksgefühle?
- Was wurde bei dem Experiment mit den Ratten entdeckt?

5 Gliedere den Text in Sinnabschnitte. Orientiere dich an den sechs Absätzen.

TIPP
Die Zeilen 27 bis 33 sind ein Abschnitt.

6 Notiere jetzt die Begriffe, die dir unbekannt sind. Kläre ihre Bedeutung aus dem Textzusammenhang oder mithilfe des Lexikons oder Internets.

TIPP
Den Textzusammenhang erfasst du, wenn du die Sätze vor und nach dem unbekannten Wort liest.

7 Lies den Sachtext gründlich. Notiere dir die wichtigsten Aussagen aus jedem Abschnitt.

8 Ordne den Abschnitten die folgenden Überschriften zu oder finde eigene Überschriften.

Dauer des Glücks | *Gehirn* | *Wirkung von Glück* | *Experiment* | *Glücksmomente* | *Glückshormone*

9 Überlegt im Tandem, welche Fragen der Text beantwortet. Formuliert die Fragen und notiert die Antworten dazu, z. B.

TIPP
Gehe in der Reihenfolge des Textes vor.

Fragen	Antworten
Was macht glücklich?	*wenn etwas gelingt, Vorfreude …*
Wie äußert sich Glück?	…
Was passiert im Gehirn …	…
…	…

10 Fasse den Inhalt des Textes mit eigenen Worten zusammen. Nutze dafür die Überschrift zu jedem Abschnitt sowie deine Tabelle. Übt die Zusammenfassung des Textes im Tandem.

Der Neandertaler und seine Bedürfnisse

Seite 187
Funktionen von Sachtexten

1 Welche Funktion hat der Sachtext von Seite 188/189? Entscheidet im Tandem, ob er eher informiert, argumentiert oder appelliert. Begründet.

2 Sieh dir das folgende Schaubild an, lies den erklärenden Text und die Geschichte vom Neandertaler.

Was braucht der Mensch zum Glücklichsein?
Die Antwort hat der US-amerikanische Psychologe Abraham Maslow gegeben. Er entwickelte das Modell der „Bedürfnispyramide", das die menschlichen Bedürfnisse und Wünsche nach ihrer Bedeutung sortiert. Die Erfüllung der Bedürfnisse löst bei den Menschen Glücksgefühle aus.

Seite 282
Diagramme verstehen und beschreiben

Reinhold Vogt
Geschichte vom Neandertaler
Ein Neandertaler krabbelt nach etwa 30 000 Jahren Totenruhe aus seiner Pyramide. Weil er Hunger und Durst hat, sucht er im Wald nach Beeren, essbaren Wurzeln und nach einer Quelle. Nachdem er den ganzen Tag auf Nahrungssuche war, ist er müde und will sich in einer Höhle zum Schlafen niederlegen. […]

Aus der Ferne hört er jedoch Gewittergrollen und sieht das Leuchten von Blitzen. Aus seinem „letzten Leben" weiß er, dass ein Gewitter mit Gefahren für Leib und Leben verbunden ist. Sicherheitshalber schnitzt er deshalb aus einem Stück Baumrinde eine Maske, um die bösen Geister von Blitz und Donner abzuwehren, und hängt diese Maske vor den Eingang seiner Schlafhöhle. […]

Als er am nächsten Morgen aufwacht und aus seiner Höhle schaut, erblickt er einen anderen Neandertaler. Sie gehen aufeinander zu, umarmen und freuen sich, dass sie nicht allein sind auf dieser Welt. […]

Nachdem sich die beiden Neandertaler ihre gestrigen Erlebnisse erzählt haben, führt der eine den anderen zu einem von ihm selbst angelegten Blumenbeet. Voller Stolz erklärt er, wie man solch ein Blumenbeet anlegt. Der andere ist begeistert und zeigt seine Bewunderung ganz deutlich. Das tut dem „Gärtner" richtig gut. […]

Angeregt durch die Schönheit der Blumen beschließen sie, ihre Höhlenwände mit farbigen Steinen anzumalen. Bei ihrer künstlerischen Beschäftigung fühlen sie sich wie Picasso. […]

3 Ordnet dem Text abschnittweise Begriffe aus der Pyramide zu. Erklärt einander dann im Tandem den Zusammenhang zwischen der Neandertaler-Geschichte und der Bedürfnispyramide.

4 Vergleicht die Bereiche der Pyramide und klärt die folgenden Fragen:
- Warum hat Maslow für die Darstellung der Wünsche und Bedürfnisse der Menschen eine Pyramide gewählt?
- In welchem Verhältnis stehen die Bedürfnisse zueinander? Was passiert z.B. mit dem Bedürfnis nach Lob, wenn man Hunger hat?
- Welche Bedürfnisse sind lebensnotwendig und auf der ganzen Welt gleich wichtig?

5 Erstelle deine eigene Bedürfnispyramide. Notiere deine Bedürfnisse und Wünsche und ordne sie nach Wichtigkeit.

TIPP
Beginne mit dem wichtigsten Bedürfnis am Fuß der Pyramide.

6 Stellt im Tandem eure Pyramiden vor. Begründet eure Darstellung.

7 Schreibe einen kurzen Informationstext, in dem du die Bedürfnispyramide von Maslow erläuterst. Erkläre auch ihre Bedeutung für das Glück.

TIPP
Die Pyramide stellt … dar/macht Angaben zu …/informiert über …
Es wird festgestellt, dass …/Unsere Bedürfnisse werden …

Arbeitstechnik
Leseschlüssel für Sachtexte

Mithilfe dieser Technik kannst du jeden Sachtext gut verstehen, die wichtigsten Informationen daraus entnehmen und im Kopf behalten.

Vor dem Lesen
1. Sieh dir die Bilder und die Überschriften an.
2. Vermute, worum es in dem Text gehen könnte.
3. Fasse zusammen, was du bereits zum Thema weißt.

Während des Lesens
Überfliegendes Lesen
1. Überfliege den Text. Lies die Anfänge der Abschnitte, wichtige Wörter und bekannte Begriffe.
2. Gliedere den Text in Sinnabschnitte.

Genaues Lesen
1. Kläre unbekannte Begriffe aus dem Textzusammenhang oder mithilfe eines Lexikons oder des Internets.
2. Lies den Text gründlich. Notiere abschnittweise die wichtigsten Informationen.
3. Finde zu jedem Sinnabschnitt eine Überschrift.

Nach dem Lesen
1. Formuliere Fragen zum Inhalt des Textes und beantworte sie.
2. Fasse den Inhalt des Textes abschnittweise zusammen.

Test
5q927v

Das Glücksschwein

Seite 191
Leseschlüssel für Sachtexte

1 Lies die Überschrift des folgenden Sachtextes und sieh dir das Bild an. Vermute, worum es in dem Text gehen könnte.

2 Was wisst ihr zu diesem Thema? Tauscht euch im Tandem darüber aus.

Hörverstehen
5q927v

3 Lies den folgenden Text überfliegend. Verschaffe dir einen groben Überblick über den Inhalt.

Carolin Sadrozinski

Warum Schweine Glück bringen

Bereits seit Jahrtausenden gelten Schweine als Symbol der Stärke und des Wohlstands. Glück bringen sie wahrscheinlich seit dem Mittelalter.

Als Ferkel bezeichnet zu werden, ist wenig schmeichelhaft. Kurz vor Jahresende erleben die Tiere hierzulande aber einen regelrechten Popularitätsschub. Wo man hinschaut, werden sie als Glücksbringer überreicht. Warum eigentlich?

Bereits seit Jahrtausenden gelten Schweine als Symbol der Stärke und des Wohlstands. Die alten Griechen brachten der Fruchtbarkeitsgöttin Demeter Schweine als Opfer dar. Für die Germanen war der wilde Eber das heilige Tier der Götter. Auch in Japan steht das Wildschwein für Stärke und die Chinesen sehen im Schwein bis heute ein Zeichen für Zufriedenheit. Bei uns wurde es wohl im Mittelalter zum Glückssymbol. […]

Damals war es bei volkstümlichen Wettbewerben etwa auf Jahrmärkten üblich, dass der schlechteste Teilnehmer ein Ferkel bekam. Er musste zwar auch einiges an Hohn und Spott über sich ergehen lassen, war letztlich aber doch der Glückliche. Denn Schweine brauchen kein teures Futter und sind mit etwa sechs Monaten bereits schlachtreif. Eine gesunde Sau kann mindestens zweimal pro Jahr Nachwuchs bekommen – pro Wurf etwa zehn Ferkel. Damit kann man einige hungrige Mäuler stopfen.
Auch die Formulierung „Schwein haben“ als Synonym für unerwartetes oder gar unverdientes Glück hat ihren Ursprung wohl in diesem Brauch.

In Deutschland werden zu Neujahr vor allem Schweine aus Marzipan als Glücksbringer verschenkt, meistens mit einem Pfennig oder vierblättrigen Kleeblatt im Maul – sicher ist sicher. Mancherorts wird ein frisch gewaschenes Ferkel in einem Korb herumgereicht. Wer es berührt, dem steht angeblich ein glückliches Jahr bevor.

In Spanien, Österreich, Finnland und Schweden kommen die Tiere nicht so glimpflich davon. Dort ist Schwein ein typisches Silvester- und Neujahrsessen.

○ **4** Gliedere den Text in Sinnabschnitte. Orientiere dich an den fünf Absätzen.

○ **5** Schreibe Begriffe, die dir unbekannt sind, heraus. Kläre ihre Bedeutung aus dem Textzusammenhang, indem du die Sätze davor und danach noch einmal durchliest.

○ **6** Schlage die Begriffe, deren Bedeutung du nicht klären konntest, im Lexikon nach oder recherchiere sie im Internet.

○ **7** Lies jetzt den Sachtext gründlich. Notiere dir zu jedem Sinnabschnitt die wichtigsten Aussagen.

◐ **8** Formuliere nun zu jedem Sinnabschnitt eine Überschrift. Orientiere dich an der jeweiligen Bedeutung oder Funktion, die das Schwein hat, z. B. *das Schwein in der Vergangenheit, im Mittelalter, als Trostpreis …*

◐ **9** Welche Fragen beantwortet der Text? Stellt im Tandem die Fragen und notiert euch die Antworten darauf, z. B. *Welche Bedeutung hatte das Schwein früher? Woher stammt die Redewendung „Schwein haben"? …*

◐ **10** Fasse jetzt den Inhalt des Textes mit eigenen Worten zusammen. Orientiere dich an deinen Überschriften aus Aufgabe 8 und den Fragen aus Aufgabe 9. Informiert einander im Tandem über den Text.

TIPP
Verwende ein Cluster, um die Informationen zu ordnen.

○ **11** Sieh dir die folgenden Glücksbringer an.

○ **12** Welche dieser Glücksbringer kennt ihr? Was bedeuten sie und wo trifft man sie häufig an? Tauscht euch in der Gruppe dazu aus.

○ **13** Nennt und beschreibt Glücksbringer, die ihr außerdem kennt.

○ **14** Welche Glücksbringer und Talismane besitzt ihr und wann verwendet ihr sie? Stellt sie in der Gruppe vor und erklärt, was sie bedeuten.

Wie Glücksbringer wirken

[1] Forsa-Institut: Forsa Gesellschaft für Sozialforschung und statistische Analysen

2015 wurden etwa 1000 Deutsche vom Forsa-Institut[1] nach ihren Glücksbringern befragt. Nur 19 % der Deutschen besitzen einen Glücksbringer. Diese 19 % haben dann die folgenden Angaben gemacht.

1 Sieh dir das Ergebnis der Umfrage an.

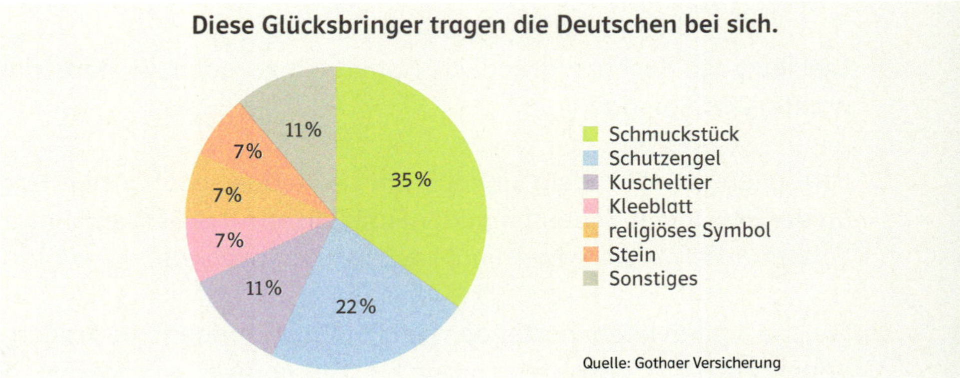

Seite 282 Diagramme verstehen und beschreiben

2 Beschreibt im Tandem das Diagramm. Geht so vor:
- Gebt an, worüber das Diagramm informiert.
- Nennt die Diagrammform und beschreibt, in welcher Form die einzelnen Ergebnisse dargestellt sind.
- Erläutert die Ergebnisse der Umfrage.

TIPP
Gebt auch die Informationen aus dem Text am Seitenanfang wieder.

3 Schreibe einen kurzen Text zur Auswertung des Diagramms.

4 Lies den folgenden Sachtext. Untersuche ihn mithilfe des Leseschlüssels.

Seite 191 Leseschlüssel für Sachtexte

Hörverstehen 5q927v

Dieter Sell

Glücksbringer haben eine psychologische Wirkung

Kleeblätter, Kaminkehrer, Schutzengel und Marzipanschweine: Glücksbringer sollen beim Übergang ins Ungewisse helfen. Und manchmal wirken sie tatsächlich, sagen Psychologen. […]

Wissenschaftler der Universität Köln haben in einer Studie herausgefunden: Wer an Glücksbringer und Talismane glaubt, dem helfen sie tatsächlich. „Sie stärken in erster Linie die Zuversicht in die eigene Leistung, aber auch die Überzeugung, dass schon alles gut gehen wird", sagt die Sozialpsychologin Lysann Damisch. Forscher sprechen dabei von einer sich selbst erfüllenden Prophezeiung. Wer glaubt, dass der Glücksbringer tatsächlich wirkt, fühlt sich auch sicherer. Und erzielt möglicherweise bei einer Prüfung oder im Sport bessere Ergebnisse als derjenige, der keinen Talisman dabei hat. […]

Glücksbringer gibt es in allen Kulturen, sagt die Bremer Volkskundlerin Renate Noda und erinnert an reichhaltige Traditionen besonders im asiatischen Raum. Sie sollen dort Schutz bieten vor Teufeln, Dämonen, Hexen, bestialischen Tiergestalten und gefährlichen Pflanzen wie Alraune und Hexenfurz.

Und natürlich Kraft geben, um die Herausforderungen eines neuen Jahres glücklich zu bestehen. „Das ist ein internationales Phänomen und wurzelt in einer Zeit, in der die Menschen kaum beeinflussen konnten, was um sie herum passierte“, sagt die Wissenschaftlerin, die im Bremer Übersee-Museum arbeitet.

Der Bremer Glücksforscher Jan Delhey verortet das Glück konkreter und beschreibt ein „Dreieck des Wohlbefindens“. Haben, Liebe, Sein – das sind für ihn die Säulen, auf denen das Glück des Alltags ruht.

„Das Haben sind die materiellen Lebensbedingungen, das Lieben meint Partnerschaft und soziale Beziehungen, das Sein umschreibt das, was wir mit unserem Leben anfangen, wie aktiv wir sind, welche Ziele wir haben.“ Aber da könnte schon wieder der Glücksbringer ins Spiel kommen. […]

5 Beantwortet im Tandem die Fragen zum Text. Macht euch Notizen.
- Wem helfen Glücksbringer?
- Wie wirken Glücksbringer?
- Was bedeutet „selbsterfüllende Prophezeiung“?
- Wozu dienen viele Glücksbringer in Asien?
- Welche Aufgabe haben die Neujahrs-Glücksbringer? Was erwarten die Menschen von ihnen?
- Was ist das „Dreieck des Wohlbefindens“?

6 Vergleicht im Tandem das „Dreieck des Wohlbefindens“ mit der „Bedürfnispyramide“ von Maslow auf Seite 190. Ordnet die Säulen von Delhey den Bereichen der Pyramide zu.

7 Fasse nun alle Informationen zu den Glücksbringern von den Seiten 192 bis 195 zusammen. Gehe so vor:
- Ordne deine Informationen in einer Mindmap mithilfe der folgenden Fragen. Notiere alle Informationen zu den Fragen:

Was sind Glücksbringer?

Welche Glücksbringer gibt es und was bedeuten sie?

Wo gibt es welche Glücksbringer?

Welche Glücksbringer sind in Deutschland beliebt?

Wie wirken Glücksbringer?

- Lege eine Reihenfolge für deine Informationen fest.
- Schreibe einen Text, in dem du über Glücksbringer informierst.

Seite 281
Mindmap

8 Informiert die Klasse über Glücksbringer. Nutzt eure Informationen aus Aufgabe 7 dazu. Tauscht euch zu dem Thema aus.

Die nächste Stunde: Glück

Seite 191
Leseschlüssel für Sachtexte

○ **1** Lies die Überschrift des folgenden Zeitungsartikels von 2008 und sieh dir das Bild an. Stelle Vermutungen an, worum es gehen könnte.

○ **2** Tauscht im Tandem euer Wissen zum Thema des Textes aus.

Hörverstehen
5q927v

○ **3** Lies den folgenden Text überfliegend. Verschaffe dir einen Überblick.

Jochen Schönmann

Neues Schulfach „Glück"

Janina schließt ihre Augen. Sie sitzt entspannt im Klassenzimmer: die Wände klassisch in Vanillegelb, die Schüler auf Holzstühlen im Kreis, die kargen Zweiertische an den Rand geschoben. Auf einem steht „Schule ist scheiße".

Die Arme locker im Schoß, versucht Janina, 17, die Stimmung im Raum aufzunehmen. Ein Mitschüler beginnt mit Durchzählen. Die anderen folgen wahllos, aber einer nach dem anderen. Es geht darum, intuitiv die atmosphärische Lücke zu füllen, jedem Raum zu lassen, sich aber auch selbst Raum zu nehmen.

Es klappt nicht gleich. Manche feuern sofort los. Andere sagen erstmal gar nichts. Beim fünften Anlauf zählt die Gruppe durch, ohne dass irgendjemand den anderen gestört hätte. Völlig zwanglos. Applaus.

Janina und die anderen im Klassenzimmer haben Glück – als Unterrichtsfach. Das ist kein Scherz. Der Initiator heißt Ernst Fritz-Schubert und sitzt im Chefsessel der Heidelberger Willy-Hellpach-Schule, 1. OG, Zimmer 112. Der Oberstudiendirektor hat es satt, dass Schule bei den Schülern gleich nach dem Zahnarztbesuch rangiert.

Gemeinsam mit anderen Pädagogen […] hat er deshalb vor einem Jahr ein Unterrichtsfach entworfen, das „wieder Bildung im ursprünglichen Sinn" vermitteln soll. „Und dazu gehört unbedingt die Fähigkeit, Glück zu empfinden", sagt Fritz-Schubert. Sogar das baden-württembergische Kultusministerium unterstützt ihn, spricht aber lieber von „Lebenskompetenz" als von Glück.

Der Unterricht baut vornehmlich auf Eigenerfahrung. Dazu binden Schauspieler die Schüler in praktische Theaterarbeit ein. Mit Motivationstrainern üben die Schüler positive Emotionen, Familientherapeuten entwickeln mit ihnen die Vorstellung vom Ich in der Gemeinschaft. Handwerker, Bildhauer oder Sportler sind dabei. Es geht um Geist und Körper.

„Wir möchten auch ein Bewusstsein dafür schaffen, wie sich gesunde Ernährung auf die Stimmung auswirkt", sagt der Direktor. „Es geht um die Bildung der Persönlichkeit in allen Bereichen." Das Einkaufen und Zubereiten von Lebensmitteln gehört zum Stundenplan. […]

Nun, am Ende des Schuljahres, warten alle auf Ergebnisse. Sind die Schüler glücklicher? Fritz-Schubert hat seine Erfahrungen aufgeschrieben: Das

Buch „Schulfach Glück“ erscheint im August. Am Freitag stellten zwei Wissenschaftler auf einem Symposion in Heidelberg ihre Arbeiten vor, in denen sie je eine „Glücks“- und eine Kontrollgruppe, also eine Klasse ohne Glück als Fach, untersucht haben.
Der taz[1] erklärte der Wiener OECD[2]-Beauftragte für Sozialforschung, Ernst Gehmacher, das Fach habe eine enorme Wirkung auf die Persönlichkeit: „Es ist beeindruckend, wie stark das Engagement in der Gemeinschaft und die Lust an der Leistung bei den Schülern zugenommen haben.“ Doch warnt Gehmacher davor, Glück nun überall eiligst einzuführen: „Wenn, dann muss man es richtig machen. Dazu benötigt man aber auch das entsprechende Personal.“ […]
Das meint auch Wolfgang Knörzer, Professor für Sportpädagogik und Leiter des Instituts für Alltags- und Bewegungskultur in Heidelberg. […] Im Vergleich mit der Kontrollgruppe seien die Schüler im Glücksunterricht im Laufe des Jahres sehr viel sensibler für ihre eigenen Bedürfnisse geworden. „Ihnen ist nun offenbar viel klarer geworden, was sie nicht wollen. Sie haben gelernt, sich selbst zu hinterfragen.“ Die Glücksgruppe gebe zudem häufiger an, die Situation im Griff zu haben oder sich selbst beherrschen zu können, sagt Knörzer. Er sieht deshalb den Glücksunterricht auf einem guten Weg. Im zweiten Jahr müsse das neue Wissen um die eigenen Bedürfnisse nun in konkrete Ziele umgesetzt werden, empfiehlt er. Das wäre der nächste Schritt auf dem Weg zum Glück.

[1] taz: Tageszeitung

[2] OECD: Organisation für wirtschaftliche Zusammenarbeit und Entwicklung

4 Gliedere den Text in Sinnabschnitte.

5 Notiere dir unbekannte Begriffe und kläre ihre Bedeutung aus dem Textzusammenhang oder mithilfe des Lexikons oder Internets.

6 Lies jetzt den Sachtext gründlich. Notiere dir zu jedem Sinnabschnitt die wichtigsten Aussagen.

7 Formuliere zu jedem Sinnabschnitt eine Überschrift.

8 Formuliere Fragen, die im Text beantwortet werden. Schreibe sie auf und notiere die Antworten aus dem Text, z. B. *Was kann man im Schulfach „Glück“ lernen? oder Welche Wirkung hat das Schulfach „Glück“?*

9 Welche Funktion hat dieser Text? Entscheidet und begründet im Tandem.

Seite 187
Funktionen von Sachtexten

10 Fasse jetzt den Inhalt des Textes mit eigenen Worten zusammen. Übt die Zusammenfassung des Textes im Tandem.

11 2007 startete also die erste Schule mit dem Fach „Glück“. Recherchiert und informiert euch in der Gruppe, wie sich seitdem der „Glücks“-Unterricht entwickelt hat. Macht euch dazu Notizen.

Gehst du gern zur Schule?

Weltweit wurden 53 000 Kinder für das Projekt „Children's Worlds" zu ihrem persönlichen Glück befragt. Dabei wurde nach ihrem Leben insgesamt, ihrer Wohnsituation, ihrer Familie und ihren Freunden, dem materiellen Reichtum, der Freizeitgestaltung, dem Aussehen, ihren Zukunftsaussichten und auch nach ihrer Schulsituation gefragt.

○ **1** Sieh dir das Diagramm aus der Befragung für „Children's Worlds" an.

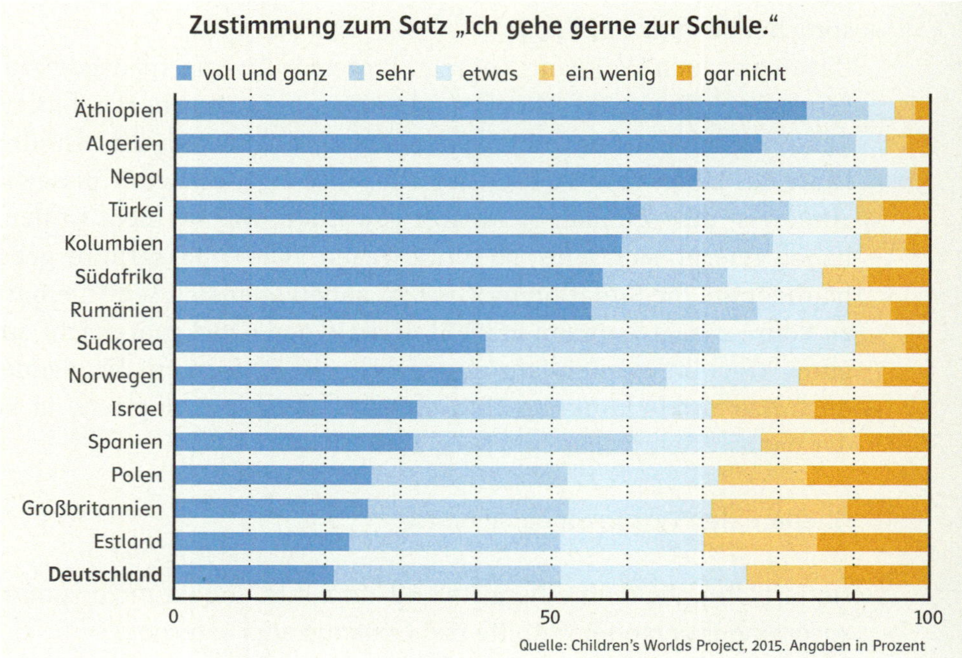

Seite 282 Diagramme verstehen und beschreiben

◒ **2** Beschreibt einander im Tandem das Diagramm. Geht auf die Diagrammform und den Inhalt ein.

◒ **3** Schreibe einen kurzen Text zur Auswertung des Diagramms.

◒ **4** Findet in der Gruppe mögliche Gründe dafür, dass die Kinder in Äthiopien und Algerien lieber zur Schule gehen als die Schüler in Deutschland.

○ **5** Würden deutsche Schüler lieber zur Schule gehen, wenn sie das Unterrichtsfach „Glück" hätten? Tauscht euch in der Gruppe darüber aus.

○ **6** Lies jetzt noch einmal den Text auf Seite 196/197. Schreibe eine Liste mit den Aktivitäten, die im Fach „Glück" veranstaltet werden.

○ **7** Was könnten Handwerker, Bildhauer und Sportler (s. Zeile 27/28) den Schülerinnen und Schülern vermitteln? Notiert im Tandem Ideen dazu.

8 Sollte es das Unterrichtsfach „Glück" an deiner Schule geben? Sammle in einer Tabelle Gründe dafür und dagegen.

9 Lies die folgenden Einwände einer Schülerin gegen das Fach „Glück".

Liebe Menschen an meiner Schule,
seit einem Jahr gibt es an unserer Schule das Unterrichtsfach „Glück". Nachdem wir nun selbst Erfahrungen damit gesammelt haben, sollten wir unsere Meinung zu dem neuen Fach abgeben. Das möchte ich mit diesem Offenen Brief tun.
Mir gefiel der Unterricht am Anfang sehr gut. Wir waren klettern, haben getanzt, gekocht und unseren Sinnen nachgespürt. Wir haben viel über Schwächen, Stärken, Freude und Glück gesprochen. Manchmal zu viel. Dabei hat mir nicht gefallen, dass die Gespräche oft sehr persönlich waren. Ich finde, dass viele Dinge die anderen Schüler und vor allem die Lehrer nichts angehen. Oft habe ich überlegt, ob ich schnell etwas sage, damit alle zufrieden sind. Das kann ja nicht der Sinn des Faches sein.
Außerdem finde ich, dass es gar nichts nützt, in einem Fach mal etwas Interessantes und völlig anderes zu machen. Ich wünsche mir, dass sich die anderen Fächer ändern. Sollte man sich nicht viel mehr darauf konzentrieren, dass alle Fächer etwas mit uns und unserem Leben zu tun haben? Oft weiß ich gar nicht, wozu ich etwas lernen soll. Mancher Schulstoff kommt mir sehr unwichtig für mein Leben vor.
Mir hilft es auch nicht, wenn ich mich in einem Fach mal entspannen kann und ohne Druck in den Unterricht gehe. Die gute Stimmung wird dann gleich im nächsten Fach durch Klassenarbeiten und Zensuren zerstört. Da werde ich dann richtig unglücklich. Und dann hilft mir das Fach „Glück" gar nicht.
Mit vielen Grüßen – Lorena Kupfer

10 Welche Einwände äußert die Schülerin zum Fach „Glück"? Tauscht euch im Tandem über die Argumente in diesem Offenen Brief aus.

11 Ergänze deine Tabelle aus Aufgabe 8, wenn nötig.

12 Diskutiert in der Gruppe über das Thema „Glück als Unterrichtsfach". Tauscht eure Argumente aus.

13 Schreibe einen Brief an eure Schuldirektorin. Versuche, sie vom Unterrichtsfach „Glück" zu überzeugen. Verwende die Argumente aus eurer Diskussion.

Seite 31
eine schriftliche Argumentation verfassen

14 Fasst jetzt in der Gruppe alle Informationen zum Schulfach „Glück" von den Seiten 196 bis 199 zusammen.

15 Informiert die Klasse über das Schulfach „Glück". Diskutiert, ob ihr es an eurer Schule einführen würdet.

Essen macht glücklich?!

Seite 191
Leseschlüssel für Sachtexte

○ **1** Vermute mithilfe von Überschrift und Bild, worum es in dem Artikel gehen könnte.

○ **2** Tauscht im Tandem euer Wissen zum Thema des Textes aus.

Hörverstehen
5q927v

○ **3** Lies den folgenden Text überfliegend. Verschaffe dir einen Überblick.

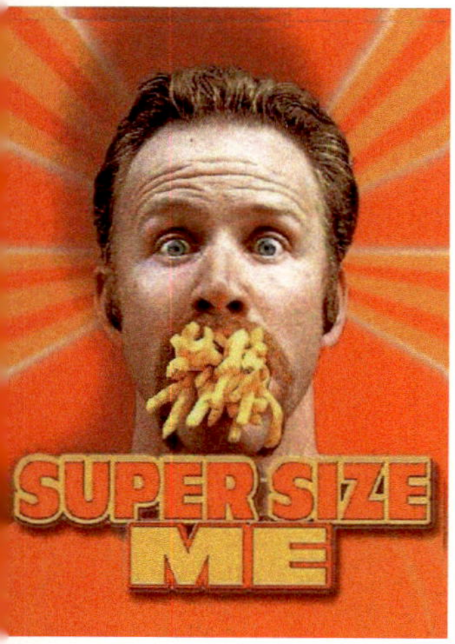

Eva-Maria Schnurr

Iss dich glücklich!

Forscher entdecken den Einfluss der Ernährung auf die Psyche: Kann das richtige Essen gute Laune machen und seelische Leiden verhindern? […]

In England verkaufen sie das Glück in Flaschen. […] „Bliss“ heißt der Drink, übersetzt „Glück“, er soll […] die Stimmung heben. Dass es keine Untersuchungen über die Wirksamkeit des Gebräus gibt, scheint nebensächlich – weiß nicht ohnehin jeder, dass Lebensmittel die Gefühlslage ändern können? Dass Nudeln glücklich machen und Schokolade Frust vertreibt, dass Stress mit Gummibärchen erträglicher wird? Und empfahl nicht schon der Grieche Hippokrates, der berühmteste Arzt der Antike, bei Depressionen Eselsmilch zu trinken? Der Verdacht ist jahrtausendealt: Was wir essen, beeinflusst nicht nur den Körper, sondern auch die Psyche. […]
Kann es sein, dass eine ungesunde Ernährungsweise unglücklich macht – im schlimmsten Fall sogar depressiv? Und ist das eine Erklärung dafür, dass nicht nur die Fettleibigkeit in westlichen Ländern epidemieartig zunimmt, sondern auch Depressionen und Angsterkrankungen häufiger werden?
Einen Zusammenhang zwischen den Leiden scheint es zu geben: Übergewichtige haben ein deutlich höheres Risiko für Depressionen. Dahinter steckt anscheinend mehr als die geläufige Erklärung, dass Dicke wegen ihres Aussehens unglücklich sind und aus Frust mehr essen.
Mindestens vier verschiedenen Fährten sind Wissenschaftler heute auf der Spur, um die Effekte des Essens auf die Stimmung zu erklären […]. Da gibt es Stoffe in der Nahrung, die unmittelbar auf das Gehirn wirken. Da ist der Magen-Darm-Trakt, durchzogen mit einem komplexen Nervengeflecht, das Signale direkt in die Gefühlszentren des Gehirns schickt. Da ist das Immunsystem, das die Stimmung drücken kann und das auf Nahrung ziemlich direkt reagiert. Und nicht zuletzt könnten sogar Bakterien, die im Darm bei der Verwertung der Kost helfen, für Glück oder Unglück mitverantwortlich sein. […]
Drei Studien deuten darauf hin, dass bestimmte Ernährungsmuster das Risiko für psychische Probleme verändern. […] Alle kamen zu einem ähnlichen Ergebnis: Menschen, die frisches Gemüse, Früchte, Fisch und Vollkorn essen, also vollwertige und frische Kost, haben ein geringeres Risiko, an Depression zu erkranken. Wer hingegen viel verarbeitete Lebensmittel, Frittiertes, Weißmehlprodukte und Süßes zu sich nimmt, steigert sein Risiko für die Erkrankung. […]

Morgan Spurlock, ein amerikanischer Dokumentarfilmer, spürte am eigenen Leib, was Essen mit Körper und Kopf macht: 30 Tage lang ernährte er sich für seinen Film *Super Size Me* ausschließlich von Fast Food [...]. Hinterher brachte er elf Kilo mehr auf die Waage, seine Gesundheit war schwer angeschlagen und seine Stimmung im Keller: Launisch, wütend und unglücklich habe ihn das Junkfood gemacht, erzählte der Filmemacher. [...]

18 Versuchspersonen, die an der schwedischen Universität Linköping vier Wochen lang auf Fast-Food-Diät gesetzt worden waren, beobachteten Ähnliches wie Spurlock. [...] Untersuchungen zeigen, dass fettreiche Mahlzeiten unmittelbar müde machen – vermutlich werden nach dem Essen bestimmte Botenstoffe im Gehirn ausgeschüttet, die für Schläfrigkeit sorgen. Aber für den langfristigen Stimmungsumschwung der schwedischen Probanden könnte es noch eine andere Erklärung geben. In Verdacht stehen die vielen gesättigten Fettsäuren, die in Nahrungsmitteln wie Burgern, Pommes und Pizza stecken. [...]

Natürlich bekommt niemand nur deswegen Depressionen oder Angststörungen, weil er sich falsch ernährt. Aber: Die Ernährung scheint einer von vielen verschiedenen Umständen zu sein, die darüber entscheiden, ob es jemandem psychisch gut oder schlecht geht. [...]

Eine gute Ernährung könnte in Zukunft für die Prävention von Depressionen eine wichtigere Rolle spielen, so die Hoffnung. Vielleicht motiviert die Aussicht auf dauerhaft gute Laune ja noch ein bisschen mehr, sich an die üblichen Ernährungsempfehlungen zu halten. Denn was als gesund für den Körper gilt, scheint auch gesund für den Geist zu sein: viel Obst und Gemüse, viele Vollkornprodukte, viel Fisch und pflanzliche Öle – und bloß nicht zu viel essen. So gesund, dass das Essen nicht mehr schmeckt, sollte es aber nicht sein. Denn der Genusseffekt ist vermutlich das, was am unmittelbarsten auf die Psyche wirkt. [...] (Zeit online vom 03.08.2010)

○ **4** Gliedere den Text in Sinnabschnitte.

○ **5** Notiere dir unbekannte Begriffe und kläre ihre Bedeutung aus dem Textzusammenhang oder mithilfe des Lexikons oder Internets.

○ **6** Lies jetzt den Sachtext gründlich. Notiere dir die wichtigsten Aussagen.

◒ **7** Formuliere zu jedem Sinnabschnitt eine Überschrift.

◒ **8** Formuliere Fragen, die im Text beantwortet werden. Schreibe sie auf und notiere die Antworten, z. B. *Was bewirkt zu viel Fast Food?*

◒ **9** Welche Funktion hat dieser Text? Entscheidet und begründet im Tandem.

Seite 187
Funktionen von Sachtexten

◒ **10** Fasse jetzt den Inhalt des Textes mit eigenen Worten zusammen. Übt die Zusammenfassung des Textes im Tandem.

Es ergeben sich noch folgende Fragen ...

Wenn du Sachtexte gelesen hast, kannst du sie mithilfe einer Sachtextbeschreibung zusammenfassen. Dabei gibst du nur die wichtigen Aussagen des Textes und die Absicht der Verfasser wieder.

○ **1** Sieh dir das folgende Diagramm an.

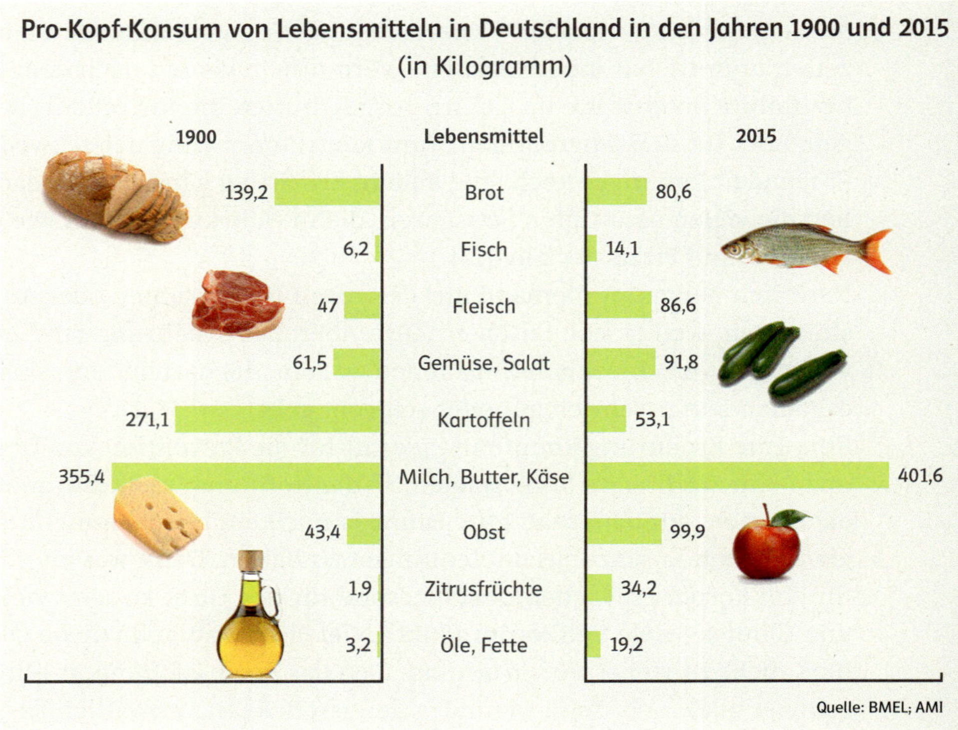

Seite 282
Diagramme verstehen und beschreiben

◒ **2** Beschreibt einander im Tandem das Diagramm. Geht auf die Diagrammform und den Inhalt ein.

◒ **3** Schreibe einen kurzen Text zur Auswertung des Diagramms.

◒ **4** Findet in der Gruppe mögliche Gründe für die Veränderungen von 1900 bis 2015.

○ **5** Lies noch einmal den letzten Textabschnitt auf Seite 201. Notiere alle Empfehlungen für eine gute Ernährung.

◒ **6** Vergleicht jetzt im Tandem die Empfehlungen für eine gute Ernährung mit den Ergebnissen im Diagramm.

◒ **7** Halten sich die Deutschen an diese Empfehlungen? Schreibe zwei bis drei Sätze dazu auf.

○ **8** Lies den gesamten Text von Seite 200/201 noch einmal.

● **9** Entscheidet im Tandem, welcher der folgenden Sätze die Kernaussage des Textes am besten trifft. Begründet.

Menschen, die sich gesund ernähren, haben ein geringeres Risiko, an Depressionen zu erkranken.

Fast Food macht müde, dick und depressiv.

● **10** Verfasse jetzt eine Sachtextbeschreibung. Gehe so vor:

- Schreibe zuerst eine **Einleitung**, in der du Autorin, Titel, Thema, Textart und Quelle des Textes nennst, z. B. *Der Artikel „Iss dich glücklich!" von ... aus ... beschreibt ...*
- Verfasse den **ersten Teil des Hauptteils**. Fasse zuerst den Text abschnittweise zusammen und formuliere die Kernaussage, z. B. *Im Artikel werden zu Beginn Beispiele von Lebensmitteln angeführt und deren Wirkung auf die Stimmung wird beschrieben ...*
- Verfasse den **zweiten Teil des Hauptteils**. Formuliere die Meinung und Absicht der Autorin und nenne ihre Argumente. Erläutere die sprachlichen Mittel (z. B. Fremdwörter, Zitate, Wiederholungen, bildhafte Sprache, direkte Leseransprache, rhetorische Fragen ...), z. B. *Die Autorin wiederholt die vier von Forschern erkannten Fährten die erklären, wie sich das Essen auf die Stimmung auswirken kann ...*
- Schreibe einen **Schluss**. Beurteile den Text und formuliere weitere Fragen, die sich dir stellen. Schreibe deine eigene Meinung zum Thema und begründe sie, z. B. *Obwohl die Autorin sehr umfassend über die Auswirkungen von gutem Essen auf die Psyche informiert, stellen sich meiner Meinung nach noch folgende Fragen ...*

TIPP
Nutze deine Vorarbeiten von Seite 201.

◒ **11** Informiert die Klasse über die Zusammenhänge zwischen Ernährung und psychischer Gesundheit. Besprecht, welche Ernährung sich positiv auf die Gesundheit auswirkt.

Arbeitstechnik

Eine Sachtextbeschreibung verfassen

1. Schreibe eine **Einleitung**. Informiere über Autorin/Autor, Titel, Thema, Textart und die Quelle des Textes.
2. Verfasse den **Hauptteil**.
   - Fasse den Inhalt des Textes abschnittweise zusammen.
   - Nenne die Kernaussage des Textes.
   - Formuliere die Meinung und Absicht der Autorin/des Autors und nenne die Argumente.
   - Erläutere die verwendeten sprachlichen Mittel.
3. Schreibe einen **Schluss**. Beurteile den Text, stelle weitere Fragen, notiere deine eigene Meinung zum Thema und begründe sie.

Das Glück des Lukas Podolski

Seite 294 Wortarten

TIPP
Zu jeder Wortart gibt es zwei Beispiele.

1 Schreibe die folgende Übersicht ab. Ordne dann die untenstehenden Wörter der richtigen Wortart zu.

veränderbare Wortarten

Artikel | Substantiv/Nomen | Pronomen | Adjektiv | Verb | Numerale

Spaß *lacht* *dem* *lustiger* *strahle* *jener* *zweimal*
Erfolg *eines* *welchen* *friedliches* *dreifach*

TIPP
Schlage im Duden nach, wenn du unsicher bist.

2 Schreibe auch diese Übersicht ab. Ordne die untenstehenden Wörter der richtigen Wortart zu.

unveränderbare Wortarten

Adverb (bald, gern …) | Konjunktion (als, dass …) | Präposition (nach, bei …) | Interjektionen (oh, buh …)

zwischen *aber* *pfui* *für* *obwohl* *heute* *aua* *fast*

3 Was unterscheidet die veränderbaren und die unveränderbaren Wortarten voneinander? Tauscht euch in der Gruppe darüber aus.

4 Lies den folgenden Text.

Poldi im Glück

Dies ist eine wunderbare Fußballgeschichte, weil Lukas Podolski in seinem 130. Länderspiel das einzige Tor in dem Freundschaftsspiel gegen England schoss. Zugleich war es sein Abschied aus der deutschen Nationalmannschaft. Da Poldi insgesamt 49 Mal für die deutsche Nationalmannschaft traf, ist er einer der besten Torschützen. Als ihm nach 69 Minuten auf dem Rasenplatz in Dortmund der Ball zugespielt wird, jagt sein starker linker Fuß diesen in die obere rechte Ecke des Tores. Super, Poldi, das war der Sieg gegen England. Vielleicht war sein erster Gedanke: Hey, das hätte ich mir nicht besser ausmalen können. Kurz gucken, schießen, boing, das Ding ist drin. Die zweite Halbzeit ist beendet und die begeisterten Mitspieler werfen Poldi in die Luft.

5 Übernimm die Tabellen. Ordne die markierten Wörter aus dem Text ein.

Artikel	Substantiv/Nomen	Pronomen	Adjektiv	Verb	Numerale
…	…	…	…	…	…

Adverb	Konjunktion	Präposition	Interjektion
…	…	…	…

6 Lies den zweiten Teil des Textes über Lukas Podolski.

Lukas wird schon mit 19 Jahren in der deutschen Nationalmannschaft eingesetzt und macht noch im gleichen Jahr seine ersten Länderspieltore. Als 20-Jähriger gelingt ihm 2005 sogar ein dreimaliger Torschuss und bei der Weltmeisterschaft 2006 ist er ebenfalls dreifacher Torschütze. Spitze! Bei seinem 109. Länderspiel schießt er das schnellste deutsche Länderspieltor, während sein Sohn Louis zuschaut. Ach ja, 2014 wird dann die deutsche Nationalmannschaft in Brasilien Weltmeister. Obwohl Lukas Podolski nur zweimal eingesetzt wird, sorgt er als Ersatzspieler für gute Stimmung und motiviert die Kollegen unermüdlich. So hat er zum dritten Weltmeisterschaftstitel maßgeblich beigetragen. Oh ja, gute Stimmung und Motivation sind sehr wichtig.

7 Schreibt aus dem Text zu jeder Wortart drei weitere Beispiele in die Tabelle. Vergleicht eure Ergebnisse im Tandem.

8 Besprecht in der Gruppe, welche Wörter sich wie verändern.

9 Sammle Wörter zum Wortfeld laufen und schreibe sie auf, z. B. *sprinten …*

10 Ordne die Wörter unten den folgenden Oberbegriffen zu.

Sportgeräte *Gefühle* *Berufe*

Wut – Fußball – Glück – Trainer – Ski – Diskus – Sportarzt – Trauer – Frisby – Physiotherapeut – Begeisterung – Sportjournalist

11 Seht euch im Tandem die Tabelle an. Ergänzt weitere Beispiele.

Antonyme (Gegenteile)	Synonyme (gleichbedeutende Wörter)
Sieger – Verlierer *gut – schlecht* *traurig – …*	*toll – super* *erfreut – begeistert* *schnell – …*

Merke
Bedeutung von Wörtern

Antonyme sind Wörter mit **gegenteiliger Bedeutung**.
→ groß – klein

Synonyme sind Wörter mit **gleicher** oder **ähnlicher Bedeutung**.
→ Lift – Aufzug

Glücklich, glücklicher, am glücklichsten

1 Schreibe den folgenden Text ab. Lass dabei immer eine Zeile frei.

Die Rangliste der Glücklichen
In dem ▬ Glücksreport wurde festgestellt: Das Glück wohnt im Norden. Die Norweger sind das ▬ Volk der Welt, gefolgt von den Menschen in Dänemark und Island, die auf dem zweiten und dritten Platz liegen. Auch die Finnen und Schweden befinden sich unter den ersten zehn. Immer wieder landen die ▬ Länder im Weltglücksbericht auf den ▬ Plätzen.

2 Mit Adjektiven kannst du die Aussagen eines Textes genauer und verständlich machen. Ergänze die folgenden Adjektive im Text.

glücklichste | *nordischen* | *diesjährigen* | *erfolgreichsten*

TIPP
Beachte, dass zwei Artikel mit Präpositionen verbunden sind.

3 Markiere in deinem Text alle Verben mit gelb, die Substantive/Nomen mit grün und unterstreiche ihre Artikel, z. B. *In dem ... Glücksreport wurde ...*

4 Schreibe die vier Numerale aus dem Text auf.

5 Im folgenden Text wiederholen sich viele Substantive/Nomen. Verbessert im Tandem den Text, indem ihr einige davon durch Pronomen ersetzt, z. B. *... die Norweger glücklich. Sie freuen sich ...*

Wieso die Norweger glücklich sind
Ganz alltägliche Dinge machen die Norweger glücklich. Die Norweger freuen sich, wenn die Sonne scheint. Wenn diese Menschen in der Natur sind oder wenn diese Menschen mit ihrem Hund spazieren gehen, haben sie Glücksgefühle. Die Zeit, die sie mit ihrer Familie oder ihren Freunden verbringen, macht die Nordländer zufrieden. Wissenschaftler bestätigen, dass die mit Familie und Freunden verbrachte Zeit glücklich macht. Auch ein sicherer Arbeitsplatz trägt zum Glücklichsein bei. In Norwegen gibt es kaum Arbeitslosigkeit. Arbeitslosigkeit führt in eine ungewisse Zukunft und macht Angst. Das norwegische Volk muss sich keine Sorgen machen. Norweger haben Vertrauen untereinander. Norweger haben auch Vertrauen in ihre Regierung. Vertrauen ist wichtig für das Glücksgefühl.

6 Lies den folgenden Text.

▬, Glücklichsein kannst du üben. Nimm dir Ziele vor, die du erreichen kannst. Blick am Ende des Tages zurück ▬ überlege, was dir Angenehmes begegnet ist. Ein Lächeln, nette Worte, jemand hat dir beim Vokabeltest ▬ geholfen. Du bist ▬ den Park gegangen und die Vögel zwitscherten. Das ausgeliehene Buch war die richtige Wahl. Das Abendessen war lecker und deine Familie ▬ lustig.

Und was ▬ wichtig ist: ▬ du zu deinen Mitmenschen freundlich bist, sind sie freundlich zu dir. Pflege deine Freundschaften. ▬, mach ein kleines Überraschungsgeschenk. Bewege dich viel, ▬ dann geht es deinem Körper gut. Sei ▬ viele Dinge neugierig. Mach dir bewusst, was du gut kannst. Sag anderen, was sie gut können. Plane entspannende Momente ein, zum Beispiel ▬ Musik. ▬, motivieren musst du dich schon selber.

7 Schreibe die Lückensätze aus dem Text ab und setze dabei die Wörter aus der Tabelle ein.

Adverb	**Konjunktion**	**Präposition**	**Interjektion**
glücklicherweise	*und*	*durch*	*hey*
sehr	*wenn*	*auf*	*tja*
noch	*denn*	*bei*	

8 Ordne die folgenden Wörter den Wortfeldern **sehen**, **interessant**, **sagen** und **Geräusche** zu, z. B. *sehen: beobachten, …*

beobachten – sprechen – Pfiff – mitteilen – aufregend – reden – Knall – bemerkenswert – spannend – betrachten – starren – Getrommel

9 Finde die vier Oberbegriffe. Schreibe sie zusammen mit den Unterbegriffen auf, z. B. *Sportarten: Rudern, …*

Sportarten – Tennisplatz – Sportmediziner – Wettbewerbe – Chirurg – Rudern – Sportstätten – Olympische Spiele – Fußballstadion – Turnen – Europameisterschaft – Fachärzte – Weltcup – Orthopäde – Surfen – Schwimmhalle – Biathlon – Zahnarzt – Eislaufhalle

10 Schreibt die folgenden Wörter auf und ergänzt im Tandem das Gegenteil, z. B. *sportlich – unsportlich, …*

sportlich – spät – Weite – allein – verärgern – Mitspieler – einmischen – aufregen – beliebt – schnell – Angriff – dunkel – anspielen – mutig – planvoll – verdient – weiß – fleißig – zunehmen – verlängern

11 Suche die bedeutungsähnlichen Wörter heraus und notiere diese paarweise, z. B. *Wettbewerber/Konkurrent, …*

Wettbewerber – mitteilen – Absicht – einschätzen – Essen – feuern – Protest – stürzen – ballern – erkennen – Konkurrent – Plan – feststellen – beurteilen – Einspruch – hinfallen – Mahlzeit – berichten

10 Was in der Zeitung steht

Zeitungen und Zeitungstexte untersuchen

1

2

3

4

5

6

Das lernst du jetzt:
- Titelseite, Aufbau und Inhalt einer Zeitung untersuchen
- Textarten in Zeitungen untersuchen
- eigene Texte für eine Zeitung schreiben
- direkte und indirekte Rede unterscheiden und verwenden

1 Seht euch die Titelseiten der Zeitungen und Zeitschriften auf Seite 208 an. Welche kennt ihr und welche habt ihr schon einmal gelesen? Tauscht euch darüber aus.

2 Untersucht jetzt die abgebildeten Zeitungen und Zeitschriften genauer. Legt eine Tabelle zu folgenden Merkmalen an. Notiert darin die Informationen zu jeder Zeitung oder Zeitschrift.

Zeitung oder Zeitschrift? *Thema/Themen (Worum geht es?)*

Zielgruppe (Wer liest sie?) *Erscheinungsweise (Wie oft?)* *Sprache*

Besonderheiten (Was fällt zuerst auf?) *Vertrieb (Wo wird sie verkauft?)*

Erscheinungsform (gedruckt/digital?) *Verbreitung (Wo wird sie gelesen?)*

Titel	Zeitung oder Zeitschrift	Thema/ Themen	Zielgruppe	…
Bravo	…	…	…	…
…	…	…	…	…

3 Welche Zeitungen und Zeitschriften lest ihr? Tauscht euch darüber aus und beantwortet dabei folgende Fragen:
- Warum habt ihr gerade diese Zeitung/Zeitschrift gelesen?
- Was lest ihr am liebsten in eurer Zeitung/Zeitschrift? Und was lest ihr nicht?
- Wie informiert ihr euch sonst über eure Lieblingsstars, euren Lieblingsverein oder die aktuellen Nachrichten?

4 Bringt eure eigenen Zeitungen und Zeitschriften mit. Untersucht sie und ergänzt die Tabelle.

RGS **5** Zeitungsreporter müssen oft Sätze aus Interviews umschreiben. Dafür verwenden sie die indirekte Rede. Formuliert die Sätze in direkte/wörtliche Rede um.

a Der Trainer sagte, die Spielerin sei viel gelaufen. → *Trainer: „Die Spielerin ist viel gelaufen."*
b Dieter Bohlen verkündete, er sage im Finale, wer gewinnt. → *Dieter Bohlen: „…"*
c Die Bankmitarbeiterin beteuerte, sie habe die Millionen nicht versteckt. → …

Das „Gesicht“ der Zeitung

Zeitungen könnt ihr nach Verbreitungsgebiet (regional/überregional), nach Erscheinungsweise (Tages-/Wochenzeitung), aber auch nach Zielgruppe oder Anspruch (seriöse Zeitung/Boulevardzeitung) unterscheiden. Diese Unterschiede erkennt ihr meist schon an den Titelseiten.

1 Seht euch die Titelseite der Süddeutschen Zeitung an. Klärt in der Gruppe die Verbreitung, die Zielgruppe und den Anspruch dieser Zeitung.

a Süddeutsche Zeitung
NEUESTE NACHRICHTEN AUS POLITIK, KULTUR, WIRTSCHAFT UND SPORT

WWW.SÜDDEUTSCHE.DE | HF1 | MÜNCHEN, DIENSTAG, 28. NOVEMBER 2017 | 73. JAHRGANG / 48. WOCHE / NR. 273 / 2,70 EURO

Das Streiflicht

c

Bücherfest
Die Tage werden kürzer, Weihnachten rückt näher. Winterzeit ist Lesezeit – für Romane, Kinder- und Jugendliteratur, Sachbücher, politische Analysen und Reisereportagen
> SZ Spezial Literatur
d

b **Schlecker-Kinder müssen ins Gefängnis**

Fünf Jahre nach der Pleite der Drogeriekette verurteilt das Gericht Meike und Lars wegen Untreue und Insolvenzverschleppung. Ihr Vater hingegen kommt mit einer Bewährungsstrafe davon

VON CASPAR BUSSE UND STEFAN MAYR

e

Bahn bleibt oft unpünktlich
Firmenchef Lutz macht Unwetter für Verspätungen verantwortlich

China weitet Einfluss in Osteuropa aus

f

Städten fehlt Geld für Luftreinhaltung

Pakistanischer Minister beugt sich Extremisten

Bali befürchtet massiven Vulkanausbruch

g HEUTE

Meinung
Mit Viktor Orbáns Hilfe versucht China, die Europäische Union auseinanderzudividieren ... 4
Panorama
Hochzeits-Checkliste: Was Prinz Harry und Meghan Markle bedenken müssen ... 10
Feuilleton
Nur keine neue Groko! Ein Zwischenruf des Historikers Heinrich August Winkler ... 13
Wirtschaft
Die Globalisierung des Buttermarkts lässt den Preis schwanken wie nie ... 21
Sport
Wie Brasiliens Erstligist Chapecoense nach dem Flugzeugabsturz den Klassenerhalt schaffte ... 27

Medien, TV-/Radioprogramm ... 33,34
Forum & Leserbriefe ... 15
München · Bayern ... 29
Rätsel ... 33
Traueranzeigen ... 28

Wem gehört „Neuschwanstein“?
Der Markenschutz für Sehenswürdigkeiten beschäftigt die Justiz

SPD fühlt sich von der CSU hintergangen
Deutschland stimmt in Brüssel einer Verlängerung der Glyphosat-Zulassung zu – gegen den Willen von Ministerin Hendricks

Dax ▼ | Dow ▲ | Euro ▸
- 0,23% | + 0,27% | + 0,0004

DAS WETTER

2 Untersucht im Tandem die Gestaltung der Titelseite. Beschreibt Aufbau, Textmengen, Abbildungen, Schriftgrößen und Farbgestaltung.

3 Ordne die folgenden Elemente den Buchstaben auf der Titelseite der Zeitung auf Seite 210 zu.

Leitartikel – Inhaltsübersicht – Zeitungskopf – Kurzmeldung – Bildaufmacher – Bildunterschrift – Schlagzeile

4 Lies die Schlagzeilen von Zeitungsartikeln. Ordne sie den folgenden Themenbereichen zu, sie sind die klassischen Ressorts[1] einer Zeitung.

Sport | Wirtschaft | Politik | Kultur | Lokales

BVB erfolgreich | **Lady Gaga sagt Konzert ab** | **Weitere Exportüberschüsse**

Unfall bei Reutlingen | **Außenminister in Marokko empfangen**

[1] Ressort: Teil einer Zeitung zu einem bestimmten Themenbereich

5 Übernimm die folgende Tabelle. Ordne die Artikel von der Titelseite auf Seite 210 den Ressorts zu. Notiere die Überschriften.

	Politik	Wirtschaft	Sport	Kultur/Feuilleton[2]	Lokales
Süddeutsche Zeitung	…	…	…	…	…
…	…	…	…	…	…

[2] Feuilleton: bezeichnet den Kulturteil einer Zeitung

6 Bringe eine eigene Zeitung mit. Untersuche Titelseite und Ressorts. Notiere den Titel in der Tabelle und ordne die Artikel den Ressorts zu.

7 Untersuche deine Zeitung. Beantworte die folgenden Fragen schriftlich.
- Wie viele Seiten entfallen auf jedes klassische Ressort?
- Gibt es andere Ressorts? Welche?
- Gibt es einen thematischen Schwerpunkt? Welchen?
- Welche zusätzlichen Seiten gibt es?

TIPP
Den Schwerpunkt kannst du anhand der Seitenzahlen ermitteln.

8 Bildet Gruppen und stellt eure Zeitungen vor.

TIPP
Beschreibt Titelseite, Ressorts und thematischen Schwerpunkt.

Merke
Aufbau einer Tageszeitung

Will man sich über den **Inhalt** einer Zeitung informieren, bietet die **Titelseite** eine erste **Orientierung**. Meist werden dort die **Ressorts angekündigt**.
Man unterscheidet die **fünf klassischen Ressorts** → Politik, Wirtschaft, Sport, Kultur und Lokales.
Weitere **Ressorts** → Medien, Technik, Wissenschaft, Bildung, Kinder, …
Weitere **Elemente** → Rätsel, Wetter, Comics, …

So steht es in der Zeitung

In Zeitungen findest du Textarten wie Bericht, Interview oder Kommentar. Sie informieren, schildern Hintergründe oder geben Meinungen wieder.

Leseschlüssel

○ **1** Lies die folgenden Zeitungsausschnitte.

Reportage

Tausend und eine Hoffnung

Behindertensport ist in arabischen Ländern unterbewertet – aber relevant.

Schon wieder war im Gazastreifen an diesem Abend der Strom ausgefallen, es dämmerte und Trainer Mohammed Dahman schob den Rollstuhl zu seinem Auto. So beschreibt er später eine Szene aus seinem Alltag, wenn er seinen einzigen Sportler abholt. Gemeinsam fahren sie immer zum Training in die Islamische Universität. […] Einen richtigen Sportplatz gibt es nicht. Seit 15 Jahren kümmert er sich um die winzige Palästina-Delegation. Dieses Jahr trat Kugelstoßer Husam Azzam nach sechsjähriger Pause wieder bei den Paralympics an. Für palästinensische Athleten ist es oft schwierig, das Land zu verlassen. […] Tausende von Kilometern weiter östlich im Oman gibt es zwar Sportstätten, aber kaum Ausrüstung und Unterstützung. Das Land interessiere sich allgemein wenig für Sport, sagt Mansoor al Tauqi, Präsident des Nationalen Paralympischen Komitees Oman. […] Das diesjährige Team der unabhängigen Para-Athleten, für das zwei Flüchtlinge antreten, gibt vielleicht auch anderen arabischen Athleten Hoffnung. Ibrahim Al Hussein aus Syrien und Shahrad Nasajpour aus dem Iran repräsentieren das internationale Flüchtlingsteam. Gemeinsam liefen sie als Erste bei der Eröffnungszeremonie ein. Viele arabische Delegationen sind klein, haben wenig Erfahrung und schlechte Trainingsbedingungen. Und doch schaffen sie es zu den Paralympics. Denn die Spiele stehen vor allem für die Akzeptanz und Integration aller Menschen, so auch für Länder aus Krisengebieten. *Miriam Karout*

Meldung

dpa Bei den kommenden Paralympics in Rio startet auch ein Team von Flüchtlingen.

Nachricht

Zwei Athleten starten im Flüchtlingsteam

Rio de Janeiro. Wie bei den Olympischen Spielen nimmt auch an den Paralympics in Rio de Janeiro eine Mannschaft aus Flüchtlingen teil. Das Internationale Paralympische Komitee (IPC) teilte am Freitag mit, dass der Syrer Ibrahim Al Hussein und Shahrad Nasajpour aus dem Iran als Team der unabhängigen paralympischen Athleten (IPA) starten. Al Hussein lebt in Athen, wo er auch schon am olympischen Fackellauf teilnahm. Er trainiert mithilfe des Griechischen Paralympischen Komitees und nimmt am Schwimmen über 50 und 100 Meter teil. Nachdem er bei einem Raketenangriff sein rechtes Bein verloren hatte, kam er als Bootsflüchtling nach Europa. Der in den USA lebende Iraner Shahrad Nasajpour startet im Diskuswerfen. Auf Bitten des Athleten gab das IPC keine persönlichen Informationen über ihn bekannt. Während der Spiele wohnen die Sportler im Athletendorf. (dpa)

◒ **2** Untersuche jeden Artikel aus Aufgabe 1 mithilfe der W-Fragen (Wer? Was? Wann? Wo? Wie? Warum? Welche Folgen?). Notiere Antworten.

3 Vergleicht im Tandem die Artikel. Übernehmt die Tabelle und ergänzt sie.

Artikel	Umfang	Welche W-Fragen werden beantwortet?	Sprache/ Zeitform	Autorin/ Autor	Woher stammen die Informationen?
Meldung	…	*Wer? Was? …*	… *Präsens*	*nicht angegeben*	*dpa*
Nachricht	…	…	*sachlich* …	…	…
Reportage	*lang*	…	…	…	…

4 Lies den folgenden Kommentar zum Thema.

Kommentar

Flüchtlinge bedingungslos in olympische Mannschaften aufnehmen!

Geflüchtete Menschen sollten wie alle anderen Menschen an allen Sportwettkämpfen teilnehmen. Dass sie nicht für ihr Herkunftsland starten können, lässt sich nachvollziehen. Aber warum nicht für ihr Aufenthaltsland? Kein Mensch befindet sich im Nirgendwo! Meiner Ansicht nach sollten die Länder, in denen die Flüchtlinge sich aufhalten, diese in ihre olympische Mannschaft aufnehmen. Sie sollten sie unterstützen und keine Bedingungen stellen. Die Flüchtlinge brauchen ein Team, sie sollten unter guten Bedingungen gemeinsam mit anderen Sportlern trainieren und zu Wettkämpfen starten können. So wird die spätere Integration in das jeweilige Land gut vorbereitet.

Tanja-Marie Müller

5 Vergleiche die Textarten dieser Seiten. Finde heraus, in welcher Textart sachlich und objektiv informiert wird und in welcher eine subjektive Meinung wiedergegeben wird. Übernimm die Tabelle und fülle sie aus.

sachlich informierende Textarten	meinungswiedergebende Textarten	Textart, die beides vereint
…	…	…

Merke

Textarten in Zeitungen

In Zeitungen wird in **verschiedenen Textarten** von Ereignissen berichtet.
Man unterscheidet: **informierende Textarten** → Meldung, Nachricht, Bericht, …
meinungsäußernde Textarten → Kommentar, Rezension, Leserbrief, …
Beachte: Es kommen auch **Mischformen** vor. → Reportage, Interview, …

Eine **Meldung** ist sehr **kurz** und nennt in wenigen Sätzen die wichtigsten Informationen. Eine **Nachricht** ist **länger** als eine Meldung und kürzer als ein Bericht. Sie beantwortet alle **W-Fragen** und wird im **Präsens** wiedergegeben. Ein **Bericht** informiert **ausführlicher** und steht im **Präteritum**.

Bericht vom gemeinsamen Spiel

Leseschlüssel

○ **1** Lies den folgenden Bericht.

Basketball im Rollstuhl?!

Mannheimer Schülerinnen und Schüler entdecken eine Sportart

Können Menschen mit Behinderungen oder körperlichen Einschränkungen die gleichen Sportarten ausüben wie alle anderen?

Das haben sich auch die Schülerinnen und Schüler in einer Mannheimer Realschule gefragt. Angeregt durch die Erfolge der deutschen Sportler bei den Paralympics 2016 in Rio de Janeiro, wollten sie sich mit diesem Thema in einem Projekt beschäftigen.

Bei Recherchen zu diesem Projekt sind sie auf die Sportart Rollstuhlbasketball gestoßen. Sie fanden heraus, dass Rollstuhlfahrer diese klassische Sportart, die über eine lange Geschichte verfügt, lieben. So sehr, dass sie mittlerweile in 23 Ligen organisiert sind. Das geht von der Einsteigerliga über den wettkampforientierten Breitensport bis hin zur Bundesliga.

Die Schülerinnen und Schüler recherchierten die Geschichte des Rollstuhlbasketballs und konnten ermitteln, dass die Sportart 1946 in den USA von ehemaligen Basketballspielern erfunden wurde. Diese wollten trotz ihrer Kriegsverletzungen ihren Sport weiter ausüben. Inzwischen gibt es einen internationalen Dachverband mit über 50 Mitgliedsstaaten. Seit 1960 ist Rollstuhlbasketball eine paralympische Sportart.

Zu den Regeln der Sportart fanden die Mannheimer Folgendes: Die Regeln des Rollstuhlbasketballs sind die gleichen wie beim „Fußgänger“-Basketball. Körbe, Spielfeld und Spielzeit sind die gleichen wie beim herkömmlichen Spiel. Gespielt wird 4 mal 10 Minuten. Das Besondere aber ist, dass Rollstuhlbasketball Menschen mit und ohne Behinderung zusammen spielen können. Man braucht einen speziellen Sportrollstuhl, bei dem der Rahmen fest verschweißt und äußerst belastbar ist. Außerdem muss er mit einem Rammbügel versehen sein. Die Sitzposition wählt man abhängig von der Behinderung und der Spielposition. So können auch „Fußgänger“ einmal Platz nehmen und ausprobieren, wie man mit einem Rollstuhl Basketball spielt.

Die Jugendlichen aus Mannheim versuchten sich selbst einmal in dieser Sportart. Sie berichteten, dass es schwierig gewesen sei, den Rollstuhl zu manövrieren und gleichzeitig ein Ziel, also den Korb, vor Augen zu haben. Den Korb im Sitzen zu treffen ist auch nicht so einfach. Sie hatten allerdings jede Menge Spaß an diesem schnellen Spiel.

Nach den Recherchen und den eigenen Erfahrungen waren die Mannheimer Schülerinnen und Schüler so begeistert von dieser Sportart, dass sie gemeinsam mit den Jugendlichen einer Förderschule eine AG Rollstuhlbasketball organisiert haben.

2 Beantwortet im Tandem die folgenden Fragen zu dem Bericht.
- Welche W-Fragen wurden im Text beantwortet?
- Welche Hintergrundinformationen habt ihr erhalten?
- War der Text sachlich oder gab es persönliche Wertungen darin?
- Welche Zeitform wurde hauptsächlich verwendet?

TIPP
Beantworte die W-Fragen, die im Text gestellt wurden.

3 Lies die folgenden Informationen zum Endspiel im Rollstuhlbasketball bei den Paralympics 2016.

- Deutsche Frauenmannschaft gewann 2012 Gold in London.
- Halbfinale gegen Niederlande überragend gewonnen (55:45 Punkten)
- im Finale: Titelverteidigung gegen Favorit USA
- erstes Viertel: ausgeglichen
- zweites Viertel: Den deutschen Sportlerinnen um Kapitänin Marina Mohnen versagten die Nerven.
- Sie versenkten nur zwei von zwölf Zweier-Versuchen.
- US-Frauen trafen bei fast jedem zweiten Versuch.
- Halbzeitpause: Trainer Holger Glinicki motivierte seine Spielerinnen.
- drittes Viertel: Es gelang der erste erfolgreiche Wurf durch Maya Lindholm.
- viertes Viertel: Aufholjagd der deutschen Sportlerinnen
- US-Frauen schlugen zurück und gewannen 62:45.
- Deutsche Titelverteidigerinnen erreichten zweiten Platz.
- Trainer Holger Glinicki: „Der Kopf war nicht frei heute. Der Sieg für die USA ist hochverdient."

4 Schreibe mithilfe der Informationen aus Aufgabe 3 einen Bericht über das Finale im Rollstuhlbasketball für eure Schülerzeitung. Gehe so vor:
- Notiere eine Überschrift als Schlagzeile, die Interesse weckt. Nenne dann im Vorspann das Thema.
- Beantworte die W-Fragen Was? Wann? Wo? Wer? zum Thema.
- Schreibe mit den Antworten auf die W-Fragen einen einleitenden Satz.
- Beschreibe den Spielablauf. Formuliere dazu vollständige Sätze.
- Ergänze weitere Informationen, z. B. aus dem Bericht auf Seite 214.

TIPP
Recherchiert weitere Informationen zum Endspiel.

Merke
Der Bericht

Ein Bericht informiert **sachlich** über ein Ereignis. Er ist die **Langform** der Nachricht und enthält **ausführlichere Informationen** → Hintergründe, Zusammenhänge, Vorgeschichte, Folgen, Zitate von Beteiligten oder Experten.

Aufbau:
1. Schlagzeile und Vorspann (Thema)
2. Basisinformationen (Antworten auf die W-Fragen)
3. genauere und ausführlichere Informationen

Beachte: Im Bericht wird das **Präteritum** verwendet.

Test
hf63qy

Informieren und unterhalten

Leseschlüssel

1 Lies die folgende Reportage.

Tilmann Bauer

Blindes Vertrauen

Der Coach sieht als Einziger: Beim Goalball verlassen sich die Athleten voll auf ihre Trainer

Es herrscht absolute Stille. Ungewöhnlich für eine Sportstätte, in der sonst Stimmung herrscht. Plötzlich, das Schweigen wird durchbrochen: „Achtung, rechts!", ruft Johannes Günther. Der 34-Jährige ist Trainer der Goalball-Nationalmannschaft. Kurze, verständliche Kommandos – darauf kommt es an, seine Spieler sind blind.

Goalball ist schnell erklärt: Drei Athleten pro Team befinden sich auf der Spielfläche. Eine Mannschaft ist im Angriff, die andere in der Abwehr. Nun stelle man sich vor, man liege in einem neun Meter breiten Tor und solle einen Elfmeter halten – und das mit verbundenen Augen. Das Spielgerät, ein Hartgummiball, der in seinem Gehäuse mit Glöckchen ausgestattet ist, stellt die einzige Orientierungsmöglichkeit dar. Goalball ist ein schneller Sport: Mit bis zu 80 km/h werfen sich die Profis auf dem Spielfeld die Bälle um die Ohren.

Trainer Johannes Günther steht an der Seitenlinie. Er sieht als Einziger, was abgeht. Er ist das Auge der Mannschaft, darf aber während des laufenden Spielzugs nichts sagen. „Meine Spieler können nur akustisch über das Verhalten ihrer Gegner und die Angriffseffizienz[1] Rückmeldung erhalten", erklärt Günther, „deshalb benötigen sie viel Input[2] von außen." Das ist seine Aufgabe. „Der Trainer gibt im Regelfall die offensive Marschroute vor", sagt Nationalspieler Michael Feistle, „ich muss ihm im wahrsten Sinne des Wortes blind vertrauen können." Günther ergänzt: „Wir Trainer haben einen großen Einfluss. Da kann man sich auch leicht vercoachen[3]." Denn am Ende trägt Günther die Verantwortung, seine Spieler können nur ausführen. […]

[1] Angriffseffizienz: wie wirksam ein Angriff ist

[2] Input: hier: Informationen

[3] vercoachen: falsch trainieren, falsch beibringen

2 Beschreibt einander im Tandem, wie Goalball gespielt wird.

3 Findet im Tandem zu den folgenden Merkmalen Textstellen, die belegen, dass es sich um eine Reportage handelt. Notiert die Textstellen.
- Die Reportage beginnt mit einem interessanten Ereignis oder der Begegnung mit einem Menschen.
- Schauplatz, Person(en) und Ereignis werden genannt.
- Es werden Stimmungen und Eindrücke vom Ort des Geschehens wiedergegeben.
- Beteiligte Personen kommen zu Wort.

TIPP
Achte z. B. auf Zeitform und W-Fragen.

4 Sieh dir den Bericht auf Seite 214 noch einmal an. Vergleiche ihn mit der Reportage zum Goalball. Notiere Gemeinsamkeiten und Unterschiede.

Merke
Die Reportage

Die **Reportage** will gleichzeitig über ein Ereignis **informieren** und den Leser durch **lebendige** und **anschauliche** Schilderung des Ereignisses **unterhalten**. In der **Reportage** schreibt der Reporter über das Geschehen, das er miterlebt hat, einen **Erlebnisbericht**. Er beschreibt **Eindrücke, Gefühle, Stimmungen** und **Gedanken** und gibt dem Leser damit das Gefühl, „live vor Ort“ gewesen zu sein.

○ **5** Informiere dich im Internet über die Disziplin Goalball bei den Paralympics 2016. Tauscht euch in der Gruppe über die Ergebnisse aus.

◒ **6** Schreibe jetzt eine Reportage. Wähle dafür ein besonderes Ereignis aus, an dem du teilgenommen hast. Gehe so vor:
- Lege eine Stoffsammlung mit allen Informationen an. Notiere deine Eindrücke, Gedanken, Gefühle und Stimmungen.
- Befrage beteiligte Personen nach ihren Eindrücken.
- Notiere eine passende Überschrift und den Vorspann.
- Wähle einen interessanten Einstieg für die Einleitung.
- Beschreibe das Geschehen und ergänze Hintergrundinformationen, Stimmungen, Eindrücke sowie Zitate Beteiligter.
- Fasse am Schluss das Geschehen zusammen oder gib einen Ausblick.

TIPP
Schreibe so anschaulich und lebendig, dass der Leser das Gefühl hat, er wäre dabei gewesen.

Seite 41
Texte korrigieren und überarbeiten

◒ **7** Tauscht eure Reportagen im Tandem aus, gebt einander ein Feedback. Überarbeitet eure Reportagen, wenn nötig.

Seite 269
Feedback

○ **8** Lest der Klasse eure Reportagen vor und lasst euch ein Feedback geben.

Arbeitstechnik
Eine Reportage schreiben

Vorbereitung
1. **Recherchiere** Informationen und lege eine **Stoffsammlung** an.
2. Führe **Interviews** und sammle **Eindrücke, Gedanken, Gefühle** und **Stimmungen**. Mache dir Notizen.

Schreiben
1. Notiere eine treffende **Überschrift** und **einen Vorspann**.
2. **Einleitung**: Überrasche mit einer kurzen und lebendigen Beschreibung einer **Situation** oder **Momentaufnahme**.
3. **Hauptteil**: Stelle das **Geschehen** dar. Ergänze **Hintergrundinformationen**, stelle ein bis zwei **Hauptpersonen** in den Mittelpunkt und lasse sie zu Wort kommen, beschreibe deine **Gedanken, Gefühle** und **Stimmungen**. Achte darauf, **spannend** zu erzählen.
4. Schluss: **Fasse zusammen** und/oder gib einen **Ausblick** in die Zukunft.

Beachte: Schreibe **anschaulich** und bildhaft. Verwende das **Präsens**.

Liebes Redaktionsteam ...

○ **1** Lies die Leserbriefe, die sich auf den Kommentar auf Seite 213 beziehen.

Liebe Frau Müller,
mit Interesse habe ich Ihren Kommentar in der Rheinischen Post vom 28.9.2017 gelesen.
Ich kann Ihnen nur zustimmen. Täglich sehe ich, wie wichtig es ist, die geflüchteten Menschen in die Gesellschaft aufzunehmen. Man darf nicht vergessen, dass diese Menschen eine Benachteiligung, z. B. eine Kriegsverletzung haben. Ihnen sollte also auch die gleiche medizinische Hilfe zustehen wie den anderen olympischen Sportlern. Aber wo können sie nach den Spielen weitertrainieren? Auch da kann ihnen ein gutes nationales Team helfen und sie aufnehmen.
Das Nationale Paralympische Komitee sollte sich in dieser Frage engagieren.
Mit freundlichen Grüßen, Paul Lehmann

Sehr geehrtes Redaktionsteam der Rheinischen Post,
in Ihrer letzten Ausgabe haben Sie einen Kommentar von T. Müller veröffentlicht. Sie äußerte sich kritisch zur Bildung eines Flüchtlingsteams für Rio und schlug vor, dass Flüchtlinge in die olympischen Mannschaften ihrer Aufenthaltsländer aufgenommen werden sollen. Ich kann diese Idee verstehen, möchte aber darauf hinweisen, dass sich unsere Sportler in vielen Wettkämpfen für die Nationalmannschaft und die Olympiade qualifizieren müssen. Diese Bedingungen sollten für alle Sportler gelten. Außerdem gebe ich zu bedenken, dass man zuerst die Flüchtlinge fragen sollte, ob sie für ein fremdes Land starten möchten.
Mit freundlichen Grüßen
Martin Schmidt

◒ **2** Beantwortet im Tandem die folgenden Fragen.
- Welche Meinung vertreten die beiden Leserbriefverfasser?
- Welche Gründe geben die Verfasser für ihre Meinungen an?
- Was möchten die beiden Verfasser mit ihren Briefen erreichen?
- Wie sind die Leserbriefe aufgebaut? Gebt eine Gliederung an.

● **3** Wähle den Leserbrief aus, dessen Meinung du dich am ehesten anschließen kannst. Begründe deine Wahl schriftlich.

◒ **4** Untersuche Leserbriefe in einer eigenen Zeitung. Wähle mehrere Briefe zu einem Thema aus und vergleiche sie. Stelle der Gruppe die verschiedenen Meinungen und die Argumente der Verfasser vor.

Merke

Der Leserbrief

Leserbriefe bieten die Möglichkeit, zu einem Artikel in einer Zeitung oder Zeitschrift seine **Meinung** zu **sagen**. Man äußert sich **schriftlich** zu einem bestimmten **Thema** und bezieht **Stellung** dazu.

5 Tauscht euch in der Gruppe über eure Erfahrungen mit Leserbriefen aus. Beantwortet dabei die folgenden Fragen.
- Habt ihr schon einmal einen Leserbrief geschrieben? An wen und warum?
- Habt ihr schon einmal einen Leserbrief als Kommentar ins Internet oder in soziale Netzwerke gestellt? Worum ging es?
- Wie wurde auf euren Leserbrief oder Kommentar reagiert?

6 Wähle aus, zu welchem Text du einen Leserbrief schreiben möchtest:

A zur Reportage auf Seite 212
B zum Bericht auf Seite 214

TIPP
Du kannst auch einen Leserbrief zu einem selbstgewählten Thema schreiben.

7 Schreibe jetzt einen Leserbrief. Gehe so vor:
- Lies den Zeitungstext noch einmal. Notiere die Meinung, die er vertritt, und schreibe die Argumente dafür auf.
- Formuliere deine eigene Meinung zum Thema. Schreibe in einer Pro-Kontra-Tabelle die Argumente, die dafür und dagegen sprechen, auf.
- Schreibe eine Anrede und nenne den Artikel, auf den du dich beziehst.
  Liebes Redaktionsteam/Liebe Redakteurinnen und Redakteure,
  euer Beitrag zum Thema ... hat mich nachdenklich gemacht/mit Interesse habe ich den Beitrag zu ... gelesen. Ich bin der Meinung, dass .../Ich möchte mitteilen, dass ...
- Schreibe einen zusammenhängenden Text, in dem du deine eigene Meinung darstellst und sie begründest.
- Überlege dir für den Schluss des Briefes einen Vorschlag, eine Forderung oder einen Wunsch für die Zukunft. Schreibe sie auf.
- Formuliere eine Grußformel und unterschreibe mit deinem Namen.

Seite 31
schriftliche Argumentation

TIPP
zudem, weil, außerdem, da, deshalb, denn, wichtig ist ..., man sollte bedenken, dass ..., außerdem, daher, hinzu kommt ...

Seite 41
Texte korrigieren und überarbeiten

8 Tauscht eure Leserbriefe im Tandem aus. Überprüft, ob Meinung und Gründe klar formuliert wurden und ob Aufbau und Rechtschreibung korrekt sind. Gebt ein Feedback. Überarbeitet eure Briefe, wenn nötig.

Seite 269
Feedback

9 Lest der Klasse eure Leserbriefe vor. Diskutiert die verschiedenen Meinungen.

Arbeitstechnik
Einen Leserbrief schreiben

Wenn du zu einem **Artikel** in einer Zeitung deine **Meinung** sagen möchtest, dann schreibe einen **Leserbrief**. Du kannst so vorgehen:
1. Lies den Zeitungsartikel noch einmal genau durch. Mache dir **Notizen** zum **Thema**, deinem **Standpunkt** und deinen **Argumenten**.
2. Schreibe eine **Anrede**.
3. Nenne den **Anlass** deines Briefes, z. B. den Artikel, auf den du dich beziehst.
4. Stelle deine **Meinung** dar und **begründe** sie.
5. Formuliere am **Schluss** Fragen, Wünsche oder Vorschläge.
6. Unterschreibe mit deinem **Namen**. Gib deine **Adresse** an.

Das ist meine Meinung

Leseschlüssel

○ **1** Lies den folgenden Kommentar.

Saubere Paralympics!

Die Paralympics 2016 in Rio sind vorbei und bilanzieren lässt sich neben tollen Wettkämpfen, einem begeisterten Publikum und glücklichen Siegern auch eine wahre Flut an Rekorden. Überraschend sind mehr als 150 neue Weltrekorde aufgestellt worden. Viele sind nicht überraschend, steigen doch die Leistungen der Athleten ständig durch die Verbesserung von Prothesentechnik und Trainingsbedingungen. Aber die Zahl der Weltrekorde kann auch misstrauisch stimmen. Ging es mit rechten Dingen zu?

Die Paralymics stehen im Schatten von Olympia. Es gibt weit weniger Geld und Aufmerksamkeit, auch weniger Dopingkontrollen und Debatten um Doping. Dabei sollte es, wie bei allen anderen internationalen Wettkämpfen, verpflichtende Tests für alle Medaillengewinner geben. Außerdem sollte auch das ganze Jahr über im Training getestet werden. Nur so wird es gelingen, dem Behindertensport mehr Bedeutung zu verschaffen. Gedopte Athleten sind in jedem Fall schlecht für das Image der Spiele. Im Kampf des Behindertensports um mehr Akzeptanz, größere Aufmerksamkeit in den Medien und höhere Einnahmen sind sie aber ein großes Hindernis. Athleten, die sauber und fair zum Wettkampf antreten, müssen den Imageverlust mittragen.

Es wäre also dringend nötig, dass defizitäre Doping-System im Behindertensport zu verbessern. Dann könnten die Paralymics hinsichtlich Fairness und Gerechtigkeit die Olympischen Spiele in den Schatten stellen. Das wäre doch ein lohnenswertes Ziel.

Ein Kommentar von Andrea Müller

◒ **2** Fasse kurz schriftlich zusammen, worum es in dem Kommentar aus Aufgabe 1 geht.

◒ **3** Notiere Textstellen, in denen die Position der Autorin sichtbar wird.

◒ **4** Tauscht euch im Tandem zu folgenden Fragen aus. Macht euch Notizen.
- Welche Meinung vertritt die Autorin und wie begründet sie sie?
- Was möchte die Autorin mit dem Kommentar erreichen?
- Wie wirkt die Sprache des Kommentars auf dich?

◒ **5** Lies noch einmal den Bericht auf Seite 214. Vergleiche ihn mit dem Kommentar aus Aufgabe 1. Notiere Gemeinsamkeiten und Unterschiede.

6 Wähle einen Kommentar aus einer eigenen Zeitung aus. Stelle der Gruppe das Thema und die Position der Verfasserin oder des Verfassers vor.

Merke
Der Kommentar

Ein **Kommentar** gibt die **persönliche Meinung** einer Autorin oder eines Autors zu einem Thema wieder. Dabei bezieht sich der Kommentar meist auf eine Meldung oder Nachricht. Die Autorin oder der Autor **begründen** ihre Meinung mit **Argumenten** und ziehen **Schlussfolgerungen**.

7 Wähle aus, zu welchem Thema du einen Kommentar schreiben willst.

A zum Kommentar auf Seite 213
B zum Kommentar auf Seite 220
C zu einem selbstgewählten Thema

8 Schreibe einen Kommentar. Gehe so vor:
- Bilde dir zum Thema eine eigene Meinung. Notiere sie und begründe.
- Überlege, was und wen du mit deinem Kommentar erreichen möchtest. Behalte dies immer im Auge.
- Formuliere einen Einstieg, nenne das Thema und deinen Ansatzpunkt.
- Schreibe den Hauptteil. Er enthält deine Meinung und Argumentation.
- Formuliere eine Schlussfolgerung oder eine Forderung am Schluss.
- Schreibe deinen Namen unter den Kommentar.

Seite 31 schriftliche Argumentation

Seite 41 Texte korrigieren und überarbeiten

Seite 269 Feedback

9 Tauscht eure Kommentare im Tandem aus, gebt einander ein Feedback. Überarbeitet eure Kommentare, wenn nötig.

10 Lest der Klasse eure Kommentare vor. Diskutiert darüber.

Arbeitstechnik
Einen Kommentar schreiben

Gliedere deinen Kommentar in drei Teile:
1. **Einstieg**: Beschreibe kurz den **Sachverhalt**, auf den du eingehen möchtest. Beantworte darin die Fragen: Worum geht es? Was will ich als Verfasser/in erreichen? Wie wecke ich das Interesse der Leser?
2. **Hauptteil**: Gib deine **Meinung** wieder und begründe sie mithilfe von **Argumenten**. Widerlege Gegenargumente.
3. **Schlussfolgerung**: Ziehe eine klare und deutliche **Schlussfolgerung**, die die Leser zum Nachdenken anregt.

Beachte: Schreibe deinen **Namen** unter den Kommentar.

Sage es direkt!

Wenn Reporter wiedergeben, was eine Person gesagt hat, dann verwenden sie entweder die direkte/wörtliche Rede oder die indirekte Rede.

1 Lies das Interview und den Zeitungsartikel.

Reporter „Mira, du bist Mitglied der Volleyball-Mannschaft des TSV Sandheim. Welche Ziele habt ihr für diese Saison aufgestellt?“
Mira „Die Mannschaft will unbedingt die Badische Meisterschaft gewinnen. Anschließend geht es ins Trainingslager nach Kroatien.“
Reporter „Wie sieht euer Trainingsprogramm momentan aus?“
Mira „Dienstags und donnerstags gibt es Trainingseinheiten zu Ausdauer und Spieltaktik. Freitags ist ein umfangreiches Krafttraining geplant.“
Reporter „Wie gut stehen die Chancen, die Badischen Meisterschaften zu gewinnen?“
Mira „Das Team belegt zur Zeit den 2. Tabellenplatz. Man muss weiter arbeiten, braucht aber auch ein bisschen Glück, um nach oben zu kommen.“
Reporter „Das wünschen wir euch.“

Neues vom Volleyball in Sandheim
Die Volleyball-Jugendmannschaft des TSV Sandheim hat sich für die neue Saison große Ziele gesteckt. Die Kapitänin Mira Feigle erklärte, die Mannschaft wolle die Badische Meisterschaft gewinnen. Anschließend gehe es ins Trainingslager nach Kroatien. Zum Trainingsprogramm erläuterte Mira Feigle, es gebe Trainingseinheiten zu Ausdauer und Spieltaktik, auch plane man ein Krafttraining für jeden Freitag. Zur Frage nach den Chancen bei den Badischen Meisterschaften antwortete die Kapitänin, das Team belege jetzt den 2. Platz in der Tabelle. Man müsse weiter arbeiten und brauche auch Glück, um nach oben zu kommen.

2 Was hat Mira gesagt und in welcher Form steht es in der Zeitung? Vergleicht im Tandem Miras Antworten im Interview mit den entsprechenden Sätzen im Zeitungsbericht.

Seite 296
Modi des Verbs

3 Übernimm die Tabelle. Trage die zueinander passenden Verbformen aus Aufgabe 1 ein.

Interview	Zeitungsartikel
(die Mannschaft) will	*(die Mannschaft) wolle*
…	…

4 Vergleicht im Tandem die Verbformen in der Tabelle. Nennt die Unterschiede.

5 Sieh dir jetzt alle Formen von Indikativ und Konjunktiv I an. Schreibe auf, welche Formen sich unterscheiden, z. B. *1. Person Singular: ich weiß – ich wisse, …*

Indikativ		**Konjunktiv I**	
ich weiß	*wir wissen*	*ich wisse*	*wir wissen*
du weißt	*ihr wisst*	*du wissest*	*ihr wisset*
er/sie/es weiß	*sie wissen*	*er/sie/es wisse*	*sie wissen*

Seite 304 Konjunktivformen

6 Legt im Tandem eine Tabelle wie in Aufgabe 5 an. Bildet zu zwei weiteren Verben alle Verbformen und setzt sie ein.

TIPP
Wenn du unsicher bist, dann schlage in einer Grammatik nach oder recherchiere im Internet.

7 Formuliere zu den Verben in Aufgabe 6 jeweils zwei Sätze, die indirekte Rede wiedergeben. Du kannst die Sätze so beginnen: *Er/Sie sagte, er/sie …*

8 Die folgenden Sätze geben Aussagen in der indirekten Rede wieder. Formuliere die Aussagen in die direkte/wörtliche Rede um.

Seite 299 direkte/wörtliche Rede

a Der Trainer meint, die Mannschaft gehe gut vorbereitet an den Start.
b Der Platzwart informiert, das Stadion werde um 18 Uhr geöffnet.
c Yakub mahnt, es sei Zeit, auf den Platz zu gehen.

9 In einigen Fällen sind die Formen von Konjunktiv I und Indikativ identisch (z. B. wir wissen). Als Ersatz kann man dann den Konjunktiv II in der indirekten Rede verwenden. Sieh dir das Beispiel an.

Tolga meint, die Sportler hätten viel trainiert.

10 Wandle die folgenden Aussagen in die indirekte Rede um. Entscheide dich für eine der folgenden Möglichkeiten: *a Alex meint, Fußballspielen sei gefährlich für das Nasenbein. Alex meint, Fußballspielen wäre gefährlich für das Nasenbein.*

a Alex: „Fußballspielen ist gefährlich für das Nasenbein."
b Mirko: „Schwimmer brauchen einen langen Atem."
c Nina: „Turner haben die meisten Muskeln."

Merke
Die indirekte Rede

Mit der **indirekten Rede** gibt man wieder, was jemand gesagt hat. Die gebeugte Verbform steht meist im **Konjunktiv I.** → Sergej sagt, er wisse nichts davon.
Wenn sich der Konjunktiv I nicht vom Indikativ Präsens unterscheidet (wir wissen – wir wissen), dann wird als Ersatzform der **Konjunktiv II** verwendet. → Sergej sagt, sie wüssten nichts davon.

Er meint, es sei cool ...

1 Lies die Aussagen in den Sprechblasen.

2 Klärt im Tandem, woran man erkennt, dass der Junge die Aussage des Mädchens wiedergibt.

3 Schreibe die folgenden Sätze ab. Ergänze dabei die fehlenden Satzzeichen für die direkte Rede.

a Vor den Paralympics müssen wir sehr hart trainieren sagt Trainer Günther zu seinen Spielern.
b Michael Feistle vom Team der deutschen Goalball-Spieler erklärt Wir müssen uns hundertprozentig auf unseren Trainer verlassen können
c Unser Ziel ist es, eine gute Leistung abzuliefern meinen die Goalball-Spieler wenn wir dabei noch eine Medaille gewinnen, freuen wir uns umso mehr

4 Wandle die folgenden Aussagen in die direkte Rede um. Schreibt sie auf, z. B. *a Der Trainer lobte die Spieler: „Ihr habt gut gespielt!"*

a Der Trainer lobte die Spieler, sie hätten gut gespielt.
b Der Lehrer lobte den Schüler, er sei sehr gut vorbereitet.
c Der Nachbar beschuldigte Herrn Meier, er verbreite die Unwahrheit.
d Der Autor kritisierte die Politikerin, sie sage nicht die Wahrheit.
e Die Lehrerin ermahnte die Kinder, sie seien viel zu laut.
f Die Kinder beschwerten sich bei ihren Eltern darüber, dass sie zu wenig Taschengeld bekämen.
g Nach der Aussage des Trainers habe der Torwart zu viele Fehler gemacht.

5 Der Trainer stellt den Fußballern Fragen. Formuliert im Tandem die Fragen in die indirekte Rede um, z. B. *a Der Trainer fragt, ob sie jetzt alle da seien.*

a „Seid ihr jetzt alle da?“
b „Seid ihr mit eurer Leistung zufrieden?“
c „Seid ihr gut vorbereitet?“
d „Seid ihr darauf gespannt?“
e „Seid ihr gut gelaunt?“

6 Formuliere die folgenden Aussagen in indirekte Rede um. Verwende den Konjunktiv II und schreibe die Sätze auf, z. B. *a Benny erzählte, sie hätten viel trainiert.*

a Benny erzählte: „Wir haben viel trainiert!“
b Wanda sagte: „Wir haben die Zeitung gelesen.“
c Kirsten meinte: „Wir haben uns am Eingang getroffen.“
d Sabine ergänzte: „Wir haben einen Leserbrief geschrieben.“
e Yussuf prahlte: „Wir haben das vierte Spiel in Folge gewonnen!“

7 Lies das Interview mit dem Geräteturner Marcel Nguyen, der an den Olympischen Spielen 2016 in Rio de Janeiro teilgenommen hat.

Interviewer „Stimmt es denn eigentlich, dass Sie in China sogar zum bestaussehenden Turner aller Zeiten gewählt wurden?“
Marcel Nguyen „[…] Wenn es so sein sollte, ist es auf jeden Fall cool.“
Interviewer „Die Zahl Ihrer Facebook-Fans hat sich mit den Olympischen Spielen schlagartig von 3 000 auf fast 200 000 erhöht. Wie sehr spüren Sie selbst Ihren gestiegenen Bekanntheitsgrad?“
Marcel Nguyen „Das hat sich schon verändert, in London wurde ich bereits von vielen Engländern angesprochen und beglückwünscht.“
Interviewer „Und wie ist es für Sie zu realisieren, in der Riege der größten deutschen Turner aller Zeiten angekommen zu sein?“
Marcel Nguyen „Das ist ein sehr gutes Gefühl. Ich bin schon ein bisschen stolz darauf, was ich erreicht habe. Wenn es bei Olympia so gut klappt, ist das natürlich überragend.“
Interviewer „Sie galten bisher als sensibles Naturtalent, dem alles zufliegt – und das deshalb schon auch mal etwas trainingsfaul sein kann. Was ist da dran?“
Marcel Nguyen „Das ist doch bei jedem so, dass er nicht jeden Tag zu 100 Prozent motiviert ist. Ich bekomme das mit meinem Coach aber gut auf die Reihe. Ich versuche mittlerweile, konzentrierter ranzugehen und das Beste aus der Zeit zu machen, in der ich trainiere. […]“

8 Wähle zwei Aussagen von Marcel Nguyen aus und schreibe sie in indirekter Rede auf, z. B. *Marcel Nguyen meint, es sei cool, in China zum bestaussehenden Turner aller Zeiten gewählt zu werden.*

11 Digitale Kommunikation

Möglichkeiten und Gefahren im Internet untersuchen

1

2

3

4

5

6

Das lernst du jetzt:

- Möglichkeiten der Kommunikation im Internet erkennen
- Gefahren bei der Kommunikation im Internet erkennen
- dich in sozialen Netzwerken richtig verhalten
- einen Klassenblog anlegen
- Urheber- und Persönlichkeitsrechte untersuchen
- Fake News untersuchen und aufdecken
- Fremd-, Lehnwörter und Anglizismen unterscheiden

1 Was ist Kommunikation? Seht euch die Bilder auf Seite 226 an. Tauscht euch über die verschiedenen Kommunikationsformen aus.

2 Stellt Vermutungen an, wie sich die Kommunikation in den nächsten 20 Jahren verändern wird.

3 Wie kommuniziert ihr im Internet? Übernehmt die Tabelle und füllt sie für den gestrigen Tag aus.

Was?	Womit?	Wo?	Wie lange?
Blog (über Mode)	*Handy*	*im Bus*	*15 Minuten*
...	...	...	...

4 Vergleicht eure Ergebnisse in der Gruppe und tauscht euch darüber aus.

5 Verbindet die folgenden Sätze jeweils mit einem Smiley und besprecht, wie die Sätze auf euch wirken.

Ich liebe saure Äpfel!

Es ist alles vorbei!

6 Wählt eine der abgebildeten Emoji-Folgen aus und denkt euch eine kurze Geschichte dazu aus. Erzählt sie dann in der Klasse.

A

B

7 Wählt eine Partnerin oder einen Partner. Sucht im Internet Informationen über einander. Notiert sie und tauscht euch anschließend im Tandem über folgende Fragen aus:
- Welche Art von Informationen konntet ihr finden? Hat sie eure Partnerin oder euer Partner selbst veröffentlicht oder stammen sie aus anderen Quellen, z. B. dem Sportverein?
- Habt ihr Informationen über gleichnamige Personen gefunden? Um welche Personen handelt es sich und was habt ihr erfahren?

RGS **8** Versucht, die folgenden Fremdwörter ins Deutsche zu übersetzen.

Charts *Headset* *zappen* *Ranking* *App* *Blogger*

Chatten und bloggen

Es gibt verschiedene Arten, über das Internet zu kommunizieren: soziale Netzwerke, Chats, Blogs ... Du kommunizierst aber auch schon, wenn du Fotos, Texte und Videos teilst oder Computerspiele spielst.

1 Lies den folgenden Chatverlauf.

deidei13 betritt den Klassenraum

BVB-Lover ak also für deutsch die geschichten von der hp und mathe 1+2? 🙈

Asile mathe is scheisse 😂

mathefan Mathe ist nicht scheiße! Du hast nur die falsche Einstellung!

BigBoom hdf

BVB-Lover hat den Klassenraum verlassen

KäptnBlaubär tw! was geht am we?

deidei13 kp...hws city oda so

BigBoom lol wer geht schon inne city. *kopfschüttel* partykeller von Ole 🎉

deidei13 k. g2g bb

deidei13 hat den Klassenraum verlassen

2 Untersucht den Chatverlauf im Tandem und beantwortet die Fragen:
- Was fällt euch an Sprache und Schreibstil auf?
- Wie lautet der Chatverlauf in „richtigem" Deutsch? Übersetzt ihn.
- Wozu dienen die Emojis[1]?
- Wie präsentieren sich die Chatteilnehmer? Sind sie euch sympathisch oder nicht? Begründet.

3 Tauscht euch in der Gruppe darüber aus, wie ihr mit der Familie chattet und wie mit Freunden. Nennt Gemeinsamkeiten und Unterschiede.

4 Untersucht im Tandem euer Chatverhalten. Beantwortet die Fragen:
- Wie chattet ihr?
- Was gefällt euch im Chat und was stört euch?
- Was veröffentlicht ihr im Chat und was nicht?

5 Wie möchtet ihr euch im Chat verhalten und wie sollen sich andere verhalten? Stellt in der Klasse Regeln auf, die sogenannte Chatiquette[2]. Schreibt die Regeln auf ein Plakat.

[1] Emoji: Bild, das auf Gefühlslagen, Gegenstände, Essen oder Ähnliches verweist

[2] Chatiquette: Regeln für angemessenes Verhalten im Chat

6 Kennt ihr Blogs? Notiert, welche Blogs ihr schon gesehen und gelesen habt. Tauscht euch in der Gruppe darüber aus.

7 Lies den folgenden Auszug aus einem Reiseblog. Notiere dann:
- wer diesen Beitrag geschrieben hat und worüber informiert wird,
- wer angesprochen wird,
- in welchem Stil er geschrieben ist.

17.09.17 | 3 Kommentare

Heute bin ich auf meiner Rundreise durch Bulgarien an einem wunderschönen Ort gelandet: Belogradtschik. Wer die Natur liebt und gerne wandern geht, sollte hier unbedingt einmal hinfahren. Ich bin früh angekommen und hatte das Glück, den Sonnenaufgang auf einer kleinen Anhöhe zu beobachten, und was sich mir da bot, war atemberaubend: Eine weite Landschaft erstreckte sich vor mir, gesprenkelt mit roten Felsen. Am Mittag habe ich eine Wanderung auf dem roten Weg unternommen. Eigentlich sollte der nur 6 km lang sein. Meine GPS-Uhr hat nachher 12 km angezeigt. Da stimmte die Entfernung auf der Wanderkarte nicht ganz. ☺ Jetzt bin ich total k.o. Ich werde euch morgen mit weiteren Bildern und Informationen versorgen! Da bin ich dann wieder in Sofia und habe eine bessere Internetverbindung und etwas mehr Zeit als heute.

8 Welche Funktion hat ein Blog? Sammelt Stichworte an der Tafel.

9 Schreibe einen Tagebucheintrag über deinen gestrigen Tag.

Seite 274
Tagebucheintrag

10 Diskutiert in der Gruppe, was passieren würde, wenn euer Tagebucheintrag veröffentlicht werden würde. Besprecht folgende Fragen:
- Welche Informationen würdet ihr mitteilen wollen?
- Welche Informationen würdet ihr nicht mitteilen? Begründet.

Merke

Chat und Blog

Im **Chat** können Textnachrichten **gleichzeitig** mit **mehreren Teilnehmern** über das Internet ausgetauscht werden.

Der **Blog** (Abkürzung für Web Log) ist meist ein **öffentliches Tagebuch** im Internet. **Blogger** schreiben oft sehr **persönlich** über ihre **Erlebnisse** oder ein **Thema**. Die Beiträge können **Bilder, Videos** oder **Links** enthalten.
Die **Leserinnen und Leser** können Kommentare oder eigene Beiträge **posten**.
Dabei stehen die **neuesten Beiträge** an oberster Stelle.
Ein Blog dient dem **Austausch** und der **Dokumentation**, z. B. bei Projektarbeit.

Was zeigt ihr im Netz?

WhatsApp, Twitter, Snapchat, Instagram, Blogs, Facebook, Onlineshops und so weiter. Überall hinterlasst ihr eure Spuren ...

1 Spielt das folgende **Positionsspiel** in der Klasse. Geht so vor:
- Bestimmt eine Person, die Fragen stellt, und eine, die Antworten an der Tafel notiert.
- Teilt den Klassenraum in zwei Hälften. Die eine Seite bedeutet „ja", die andere Seite „nein". Stellt euch am Anfang in der Mitte auf.
- Stellt die vier Fragen: Würdest du ...

deinen Nachnamen	deine Anschrift	deine Handynummer	Bilder von dir

... im Internet veröffentlichen?

- Jeder beantwortet für sich die Frage und stellt sich anschließend auf die Seite, die seine Antwort widerspiegelt.
- Notiert die Antworten in Strichlisten oder als Zahlen.
- Beantwortet jetzt die folgenden vier Fragen: Hast du schon einmal ...

deinen Nachnamen	deine Anschrift	deine Handynummer	Bilder von dir

... im Internet veröffentlicht?

- Notiert die Antworten in Strichlisten oder als Zahlen.
- Vergleicht die beiden Ergebnisse miteinander. Tauscht euch darüber aus.
- Besprecht, wann und wo ihr eure Daten veröffentlicht habt. Klärt, ob und welche Nachteile sich für euch daraus ergeben könnten.

2 Marvin hat sich bei verschiedenen Firmen um einen Ausbildungsplatz beworben. Seht euch das Bild an. Erklärt, warum er Absagen erhalten hat. Stellt im Tandem Vermutungen darüber an, was er veröffentlicht hat.

○ **3** Lies den folgenden Text.

Tara, 14 Jahre, bekam vor zwei Wochen folgende Nachricht über ein soziales Netzwerk:
„Hallo Tara, mein Name ist Sebastian. Ich bin 15 Jahre alt und finde dein Bild total süß. Leider sieht man darauf nur dein Gesicht. Ich hab mich sofort in dich verliebt und würde gerne mehr von dir sehen. Kannst du mir nicht Ganzkörperaufnahmen schicken? Vielleicht auch von deinem letzten Badeurlaub. Das wäre echt spitze.
Ich denke an dich und hoffe, dass wir uns bald mal treffen können. Vielleicht wohnst du in meiner Nähe und wir gehen mal zusammen ins Kino?“

○ **4** Beschreibt die Situation im Tandem und beantwortet die Fragen:
- Wie würdet ihr euch fühlen, wenn ihr diesen Text bekommen hättet?
- Wer könnte Sebastian sein? Und wie kann man herausfinden, ob er wirklich der ist, der er vorgibt zu sein?
- Stellt Vermutungen an, warum Sebastian diese Dinge wirklich will.
- Diskutiert über mögliche Ausgänge dieser Geschichte.

○ **5** Versetzt euch in Tara hinein. Ihr habt geantwortet und werdet nun von dem, der die Nachricht verfasst hat, bedrängt. Besprecht in der Gruppe, was ihr in einer solchen Situation tun oder an wen ihr euch wenden könnt.

TIPP
Beratungsstellen im Internet sind z. B. Zartbitter e. V. oder Jugend-Support

◒ **6** Klärt in der Klasse die folgenden Fragen:
- Warum solltet ihr nicht alle Informationen über euch im Internet preisgeben?
- Was könnte passieren, wenn ihr zu viele Informationen preisgebt?

TIPP
Beachtet eure Ergebnisse aus den Aufgaben 1, 2 und 5.

◒ **7** Stellt Regeln auf, wie ihr euch im Internet richtig verhaltet und eure persönlichen Daten schützen könnt.

TIPP
Vergleicht mit der Checkliste und ergänzt, wenn nötig.

Checkliste
Wie verhalte ich mich im Internet?

☑ Veröffentliche **niemals** deine **Adresse** oder **Telefonnummer**.
☑ Veröffentliche **keine Party- oder Strandfotos** von dir.
☑ **Achte** auf die Informationen, die du **preisgibst** – auch scheinbar unwichtige Informationen wie z. B. Hobbys sagen viel über dich aus.
☑ **Beleidige keine Personen** und verbreite **keine Unwahrheiten**.
☑ **Behalte** vertrauliche Informationen **für dich**.
☑ Wenn du **über andere Personen** schreibst, überlege genau, ob sie sich durch deinen Beitrag verletzt fühlen könnten.
☑ Sei dir im Klaren darüber, dass andere Nutzer Informationen **nur zum Scherz** verbreiten könnten.
☑ Informationen können der **Manipulation** dienen. **Glaube nicht** alles, was du im Internet liest.

Test
2877y9

Euer Klassenblog

Blogs gibt es im Internet zu den unterschiedlichsten Themen. Ihr findet Reiseblogs, Fitnessblogs, Modeblogs, Kochblogs und viele mehr. Hier lernt ihr, wie ihr einen Klassenblog anlegt und mit Informationen füllt.

1 Tauscht euch in der Gruppe über Blogs aus, die ihr kennt. Beantwortet dabei die folgenden Fragen:
- Welchen Namen trägt der Blog?
- Von welchem Thema handelt er?
- Wer schreibt den Blog?
- Wer liest den Blog?
- Werden Bilder, Videos und Links verwendet?
- Wie regelmäßig wird der Blog aktualisiert?

Seite 229
Chat und Blog

2 Überlegt in der Gruppe, wofür ein Blog eingesetzt werden kann und wie er aufgebaut sein sollte. Macht euch Notizen.

3 Erstellt nun euren eigenen Klassenblog. Sammelt zuerst Ideen, was ihr in eurem Klassenblog besprechen möchtet, z. B. Klassenfahrten, Lernprojekte, Tag der offenen Tür, Schulfeste …

4 Legt ein Thema fest und findet passende Unterthemen.

Thema Klassenfahrt:

Sehenswürdigkeiten am Zielort | *Lage des Ortes* | *Tagebuch* | *…*

5 Teilt die Unterthemen auf, sodass jede Schülerin und jeder Schüler Experte auf einem Themengebiet ist.

TIPP
Achte darauf, dass du nur glaubwürdige Quellen nutzt.

6 Recherchiere jetzt zu deinem Unterthema. Nutze Bücher, Zeitschriften oder Zeitungen, Artikel im Internet, andere Blogs oder suche das persönliche Gespräch.

Seite 281
Mindmap

7 Lege zu deinem Unterthema eine Mindmap an. Notiere alles, was dir zu deinem Thema einfällt.

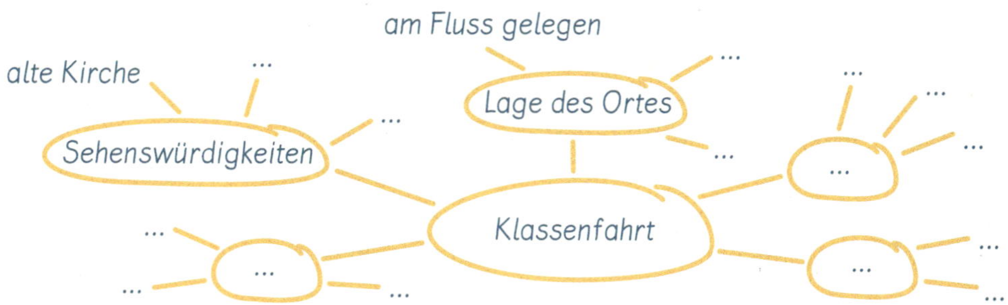

8 Strukturiere deinen Text. Nutze dazu deine Mindmap und füge Informationen aus deiner Recherche hinzu.

9 Formuliere deine Notizen aus. Verwende zur besseren Verständlichkeit Zwischenüberschriften.

10 Suche nun passende Bilder oder Videos zu deinem Thema. Verwende eigene oder lizenzfreie[1] Bilder und gib die Quellen an.

11 Ergänze deinen Text mit Links zu anderen Seiten. So kann sich die Leserin oder der Leser auch über deinen Blog hinaus informieren.

12 Tauscht eure Blogeinträge in der Gruppe aus und überprüft sie mithilfe einer Schreibkonferenz.

13 Bereitet den Blog für die Veröffentlichung auf eurer Schul-Website vor. Geht dabei so vor:
- Formuliert eine kurze und interessante Überschrift für euren Blog, die deutlich macht, worum es geht.
- Entwerft ein Logo für euren Blog.
- Entwickelt eine Gestaltung und legt Rubriken für eure Unterthemen an.
- Schreibt eine Über-euch-Seite, in der ihr das Blogger-Team vorstellt.
- Lasst euren Blog auf der Schul-Website einrichten.

14 Stellt der Klasse euren Blog vor. Besprecht, wie ihr damit zukünftig arbeiten wollt.

[1] lizenzfreie Bilder: Bilder, für die man keine Nutzungsgebühr bezahlen muss, weil der Fotograf mit der Veröffentlichung einverstanden ist

Seite 275
Schreibkonferenz

Arbeitstechnik
Einen Blog erstellen

1. Wähle ein **Thema**, zu dem du dich mit anderen austauschen möchtest.
2. Formuliere eine kurze und aussagekräftige **Überschrift** für den Blog.
3. **Recherchiere** zu deinem Thema. Achte auf glaubwürdige Quellen.
4. **Notiere** alles, was du zu deinem Thema weißt und was die Recherche ergeben hat.
5. **Strukturiere** deine Informationen.
6. **Überprüfe** deine Texte bezüglich Rechtschreibung, Grammatik und Stil.
7. Suche zu deinem Thema passende **Bilder** oder **Videos**.
8. Ergänze **Links** zu thematisch passenden Internetseiten.
9. Entwickle eine **Gestaltung** mit Rubriken zu deinen Unterthemen.
10. Schreibe eine **Über-dich-Seite**, auf der du dich vorstellst.
11. Lass den Blog auf einer **Plattform** installieren.

Beachte: Ein Blog muss **regelmäßig „gepflegt“** werden. Beantworte Fragen, tausche dich aus, ergänze Informationen, lösche Unwichtiges.

Jeder hat Rechte

Im Internet wird ständig veröffentlicht und geteilt. Viele der veröffentlichten Fotos und Videos verstoßen aber gegen die Rechte anderer. Urheber- und Persönlichkeitsrechte müssen bei jeder Aktion im Internet beachtet werden.

TIPP
Das allgemeine Persönlichkeitsrecht ist als Grundrecht in Artikel 1–10 des Grundgesetzes vermerkt.

○ **1** Lies die folgenden Sachtexte zu Urheberrecht und Persönlichkeitsrecht.

Urheberrecht
Das Urheberrecht schützt die Rechte des Urhebers (Autor/in, Fotograf/in, Erfinder/in usw.) an seinem Werk, also dem, was die Person produziert hat. Die Person darf selber entscheiden, wie ihr Werk genutzt wird, z. B. wo und wie es veröffentlicht wird.

Persönlichkeitsrecht
Das Persönlichkeitsrecht schützt das Leben und die Freiheit jeder Person. Dazu zählt auch, dass jeder Mensch das Recht am eigenen Bild hat. Jeder darf selbst darüber bestimmen, ob und in welchem Zusammenhang Bilder oder Videos von ihm veröffentlicht werden. Deshalb muss man um Erlaubnis bitten, bevor man ein Foto oder Video von dieser Person veröffentlicht.

◒ **2** Übernimm die Tabelle und notiere die wichtigsten Informationen.

Urheberrecht	Persönlichkeitsrecht
– …	– …

○ **3** Lies die näheren Erläuterungen zum Recht am eigenen Bild.

Das Recht am eigenen Bild: Ausnahmen
Wenn du ein Foto von bekannten Personen (Politiker, Stars, Künstler, Sportler usw.) veröffentlichen willst, kannst du das tun, aber nur, wenn das Foto in einem öffentlichen Zusammenhang (z. B. Autogrammstunde) entstanden ist. Nur weil eine Person bekannt ist, darfst du sie nicht in allen Lebenslagen fotografieren und diese Bilder veröffentlichen. Auch Prominente haben ein Recht auf Privatsphäre.
Erlaubt sind auch Aufnahmen von öffentlichen Menschenansammlungen, z. B. Karneval, Demonstrationen oder Konzerte.
Wenn du eine Sehenswürdigkeit fotografierst und eine Person läuft durch dein Bild, so darfst du das Bild veröffentlichen. Das Motiv muss dabei allerdings im Vordergrund stehen und die Person auf dem Foto darf nur „Beiwerk“ sein.

◒ **4** Erläutert in der Gruppe, was man zu beachten hat, wenn man eigene Aufnahmen von anderen Personen veröffentlichen möchte.

5 Seht euch die drei Fotos an. Entscheidet im Tandem, ob man sie veröffentlichen darf oder ob man vorher die Abgebildeten um Erlaubnis bitten muss. Begründet eure Meinung.

6 Lies die folgenden Beschreibungen verschiedener Situationen.

a *Philipp hat in der Schule seine hübsche, neue Mathelehrerin fotografiert. Er veröffentlicht das Foto mit der Einstellung „nur Freunde können es sehen".*

b *Hanna hat bei einer Autogrammstunde von Mike Singer ein Foto von ihm gemacht und veröffentlicht es im Netz, ohne ihn vorher gefragt zu haben.*

c *Christoph sieht Heidi Klum im Badeurlaub am Strand und macht unbemerkt ein Bild von ihr. Um seinen Freunden zu imponieren, veröffentlicht er das Bild im Internet auf seiner Seite.*

d *Katrin hat mit ihrem Selfie-Stick ein Bild von sich auf dem Schulhof aufgenommen und nutzt dieses Foto nun als Profilbild.*

7 Überlegt im Tandem, in welchen Situationen das Veröffentlichen der Fotos erlaubt und in welchen es nicht erlaubt ist. Begründet eure Entscheidung.

TIPP
Nutzt eure Ergebnisse aus den Aufgaben 2 und 4.

8 Verteilt in der Gruppe die folgenden Themenpunkte für einen Kurzvortrag.

Urheberrecht | *Persönlichkeitsrechte allgemein*

Recht am eigenen Bild | *Ausnahmen beim Recht am eigenen Bild*

9 Bereitet in der Gruppe den Kurzvortrag vor. Geht so vor:
- Tragt zu jedem Themenpunkt die Informationen zusammen.
- Wählt zu jedem Themenpunkt passende Beispiele aus, die das Problem veranschaulichen.
- Tragt einander in der Gruppe eure Teile des Kurzvortrags vor und tauscht euch darüber aus. Ändert, falls nötig.

Seite 271
Kurzvortrag

10 Tragt der Klasse euren Kurzvortrag vor. Erstellt danach gemeinsam eine Checkliste für den Umgang mit Bildern und Videos im Internet.

Gefälschte Meldungen

Besonders im Internet lassen sich Falschmeldungen, genannt Fake News, mit Fotos und Videos über soziale Netzwerke oder Blogs schnell verbreiten. Es ist oft nicht leicht, sie zu erkennen und aufzudecken. Frage dich daher immer, woher eine Nachricht stammt und welche Absicht sie haben könnte.

1 Habt ihr schon Erfahrungen mit Fake News gemacht? Tauscht euch in der Gruppe darüber aus.

2 Lest die folgenden Texte. Entscheidet im Tandem, welche Nachricht wahr und welche falsch ist. Begründet eure Meinung.

Lecker Hund zum Diner

Im Schweizer Restaurant „La Table Suisse" wird traditionell Katzen- und Hundefleisch serviert. Es werden alte Schweizer Rezepte auf die Speisekarte gesetzt, z. B. „Büsirücken", das zarteste Stück Katzenfleisch, das es gibt. Das Lokal ist gut besucht, vor allem an den Wochenenden bleibt kaum ein Tisch frei, wie der Besitzer stolz mitteilt. Hundefleisch zu essen, ist in der Schweiz legal.

14. Mai um 10:38. Gefällt mir

OSNABRÜCKER ZEITUNG

London zeigt erste Kunstausstellung für Hunde

Es ist die nach eigenen Angaben „weltweit erste Kunstausstellung für Hunde" – und sie verfolgt ein ausgeprägtes Mitmach-Konzept. So können die Vierbeiner im überdimensionierten Fressnapf namens „Dinnertime Dreams" (Essenszeit-Träume) herumtollen oder ihre Nasen in den Wind des Autofahrsimulators „Cruising Canines" (herumfahrende Hunde) stecken. Geschaffen wurde die ungewöhnliche Ausstellung in der Tanner Street vom Künstler Dominic Wilcox, der damit Tierhalter dazu ermutigen möchte, mehr Zeit mit ihren Haustieren zu verbringen. Dahinter steht die Kampagne „Play More".

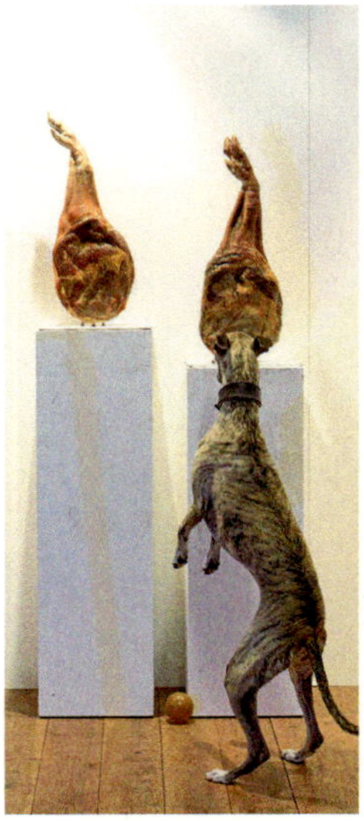

Constantin Binder, 21.08.2016

3 Untersucht jetzt im Tandem die beiden Nachrichten genauer. Recherchiert im Internet, woher die Nachrichten stammen. Gebt die Quellen an.

TIPP
Nennt z. B. Autor/-in und die Website, auf der die Nachricht steht.

4 Lest die Meldungen noch einmal genau. Prüft im Tandem, ob Fakten enthalten sind, die sich belegen lassen, z. B. Orts- und Zeitangaben.

TIPP
Prüft, ob es im Internet noch weitere Meldungen dazu gibt.

5 Fake News sind oft reißerisch, wenig faktenreich und sie vermitteln häufig radikale Meinungen. Überprüft die Nachrichten unter diesen Aspekten.

● **6** Weist nach, welche der Nachrichten zu den Fake News zählt. Belegt eure Entscheidung. Nennt die Absicht, die hinter der Nachricht steckt.

TIPP
Nutzt die Ergebnisse aus den Aufgaben 3 bis 5.

● **7** Warum werden Fake News in Umlauf gebracht? Tauscht euch in der Gruppe dazu aus. Nennt mögliche Gründe.

○ **8** Lies die folgenden Meldungen, die nicht der Realität entsprechen. Es sind Fake News.

Papst unterstützt den Präsidentschaftskandidaten FAKE!

Muslime stürmen Weihnachtsbaum in einem Shopping-Center FAKE!

● **9** Klärt in der Gruppe, welche Ziele diese Nachrichten verfolgen. Mit welcher Absicht werden solche Nachrichten verbreitet?

◒ **10** Ihr sollt nun der Klasse das Thema „Fake News" näher bringen. Fasst dazu alle Informationen dieser Seiten zusammen, entscheidet euch für eine Präsentationsform und bereitet die Präsentation vor.

◒ **11** Präsentiert der Klasse eure Informationen zu Fake News. Tauscht euch darüber aus, wie ihr Fake News aufdecken könnt.

Merke
Fake News

Fake News sind bewusste **Lügen**, die **absichtlich verbreitet** werden und wie seriöse Nachrichten aussehen sollen. Ihr Ziel ist die **Beeinflussung** und **Manipulation** der Leser aus persönlichen, politischen oder wirtschaftlichen Gründen. Fake News werden auf **elektronischem Weg** verbreitet, z. B. über soziale Medien. Sie werden durch Posts, Likes und Retweets der Nutzer weitergegeben.

Checkliste zum Untersuchen und Erkennen von Fake News:
- Überprüfe die Nachricht mithilfe deiner **eigenen Kenntnisse** und **Erfahrungen**. Frage dich, ob die Meldung stimmen könnte.
- Prüfe, ob die Nachricht **übertriebene Fakten** und/oder **radikale Meinungen** vermittelt.
- Prüfe, woher eine Nachricht stammt. Handelt es sich um **unbekannte** oder **unseriöse Quellen** oder **Autoren**?
- Prüfe, ob die Nachricht **belegbare Fakten** enthält. Recherchiere mithilfe **anderer Quellen** die Richtigkeit der Fakten.
- Sieh dir die **Bilder** an. Prüfe, ob Bilder aus anderen Zusammenhängen stammen oder nachträglich bearbeitet wurden.
- Kläre, ob die Nachricht aktuell ist. Frage dich, wieso **veraltete Fakten** veröffentlicht werden.
- Frage dich, **welche Absicht** verfolgt wird und **wem** diese Nachricht **nützt**.

Wörter kommen – Wörter gehen

Seite 299
Fremdwörter und Lehnwörter

1 Lies den folgenden Text über Fremd- und Lehnwörter im Deutschen.

Im Deutschen gibt es viele Wörter, die ursprünglich aus einer anderen Sprache stammen. Einen Teil dieser Wörter erkennt man an der Schreibweise oder der Aussprache, zum Beispiel bei den **Fremdwörtern** Information oder Vitalität. Bei einem großen Teil der übernommenen Wörter hat sich allerdings im Laufe der Zeit Aussprache, Schreibweise und Flexion[1] der deutschen Sprache angepasst. Diese Wörter werden **Lehnwörter** genannt, wie z. B. Notiz, das von dem lateinischen Wort „notitia" abstammt. Einige Wörter sind so in den allgemeinen Sprachschatz eingegangen, dass ihr fremder Ursprung nicht mehr wahrgenommen wird, wie z. B. bei Teller oder Kirche. In Medientexten und besonders in Fachtexten ist die Anzahl der Fremdwörter sehr hoch, weil die Texte schwierige Zusammenhänge knapp und genau darstellen. Im Laufe der Jahrhunderte gab es immer wieder Entwicklungen in Technik, Wissenschaft und Gesellschaft, die zur Übernahme von Wörtern führten. Ein Teil dieser Wörter wurde dauerhaft in den deutschen Wortschatz aufgenommen, wie z. B. Risiko oder Fabrik. Andere Begriffe wie Billet oder Matrize hielten sich nur kurze Zeit.

[1] Flexion: Beugung, Deklination und Konjugation

2 Lies die Aussagen zum Text. Schreibe nur die richtigen Aussagen ab.

Alle/Viele der übernommenen Wörter erkennt man an Schreibweise und Aussprache.
Lehnwörter/Fremdwörter werden wie deutsche Wörter flektiert.
Bei Lehnwörtern ist erkennbar/nicht erkennbar, ob sie aus einer anderen Sprache stammen.
Entwicklungen in Technik, Wissenschaft und Gesellschaft sind kein/oft Anlass für neue Wörter.

3 Lest den Text. Tauscht euch im Tandem über den Inhalt aus.

Als die Römer in den Jahrhunderten nach Christus an Rhein und Donau vordrangen, führten sie Bautechniken ein, die den Germanen unbekannt waren. Aus diesem Bereich wurden viele lateinische Wörter in die deutsche Sprache übernommen.
Auch die sich mit den Römern ausbreitende christliche Religion brachte neue Wörter mit, die für Personen oder Einrichtungen dieser Religion standen.
Im Verlauf des Mittelalters fanden dann Wörter aus dem Französischen Eingang in die deutsche Sprache. Es waren Begriffe aus dem Rittertum.
Im späten Mittelalter entwickelte sich das Bankwesen in Italien. Die mit ihm verbundenen Wörter sind daher italienischen Ursprungs.
Der Handel hatte im ausgehenden Mittelalter stark zugenommen, wobei viele Waren über die Meere transportiert wurden. Auch dadurch kamen neue Wörter ins Deutsche.

4 Übernehmt im Tandem die Tabelle. Schreibt die Wörter in die richtige Tabellenspalte.

Mauer | Mönch | Bilanz | Palast | Turnier | Kompass
Konto | Kloster | Abenteuer | Kapitän | Fenster | Bankrott

Römer/ Bauwesen	Römer/ Christentum	Mittelalter/ Rittertum	Mittelalter/ Bankwesen	Mittelalter/ Handel
Mauer, …	…	…	…	…

TIPP
Wenn du unsicher bist, sieh in einem Herkunftswörterbuch oder im Duden nach.

5 Lies den folgenden Text.

Im 17. und 18. Jahrhundert nahm die französische Sprache erneut Einfluss. Viele verstanden Frankreich als führende Nation und somit als Vorbild. Übernommene Begriffe kamen aus den Bereichen Verwaltung, Essen und Mode. Auch während der Französischen Revolution 1789 entstanden neue Wörter, die in andere Sprachen übernommen wurden. Im 19. Jahrhundert gewann Großbritannien eine Vormachtstellung. Englische Begriffe aus Wirtschaft und Zeitungswesen verbreiteten sich.

6 Schreibe die Tabelle ab und ordne die folgenden Wörter ein.

Etat | Dessert | Konzern | Minister | Terrorismus | Konfitüre
Reporter | Frisur | Komitee | Teint | Nougat | Pantoffel

Frankreich/ Verwaltung	Frankreich/ Essen	Frankreich/ Mode	Französische Revolution	Großbritannien/ Wirtschaft/Zeitung
Etat, …	…	…	…	…

7 Lies den Text. Schreibe die im Text genannten Lehn- und Fremdwörter heraus.

Der wissenschaftlich-technische Fortschritt im 19. Jahrhunderts hatte ebenfalls neue Wörter zur Folge, da Dinge benannt werden mussten, die es vorher nicht gab, z. B. Lokomotive oder Elektrizität. Auch gesellschaftliche Erscheinungen wie Streiks wurden mit Begriffen versehen. Im 20. Jahrhundert entstanden dann neue Wörter im Bereich Wissenschaft und Technik, die vor allem aus der englischen Sprache kamen, z. B. Radar oder Sozialismus.

8 Bildet Gruppen und wählt einen Bereich, z. B. Essen, Mode, Sport …
Schreibt möglichst viele englischsprachige Wörter, die im Deutschen verwendet werden, dazu auf.

9 Vergleicht und besprecht eure Wörtersammlungen in der Klasse.

Von Alien bis Zoom

TIPP
Versucht, für alle Fremdwörter auf dieser Seite passende deutsche Wörter zu finden.

1 Im folgenden Text stehen einige Fremdwörter aus der englischen Sprache. Schreibt sie heraus und klärt im Tandem ihre Bedeutung.

Alltagsstress
Heute habe ich ausnahmsweise keine Bodylotion genommen. Sie ist mir leider ausgegangen, obwohl ich in einem Outlet mehrere Flaschen gekauft habe. Zum Glück war alles Sale und ich musste nicht viel zahlen. Es ist wirklich ein riesiger Boom mit diesen duftenden Lotionen. Ich gehe jetzt mal in ein Fast-Food-Restaurant. Danach riechen sowieso alle gleich.

2 In diesem Text fehlen die Fremdwörter. Schreibt den Text ab und setzt dabei die folgenden Fremdwörter ein. Klärt im Tandem ihre Bedeutung.

Feeling | Adventure | Duty-free-Shop | Guide | Hit
Rushhour | Arrival | Location | just for fun | gentlemanlike

Endlich wieder London
Da wollten meine Eltern mit mir doch nur mal eben ___ nach London fliegen. Sie sprachen von dem tollen ___ dieser Stadt und lieben es, im ___ einzukaufen. Aber das ___ war schon das totale ___. Lange Schlangen, endloses Warten und dann noch die ___. Jedoch verzichtete ich ___ auf jedes Schimpfwort. Der ___ brachte uns dann noch zu einer ___, die ich toll fand: Madame Tussauds Wachsfiguren-Kabinett ist wirklich ein ___.

3 In diesem Text wurden die Fremdwörter vertauscht. Schreibe den Text ab, tausche die Fremdwörter aus und setze sie an den richtigen Stellen ein.

Coole Träume
Mein erstes Spotlight wird heute Abend sein. Das ist die Zukunft: Ich als Backstage einer angesagten Gruppe. Das Bodyguard flammt auf. Mein Casting trägt meine Connections hinaus. Das Publikum rast. Ich erfreue mich an Frontman und fühle mich als Song. Bald werde ich einen Champion brauchen und Message wird wild gefeiert. Ich muss nur noch das Casting schaffen. Standing ovations habe ich leider nicht.

4 Lest die folgenden Fremdwörter und klärt in der Klasse ihre Bedeutung.

Know-how | Brainstorming | Teamwork | Cluster | Computer
Beamer | Blackout | Mindmap | Feedback

5 Lest die Fremdwörter aus dem Bereich Internet. Besprecht im Tandem mögliche Bedeutungen.

Account | Backup | Banner | Chat | Cloud | Cursor | Datei
Flatrate | Firewall | Homepage | Hotspot | Junk-Mail | Link
Onlineshop | Podcast | Update | World Wide Web | Zip

6 Schreibt die Fremdwörter aus Aufgabe 5 ab und notiert dazu die Nummer mit der richtigen Bedeutung. Vergleicht eure Ergebnisse im Tandem.

1	Audio- und Videodateien zum Herunterladen aus dem Internet
2	Zusammenfassung von Daten
3	Aktualisierung von Daten oder Software
4	Nutzerkonto; damit erhält man Zugang zu bestimmten Bereichen
5	Internetauftritt eines Unternehmens
6	Onlinespeicher für größere Datenmengen
7	Plattform zum Interneteinkauf
8	unerwünschte E-Mail, meist Produktwerbung
9	meist andersfarbiger Verweis zu einer anderen Seite
10	Format zum Verkleinern großer Datenmengen
11	Austausch z. B. von E-Mails
12	öffentlicher Punkt, von hier kann man drahtlos ins Internet
13	Programm zur Verhinderung von unerlaubten Zugriffen
14	Datensicherung
15	pauschaler Betrag für Internetnutzung
16	weltweites Internetsystem
17	Positionsanzeiger auf dem Monitor eines Computers
18	Onlinewerbefläche, führt beim Anklicken zum Unternehmen

7 Welche Wörter gehören in die Lücken? Schreibe die Sätze ab und setze passende Wörter aus Aufgabe 5 ein.

a Ich muss unbedingt eine Nachricht verschicken. Hoffentlich ist hier ein ▬.
b Dieses Unternehmen hat eine übersichtlich aufgebaute ▬.
c Ob es teuer ist, wenn man seine Daten in einer ▬ speichert?
d Die ▬ nerven. Ich möchte nichts kaufen.
e Heute habe ich auch noch jede Menge ▬ erhalten. Das nervt genauso.
f Ich darf nicht vergessen, die ▬ zu installieren, sonst erlebe ich noch eine böse Überraschung.
g Vielleicht würde sich eine ▬ lohnen, ich surfe immer so viel.

12 Überall Werbung

Werbung untersuchen und gestalten

1

2

3

4

5

Das lernst du jetzt:

- Inhalt, Aufbau, Gestaltung und Sprache von Werbung untersuchen
- die Wirkung von Werbung untersuchen
- eigene Werbung gestalten
- die Modi des Verbs erkennen: Indikativ, Konjunktiv und Imperativ

1 Seht euch die Werbung auf Seite 242 an. Erklärt, wofür jeweils geworben wird.

2 Welche Werbung gefällt euch und welche nicht? Formuliert eure Meinung und begründet sie.

3 Untersucht nun die Werbung genauer. Beantwortet folgende Fragen:
- Welche Personengruppen sollen angesprochen werden?
- Was ist das Ziel der Werbung?
- Wie wirkt die Werbung auf euch?
- Erreicht die Werbung ihr Ziel?

4 Idealerweise erfüllt Werbung die folgenden Anforderungen. Prüft, ob die Werbung diesen Ansprüchen genügt, und tauscht euch dazu aus.

aufmerksam machen *anschaulich* *attraktiv* *einprägsam*

verständlich *positiv wirken*

5 Spielt im Tandem das **Werberatespiel**: Einer nennt einen Werbespruch und der andere errät das dazugehörige Produkt. Wechselt euch ab.

6 Bringt eure Lieblingswerbung mit in die Schule und tauscht euch darüber aus, was euch besonders gefällt. Erstellt nun eine gemeinsame Hitliste.

7 Überall Werbung? Übernehmt die Tabelle und ergänzt die Werbung von Seite 242 sowie eure Werbung aus den Aufgaben 5 und 6.

Werbeträger	Werbemittel	Wofür wird geworben?
Plakatwand	*Plakat*	*Deutsche Post*
…	…	…

8 Überlegt, wo euch außerdem Werbung begegnet. Ergänzt die Tabelle.

9 Lest die folgenden Werbesprüche. Nennt das Produkt, für das geworben wird.

Ich geb mir die Kugel. *Fast so nah, als wär man da.* *Mach mal Pause!*

RGS **10** Untersucht in den Sätzen aus Aufgabe 9 die Verbformen. Ordnet den Sätzen folgende Aussageformen zu.

Aufforderung (Imperativ) | Wirklichkeit (Indikativ) | Möglichkeit (Konjunktiv)

Wie Werbung funktioniert

Werbung begegnet uns überall, sie spricht Bedürfnisse an und weckt Wünsche. Sie beeinflusst uns. Doch wie funktioniert das? Um das herauszufinden, musst du dir Gestaltung und Werbesprache genauer anschauen.

○ **1** Sieh dir die beiden Werbeplakate an.

◒ **2** Bildet zwei Gruppen, jede Gruppe übernimmt eine Werbung und untersucht sie. Beantwortet dabei die folgenden Fragen:
- Wofür wird geworben?
- Wie wirkt die Werbung auf euch?
- Welches Ziel verfolgt die Werbung?
- Welche Interessen oder Bedürfnisse werden angesprochen?
- Wer wird angesprochen?

○ **3** Untersucht in der Gruppe den Aufbau eurer Werbung aus Aufgabe 1. Ordnet die folgenden Begriffe den Bestandteilen zu.

Headline[1] | *Eyecatcher*[2] | *Informationstext* | *Slogan*[3] | *Logo*[4]

◒ **4** Seht euch jetzt die Gestaltung eurer Werbung aus Aufgabe 1 an und beschreibt sie. Übernehmt dazu die Tabelle und füllt sie aus.

Was ist zu sehen?	verwendete Farben	wichtige Wörter	Verhältnis von Bild und Text	Welche Wirkung wird erzielt?
... (Bild, Slogan ...)	...	...	*... (mehr Bild als Text, passt zusammen ...)*	*... (witzig, sachlich, frisch, seriös ...)*

[1] Headline: Überschrift, Schlagzeile
[2] Eyecatcher: Blickfang
[3] Slogan: Werbespruch
[4] Logo: Markenzeichen

5 Untersuche Inhalt, Aufbau, Gestaltung und Wirkung dieser Werbeanzeige. Orientiere dich an den Fragestellungen in den Aufgaben 2 bis 4. Mache dir Notizen.

6 Wählt im Tandem eine andere Zielgruppe für die Werbung in Aufgabe 5, z. B. Senioren oder Kindergartengruppen. Verändert die Werbung und gestaltet sie neu.

7 Präsentiert eure Ergebnisse der Klasse. Lasst euch ein Feedback dazu geben, ob eure neue Werbung überzeugend ist.

TIPP
Beachtet die Bedürfnisse eurer Zielgruppe.

Seite 269
Feedback

8 Wählt im Tandem eines der abgebildeten Produkte aus, das ihr gern gestalten möchtet. Entwickelt das Produktdesign. Stellt euer Design der Klasse vor.

Arbeitstechnik
Werbung untersuchen

Werbung **wirkt**, wenn sie **aufmerksam** macht, **Interesse** weckt, **anschaulich, attraktiv, einprägsam** und **verständlich** ist – und zum Kauf führt. Wenn du Werbung untersuchen willst, beachte Folgendes:

1. Untersuche den **Aufbau**. → Eyecatcher, Headline, Slogan, Informationstext, Logo, Bild
2. Untersuche die **Gestaltung**. → Farbgebung, Schriften, Zusammenwirken von Text und Bild
3. Untersuche die **Wirkung**. → Welche Gefühle werden ausgelöst? Welche Informationen und Stimmungen werden vermittelt? Würdest du das Produkt kaufen?

Beachte die **vier Phasen**, die ein Kunde **bis zum Kauf** durchlaufen soll (genannt **AIDA-Modell**):
A: Attention → Der Kunde wird auf das Produkt **aufmerksam** gemacht.
I: Interest → Das **Interesse** des Kunden für das Produkt ist geweckt.
D: Desire → Der Kunde **wünscht** sich das Produkt, er will es kaufen.
A: Action → Der Kunde tritt in **Aktion**, er kauft das Produkt.

TIPP
Das AIDA-Modell wird in Werbestrategien angewendet.

Just do it!

Werbung wirkt durch ihre Gestaltung, aber vor allem auch über Slogans. Diese müssen auffallen, sich einprägen und positive Gefühle vermitteln.

○ **1** Lest die Slogans. Nennt die Produkte, für die geworben wird. Besprecht in der Gruppe, was euch an den Slogans auffällt und wie sie auf euch wirken.

Die zarteste Versuchung, seit es Schokolade gibt

Come in and find out

Mach Schluss, mach Plus!

Spiel, Spaß, Spannung, Schokolade

Haben Sie heute schon geschweppt?

Heute ist Miracoli-Tag.

Wohnst du noch oder lebst du schon?

Haribo macht Kinder froh und Erwachsene ebenso

○ **2** Untersucht im Tandem die Werbeslogans. Ordnet die Slogans aus Aufgabe 1 den folgenden sprachlichen Mitteln zu.

a rhetorische Frage = Scheinfrage →
b Alliteration = Wörter mit gleichem Anfangslaut →
c Superlativ = höchste Steigerung →
d Anglizismen = Wörter aus dem Englischen →
e Neologismus = Wortneuschöpfung →
f Sprachspiel = Spiel mit Wortklang und Wortbedeutung →
g Imperativ = Aufforderung →
h Reim →

◒ **3** Überlegt in der Gruppe, welche Wirkung durch die Slogans erreicht wird. Seht euch die sprachlichen Mittel an und nennt die Wirkung, z. B. *rhetorische Frage: Jeder fühlt sich dadurch angesprochen.*

◒ **4** Hier sind vier Werbeslogans durcheinandergeraten. Schreibe sie in der richtigen Reihenfolge auf. Schreibe dazu, wofür geworben wird und welches sprachliche Mittel genutzt wurde.

Pack – in Obi – do it – macht mobil – Alles – Just – den Tiger – Mars – in den Tank!

◒ **5** Erfindet nun im Tandem einen eigenen Slogan. Verwendet dafür ein sprachliches Mittel. Überlegt euch, zu welchem Produkt der Slogan passen muss und welche Zielgruppe ihr erreichen wollt.

○ **6** Stellt eure Slogans in der Klasse vor. Lasst raten, für welche Produkte ihr Werbung macht.

Macht eure eigene Werbung!

○ **1** Wofür könnten diese Bilder werben? Sammelt eure Ideen an der Tafel.

1

2

3

○ **2** Bildet drei Gruppen. Wählt jeweils ein Bild aus, beschreibt es und erklärt, wie es auf euch wirkt.

◒ **3** Entwerft jetzt zu eurem Bild eine Werbung. Geht so vor:
- Legt eine Zielgruppe fest und überlegt euch, wie die Werbung wirken soll, z. B. witzig, seriös … Formuliert einen passenden Slogan. Verwendet dabei ein sprachliches Mittel.
- Gestaltet einen Entwurf für eure Werbung, in dem ihr mit Schrift, Farbe, Bild und Text experimentiert.

○ **4** Besprecht eure Entwürfe aus Aufgabe 3 in der Klasse.

◒ **5** Entwickelt nun eine Produktwerbung zu einem selbst ausgewählten Produkt. Bildet Vierergruppen und geht so vor:
- Legt das Werbemittel (Plakat, Flyer, Anzeige …), das Produkt, einen Produktnamen und die Zielgruppe fest.
- Sucht ein passendes Bild und entwickelt einen Slogan.
- Formuliert die Produktinformationen und gestaltet eure Werbung.

TIPP
Gestaltet eure Werbung am Computer.

○ **6** Präsentiert eure Werbungen der Klasse und tauscht euch darüber aus.

Merke
Werbesprache

Ein Werbeslogan ist ein kurzer Satz, der **auffällig und einprägsam** ist und das **Wesentliche** eines Produktes vermitteln soll.
Häufig werden sprachliche Mittel verwendet, z. B.
- **Wörter aus anderen Sprachen/Anglizismen** → Power to you
- **Alliteration**: Wörter mit gleichem Anfangslaut → Intel inside
- **Superlativ**: Steigerung eines Adjektivs → Das Beste oder nichts
- **rhetorische Frage**: Scheinfrage → Heut schon geploppt?
- **Neologismus**: Wortneuschöpfung → unkaputtbar
- **Wortspiel**: Spiel mit Wortklang und Wortbedeutung → Fairsicherung
- **Imperativ**: Aufforderung → Crunch mit!
- **Reim** → Delial bräunt ideal.

Test
jd337t

So natürlich ...

1 Seht euch im Tandem die folgende Werbeanzeige an und tauscht euch darüber aus. Beschreibt, was dargestellt ist und wie die Werbung auf euch wirkt. Was gefällt euch daran oder was gefällt euch nicht?

2 Untersucht nun im Tandem die Werbung genauer. Beschreibt, wie die Werbung aufgebaut ist. Verwendet die folgenden Begriffe:

Headline *Eyecatcher* *Bild* *Slogan* *Informationstext*

Seite 245 Werbung untersuchen

3 Seht euch im Tandem die Gestaltung der Werbung an. Übernehmt die Tabelle und füllt sie aus.

Was ist zu sehen?	verwendete Farben	wichtige Wörter	Verhältnis von Bild und Text	Welche Wirkung wird erzielt?
...	...	...	...	...

Seite 247 Werbesprache

4 Untersucht den Werbeslogan. Beantwortet dazu die folgenden Fragen:
- Gibt es einen Bezug zwischen Text und Bild oder muss man ihn erst herausfinden?
- Welches sprachliche Mittel wird verwendet?
- Welche Wirkung wird mit dem Slogan erzielt?

5 Nennt abschließend im Tandem die Botschaft der Werbung und die Zielgruppe, die angesprochen werden soll.

6 Vergleicht in der Gruppe eure Ergebnisse aus den Aufgaben 1 bis 5. Tauscht euch darüber aus.

7 Erreicht die Werbung ihr Ziel? Beurteilt in der Gruppe, ob die Werbung überzeugend ist.

Das coolste Produkt der Welt

○ **1** Jetzt seid ihr dran! Bildet Vierergruppen und seht euch die folgenden Produkte an. Wählt eines davon aus, zu dem ihr gern eine Werbeanzeige gestalten möchtet.

A

B

C

○ **2** Notiert in einem Brainstorming[1] alles, was euch zu eurem Produkt einfällt.

[1] Brainstorming: Verfahren zum Sammeln von spontanen Ideen

○ **3** Sortiert nun eure Ideen und beantwortet dabei die folgenden Fragen.

Produkt: Was kann es? Was ist das Besondere? Wozu soll man es kaufen?

Zielgruppe: Wer soll das Produkt kaufen?

Wirkung: Wie soll Aufmerksamkeit und Interesse geweckt werden? Wie soll die Werbung wirken?

◒ **4** Denkt euch jetzt einen Slogan für euer Produkt aus. Orientiert euch an folgenden Hinweisen:
- Der Slogan sollte farblich und in der Schriftart zum Produkt passen.
- Der Slogan sollte die Wirkung des Bildes unterstützen. Verwendet Wörter, die zum Produkt passen, z. B. Waveboard: rasend-schnell.
- Verwendet sprachliche Mittel passend zu eurem Produkt. Prüft die Wirkung.

Seite 247 Werbesprache

englische Sprache → wirkt international und modern
Reim → prägt sich gut ein
Alliteration → ist auffällig und prägt sich gut ein
rhetorische Frage → Kunde fühlt sich angesprochen

◒ **5** Entscheidet, wie ihr eure Werbung gestalten wollt. Zeichnet einen Entwurf, in dem ihr Texte (z. B. Slogan, Informationstext) und Bilder anordnet, die Farbgebung und die Schriften festlegt.

TIPP
Gestaltet eure Werbung am Computer.

◒ **6** Gestaltet nun eure Werbeanzeige zu dem ausgewählten Produkt.

○ **7** Bereitet in der Klasse einen Rundgang vor und präsentiert eure Werbung. Lasst euch von den Mitschülerinnen und Mitschülern ein Feedback geben, ob sie eure Produkte kaufen würden.

Seite 272 Rundgang

Botschaften überall

Im Alltag begegnet dir neben Produktwerbung jede Menge Werbung für Vereine, Organisationen, Parteien und Initiativen, aber auch Aufrufe wie zum Blutspenden oder für soziales Engagement. Damit man darauf aufmerksam wird, muss auch diese Werbung sorgfältig geplant und gestaltet sein.

○ **1** Seht euch im Tandem die beiden Werbeplakate an. Besprecht, wie sie auf euch wirken. Was gefällt euch und was nicht?

○ **2** Klärt im Tandem die folgenden Fragen:
- Wofür wird auf den Plakaten Werbung gemacht?
- Wer hat die Werbung in Auftrag gegeben?
- Welche Botschaften werden vermittelt?
- Welche Zielgruppen werden angesprochen?

Seite 247 Werbesprache

◒ **3** Lest die Slogans auf den Plakaten. Besprecht im Tandem, welche sprachlichen Mittel verwendet wurden. Erläutert, wie die Slogans gemeint sind und wie sie wirken.

Seite 245 Werbung untersuchen

◒ **4** Untersuche jetzt den Aufbau, die Gestaltung und die Wirkung der Werbung. Mache dir Notizen.

Seite 269 Feedback

○ **5** Vergleicht im Tandem eure Ergebnisse aus Aufgabe 4. Gebt einander ein Feedback.

○ **6** Überzeugt euch die Werbung auf den beiden Plakaten? Erreicht sie ihr Ziel? Tauscht euch darüber in der Gruppe aus.

◒ **7** Wählt ein Plakat aus Aufgabe 1 aus und gestaltet es neu. Verändert die Botschaft und besprecht die Wirkung in der Gruppe.

Bist du dabei?

○ **1** Jetzt könnt ihr kreativ werden! Setzt euch in Vierergruppen zusammen und wählt eine der folgenden Organisationen oder Aktionen aus, für die ihr gern ein Werbeplakat gestalten möchtet.

A euer Sportverein

B gegen die Wegwerfgesellschaft

C Tierschutz

D Spenden für Bedürftige

E für mehr Radwege

F öffentliche Verkehrsmittel

○ **2** Führt in eurer Gruppe ein Brainstorming[1] durch. Sammelt alle Ideen, die euch zu eurer Organisation oder Aktion einfallen.

[1] Brainstorming: Verfahren zum Sammeln von spontanen Ideen

◒ **3** Sortiert eure Ideen und beantwortet dabei die folgenden Fragen.
- Was ist das Besondere an eurer Organisation oder Aktion?
- Warum möchtet ihr für diese Organisation oder Aktion werben?
- Welche Botschaft möchtet ihr mit eurer Werbung vermitteln?
- An wen richtet sich eure Werbung und Botschaft?
- Wie wollt ihr Aufmerksamkeit und Interesse wecken?
- Wie soll die Werbung wirken?

◒ **4** Entwickelt jetzt einen geeigneten Slogan für eure Organisation oder Aktion. Achtet darauf, dass eure Botschaft deutlich wird. Verwendet eines der folgenden sprachlichen Mittel.

Anglizismus *Alliteration* *Neologismus* *Imperativ* *Reim*

Seite 247 Werbesprache

◒ **5** Formuliert einen kurzen Informationstext, in dem ihr eure Organisation oder Aktion und ihre Ziele näher erklärt.

◒ **6** Wählt ein aussagekräftiges Bild aus, das eure Botschaft vermittelt und für Aufmerksamkeit sorgt.

◒ **7** Gestaltet jetzt jeweils euer Werbeplakat. Zeichnet einen Entwurf, in dem ihr die Anordnung von Text, Slogan, Bild und eventuell Logo festlegt.

◒ **8** Übertragt euren Entwurf auf einen großen Bogen Papier und gestaltet das Plakat.

○ **9** Bereitet in der Klasse einen Rundgang vor und präsentiert eure Plakate. Lasst euch von euren Mitschülerinnen und Mitschülern ein Feedback geben, ob sie bei eurer Organisation oder Aktion mitmachen würden.

Seite 272 Rundgang

Mit Filmen werben

Werbespots sind kurze Filme, die im Fernsehen, Kino oder Internet gezeigt werden. Durch das Zusammenspiel von Bild, Text, Sprache und Musik wirken sie am eindringlichsten und sind daher besonders erfolgreich.

○ **1** Seht euch die Bilder des Werbespots an. Erzählt die mögliche Handlung in der Gruppe nach. Besprecht, was euch gefällt und was nicht. Begründet.

1

2

3

4

5

6

Seite 245
Werbung untersuchen

TIPP
Lies den Merkekasten auf Seite 253.

◒ **2** Seht euch nun den gesamten Werbespot im Internet an. Beantwortet dann die folgenden Fragen:
- Wofür wird geworben?
- Was ist die Pointe, der überraschend-witzige Schluss, des Werbefilms?
- Welche Zielgruppe wird angesprochen?
- Wie ist der Werbespot aufgebaut und gestaltet? Ordnet die Bilder den folgenden Einstellungsgrößen zu: Großaufnahme, Detail.
- Wie wirkt der Werbespot? Achtet auf den gesprochenen Text und die Musik.

Seite 247
Werbesprache

● **3** Was bedeutet der Slogan am Ende des Werbespots? Setze ihn in Beziehung zum Werbefilm und seiner Botschaft. Schreibe einen kurzen Text dazu.

Warten Sie nicht auf die Zukunft, fahren Sie Bahn!

○ **4** Jetzt sollt ihr in der Gruppe einen eigenen Werbespot drehen. Entscheidet euch für ein Produkt, für das ihr werben wollt.

TIPP
Ihr könnt auch für eine Organisation oder Initiative werben.

◒ **5** Beantwortet zuerst die folgenden Fragen in der Gruppe:
- Was ist das Besondere an eurem Produkt?
- Wozu soll man das Produkt erwerben?
- Welche Zielgruppe soll angesprochen werden?
- Wie wollt ihr Aufmerksamkeit und Interesse wecken?
- Wie soll die Werbung wirken?

◒ **6** Plant jetzt euren Werbespot. Denkt euch eine einfache Handlung aus, die zum Produkt, zur Zielgruppe und zur beabsichtigten Wirkung passt.

◒ **7** Entwickelt einen Drehplan, in dem ihr Szene für Szene alle wichtigen Informationen zu Bild und Text festlegt und notiert.

Szene	Drehort	Handlung/ Inhalt	Figuren	Dialog/ Text	Geräusche/Musik	Kamera-einstellung
1	*im Auto*	...	...	–	*langsame Musik*	*Normalsicht*
...	...	...	...	...	...	...

◒ **8** Erstellt nun mithilfe des Drehplans ein Storyboard[1], indem ihr die einzelnen Szenen für euren Spot zeichnet.

[1] Storyboard: zeichnerische Umsetzung des Drehbuchs

◒ **9** Bereitet jetzt die einzelnen Aufnahmen vor. Legt fest, wer welche Aufgaben übernimmt, und besorgt die nötigen Requisiten.

◒ **10** Stellt die Szenen nach und dreht sie mit einem Handy.

○ **11** Präsentiert der Klasse eure Werbespots. Lasst euch ein Feedback geben.

Merke

Kameraeinstellungen und Kameraperspektiven

Totale: Darsteller vollständig in Umgebung
Halbtotale: Darsteller von Kopf bis Fuß
Halbnah: Darsteller von Kopf bis Hüfte
Nah: Darsteller von Kopf bis Oberkörper
Großaufnahme: Kopf des Darstellers
Detail: kleiner Ausschnitt aus Gesamtbild

Normalsicht: Kamera blickt auf Augenhöhe
Untersicht: Kamera blickt von unten („Froschperspektive“)
Aufsicht: Kamera blickt von oben („Vogelperspektive“)

Rund ums Eis

1 Lest die untenstehenden Sätze im Tandem und achtet dabei auf die markierten Verbformen. Was drücken sie aus? Notiere zu den folgenden Aussageweisen die passenden Satznummern.

Möglichkeit | Aufforderung | Wirklichkeit

a Sieh dort hinten!
b Das ist ein Eiswagen mit einem Fahrrad.
c Ein Eis würde Dina jetzt ganz glücklich machen.
d Oman mag Schokoladeneis.
e David hätte am liebsten ein Zitroneneis.
f Hol mir bitte ein Erdbeereis!
g Die meisten italienischen Eismacher kamen aus den Dolomiten[1].

[1] Dolomiten: Gebirgskette in den Südalpen

2 Ordnet im Tandem die folgenden Sätze den Modi[2] und Erklärungen zu.

a Sie kauft ein Zitroneneis.
b Kauft Pistazieneis!
c Er könnte ein Vanilleeis kaufen.

[2] Modi: der Modus, die Modi

Seite 304 Konjunktivformen

Modus Imperativ: Aufforderungsform, Befehlsform
Singular: Verbstamm + (manchmal) e → Gib! Komm! Bring! Überlege!
Plural: wie 2. Person Plural Präsens → Gebt! Kommt! Bringt! Überlegt!

Modus Konjunktiv (II): Möglichkeitsform, Wunschform
→ ich gäbe, ich käme, ich hätte …
Häufig mit „würde“ → ich würde geben, ich würde kommen, ich würde haben …

Modus Indikativ: Wirklichkeitsform
→ ich gebe, ich komme, ich habe … (alle Formen im Präsens, Präteritum usw.)

3 Bildet im Tandem zu jedem Modus einen eigenen Satz. Orientiert euch an Aufgabe 2.

4 Erklärt einander im Tandem die verschiedenen Modi und, wie sie gebildet werden.

5 Übernimm die folgende Tabelle. Ordne die farbig markierten Verben aus den untenstehenden Sätzen in die Tabelle ein.

Indikativ	Konjunktiv (II)	Imperativ
stammt, …	…	…

a Domenico stammt aus einem Tal in den Dolomiten.
b Die Eismacher aus den Dolomiten haben schon immer das beste Eis gemacht.
c Noch heute kommen viele Gelatieri aus den Dolomiten.
d Erzähle doch einmal von deinen Großeltern!
e Sie leben noch im Dorf und Domenico fährt in jedem Winter hin.
f Seine Schwester würde lieber in Deutschland bleiben.
g Stünde ich nicht immer im Laden, hätte ich mehr Zeit, Eissorten zu erfinden.
h Macht doch einmal wieder das Eis mit den Schokostückchen!

6 Lest den folgenden Text und achtet auf die Verben. Schreibt dann im Tandem die Verbformen in die Tabelle von Aufgabe 5.

Italienische Eismacher in Deutschland

Die Bewohner der Dolomitentäler waren arm. Hätte es nicht diese Hungerjahre gegeben, wäre vielleicht alles anders verlaufen. Domenicos Urgroßvater und einige anderen Bauern der Dolomitentäler erlernten die Eisherstellung vermutlich von den Sizilianern. Sie wären so gern in Italien geblieben, aber sie gingen nach Deutschland. Die italienischen Eismacher siedelten anfangs entlang der Eisenbahnlinien. Sie verkauften ihr Eis in großen Städten wie Hannover, Köln oder Leipzig. Mit ihren Eiswagen zogen sie herum und machten auf sich aufmerksam. Kommt! Kauft Eis! Später gründeten sie Eisdielen. Drei Viertel der heutigen Eisdielen gehören Italienern. Das Wort Eisdiele entstand, weil früher das Eis aus den Wohnzimmerfenstern verkauft wurde. Holzdielen wurden auf die Straße gelegt, damit die Kunden an das Fenster heranreichten. Viele Eismacher führen gern im Sommer in den Urlaub, aber sie müssen Eis verkaufen. Erst im Oktober fahren sie in ihre Heimatdörfer zurück. Im Februar heißt es dann: Packt die Koffer! Verabschiedet euch! Lasst uns losfahren!

Merke

Modi des Verbs

Mit dem Modus kann man ausdrücken, wie man etwas sieht oder betrachtet: Mit dem **Indikativ** wird etwas als **tatsächlich** oder **wirklich** dargestellt.
→ Sie gibt ihm ein Eis.
Den **Konjunktiv II** verwendet man, wenn man etwas als **nicht wirklich**, als **möglich** oder **wünschenswert** darstellen möchte. → Sie gäbe ihm gern ein Eis.
Mit dem **Imperativ fordert** man zu etwas **auf**. → Gib ihm ein Eis!

Seite 304
Konjunktivformen

Geh und kauf!

1 Imperative können Verschiedenes ausdrücken. Seht euch im Tandem die vier Möglichkeiten an. Ordnet die Sätze den passenden Aussagen zu.

Wunsch | *Aufforderung* | *Verbot* | *Befehl*

a Geh zum Eiswagen!
b Zahl nicht mehr als fünf Euro!
c Gib sofort mein Wechselgeld!
d Kauf mir doch bitte ein Eis!

2 Schreibe die folgenden Sätze ab. Notiere, was die Sätze ausdrücken. Verwende die Begriffe aus Aufgabe 1.

a Bring den Eiswagen zum Markt!
b Sei bitte ganz freundlich zu unseren Kunden!
c Stell ihn nicht neben den Brunnen!
d Fahr jetzt los!

3 Verben, bei denen der Stammvokal von **e** zu **i** wechselt, bilden den Imperativ im Singular auf **i**. Bildet im Tandem die Imperative zu den folgenden Verben im Singular und Plural, z. B. *essen – Iss!/Esst! ...*

essen | *geben* | *helfen* | *lesen* | *werfen* | *nehmen* | *sprechen* | *treffen* | *vergessen*

4 Schreibe die untenstehenden Sätze ab. Ergänze dabei die Imperative der folgenden Verben im Singular, z. B. *a Lies das Rezept aufmerksam!*

helfen | *lassen* | *lesen* | *nehmen* | *sehen* | *vergessen*

a ▬ das Rezept aufmerksam.
b ▬ die Maschine lange laufen.
c ▬ keine Zutat.
d ▬ auf das Thermometer.
e ▬ nur reife Früchte.
f ▬ beim Dekorieren der Becher.

5 Formt im Tandem die folgenden Sätze um. Verwendet Imperative, z. B. *Kühlt jetzt das Eis! Mache ...*

Ihr müsst das Eis jetzt kühlen. Du machst das Erdbeereis. Ihr lasst das Joghurteis weg. Du verkaufst an der Theke. Ihr ändert noch das Preisschild. Du stellst die Reklame vor die Tür. Du rufst in der Werbeagentur an. Du besprichst den neuen Flyer. Ihr stellt noch die Stühle runter. Du dekorierst die Tische mit Blumen. Ihr zieht alle die neuen Schürzen an. Du öffnest die Eisdiele um 10 Uhr.

Wenn ich eine Eisdiele hätte ...

1 Aus Wunsch wird Wirklichkeit. Wandle in den folgenden Sätzen die Konjunktivformen in Indikativformen um und schreibe sie auf, z. B.
a Valentina besitzt eine eigene Eisdiele.

a Valentina besäße gern eine eigene Eisdiele.
b Wir hätten dort in den Sommerferien sehr viel Spaß.
c Valentina hätte gern mehr Kunden und viele Eissorten.
d Valentinas Onkel würde das Eis herstellen.
e Valentina würde das Eis an die Laufkundschaft verkaufen.
f Ihre Schwester würde in der Eisdiele bedienen.
g Sie hätten aber auch Freizeit.
h Valentinas Schwester bekäme Geld für ihre Arbeit.

2 Valentina hat viele Wünsche für eine eigene Eisdiele. Formuliert im Tandem ihre Vorstellungen mit „würde/n", z. B. *Es würde jede Woche eine neue Eissorte geben.*

Jede Woche gibt es eine neue Eissorte. Sie hat viele Helfer. Alle kommen aus Italien. Es gibt einmal in der Woche Sonderangebote. Die Reklametafel zeigt die Preise übersichtlich. Über der Eisdiele hängt eine neue Leuchtschrift. Die Servietten haben den gleichen Schriftzug. An den Wänden hängen Fotos von ihren Vorfahren aus den Dolomiten.

3 Ergänze die untenstehenden Sätze mit den folgenden Konjunktivformen. Schreibe die Sätze auf, z. B. *a Sie bliebe das ganze Jahr in ihrer Eisdiele.*

fänden | ginge | hätte | bliebe | könnte | nähme | sähen | wäre | wüsste

a Sie ___ das ganze Jahr über in ihrer Eisdiele.
b Sie ___ die Eisdiele nach ihrem Geschmack dekorieren.
c Die künstlichen Blumen ___ wie echte aus.
d Sie ___ mit vielen Gästen Kontakt und ___ sich oft Zeit für ein Gespräch.
e Die Gäste ___ das toll.
f Sie ___ die erfolgreichste Eismacherin der Stadt.
g Abends ___ sie oft als Letzte nach Hause, aber sie ___ keine bessere Arbeit für sich.

13 Hör mal – ein Buch!

Arbeiten im Projekt

Das lernst du jetzt:

- eine Hörspielszene gestalten und produzieren
- eine literarische Vorlage in ein Hörspielmanuskript umschreiben
- deine Stimme, Geräusche und Musik effektvoll einsetzen
- mit dem Audioprogramm Audacity arbeiten

1 Seht euch die Bilder und die Kapitelüberschrift auf Seite 258 an. Worum geht es? Schreibt Wörter, die euch zu dem Thema einfallen, an die Tafel.

2 Beantwortet folgende Fragen zum Thema:
- Wo ist euch Literatur zum Hören schon begegnet?
- Wann und wo lassen sich Geschichten besser hören als lesen?
- Welche Geschichten sind für euch interessant oder spannend, auch wenn ihr keine Bilder dazu anschauen könnt?
- Welche Vorteile hat es, eine Geschichte zu hören?
- Was unterscheidet das Hörspiel von der Lesung (Hörbuch)?

3 Lest das folgende Gedicht.

Kurt Schwitters
Das Urgebet der Scholle
Schale
Schiller
Schale
Schule Schule Schule uhle
Scholle Scholle Scholle rolle
Schale Schale Schale scheele
mahle mahle mahle Mehl
male male male Malerei
alle alle alle allerlei

4 Trainiert eure Ausdrucksmöglichkeiten. Tragt das Gedicht in folgenden Stimmungen vor:

hinterlistig | *überrascht* | *ängstlich* | *verliebt* | *verzweifelt*

5 Wie kann man die verschiedenen Geräusche erzeugen? Ordnet dem Geräusch eine Möglichkeit zu, es künstlich zu erzeugen. Probiert es selbst aus.

Ansage durch ein Megaphon	*mit den Fäusten rhythmisch auf Brustkasten und Knie schlagen*
Knochenbruch	*Zellophanfolie zerknüllen*
Brutzeln von Fett/ Knistern von Feuer	*eine frische Karotte zerbrechen*
Galopp	*durch eine Papprolle sprechen*

6 Nehmt mit eurem Handy verschiedene Alltagsgeräusche auf. Spielt sie in der Klasse vor und lasst die anderen raten, was zu hören ist.

Ich werde wach …

Leseschlüssel

○ **1** Lies den Anfang des Romans „Letztendlich sind wir dem Universum egal“.

David Levithan

Letztendlich sind wir dem Universum egal

Ich werde wach.

Und muss auf der Stelle herausfinden, wer ich bin. Nicht nur äußerlich – die Augen aufschlagen und nachsehen, ob ich am Arm helle oder dunkle Haut habe, ob meine Haare lang oder kurz sind, ob ich dick oder dünn bin, Junge oder Mädchen, voller Schrammen und Narben oder glatt und unversehrt. Darauf stellt man sich am leichtesten ein, wenn man es gewöhnt ist, jeden Morgen in einem neuen Körper aufzuwachen. Aber das Leben darum herum, das Umfeld – das ist manchmal schwer in den Griff zu bekommen. Jeden Tag bin ich jemand anders. Ich bin ich – so viel weiß ich – und zugleich jemand anders.

Das war schon immer so. […]

Heute bin ich Leslie Wong. Ich habe das Weckerklingeln verschlafen, und ihre Mutter ist sauer.

„Steh auf!“, schreit sie und schüttelt meinen neuen Körper.

„Du hast noch zwanzig Minuten, dann fährt Owen los!“

„Okay, Mom“, ächze ich.

„Mom! Ich will mir gar nicht vorstellen, was deine Mutter sagen würde, wenn sie hier wäre!“

Ich greife schnell auf Leslies Hirn zu. Dann also Großmutter. Mom ist schon los zur Arbeit. […]

Ich steige aus der Dusche, trockne mich ab und ziehe mich schnell an. Leslie ist offenbar nicht sonderlich beliebt. Die wenigen Fotos von Freunden in ihrem Zimmer wirken irgendwie nicht richtig überzeugend, und ihre Klamottenauswahl sieht eher nach einer Dreizehnjährigen aus als nach einer Sechzehnjährigen.

Als ich in die Küche komme, schaut die Großmutter mich grimmig an.

„Vergiss deine Klarinette nicht“, mahnt sie.

„Nein“, murmle ich.

Am Tisch sitzt ein Junge, der mich mit einem fiesen Blick beäugt. Leslies Bruder, nehme ich an – und lasse es mir bestätigen. Owen. Zwölfte Klasse. Meine Mitfahrgelegenheit zur Schule. […]

Immerhin ringt sich Owen ungefähr drei Minuten nach dem Losfahren ein „Sag ja nichts“ ab. Ich starre aus dem Fenster. Zwei Minuten später sagt er: „Hör zu, auf deine Meinung kann ich verzichten, okay?“ Mittlerweile ist der Joint aufgeraucht; er macht ihn kein bisschen lockerer. […]

Das Beste, worauf ich in Sachen Geschwister hoffen kann, ist ein ruhiger Vertreter. Zunächst habe ich Owen als einen solchen eingestuft. Im Auto sieht es so aus, als ob ich mich vertan hätte. Aber sobald wir bei der Schule sind und aussteigen, liege ich offenbar doch richtig. Angesichts anderer

Jugendlicher schrumpft er förmlich zusammen, wird praktisch unsichtbar. Kein Tschüss, kein Viel Spaß heute. Nur ein kurzer Blick, um zu checken, ob meine Beifahrertür zu ist, bevor er das Auto abschließt. Dann lässt er mich einfach stehen und geht mit gesenktem Kopf allein ins Schulgebäude.
„Was guckst du?", fragt eine Stimme über meine linke Schulter hinweg. Ich drehe mich um und mache eine eilige Abfrage.
Carrie. Beste Freundin seit der vierten Klasse.
„Bloß mein Bruder." […]
„Und, was hast du gestern Abend so gemacht?", fragt sie. […]
„Nichts Besonderes", sage ich. Die Mühe, bei Leslie abzufragen, spare ich mir: Diese Antwort geht immer. „Und du?"
„Hast du meine SMS nicht gekriegt?"
Ich murmle irgendwas von wegen, dass mein Handy keinen Saft mehr hatte.
„Deswegen hast du mich noch gar nicht danach gefragt! Stell dir vor …"
[…]

2 Tauscht euch in der Klasse zu folgenden Fragen aus:
- Worum geht es in dem Romanauszug?
- Wer erzählt die Geschichte?
- Was ist euch aufgefallen? Was ist ungewöhnlich?

3 Die Hauptfigur muss sich jeden Morgen auf eine neue Situation einstellen. Lest den Auszug noch einmal und erklärt, welche Schwierigkeiten die Hauptfigur an diesem Morgen hat. Wie schafft sie es trotzdem, den Alltag zu bewältigen?

4 Stelle dir vor, jemand würde an einem normalen Schultag in deinem Körper aufwachen. Beschreibe, was die Person erleben würde und welches Wissen sie über dich abrufen müsste. Beginne so:

Heute bin ich … Ich wache in einem Zimmer auf, das …

TIPP
Beschreibe deinen normalen Tagesablauf, deine Laune, wem du früh begegnest und wie du zur Schule kommst.

5 Was wollte Carrie Wichtiges mitteilen? Und wie geht der Tag für Leslie weiter? Schreibt die Geschichte der beiden Mädchen weiter. Geht so vor:
- Bildet vier Gruppen.
- Setzt euch in den Gruppen zusammen und denkt euch jeweils eine Fortsetzung der Geschichte aus. Sammelt Ideen dazu.
- Beachtet die folgenden Fragen in eurer Geschichte: Wie kann Leslie das Problem lösen, dass sie über Carrie nicht viel weiß? Wie könnte sich die Hauptperson mit dem Wissen verhalten, dass sie am nächsten Tag jemand anders sein wird?
- Schreibt eure Fortsetzung auf.
- Lest die Fortsetzung in der Klasse vor und tauscht euch darüber aus.

Vom Text zum Hörspiel

Nun sollt ihr den Romanauszug von Seite 260/261 als Hörspiel gestalten. Durch Geräusche und Sprecherstimmen könnt ihr die Atmosphäre in der Geschichte und die Stimmungen der Figuren wiedergeben. So können sich die Hörer mit ihrer Fantasie in die Geschichte hineinversetzen.

○ **1** Lies den Romanauszug noch einmal durch. Notiere alle Geräusche, die darin vorkommen, z. B. *Weckerklingeln …*

○ **2** Macht euch in der Klasse Notizen, wie ihr die Geräusche produzieren könnt.

◒ **3** Schreibt nun ein Manuskript als Grundlage für euer Hörspiel. Geht den Text Szene für Szene durch, übernehmt die Dialoge und überlegt euch, wie ihr die Stimmung mithilfe der Sprecher und mit Geräuschen und Musik ausdrücken wollt.

Szene (Ort)	Situation/ Stimmung	Figuren/ Sprecher	Dialog/ Sprechtext	Verhalten der Figuren	Ton (Geräusche/Musik)
1. Bett (Z. 1–20)	*– Hauptfigur wacht auf – muss sich orientieren*	*– Hauptfigur*	*– innerer Monolog*	*– unsicher, hektisch*	*– Weckerklingeln – typisches Geräusch beim Abrufen einer Datenbank*
	– Großmutter (G) kommt herein und will Hauptfigur wecken	*– Hauptfigur und Großmutter*	*– G: Steh auf! – Du hast noch zwanzig Minuten …*	*– G: wütend, schreit*	*– Tür wird geöffnet – Tür schlägt zu*
2. Dusche (Z. 21–25)	*– Hauptfigur zieht sich an – Hauptfigur sieht sich im Zimmer um*	*– Hauptfigur*	*– innerer Monolog*	*– unsicher, suchend*	*– Duschgeräusch – Wasser wird abgedreht*
3. Küche (Z. 26–31)	…	…	…	…	…
4. Auto (Z. 32–42)	…	…	…	…	…
5. Schule (Z. 43–54)	…	…	…	…	…

○ **4** Welche Rollen kommen im Text vor? Verteilt die Rollen in der Klasse und lest dann mithilfe des Textes oder eurer Tabelle die Dialoge vor.

○ **5** Überlegt, ob die Zuhörer alle Informationen zur Handlung und zu den Figuren in den Dialogen erfahren. Markiert die Stellen im Manuskript, wo Informationen fehlen.

◒ **6** Legt fest, wie ihr die fehlenden Informationen ergänzen könnt, z. B. durch Geräusche oder durch weitere Dialogsätze.

○ **7** Entscheidet dann, wie ihr die Gedanken der Hauptfigur wiedergeben wollt, z. B.
- durch einen Erzähler,
- durch einen inneren Monolog[1] (z. B. mit Musik unterlegt, in anderer Sprechweise …).

[1] innerer Monolog: Selbstgespräch der Figur

○ **8** Arbeitet eure Änderungen und Ergänzungen aus den Aufgaben 6 und 7 in das Manuskript ein.

◒ **9** Ihr könnt euer Hörspiel durch eure Fortsetzung erweitern. Wählt dazu eine Fortsetzung aus und ergänzt das Manuskript.

○ **10** Ihr habt jetzt ein Manuskript für euer Hörspiel. Nun werden Mitarbeiterinnen und Mitarbeiter gesucht. Informiere dich auf den Seiten 264–267 über die Aufgaben. Entscheide dich dann für eine der Arbeitsgruppen:

A Regie

B Sprecherinnen und Sprecher

C Geräusche/Musik

D Technik

Merke
Das Hörspiel

Hörspiele sind **akustische Darbietungen** von Geschichten mit verteilten Sprecherrollen. Alles was passiert und wichtig ist, wird durch **gesprochene Wörter** und **Geräusche** vermittelt.
- Gedanken, Gefühle und Handlungen werden durch **Dialoge** (Gespräche) oder **Monologe** (Selbstgespräche) dargestellt.
- Ein **Erzähler** kann durch die Geschichte führen.
- **Musik** und **Geräusche** machen die Handlung lebendig und transportieren Informationen oder Stimmungen.

Seite 270
im Team zusammenarbeiten

Unser Hörspiel: Teamarbeit

A Regie

Als Regisseurinnen und Regisseure koordiniert ihr alle Arbeiten, überwacht die Produktionsschritte und moderiert Treffen, in denen die Arbeiten abgesprochen werden.

Erledigt die folgenden Aufgaben:
- Lest euch das Manuskript zum Hörspiel mehrfach durch, sodass ihr einen guten Überblick habt.
- Erstellt einen Zeitplan, in dem ihr festhaltet, wie viel Zeit euch für die Hörspielproduktion zur Verfügung steht und wann welche Gruppen zusammen arbeiten können. Achtet darauf, dass sich jeder an diesen Zeitplan hält.
- Legt mit den Sprechern sinnvolle Abschnitte für einzelne Aufnahmen fest.
- Lasst euch von der Technik immer wieder Arbeitsergebnisse zeigen und überlegt, wo ihr noch Verbesserungsmöglichkeiten seht. Gebt eine entsprechende Rückmeldung an die verantwortlichen Gruppen.

B Sprecherinnen/Sprecher

Als Sprecherinnen und Sprecher habt ihr die Aufgabe, die Figuren im Hörspiel mit ihren Eigenarten und Absichten lebendig werden zu lassen. Ihr müsst den Text gut kennen, euch in die Figuren hineinversetzen sowie laut und deutlich sprechen können.

Erledigt die folgenden Aufgaben:
- Trainiert eure Stimmen und eure Ausdrucksmöglichkeiten. Versetzt euch dazu in die folgenden Situationen und probiert, eure Gefühle mithilfe verschiedener Sprechweisen auszudrücken. Lasst die Stimmproben aufnehmen.

Paul verabschiedet sich morgens von seiner dreijährigen Schwester Mia
Mia, meine kleine Süße. Hast du aber eine schöne Puppe! Schau mal, die ist noch ganz müde! Ich muss jetzt in die Schule. Hab einen schönen Tag in der KiTa. Komm, Mäuschen, gib dem großen Bruder noch ein Küsschen!

Paul schimpft auf dem Fahrrad über einen falsch parkenden Autofahrer
Das darf ja wohl nicht wahr sein! Der hat auf dem Fahrradweg überhaupt nichts zu suchen. Da hilft sein bekloptes Warnblinklicht auch nichts. Dieser alte Sack ist doch nur zu faul zum Laufen. Ständig muss man irgendwem ausweichen. Das nervt voll.

Paul entschuldigt sich etwas schüchtern bei seinem Lehrer
Ähm, Herr Schubert, Sie meinten ja, ich muss die Hausaufgabe heute nachreichen. Eigentlich wollte ich das auch. Ich hab's aber gestern nicht mehr geschafft. Tut mir echt leid, kann ich sie Ihnen vielleicht morgen noch geben? Bitte, das wäre supernett von Ihnen.

- Hört euch die Stimmproben an und verteilt anschließend die Rollen.
- Jede Sprecherin und jeder Sprecher beschäftigt sich mit der jeweiligen Figur. Notiert alles, was ihr zu ihr wisst und wie sie sein soll.
- Kopiert den gesamten Text und markiert euren eigenen Textteil. Legt euch eine Lesepartitur an, in der ihr die Sprechweisen notiert.
- Übt euren Textteil mehrmals allein und später alle Szenen gemeinsam.
- Lasst die Szenen einzeln aufnehmen. Überprüft anschließend, ob der jeweilige Charakter und das Verhalten eurer Figur deutlich werden.
- Wiederholt die Aufnahme, bis ihr mit dem Ergebnis zufrieden seid.

Seite 271
Lesepartitur

TIPP
Sprecht direkt ins Mikrofon und achtet auf eine ruhige Umgebung.

C Geräusche/Musik

Als Verantwortliche für Geräusche und Musik habt ihr die Aufgabe, die Stimmung und die konkreten Situationen oder Räume mit Geräuschen zu hinterlegen. Der Zuhörer muss erfahren, wo er sich in der Geschichte befindet und welche Atmosphäre herrscht.
Erledigt die folgenden Aufgaben:

- Seht euch im Internet die verschiedenen Geräuschdatenbanken an. Recherchiert, welche passenden Geräusche ihr zu den Orten im Hörspiel findet. Schreibt sie auf, z. B. Auto: *Tür zuschlagen, Motor anlassen …*
- Lest das Manuskript noch einmal durch. Besprecht, welche Atmosphäre in der jeweiligen Szene herrscht und wie ihr die verschiedenen Orte verdeutlichen wollt (fahrendes Auto, in der Schule …).
- Entscheidet, welche Geräusche und welche Musik ihr in jeder Szene verwenden wollt.
- Überspielt die Geräusche und die Musik oder ladet sie aus dem Internet herunter.
- Organisiert Materialien und produziert die Geräusche selbst. Verwendet auch die Ideen aus Aufgabe 2 von Seite 262.
- Nehmt die Geräusche auf und prüft die Aufnahme.

TIPP
Ihr könnt z. B. auf der Seite hoerspielbox.de kostenlos Geräusche herunterladen.

Unser Hörspiel: Achtung Aufnahme!

D Technik

Als Technikerinnen und Techniker seid ihr dafür verantwortlich, dass alle Aufnahmen in guter Qualität und korrekter Reihenfolge aufgenommen und sicher abgespeichert werden. Ihr sorgt dafür, dass Geräusche hinterlegt werden können und Pausen, Geschwindigkeiten oder Lautstärken angepasst werden. Erledigt die folgenden Aufgaben:

TIPP
Nutzt einen sicheren Download.

- Organisiert die folgenden technischen Geräte: Mikrofon, Aufnahmegerät, Computer.
- Seht euch das kostenlose Programm „Audacity“ im Internet an. Mit diesem Programm könnt ihr euer Hörspiel aufnehmen und bearbeiten.
- Verschafft euch auf der Oberfläche von „Audacity“ einen Überblick über die wichtigsten Funktionen.
- Öffnet das Programm an einem Computer und probiert es einmal aus:
  - Nehmt einen beliebigen Satz auf und speichert die Aufnahme unter dem Dateinamen „Testaufnahme 1“ ab.
  - Spielt den Satz schneller und langsamer ab.
  - Probiert unterschiedliche Effekte für euren Satz aus.
  - Verändert die Lautstärke eures Satzes.
  - Hinterlegt euren Satz mit Musik. Nehmt dazu eine beliebige Musikdatei auf eurem Computer und öffnet sie (Datei → Importieren → Audio → Datei auswählen). Nun habt ihr zwei Tonspuren (gesprochener Satz und Musik).

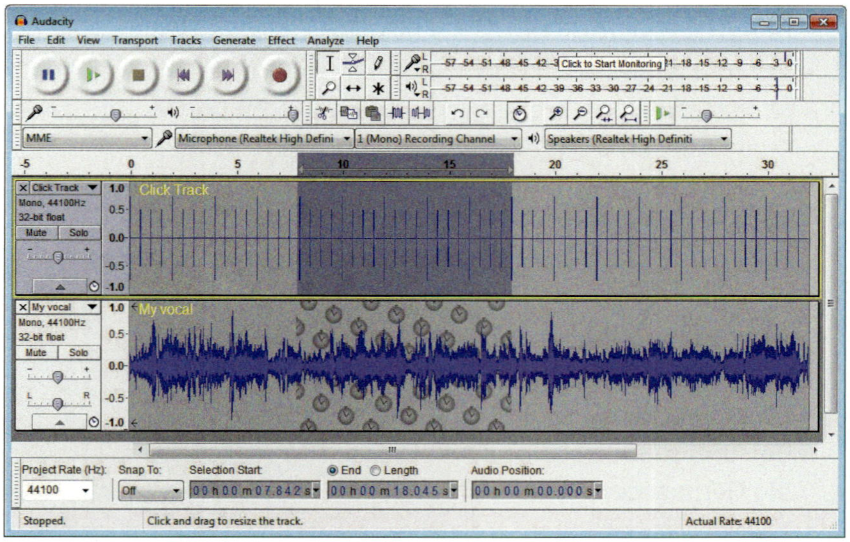

- Lasst euch die Aufnahmen der Sprecher und der Verantwortlichen für Geräusche und Musik geben. Bearbeitet sie Szene für Szene, indem ihr sie schneidet oder die Texte mit Geräuschen und Musik hinterlegt.
- Prüft eure Ergebnisse mit allen Beteiligten und korrigiert.
- Speichert euer fertiges Hörspiel auf einem Datenträger.

Die Präsentation

1 Organisiert einen Raum und ladet Gäste ein, z. B. andere Klassen oder eure Eltern. Wählt aus:

A Spielt euer aufgenommenes Hörspiel vor.

B Führt euer Hörspiel live auf. Dabei werden die Texte live gesprochen und Geräusche und Musik eingespielt oder auf der Bühne erzeugt.

Arbeitstechnik

Ein Hörspiel gestalten und produzieren

Vorbereitung

1. Schreibt ein **Manuskript** zu eurem Hörspiel. Gliedert es in Szenen und macht Angaben zu **Situation**, **Figur/Sprecher** und **Verhalten** der Figur.
2. Legt fest, wie ihr die **Stimmung** in den einzelnen Szenen vermittelt wollt (z. B. durch Geräusche, Musik, ausdrucksvolles Sprechen, Pausen). Ergänzt das Manuskript.
3. Teilt die **Arbeitsbereiche** Regie, Sprecherinnen/Sprecher, Geräusche/Musik und Technik auf.
4. Organisiert die **technische Ausstattung**.
5. Ladet die kostenlose Software **„Audacity“** herunter.

Aufnahme

1. Sucht einen ruhigen Ort ohne Hintergrundgeräusche oder Störungen.
2. Nehmt eure Hörspieltexte in **einzelnen Szenen** auf, sodass ihr immer wieder Pausen machen könnt.
3. Sprecht mit angemessener **Lautstärke**, **Betonung** und **Geschwindigkeit**.
4. Produziert die **Geräusche** oder die **Musik** und nehmt sie auf.
5. **Speichert** alles ab, damit nichts verloren geht.

Nachbereitung

1. **Bearbeitet** die Aufnahmen, indem ihr die Texte mit Geräuschen und Musik hinterlegt.
2. Hört euch die Aufnahmen der einzelnen Szenen an und macht **Vorschläge**, was verbessert werden kann.
3. Spielt die Szene **neu** ein, wenn nötig.
4. **Schneidet** die Szenen so zurecht, dass sie einen klaren Anfang und ein klares Ende haben.
5. Passt die **Lautstärke** der einzelnen Szenen so an, dass sie einheitlich ist.
6. Fügt die Szenen abschließend in der **richtigen Reihenfolge** aneinander.
7. Speichert euer Hörspiel auf einem **Datenträger**.

Arbeitstechniken und Merkwissen

Sprechen, Zuhören, Spielen

1. Sprachlicher Umgang mit anderen

Seite 9

Eine Argumentation erarbeiten

1. Formuliere deine **Meinung** (Behauptung) kurz.
2. Suche **Argumente**, die deine Meinung begründen. Notiere sie.
3. Finde **Beispiele** (Erläuterungen) aus deiner Erfahrung und deinem Wissen, die die Argumente stützen.

Seite 29

Wichtige oder starke Argumente

Wichtige Argumente sind **logisch begründbar** und **leicht beweisbar**.
Sie bestehen aus einer **allgemeingültigen Feststellung** oder **Wahrheit**.
Gegen sie gibt es **kaum** überzeugende **Gegenargumente**.

Seite 10

Gesprächsregeln

Wenn euch ein Gespräch gelingen soll, müsst ihr folgende Regeln beachten:

- freundlich und höflich sein, niemanden beschimpfen oder beleidigen
- einander zuhören und jeden ausreden lassen
- Meinungen und Gefühle anderer zulassen und achten
- höflich nachfragen, wenn ihr etwas nicht verstanden habt
- die eigene Meinung sachlich äußern
- beim Thema bleiben

Seite 11

Fishbowl-Methode

1. Bildet einen **Innen**- (Diskussion) und einen **Außenkreis** (Beobachter).
2. Im Innenkreis bleibt ein **Stuhl frei**. Die **Beobachter** können ihn einzeln besetzen und so an der Diskussionsrunde **teilnehmen**.
3. Der **Innenkreis** führt mit einem **Diskussionsleiter** die Diskussion durch. Die Diskutierenden **tauschen** sich mithilfe ihrer **Argumentationen** zum Thema **aus**.
4. Der **Außenkreis beobachtet** die Diskussion und gibt ein **Feedback**.

Eine Diskussion leiten

Seite 11

Wenn man eine Diskussion leitet, muss man:
- die **Diskussion eröffnen** → Teilnehmer begrüßen, Thema und Ziel nennen.
- darauf **achten**, dass alle Diskussionsteilnehmer **beim Thema bleiben**.
- darauf **achten**, dass die **Diskussion vorankommt** (z. B. Wiederholungen vermeiden).
- darauf **achten**, dass alle die **Diskussionsregeln einhalten**.
- dafür **sorgen**, dass die Gruppe zu einem **Diskussionsergebnis** kommt.
- während der Diskussion den Sprechern **das Wort erteilen**.
- die **Diskussion beenden** → das Ergebnis zusammenfassen.

Feedback geben und nehmen

Seite 11, 17, 33, 34, 35, 37, 75, 77, 78, 81, 165, 169, 173, 177, 217, 219, 221, 245, 249, 251, 253

Wenn du etwas vorgetragen, erzählt oder geschrieben hast, möchtest du auch wissen, ob es den Zuhörerinnen und Zuhörern gefallen hat. Sie sagen dir, was du gut gemacht hast oder woran du vielleicht noch arbeiten musst. Das nennt man eine **Rückmeldung** oder auch ein **Feedback** geben.

1. Feedback geben mit der „sprechenden Hand“
- Daumen: Beim Vortrag solltest du aufmerksam zuhören. Mache dir, wenn nötig, Notizen.
- Zeigefinger: Nenne zuerst alles, was dir gut gefallen hat.
- Mittelfinger: Kläre dann offene Fragen und beschreibe ohne Wertung, was dir noch aufgefallen ist.
- Ringfinger: Gib, wenn nötig, Tipps zur Verbesserung.
- kleiner Finger: Achte darauf, positiv und freundlich zu sprechen, um den anderen nicht zu verletzen.

2. Feedback nehmen mit der „sprechenden Hand“
Um gut mit einem Feedback umgehen zu können, beachte folgende Punkte. Nimm deine Hand zu Hilfe.
- Daumen: Höre zuerst genau zu, was dir jemand sagt. Mache dir eventuell Notizen.
- Zeigefinger: Frage nach, wenn du etwas an der Kritik nicht verstanden hast.
- Mittelfinger: Rechtfertige dich nicht. Denk daran, es ist die persönliche Sichtweise einer Person.
- Ringfinger: Überlege, welche nützlichen Informationen dir das Feedback gebracht hat.
- kleiner Finger: Überlege, wo deine Stärken und wo deine Schwächen liegen. Versuche, gute Anregungen für dich zu nutzen.

Seite 12

Ich-Botschaften

Mithilfe von Ich-Botschaften kannst du, z. B. in einer **Konfliktsituation**, **sachlich** deine **Meinung** oder deine **Gefühle** äußern, ohne dabei andere zu beleidigen oder mit deinen Worten zu verletzten. Stelle dir zunächst die folgenden Fragen: *Was ist der Streitgrund? Wie fühle ich mich? Wie begründe ich mein Gefühl? Was erwarte ich?* Formuliere dann deine Gefühle/Meinung in der **Ich-Form**.
→ Wenn du immer von mir abschreibst, bin ich sauer, weil ich mich ausgenutzt fühle. Ich möchte, dass du das lässt und selber arbeitest.

Seite 264

Im Team zusammenarbeiten

Wenn ihr gut im Team zusammenarbeiten wollt, müsst ihr Folgendes beachten:
- ☑ gemeinsam das Ziel und das Vorgehen besprechen
- ☑ eigene Ideen einbringen
- ☑ zuhören und ausreden lassen
- ☑ andere Meinungen gelten lassen
- ☑ die Aufgaben gerecht verteilen
- ☑ bereit sein, mit jedem in der Gruppe zusammenzuarbeiten
- ☑ sich an Vereinbarungen halten

2. Mündlich erzählen/präsentieren

Seite 12, 13, 17, 19, 78, 79

Rollenspiel

Um einen Konflikt oder ein Thema besser zu verstehen, könnt ihr ein **Rollenspiel** durchführen. Geht so vor:
1. Sammelt **Informationen** über die Situation und die Figuren.
2. **Versetzt euch** in die Figuren **hinein** und versucht ihre Gefühle, ihr Denken, Handeln und Reden zu verstehen.
3. Schreibt **Rollenkarten** für jede Figur mit allen Informationen.
4. Schlüpft in die Rollen der Figuren und **spielt** die Situation **nach**.

Seite 50

Pantomime

Bei der **Pantomime** wird nicht gesprochen. Gefühle und Handlungen werden durch die **Körperhaltung**, den **Gesichtsausdruck** (Mimik) und die **Bewegung von Armen und Händen** (Gestik) ausgedrückt.

Szenische Lesung

Seite 53

Hierbei wird ein Text **mit verteilten Rollen** vor Publikum vorgetragen. **Sprechweise**, **Sprechtempo** sowie **Pausen** werden gezielt eingesetzt. Die Wirkung des Textes wird durch **Mimik**, **Gestik** und **Körperhaltung** verstärkt.

Lesepartitur

Seite 265

Die **Lesepartitur** hilft dir dabei, einen Text **wirkungsvoll betont vorzutragen**.

1. Überlege dir vor deinem Vortrag, **welche Textstelle** du **wie vorlesen** möchtest.
2. Markiere im Text die Sprechweisen mit folgenden Symbolen. Schreibe sie über die jeweilige Textstelle.

º = betonen	+ = laut lesen	~ = langsam lesen	↓ = tiefe Stimme
/ = Pause machen	– = leise lesen	||| = schnell lesen	↑ = hohe Stimme

Schattenspiel

Seite 63

Bei einem Schattenspiel oder auch Schattentheater wird mithilfe von **Schatten** eine **Geschichte erzählt**. Dabei wird ein **weißes Leinentuch** gespannt und dahinter eine **helle Lampe** aufgestellt, die von hinten das Leinentuch anstrahlt. Die **Schattenspieler** stellen sich hinter das Leinentuch und erzeugen (mit ihren Händen, ihren Körpern, Figuren oder mit anderen Gegenständen) **Schatten**, die das Publikum dann auf dem Leinentuch sehen kann.

Einen Kurzvortrag vorbereiten

Seite 103, 107, 235

3. Schreibe einen **Stichwortzettel** mit allen Informationen, die du im Vortrag wiedergeben möchtest. **Gliedere** ihn in:
   - **Einleitung** (Thema + Ziel)
   - **Hauptteil** (Wiedergabe der wichtigsten Informationen)
   - **Schluss** (Zusammenfassung + eigene Meinung)
4. Notiere nur **Stichworte**. Formuliere mündlich ganze Sätze dazu.
5. Vermerke, an welcher Stelle deines Vortrages du **Anschauungsmaterial** (Bilder, Folien, Filmausschnitte, Infoplakat …) einsetzen willst.
6. **Übe** deinen Vortrag so lange, bis du frei und flüssig sprechen kannst.

Seite 163

Ein Referat vorbereiten

1. Lege dein **Thema** fest und **sammle** ausreichend **Informationen** dazu.
2. **Ordne** deine Informationen in einer **Mindmap**.
3. **Gliedere** dein Referat in **Einleitung**, **Hauptteil** und **Schluss**.
4. Finde für die **Einleitung** einen interessanten **Einstieg** in das Thema. Stelle **Thema** und **Gliederung** vor.
5. Gliedere den **Hauptteil** nach den Teilthemen in deiner Mindmap und notiere zu allen Teilthemen **Informationen in Stichworten**. Formuliere **Überleitungen** zwischen den Teilthemen.
6. Ergänze am **Schluss** eine kurze **Zusammenfassung**, formuliere eine eigene **Meinung**, **Empfehlung** oder eine **Fragestellung** zur Diskussion.
7. Entscheide dich für eine **Präsentationsform** und bereite das Material dafür vor.
8. Ergänze dein Referat durch **Bild- und Tonmaterial**.

Seite 165

Ein Referat halten

1. Bereite dich auf das Referat mit **Aufwärmübungen** vor.
2. **Übe** dein Referat. Trage es vor Freunden, den Eltern oder dem Spiegel vor.
3. Trage dein Referat **vor der Klasse** vor:
   - Atme ruhig und stelle dich entspannt und aufrecht hin. Stehe fest auf dem Boden.
   - Versuche möglichst frei zu sprechen. Halte Blickkontakt.
   - Sprich langsam, laut und deutlich. Mache Pausen.
4. **Beantworte** nach deinem Referat die **Rückfragen** deiner Zuhörer.

Seite 249, 251

Rundgang

- **Präsentiert eure Arbeitsergebnisse** (→ Geschichten, Comics, Steckbriefe usw.) im Klassenzimmer. Spannt eine Leine durch den Klassenraum und hängt eure Geschichten usw. daran oder befestigt sie an den Wänden.
- Geht **wie im Museum** in der Klasse umher und lest die Geschichten, Steckbriefe usw. und schaut euch die Comics an.
- Ihr könnt ein **Feedback** geben, indem ihr auf kleine Klebezettel schreibt, was euch besonders gut gefallen hat und was ihr eventuell ändern würdet. Klebt sie an die Geschichten usw. Ihr könnt euch aber auch nach dem Rundgang zusammensetzen und die **Arbeitsergebnisse besprechen**.

Schreiben

1. Argumentieren/Informieren

Eine schriftliche Argumentation verfassen

Seite 31

Eine **Argumentation** (Stellungnahme) dient dazu, den **eigenen Standpunkt** zu einem strittigen Thema **überzeugend darzustellen**.

1. Kläre, an wen sich deine Stellungnahme richtet. Davon hängt ab, welche Form sie haben soll (Leserbrief, Aufruf, Blog usw.).
2. Gliedere deine Argumentation in:
   - **Einleitung**: Führe zum Thema hin, formuliere die Problemfrage und deinen Standpunkt.
   - **Hauptteil**:
     - Notiere deine Argumente und ordne sie (z. B. vom schwächsten zum stärksten Argument).
     - Formuliere die Argumente und stütze sie mit Beispielen.
     - Verknüpfe deine Argumente sprachlich miteinander.
   - **Schluss**: Fasse zusammen und äußere einen persönlichen Wunsch, eine persönliche Forderung oder Hoffnung.
3. Überprüfe abschließend die korrekte **Rechtschreibung**, den **sachlichen** Stil und die korrekte Zeitform (**Präsens**).

Eine Textbeschreibung verfassen

Seite 51

In einer **Textbeschreibung** fasst du alle Informationen zu einem Text zusammen.

1. Schreibe eine **Einleitung**, nenne darin Textart, Titel, Autorin/Autor, Erscheinungsjahr sowie das Thema der Geschichte.
2. Schreibe dann den **Hauptteil**:
   - Fasse den **Inhalt** des Textes (Handlung, Figuren, Ort, Zeit) in eigenen Worten kurz zusammen.
   - Nenne **Erzählform** (z. B. Ich-Erzähler), **Darstellungsform** (z. B. Bericht) und die **Zeitgestaltung** (z. B. mit Rückblenden).
   - Charakterisiere die **Hauptfiguren** und beschreibe ihr Verhältnis zueinander.
   - Beschreibe die **sprachlichen Besonderheiten** und ihre Wirkung.
   - Nenne die **Merkmale** der Textart und weise diese am Text nach.
3. Schreibe einen **Schluss**. Formuliere die Absicht der Autorin/des Autors, nenne offene Fragen oder gib deine eigene Meinung zum Text wieder.

Beachte: Gib passende **Textbelege** an, schreibe **sachlich** und im **Präsens**.

Seite 105, 229

Tagebucheintrag

Um dich besser in eine **literarische Figur hineinfühlen** zu können, kannst du aus der **Sicht der Figur** einen **Tagebucheintrag** verfassen. Beachte dabei Folgendes:

- Schreibe in der **1. Person Singular** (Ich-Form).
- Verwende Präsens, wenn du über die Gegenwart sprichst, **Perfekt** und **Präteritum** für Vergangenes.
- Nutze dein bisheriges Wissen über die Figur und schreibe über persönliche **Erlebnisse**, **Erinnerungen**, **Gedanken** und **Gefühle**.
- Du brauchst k**eine strenge Struktur** oder **Gliederung**. Gedankensprünge sind erlaubt.
- Schreibe eine **Anrede** wie „Liebes Tagebuch“ zu Beginn deines Eintrages.

Seite 175

Das Flussdiagramm

Mithilfe eines **Flussdiagramms** kann man **Abläufe oder Ketten von Ereignissen und Vorgängen** darstellen. Man schreibt die Ereignisse oder Vorgänge unter- oder nebeneinander und verbindet sie mit Pfeilen. Wenn Ereignisse gleichzeitig stattfinden, stellt man das mit **Verzweigungen** dar.

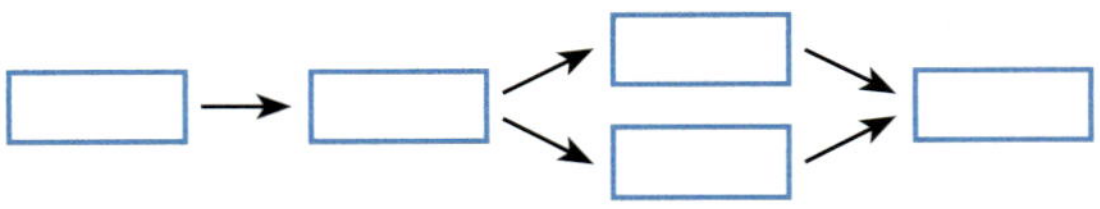

2. Erzählen

Seite 15, 75

Ein Cluster anlegen

Mithilfe eines **Clusters** kannst du Ideen sammeln.

1. Schreibe ein wichtiges Wort, das Thema oder den Titel deiner Geschichte in die Mitte des Blattes.
2. Überlege dir weitere Wörter zu dem Wort in der Mitte.
3. Schreibe sie an die Strahlen um das Wort herum.

Seite 50, 54, 58, 62

Erzählformen

Für eine Geschichte erfindet ein Autor einen **Erzähler**. Dieser Erzähler kann das Geschehen in der **Ich-Form** oder in der **Er-/Sie-Form** erzählen.

Ich-Form: Der **Erzähler** ist zugleich **eine Figur der Geschichte** und berichtet, was diese Figur sieht, hört, fühlt und denkt. → Ich hatte Herzklopfen, als ich eintrat.

Er-/Sie-Form: Der Erzähler ist **keine Figur der Geschichte**, weiß aber oft alles über die Figuren und das Geschehen. → Marie hatte Herzklopfen, als sie eintrat.

Texte in einer Schreibkonferenz besprechen

Seite 233

In einer Schreibkonferenz **überprüft** und **verbessert** ihr eure selbstgeschriebenen **Texte** in der Gruppe. Dabei wird jedes Mitglied zum **Spezialisten** für einen bestimmten Bereich ernannt. Geht so vor:

1. **Tauscht** eure Texte in der Gruppe im Uhrzeigersinn.
2. **Lest** den Text ein erstes Mal.
3. Achtet beim **zweiten Lesen** vor allem auf den Bereich, für den ihr zu Spezialisten ernannt wurdet.
4. **Schreibt** an den Rand, **was gut gelungen ist**, und notiert **Verbesserungsvorschläge**.
5. Anschließend werden die Hefte im Uhrzeigersinn **weitergegeben**, bis alle Spezialisten alle Texte in der Gruppe beurteilt haben.
6. Jeder erhält seine Geschichte zurück, **liest die Anmerkungen** und kann nachfragen. Dann kann jeder seine Geschichte **überarbeiten**.

Literatur und Medien

1. Lesetechniken

Mit dem Leseschlüssel Texte lesen und verstehen

Seite 8, 14, 16, 18, 46, 52, 56, 60, 132, 138, 142, 146, 260

Um lange Texte gut lesen und verstehen zu können, kannst du folgende Technik nutzen.

Vor dem Lesen

1. Sieh dir die Bilder an.
2. Lies die Überschrift.
3. Vermute, worum es in dem Text gehen könnte.

Beim Lesen

1. Lies den Text.
2. Notiere unbekannte Begriffe und kläre sie.
3. Formuliere W-Fragen zum Text.
4. Lies den Text ein weiteres Mal.
5. Markiere die Textstellen, die Antworten auf die W-Fragen geben.

Nach dem Lesen

1. Beantworte die W-Fragen.
2. Fasse den Inhalt zusammen.
3. Prüfe, ob deine Vermutungen zutreffen.

2. Umgang mit literarischen Texten

Seite 49

Kurzgeschichten

Kurzgeschichten sind **kurze Erzählungen**, die eine **außergewöhnliche Situation** darstellen. Sie entstanden im 19. Jahrhundert als ***short stories*** in den **USA**. In **Deutschland** spielte die Kurzgeschichte 1945 bis 1970 eine große Rolle. Die deutschen Autorinnen und Autoren schrieben in kurzen, einfachen und sachlichen Texten über Kriegs- und Nachkriegserlebnisse.
Kurzgeschichten weisen meist folgende **Merkmale** auf:

- **außergewöhnliche Situation**: Es wird von einem wichtigen Ausschnitt aus dem Leben eines oder mehrerer Menschen berichtet.
- **unvermittelter Anfang**: Man wird sofort in das Geschehen hineingezogen. Angaben zu Ort, Zeit oder Vorgeschichte fehlen.
- **offenes Ende**: Das Ende will Leserinnen und Leser zum Nachdenken anregen und macht keine Angaben zum weiteren Geschehen.
- **wenige Figuren**: Über die wenigen Figuren der Geschichte erfährt man nur so viel, wie für das Verständnis des Geschehens unbedingt nötig ist.
- **Inhalte des Alltags**: Dargestellt wird eine ganz alltägliche Situation.
- **kurze, lineare Handlung**: Die Handlung entwickelt sich geradlinig zum Höhepunkt hin.
- **Wendepunkt**: Die Geschichte hat eine überraschende Wendung.
- **verdichtete Sprache**: Die Geschichte ist in einem einfachen Sprachstil, mit kurzen Sätzen und in Alltagssprache geschrieben.

Seite 50, 54, 58, 62

Eine Inhaltsangabe schreiben

Vorbereitung

1. Stelle **W-Fragen** an den Text und beantworte sie.
2. Gliedere den Text in **Abschnitte** und fasse den **Inhalt** in einer Übersicht zusammen.
3. Notiere **Gefühle** und **Gedanken**, die im Text zum Ausdruck kommen.
4. Formuliere das **Thema** und die **wichtigste Aussage** des Textes.

Inhalt und Aufbau

1. Gliedere deine Inhaltsangabe in **Einleitung**, **Hauptteil** und **Schluss**.
2. Nenne in der **Einleitung**: Autorin/Autor, Titel, Textart und das Thema.
3. Stelle im **Hauptteil** die Handlung in der **richtigen Reihenfolge** dar. Verbinde sie mit den wichtigsten **Gedanken** und **Gefühlen** der Figuren.
4. Formuliere zum **Schluss**, wie der **Text** und das **Verhalten der Figuren** auf dich **wirken**.

Beachte: Schreibe **sachlich** und im **Präsens**. Mache **Zusammenhänge** deutlich, indem du die Sätze mit **Konjunktionen** und **Adverbien** verbindest.

Kalendergeschichten

Seite 61

Kalendergeschichten sind kurze **belehrende** und **unterhaltsame** Erzählungen, in denen Figuren aus dem **alltäglichen Leben** im Mittelpunkt stehen. Die **volkstümlichen** Geschichten wurden ab dem 17. Jahrhundert in **Kalendern** veröffentlicht.

Graphic Novel

Seite 99

Eine **Graphic Novel** ist eine besondere Form der **Bildgeschichte**. In ihr erzählen **Text und Bild** gleichberechtigt eine Geschichte.
Graphic Novels sind – im Unterschied zu Comics – komplexe, umfangreiche, romanhafte und oft **anspruchsvolle Erzählungen**. Sie erscheinen meist in einzelnen Bänden im **Buchformat**.
Häufig werden sie nach **literarischen Vorlagen** (→ Faust von Flix), als **Biografien** (→ Luther von M. Stetter) **oder politische und historische Geschichten** (→ drüben! von S. Schwartz, Palästina von J. Sacco) gestaltet.

Elemente und Begriffe von Graphic Novels sind:
- **Panel**: Einzelbild, mit oder ohne Umrahmung
- **stummes Panel**: Bild ohne Text
- **Caption**: Textbox, Erzählertext
- **Gutter**: Leerstelle, Lücke, Auslassung zwischen Panels
- **Balloon**: Sprechblase (durchgezogener Strich), Gedankenblase (unterbrochener oder wolkiger Strich), Geräuscheblase (meist gezackter Strich)

Eine Graphic Novel gestalten

Seite 101

Wenn du eine Graphic Novel gestalten möchtest, kannst du so vorgehen:
1. Überlege dir ein **Thema**, z. B. Geschichten aus der Schule, Geschichten über Freundschaft, Abenteuer, Erlebnisse in der Freizeit …
2. Lege dann fest:
   - wie der **Hintergrund** aussieht,
   - welche **Figuren** mitspielen,
   - wie die Figuren **aussehen** (Sie brauchen Erkennungszeichen auch über viele Bilder hinweg, z. B. immer ein blaues Hemd, ein besonderer Haarschnitt, auffälliger Schmuck.),
   - was die Figuren **tun**,
   - was die Figuren **sagen** oder **denken** (Schreibe das in die Balloons.),
   - welche **Geräusche** vorkommen (Schreibe das in entsprechende Balloons.).
3. Zeichne ein **Raster** für die Panels. Fülle sie mit den **Zeichnungen** aus.

Beachte: Im Internet findest du **Anleitungen zum Zeichnen** von Comicfiguren.

Seite 115, 120, 122, 124

Aufbau von Gedichten

1. Vers und Strophe

Eine Zeile in einem Gedicht nennt man Vers.
→ Manche Gedichte sind kurz wie ein Floh,
Mehrere Zeilen in einem Gedicht bilden eine Strophe.
→ Manche Gedichte sind kurz wie ein Floh,
aber sie beißen auch ebenso.

2. Reimformen

Ein Reim entsteht durch Wörter mit einem ähnlichen oder gleichen Klang.
→ Bäcker – Wecker, Truhe – Schuhe
Verse, die sich reimen, werden mit dem gleichen Buchstaben (a, b, c …) gekennzeichnet. Man unterscheidet verschiedene Reimformen.

Paarreim: aabb
Haus a
Maus a
Sonne b
Wonne b

umarmender Reim: abba
Haus a
Sonne b
Wonne b
Maus a

Kreuzreim: abab
Haus a
Sonne b
Maus a
Wonne b

Seite 115

Sprachliche Bilder

Sprachliche Bilder werden in Gedichten verwendet, um das Denken und Fühlen der Leser und damit ihre **Vorstellungskraft anzuregen**. Dabei unterscheidet man:

Personifikation
Dinge, Begriffe, Naturerscheinungen **handeln wie Menschen.**
Der Stern wandert durch die Nacht.

Metapher
Zwei Dinge oder Bereiche werden vermischt, dabei entsteht ein **bildhafter Ausdruck.**
Himmelszelt

Vergleich
Zwei Dinge oder Bereiche werden durch „wie“ oder „als ob“ **miteinander verbunden.**
Der Mond sah aus wie eine Laterne.

Seite 114

Das lyrische Ich – Der Sprecher im Gedich

Das lyrische Ich ist die **Stimme** oder der **Sprecher** eines Gedichts. Es spricht nicht der Autor, sondern ein von ihm **erfundener Sprecher**. Dieser Sprecher kann:

- als „Ich“ oder als „Wir“ auftreten 1 Wenn ich in Nächten wandre …
- eine Rolle einnehmen 1 als Stern …
- hinter die Darstellung zurücktreten 1 Mondbeglänzte Zaubernacht …

Metrum und Rhythmus

Seite 116

Das **Metrum** (auch Versmaß) ist der **„Takt“** eines Gedichts. Er ergibt sich aus der regelmäßigen Abfolge von **betonten** x́ und **unbetonten** × **Silben**.

x́ × x́ × x́ × x́ ×
→ Sin/get lei/se, lei/se, lei/se …

Der **Rhythmus** ist der **„Tonfall“** eines Gedichts, den der Vortragende gestalten kann. Der Rhythmus entsteht durch das Metrum und die Art des Sprechens (Betonung, Sprechtempo, Lautstärke, Pausen). → Dass sie im Blütenschimmer …

Ein Gedicht betont vortragen

Seite 117, 121, 123, 125

Vorbereitung

1. **Schreibe** das Gedicht **ab** oder kopiere es.
2. **Lies** das Gedicht mehrmals **leise** und **laut**.
3. Erfasse die **Stimmung** des Gedichts und **lege fest, wie** du es **lesen** möchtest.
4. **Markiere** im Gedicht: **Sprechtempo**, **Betonungen** und **Pausen**.
5. **Übe** den Gedichtvortrag so lange, bis du sicher bist.

Vortrag

1. **Schaue** während deines Vortrags die **Zuhörer** an.
2. Unterstütze deinen Vortrag durch **Mimik** und **Gestik**.
3. Du kannst auch passende **Musik** oder **Bildmaterial** verwenden.

Ein Gedicht auswendig lernen

Seite 117

- Stelle dir **Bilder** zu den Strophen vor oder zeichne welche dazu. Nutze sie als **Gedankenstütze**.
- **Gehe herum**, während du das Gedicht laut sprichst.
- Sprich das Gedicht und **nimm es auf**. Höre es immer wieder an.
- **Schreibe** das Gedicht **ab** und lerne Strophe für Strophe, indem du die anderen **abdeckst**.
- Überlege dir eine **Melodie** zu dem Gedicht und **singe** es dir vor.
- Trage dein Gedicht einer **Person** vor oder übe vor dem **Spiegel**.

Die Gedichtformen Akrostichon, Haiku und Wachsgedicht

Seite 119

Bei einem **Akrostichon** schreibt man das **Thema** des Gedichts als ein Wort **senkrecht** auf. Man ordnet jedem Buchstaben Wörter oder Wortgruppen zu.

Das japanische Kurzgedicht **Haiku** besteht aus **3 Zeilen**. Die 1. Zeile hat 5 Silben, die 2. Zeile hat 7 Silben und die 3. Zeile hat 5 Silben.

Das **Wachsgedicht** besteht aus 5 Zeilen, die durch **Ergänzungen „anwachsen"**. **1. Zeile**: ein Substantiv/**2. Zeile**: 1. Zeile + Präposition/Konjunktion und zweites Substantiv/**3. Zeile**: Adjektiv zu erstem Substantiv/**4. Zeile**: 3. Zeile + und + drittes Substantiv mit Adjektiv/**5. Zeile**: ein Substantiv aus der 4. Zeile

Seite 123

Parallelgedichte

Ein **Parallelgedicht** ist eine neue Fassung eines vorhandenen Gedichts. Die **Form** des Gedichts wird **beibehalten**, aber **Textstellen** werden **ausgetauscht**.

Ich: Träumerisch, träge, schlafmützig, faul. → Ich: Sportlich, zappelig, mutig, abenteuerlustig.

Seite 136

Lineares und nichtlineares Erzählen

Wird durchgängig in einer **zeitlichen Reihenfolge** erzählt, spricht man von **linearem Erzählen.**
Werden die zeitlich aufeinanderfolgenden Ereignisse durch **Rückblenden** unterbrochen, spricht man von **nichtlinearem Erzählen**.

Rückblenden informieren über **frühere Ereignisse**. Sie helfen, die Geschichte und die Figuren besser zu verstehen.

Seite 145

Die Zeitgestaltung

Um abwechslungsreicher zu erzählen, werden unterschiedliche Formen der Zeitgestaltung genutzt. Ereignisse können **zeitlich gerafft**, **gedehnt** oder **zeitdeckend** dargestellt werden.

zeitraffend: Ein längeres Geschehen wird kürzer zusammengefasst.
zeitdehnend: Eine Figur oder Situation wird ausführlich beschrieben oder es werden längere Gedankengänge geäußert.
zeitdeckend: Die in der Geschichte erzählte Zeit entspricht der Zeit, die man zum Lesen braucht, z. B. bei Dialogen.

Seite 135

Direkte und indirekte Charakterisierung

Bei der **direkten Charakterisierung** nennen der Erzähler, die Figur selber oder andere Figuren die Eigenschaften der Figur. → Er ist ein guter Vater.
Bei der **indirekten Charakterisierung** lassen sich die Eigenschaften daraus ableiten, wie die Figur handelt, was sie sagt oder denkt. → Er beruhigt und tröstet den Sohn. → Er ist ein guter Vater.

Jugendbuchauszüge erschließen und darüber informieren

Seite 137

1. Sieh das **Buchcover** an, beachte den **Titel** und lies den **Klappentext**.
2. Informiere dich über **Autor/in** und die **Entstehung** des Buches.
3. Verschaffe dir einen **Überblick** über die Handlung und den Konflikt.
4. Notiere **Figuren, Orte** und Aussagen dazu, **wann das Geschehen spielt**, sowie Besonderheiten der **Zeitgestaltung**.
5. Halte stichpunktartig **wichtige Informationen zu den Figuren** fest. Schreibe **Eigenschaften** auf, die aus den Verhaltensweisen, den Äußerungen und den Gedanken der Figuren hervorgehen.
6. Stelle dar, wie die **Figuren zueinander** stehen.
7. Notiere, wie die **Geschehnisse** und die **Figuren** auf dich **wirken**.
8. Gestalte **Informationsmaterial** und **stelle** das Buch **vor**.

Das Symbol

Seite 151

Ein **Symbol** ist ein **Sinnbild oder Zeichen**, das stellvertretend für einen nicht sichtbaren Sachverhalt steht. → Rose: Liebe
Das **Symbol** kann ein Gegenstand, ein Lebewesen oder eine Farbe sein, es **tritt** in einer Geschichte **immer wieder auf** und spielt eine **wichtige Rolle**.
Es verweist auf eine **tiefere Bedeutung**.

3. Umgang mit Sachtexten

Informationen in einer Mindmap sammeln und ordnen

Seite 162, 168, 173, 177, 195, 232

In einer **Mindmap** kannst du Informationen, aber auch Ideen und Gedanken **ordnen**. Du verschaffst dir damit einen besseren **Überblick über ein Thema**.

Informationen sammeln
1. Gliedere deinen Text in **Sinnabschnitte**.
2. Verfasse zu jedem Sinnabschnitt eine **Überschrift**.
3. Schreibe die **wichtigsten Wörter** oder **Wortgruppen** aus jedem Sinnabschnitt auf oder unterstreiche sie.

Anfertigen der Mindmap
1. Schreibe das **Thema** (oder die Hauptüberschrift) in die Mitte.
2. Ordne die **Oberbegriffe** (oder die Überschriften) um die Mitte herum auf Hauptlinien an.
3. Schreibe die **wichtigsten Informationen** auf Linien an die Oberbegriffe.

Seite 187

Funktionen von Sachtexten erkennen

In einem Sachtext kann eine Autorin oder ein Autor verschiedene **Aussageabsichten** vermitteln. Es können drei Grundformen der Kommunikation gewählt werden:

- **Informieren**: Fakten nennen, Sachverhalte beschreiben, Zusammenhänge erklären → Lexikonartikel, Bericht …
- **Argumentieren**: Stellung zu einem Thema beziehen, durch Pro- und/oder Kontra-Argumente begründen → Kommentar, Leserbrief …
- **Appellieren**: für etwas werben, zu einer bestimmten Verhaltensweise oder Handlung auffordern → Werbung, Spendenaufruf …

Beachte: Häufig haben Sachtexte **mehrere Funktionen gleichzeitig**, z. B. informieren und appellieren sie.

Seite 190, 194, 198, 202

Diagramme verstehen und beschreiben

1. Lies die **Überschrift**. Gib an, worüber informiert wird.
2. Nenne die **Diagrammform** und woran man die **Ergebnisse ablesen** kann (Höhe der Säulen, Länge der Balken, Größe der Abschnitte).
3. Lies ab, **welche Angaben** gemacht werden.
4. Lies ab, welche Angaben sehr **auffällig** sind (höchste, kleinste Werte).
5. **Fasse zusammen**, was das Diagramm zeigt.

Seite 191

Leseschlüssel für Sachtexte

Mithilfe dieser Technik kannst du jeden Sachtext gut verstehen, die wichtigsten Informationen daraus entnehmen und im Kopf behalten.

Vor dem Lesen
1. Sieh dir die Bilder und die Überschriften an.
2. Vermute, worum es in dem Text gehen könnte.
3. Fasse zusammen, was du bereits zum Thema weißt.

Während des Lesens

Überfliegendes Lesen
1. Überfliege den Text. Lies die Anfänge der Abschnitte, wichtige Wörter und bekannte Begriffe.
2. Gliedere den Text in Sinnabschnitte.

Genaues Lesen
1. Kläre unbekannte Begriffe aus dem Textzusammenhang oder mithilfe eines Lexikons oder des Internets.
2. Lies den Text gründlich. Notiere abschnittweise die wichtigsten Informationen.
3. Finde zu jedem Sinnabschnitt eine Überschrift.

Nach dem Lesen
1. Formuliere Fragen zum Inhalt des Textes und beantworte sie.
2. Fasse den Inhalt des Textes abschnittweise zusammen.

Seite 203

Eine Sachtextbeschreibung verfassen

1. Schreibe eine **Einleitung**. Informiere über Autorin/Autor, Titel, Thema, Textart und die Quelle des Textes.
2. Verfasse den **Hauptteil**.
   - Fasse den Inhalt des Textes abschnittweise zusammen.
   - Nenne die Kernaussage des Textes.
   - Formuliere die Meinung und Absicht der Autorin/des Autors und nenne die Argumente.
   - Erläutere die verwendeten sprachlichen Mittel.
3. Schreibe einen **Schluss**. Beurteile den Text, stelle weitere Fragen, notiere deine eigene Meinung zum Thema und begründe sie.

Seite 211

Aufbau einer Tageszeitung

Will man sich über den **Inhalt** einer Zeitung informieren, bietet die **Titelseite** eine erste **Orientierung**. Meist werden dort die **Ressorts angekündigt**.
Man unterscheidet die **fünf klassischen Ressorts** → Politik, Wirtschaft, Sport, Kultur und Lokales.
Weitere **Ressorts** → Medien, Technik, Wissenschaft, Bildung, Kinder, …
Weitere **Elemente** → Rätsel, Wetter, Comics, …

Seite 213

Textarten in Zeitungen

In Zeitungen wird in **verschiedenen Textarten** von Ereignissen berichtet.
Man unterscheidet: **informierende Textarten** → Meldung, Nachricht, Bericht, …
meinungsäußernde Textarten → Kommentar, Rezension, Leserbrief, …
Beachte: Es kommen auch **Mischformen** vor. → Reportage, Interview, …

Eine **Meldung** ist sehr **kurz** und nennt in wenigen Sätzen die wichtigsten Informationen. Eine **Nachricht** ist **länger** als eine Meldung und kürzer als ein Bericht. Sie beantwortet alle **W-Fragen** und wird im **Präsens** wiedergegeben. Ein **Bericht** informiert **ausführlicher** und steht im **Präteritum**.

Seite 215

Der Bericht

Ein Bericht informiert **sachlich** über ein Ereignis. Er ist die **Langform** der Nachricht und enthält **ausführlichere Informationen** → Hintergründe, Zusammenhänge, Vorgeschichte, Folgen, Zitate von Beteiligten oder Experten.

Aufbau: 1. Schlagzeile und Vorspann (Thema)
2. Basisinformationen (Antworten auf die W-Fragen)
3. genauere und ausführlichere Informationen

Beachte: Im Bericht wird das **Präteritum** verwendet.

Seite 217

Die Reportage

Die **Reportage** will gleichzeitig über ein Ereignis **informieren** und den Leser durch **lebendige** und **anschauliche** Schilderung des Ereignisses **unterhalten**. In der **Reportage** schreibt der Reporter über das Geschehen, das er miterlebt hat, einen **Erlebnisbericht**. Er beschreibt **Eindrücke, Gefühle, Stimmungen** und **Gedanken** und gibt dem Leser damit das Gefühl, „live vor Ort" gewesen zu sein.

Seite 217

Eine Reportage schreiben

Vorbereitung
1. **Recherchiere** Informationen und lege eine **Stoffsammlung** an.
2. Führe **Interviews** und sammle **Eindrücke, Gedanken, Gefühle** und **Stimmungen**. Mache dir Notizen.

Schreiben
1. Notiere eine treffende **Überschrift** und **einen Vorspann**.
2. **Einleitung**: Überrasche mit einer kurzen und lebendigen Beschreibung einer **Situation** oder **Momentaufnahme**.
3. **Hauptteil**: Stelle das **Geschehen** dar. Ergänze **Hintergrundinformationen**, stelle ein bis zwei **Hauptpersonen** in den Mittelpunkt und lasse sie zu Wort kommen, beschreibe deine **Gedanken, Gefühle** und **Stimmungen**. Achte darauf, **spannend** zu erzählen.
4. Schluss: **Fasse zusammen** und/oder gib einen **Ausblick** in die Zukunft.

Beachte: Schreibe **anschaulich** und bildhaft. Verwende das **Präsens**.

Seite 218

Der Leserbrief

Leserbriefe bieten die Möglichkeit, zu einem Artikel in einer Zeitung oder Zeitschrift seine **Meinung** zu **sagen**. Man äußert sich **schriftlich** zu einem bestimmten **Thema** und bezieht **Stellung** dazu.

Einen Leserbrief schreiben

Seite 219

Wenn du zu einem **Artikel** in einer Zeitung deine **Meinung** sagen möchtest, dann schreibe einen **Leserbrief**. Du kannst so vorgehen:

1. Lies den Zeitungsartikel noch einmal genau durch. Mache dir **Notizen** zum **Thema**, deinem **Standpunkt** und deinen **Argumenten**.
2. Schreibe eine **Anrede**.
3. Nenne den **Anlass** deines Briefes, z. B. den Artikel, auf den du dich beziehst.
4. Stelle deine **Meinung** dar und **begründe** sie.
5. Formuliere am **Schluss** Fragen, Wünsche oder Vorschläge.
6. Unterschreibe mit deinem **Namen**. Gib deine **Adresse** an.

Der Kommentar

Seite 221

Ein **Kommentar** gibt die **persönliche Meinung** einer Autorin oder eines Autors zu einem Thema wieder. Dabei bezieht sich der Kommentar meist auf eine Meldung oder Nachricht. Die Autorin oder der Autor **begründen** ihre Meinung mit **Argumenten** und ziehen **Schlussfolgerungen**.

Einen Kommentar schreiben

Seite 221

Gliedere deinen Kommentar in drei Teile:

1. **Einstieg**: Beschreibe kurz den **Sachverhalt**, auf den du eingehen möchtest. Beantworte darin die Fragen: Worum geht es? Was will ich als Verfasser/in erreichen? Wie wecke ich das Interesse der Leser?
2. **Hauptteil**: Gib deine **Meinung** wieder und begründe sie mithilfe von **Argumenten**. Widerlege Gegenargumente.
3. **Schlussfolgerung**: Ziehe eine klare und deutliche **Schlussfolgerung**, die die Leser zum Nachdenken anregt.

Beachte: Schreibe deinen **Namen** unter den Kommentar.

4. Umgang mit Medien

Internetrecherche

Seite 35, 36, 37, 63, 105, 107, 144, 150, 161, 168, 173, 175, 176, 232

Im **Internet** findest du eine unüberschaubare Menge an Informationen zu allen möglichen Themen. Die Suche im Internet wird **Recherche** genannt. Eine große Hilfe sind dabei **Suchmaschinen**.

Um dich zu orientieren und das zu finden, was du suchst, gibt es einiges zu beachten.

1. Überlege, wonach genau du suchen möchtest.
2. Gib einen möglichst konkreten Suchbegriff in eine Suchmaschine (→ in der Suchmaschine Blinde Kuh) ein.
3. Sieh dir die Suchergebnisse in der Übersicht an und entscheide, welcher Titel und welche Beschreibung am nützlichsten erscheinen.
4. Wenn du zu viele Treffer erhältst, dann grenze deine Suche ein. Ergänze noch weitere Suchbegriffe.
5. Prüfe die Informationen, die du gefunden hast, noch einmal auf einer anderen Seite oder auch mithilfe eines Lexikons.

Seite 229

Chat und Blog

Im **Chat** können Textnachrichten **gleichzeitig** mit **mehreren Teilnehmern** über das Internet ausgetauscht werden.

Der **Blog** (Abkürzung für Web Log) ist meist ein **öffentliches Tagebuch** im Internet. **Blogger** schreiben oft sehr **persönlich** über ihre **Erlebnisse** oder ein **Thema**. Die Beiträge können **Bilder**, **Videos** oder **Links** enthalten.
Die **Leserinnen und Leser** können Kommentare oder eigene Beiträge **posten**.
Dabei stehen die **neuesten Beiträge** an oberster Stelle.
Ein Blog dient dem **Austausch** und der **Dokumentation**, z. B. bei Projektarbeit.

Seite 231

Wie verhalte ich mich im Internet?

- ☑ Veröffentliche **niemals** deine **Adresse** oder **Telefonnummer**.
- ☑ Veröffentliche **keine Party- oder Strandfotos** von dir.
- ☑ **Achte** auf die Informationen, die du **preisgibst** – auch scheinbar unwichtige Informationen wie z. B. Hobbys sagen viel über dich aus.
- ☑ **Beleidige keine Personen** und verbreite **keine Unwahrheiten**.
- ☑ **Behalte** vertrauliche Informationen **für dich**.
- ☑ Wenn du **über andere Personen** schreibst, überlege genau, ob sie sich durch deinen Beitrag verletzt fühlen könnten.
- ☑ Sei dir im Klaren darüber, dass andere Nutzer Informationen **nur zum Scherz** verbreiten könnten.
- ☑ Informationen können der **Manipulation** dienen. **Glaube nicht** alles, was du im Internet liest.

Seite 233

Einen Blog erstellen

1. Wähle ein **Thema**, zu dem du dich mit anderen austauschen möchtest.
2. Formuliere eine kurze und aussagekräftige **Überschrift** für den Blog.

3. **Recherchiere** zu deinem Thema. Achte auf glaubwürdige Quellen.
4. **Notiere** alles, was du zu deinem Thema weißt und was die Recherche ergeben hat.
5. **Strukturiere** deine Informationen.
6. **Überprüfe** deine Texte bezüglich Rechtschreibung, Grammatik und Stil.
7. Suche zu deinem Thema passende **Bilder** oder **Videos**.
8. Ergänze **Links** zu thematisch passenden Internetseiten.
9. Entwickle eine **Gestaltung** mit Rubriken zu deinen Unterthemen.
10. Schreibe eine **Über-dich-Seite**, auf der du dich vorstellst.
11. Lass den Blog auf einer **Plattform** installieren.

Beachte: Ein Blog muss **regelmäßig „gepflegt“** werden. Beantworte Fragen, tausche dich aus, ergänze Informationen, lösche Unwichtiges.

Fake News

Seite 237

Fake News sind bewusste **Lügen**, die **absichtlich verbreitet** werden und wie seriöse Nachrichten aussehen sollen.
Ihr Ziel ist die **Beeinflussung** und **Manipulation** der Leser aus persönlichen, politischen oder wirtschaftlichen Gründen.
Fake News werden auf **elektronischem Weg** verbreitet, z. B. über soziale Medien. Sie werden durch Posts, Likes und Retweets der Nutzer weitergegeben.

Checkliste zum Untersuchen und Erkennen von Fake News:
- Überprüfe die Nachricht mithilfe deiner **eigenen Kenntnisse** und **Erfahrungen**. Frage dich, ob die Meldung stimmen könnte.
- Prüfe, ob die Nachricht **übertriebene Fakten** und/oder **radikale Meinungen** vermittelt.
- Prüfe, woher eine Nachricht stammt. Handelt es sich um **unbekannte** oder **unseriöse Quellen** oder **Autoren**?
- Prüfe, ob die Nachricht **belegbare Fakten** enthält. Recherchiere mithilfe **anderer Quellen** die Richtigkeit der Fakten.
- Sieh dir die **Bilder** an. Prüfe, ob Bilder aus anderen Zusammenhängen stammen oder nachträglich bearbeitet wurden.
- Kläre, ob die Nachricht aktuell ist. Frage dich, wieso **veraltete Fakten** veröffentlicht werden.
- Frage dich, **welche Absicht** verfolgt wird und **wem** diese Nachricht **nützt**.

Werbung untersuchen

Seite 245

Werbung **wirkt**, wenn sie **aufmerksam** macht, **Interesse** weckt, **anschaulich**, **attraktiv**, **einprägsam** und **verständlich** ist – und zum Kauf führt. Wenn du Werbung untersuchen willst, beachte Folgendes:

1. Untersuche den **Aufbau**. → Eyecatcher, Headline, Slogan, Informationstext, Logo, Bild
2. Untersuche die **Gestaltung**. → Farbgebung, Schriften, Zusammenwirken von Text und Bild
3. Untersuche die **Wirkung**. → Welche Gefühle werden ausgelöst? Welche Informationen und Stimmungen werden vermittelt? Würdest du das Produkt kaufen?

Beachte die **vier Phasen**, die ein Kunde **bis zum Kauf** durchlaufen soll (genannt **AIDA-Modell**):
A: Attention → Der Kunde wird auf das Produkt **aufmerksam** gemacht.
I: Interest → Das **Interesse** des Kunden für das Produkt ist geweckt.
D: Desire → Der Kunde **wünscht** sich das Produkt, er will es kaufen.
A: Action → Der Kunde tritt in **Aktion**, er kauft das Produkt.

Seite 247

Werbesprache

Ein Werbeslogan ist ein kurzer Satz, der **auffällig und einprägsam** ist und das **Wesentliche** eines Produktes vermitteln soll.
Häufig werden sprachliche Mittel verwendet, z. B.

- **Wörter aus anderen Sprachen/Anglizismen** → Power to you
- **Alliteration**: Wörter mit gleichem Anfangslaut → Intel inside
- **Superlativ**: Steigerung eines Adjektivs → Das Beste oder nichts
- **rhetorische Frage**: Scheinfrage → Heut schon geploppt?
- **Neologismus**: Wortneuschöpfung → unkaputtbar
- **Wortspiel**: Spiel mit Wortklang und Wortbedeutung → Fairsicherung
- **Imperativ**: Aufforderung → Crunch mit!
- **Reim** → Delial bräunt ideal.

Seite 253

Kameraeinstellungen und Kameraperspektiven

Totale: Darsteller vollständig in Umgebung
Halbtotale: Darsteller von Kopf bis Fuß
Halbnah: Darsteller von Kopf bis Hüfte
Nah: Darsteller von Kopf bis Oberkörper
Großaufnahme: Kopf des Darstellers
Detail: kleiner Ausschnitt aus Gesamtbild

Normalsicht: Kamera blickt auf Augenhöhe
Untersicht: Kamera blickt von unten („Froschperspektive“)
Aufsicht: Kamera blickt von oben („Vogelperspektive“)

Ein Drehbuch zu einem Text schreiben

Seite 262

In einem Drehbuch werden Handlungen und Dialoge **Szene für Szene** dargestellt. Das Drehbuch ist die Grundlage dafür, einen Text zu verfilmen.

1. Lege einen **Textausschnitt** fest.
2. Schreibe zum Textausschnitt einen **Szenenplan**. Notiere darin Ort/Zeit/Requisiten, Figuren und deren Verhalten, Handlungen und Dialoge.
3. Lege für die Filmaufnahme mithilfe des Szenenplans ein **Drehbuch** an. Notiere die Handlungen, Figuren und Dialoge in der richtigen Reihenfolge.

Das Hörspiel

Seite 263

Hörspiele sind **akustische Darbietungen** von Geschichten mit verteilten Sprecherrollen. Alles was passiert und wichtig ist, wird durch **gesprochene Wörter** und **Geräusche** vermittelt.

- Gedanken, Gefühle und Handlungen werden durch **Dialoge** (Gespräche) oder **Monologe** (Selbstgespräche) dargestellt.
- Ein **Erzähler** kann durch die Geschichte führen.
- **Musik** und **Geräusche** machen die Handlung lebendig und transportieren Informationen oder Stimmungen.

Ein Hörspiel gestalten und produzieren

Seite 267

Vorbereitung

1. Schreibt ein **Manuskript** zu eurem Hörspiel. Gliedert es in Szenen und macht Angaben zu **Situation**, **Figur/Sprecher** und **Verhalten** der Figur.
2. Legt fest, wie ihr die **Stimmung** in den einzelnen Szenen vermittelt wollt (z.B. durch Geräusche, Musik, ausdrucksvolles Sprechen, Pausen). Ergänzt das Manuskript.
3. Teilt die **Arbeitsbereiche** Regie, Sprecherinnen/Sprecher, Geräusche/Musik und Technik auf.
4. Organisiert die **technische Ausstattung**.
5. Ladet die kostenlose Software **„Audacity“** herunter.

Aufnahme

1. Sucht einen ruhigen Ort ohne Hintergrundgeräusche oder Störungen.
2. Nehmt eure Hörspieltexte in **einzelnen Szenen** auf, sodass ihr immer wieder Pausen machen könnt.
3. Sprecht mit angemessener **Lautstärke**, **Betonung** und **Geschwindigkeit**.
4. Produziert die **Geräusche** oder die **Musik** und nehmt sie auf.
5. **Speichert** alles ab, damit nichts verloren geht.

Nachbereitung
1. **Bearbeitet** die Aufnahmen, indem ihr die Texte mit Geräuschen und Musik hinterlegt.
2. Hört euch die Aufnahmen der einzelnen Szenen an und macht **Vorschläge**, was verbessert werden kann.
3. Spielt die Szene **neu** ein, wenn nötig.
4. **Schneidet** die Szenen so zurecht, dass sie einen klaren Anfang und ein klares Ende haben.
5. Passt die **Lautstärke** der einzelnen Szenen so an, dass sie einheitlich ist.
6. Fügt die Szenen abschließend in der **richtigen Reihenfolge** aneinander.
7. Speichert euer Hörspiel auf einem **Datenträger**.

5. Praktikum und Berufsvorbereitung

Seite 73

Informationen zu einem Beruf auf einer Berufekarte sammeln

1. **Wähle** einen Beruf aus.
2. Notiere auf einer Karteikarte die folgenden Stichworte:
   - **Berufsbezeichnung**
   - **Arbeitsorte und Arbeitszeiten**
   - **Tätigkeiten und geforderte Fähigkeiten**
   - **Arbeitsmittel/Arbeitsgeräte**
   - **Kontakt zu Menschen**
   - **geforderter Schulabschluss**
   - **Art der Ausbildung** (z. B. dual) und **Dauer der Ausbildung**
   - **Ausbildungsvergütung**
3. **Sammle Informationen** zu diesen Stichworten. Nutze verschiedene Informationsquellen:
   - **Frage** Menschen, die diesen Beruf ausüben.
   - **Beobachte** diese Menschen bei der Arbeit.
   - Suche **Texte** in Büchern, Zeitungen oder Zeitschriften, die sich mit dem Beruf beschäftigen.
   - Suche im **Internet** nach Informationen über den Beruf.
4. **Fülle** deine Berufekarte **aus**.

Seite 77

Eine Bewerbung für einen Praktikumsplatz schreiben

Vorbereitung
1. Lege fest, **welchen Beruf** du in deinem Praktikum erkunden möchtest.
2. Notiere **Interessen** und **Fähigkeiten**, die zum Praktikumsberuf passen.
3. **Suche** dir einen **Praktikumsbetrieb**. Nutze dafür das Internet, frage Eltern und Bekannte oder deine Praktikumsbetreuer in der Schule.

4. **Erkundige dich** möglichst frühzeitig im Praktikumsbetrieb, ob du dort dein Praktikum absolvieren kannst.

Schreiben

1. Verfasse dein **Bewerbungsschreiben**. Beginne mit dem **Briefkopf** (Absender, Empfänger, Datum), der **Betreffzeile** und der **Anrede**.
2. Verfasse dann eine **Einleitung**, in der du die Wahl des Betriebes und Berufes begründest.
3. Schreibe einen Hauptteil. Formuliere, warum du dich für diesen Beruf interessierst und welche Fähigkeiten du dafür besitzt. Beschreibe deine Schulsituation.
4. Formuliere einen **Schluss** mit der Bitte um Rückmeldung.
5. Schreibe eine **Grußformel**, unterschreibe und notiere die **Anlagen**.

Tagesbericht

Seite 80, 83, 85, 87

In einem **Tagesbericht** notierst du alles, was du an einem **Praktikumstag erledigt** hast. Damit du nichts vergisst, mache dir während des Arbeitstages **Notizen** (Uhrzeiten, Tätigkeiten, Fachausdrücke).
Für den Tagesbericht kannst du eine **Tabelle** nutzen oder einen **ausführlichen Text** schreiben. Orientiere dich an den **W-Fragen**: Wer? Wann? Wo? Was? Warum?

RGS

Rechtschreibung, Grammatik und Sprachbetrachtung

Rechtschreibung

Rechtschreibstrategien

Seite 39

Rechtschreibstrategie Mitsprechen

Wie ein Wort geschrieben wird, richtet sich häufig nach der **Aussprache**. Wenn man beim Schreiben die Wörter **Silbe für Silbe wie ein Roboter** mitspricht, kann man meist hören, wie sie geschrieben werden.
→ Wassereimer, entgegen, rennen

Rechtschreibstrategie Verlängern

- Will man wissen, ob am Wortende **b** oder **p**, **d** oder **t**, **g** oder **k** geschrieben wird, muss man das Wort **verlängern** und dann **deutlich sprechen**.
  - Bilde bei Substantiven/Nomen den Plural: Hunt oder Hund? → Hunde
  - Steigere bei Adjektiven: starg oder stark? → stärker
  - Bilde bei Verben den Infinitiv: schriep oder schrieb? → schreiben
- Schreibt man das Wort mit h in der Mitte? **Verlängere** das Wort und sprich in Silben: dreht → dre-hen, Schuh → Schu-he

Rechtschreibstrategie Ableiten

Will man wissen, ob ein Wort mit **e** oder **ä**, **eu** oder **äu** geschrieben wird, muss man es **ableiten**. Findet man verwandte Wörter mit **a** oder **au**, dann schreibt man **ä** oder **äu**. → Wärme – warm, Träume – Traum

Seite 41

Texte korrigieren und überarbeiten

Prüfe deine Texte nach dem Schreiben immer auf sprachliche Richtigkeit, korrigiere und überarbeite sie dann.

1. **Lies** den Text **laut**. Dann fallen die „**Stolperstellen**“ auf, z. B. fehlende oder überflüssige Buchstaben und Wörter. Korrigiere diese Stellen.
2. Korrigiere und überarbeite den Text jetzt in **vier Durchgängen**:
   - Prüfe die **Rechtschreibung**. Markiere falsche Wörter und korrigiere sie mithilfe der **Rechtschreibstrategien**.
   - Prüfe die **Zeichensetzung**: Satzschlusszeichen, Zeichen der wörtlichen Rede und Kommas. Korrigiere die Zeichensetzung.
   - Prüfe die **Zeitformen** und die **grammatischen Endungen**. Markiere die Fehler und korrigiere sie.

- Prüfe, ob **Wortwiederholungen** oder Fehler beim **Satzbau** vorhanden sind. Markiere sie. **Ersetze Wörter** und **stelle die Sätze um**.

3. Prüfe zum **Schluss**: Sind Sätze zu lang? Wurden treffende Verben und Adjektive benutzt? Sind alle Sätze logisch und verständlich? Überarbeite diese Sätze.

Großschreibung

Seite 153

Signale für die Großschreibung (Nomensignale)

Wörter werden großgeschrieben, wenn
- ein **Artikel** oder ein **Pronomen** (→ der, ein, mein, dieses …) davorsteht.
- ein **Adjektiv** (→ das gute Buch) das Substantiv/Nomen näher beschreibt.
- Wörter wie **alles, wenig, nichts, etwas, viel** davorstehen.
- das Wort auf **-heit, -keit, -ung, -schaft, -nis** oder **-tum** endet.

Beachte: Schon wenn **ein** Nomensignal zutrifft, muss man das Wort großschreiben.

Weitere Rechtschreibregeln

Seite 39

Das lange i

Das lang gesprochene **i** wird in der Regel als **ie** wiedergegeben.
→ fliegt, rief, lief, telefonieren, kapieren …
Bei Fremdwörtern steht trotz lang gesprochenem **i** oft nur ein einfaches **i**.
→ Klima, Krise …

Seite 39

s-Laute

s-Laute, die weich und **summend** gesprochen werden, nennt man **stimmhaft**. Man schreibt ein einfaches s. → Seife, Ameise
s-Laute, die scharf und **zischend** gesprochen werden, nennt man **stimmlos**. Man schreibt ß oder ss. → Kuss, Fuß

langer Vokal davor: ß – kurzer Vokal davor: ss

Nach **kurz gesprochenem** Vokal schreibt man ss. → muss, dass, Fass
Nach **lang gesprochenem** Vokal schreibt man ß. → Fuß, Spaß, groß
Achtung: Wenn ein **s-Laut am Wortende** steht, muss man das Wort **verlängern**, damit man den richtigen s-Laut schreibt. → Gras – Gräser, Fuß – Füße, Kuss – Küsse

Seite 39

dass und das

Das Wort **dass** ist eine **Konjunktion**. Es kann nicht durch ein anderes Wort ersetzt werden. → Ich weiß, dass du Balladen magst.
Die Konjunktion **dass** steht nach Verben des Denkens, Fühlens, Wahrnehmens, Meinens und Wollens. → Ich weiß, dass …; ich finde, dass …; ich fühle, dass …

Das Wort **das** ist ein Artikel → das Fenster …
Das Wort **das** ist ein **Pronomen**. Es bezieht sich auf das vorausgehende Substantiv/Nomen und kann durch andere Wörter ersetzt werden, z. B. durch dieses, jenes, welches.
→ Mir gefällt das **Gedicht**, das du ausgewählt hast.
→ Mir gefällt das **Gedicht**, welches du ausgewählt hast.

Seite 39

Fremdwörter

- Fremdwörter sind Wörter, die **aus einer anderen Sprache** übernommen wurden. Sie unterscheiden sich von deutschen Wörtern durch ihre **besondere Aussprache** oder **Schreibung**. → chillen, Show, Baby, Physik
- Fremdwörter erkennt man an:
  - bestimmten **Kombinationen von Buchstaben** → **th**, **ps**, **rh**, **ph** (gesprochen f), **sh**, **ch** (oft am Wortanfang) …
  - bestimmten **Buchstaben**, die **anders gesprochen** werden → **c** (wie s oder k) → City, Computer …, **y** (wie i oder j) → Party, Yoga … **j** (wie dsch) → Job, Jeans …
  - bestimmten **Vorbausteinen** → **anti-**, **dis-**, **ex-**, **inter-**, **kon-** …
  - bestimmten **Endbausteinen** → **-ieren**, **-iv**, **-iell**, **-ine**, **-ion**, **-ität**, **-eur**, **-ur**, **-ant**, **-ment**, **-ik** …

Grammatik

Das Wort und die Wortarten

Seite 204

Wortarten

Bestimmte Wortarten können sich verändern, andere verändern sich nicht.
- **veränderbare Wortarten** sind: Verben (→ gehen), Substantive/Nomen (→ Haus), Adjektive (→ klein), Artikel (→ der) und Pronomen (→ ich)
- **unveränderbare Wortarten** sind: Präpositionen (→ mit), Konjunktionen (→ und), Adverbien (→ vielleicht) und Interjektionen (→ Oh!)

Seite 40, 178

Verben

- sind Tätigkeitswörter. Sie geben an, was jemand **tut** (→ er schreibt), was **geschieht** (→ es regnet), in welchem **Zustand** jemand oder etwas ist (→ sie bleibt).
- haben einen **Infinitiv**/eine Grundform (→ laufen, lesen).
- haben **konjugierte**/gebeugte **Verbformen (Personalform)**, die sich danach richten, wer oder was etwas tut (→ du rennst, es läuft, wir lesen).
- bilden verschiedene **Zeitformen**, wie **Präsens** (Gegenwart), **Präteritum** (einfache Vergangenheit) und **Perfekt** (vollendete Vergangenheit), **Plusquamperfekt** (Vorvergangenheit) und **Futur** (Zukunft).

Person	Präsens	Präteritum	Perfekt	Plusquamperfekt	Futur
1. Person Singular	ich gehe	ich ging	ich bin gegangen	ich war gegangen	ich werde gehen
2. Person Singular	du gehst	du gingst	du bist gegangen	du warst gegangen	du wirst gehen
3. Person Singular	er/sie/es geht	er/sie/es ging	er/sie/es ist gegangen	er/sie/es war gegangen	er/sie/es wird gehen
1. Person Plural	wir gehen	wir gingen	wir sind gegangen	wir waren gegangen	wir werden gehen
2. Person Plural	ihr geht	ihr gingt	ihr seid gegangen	ihr wart gegangen	ihr werdet gehen
3. Person Plural	sie gehen	sie gingen	sie sind gegangen	sie waren gegangen	sie werden gehen

Seite 180

Das Präsens

Die Zeitform (das Tempus) **Präsens** kann für die drei Zeitstufen **Gegenwart, Vergangenheit** und **Zukunft** verwendet werden.
Zeitstufe **Gegenwart**: Es wird ausgedrückt, **was gerade geschieht**.
→ Ich lese gerade ein Buch von Janosch.
Zeitstufe **Vergangenheit**: Es wird gesagt, **was früher geschah**.
→ Janosch erfindet 1964 den fliegenden Onkel Poppoff.
Zeitstufe **Zukunft**: Es wird beschrieben, **was zukünftig geschehen wird**.
→ Die Tigerente begeistert sicher auch morgen noch viele Kinder.
Mit dem **Präsens** drückt man auch aus, **was immer gilt**.
→ Janosch ist bekannt.

Seite 181

Die Zeitformen der Vergangenheit

Das **Präteritum** verwendet man, wenn man **schriftlich** von etwas Vergangenem erzählt oder berichtet. → ich ging, ich sagte …

Das **Perfekt** verwendet man, wenn man **mündlich** über etwas Vergangenes erzählt oder berichtet. → ich bin gegangen, ich habe gesagt …
Das **Plusquamperfekt** verwendet man, wenn man über etwas erzählen oder berichten will, das noch **weiter zurückliegt** als das, was bereits in der Vergangenheit geschehen ist. → Nachdem ich das Buch gekauft hatte, begann ich sofort mit dem Lesen.

Seite 89

Aktiv und Passiv

Ereignisse und Vorgänge können aus **verschiedenen Perspektiven** beschrieben werden.

- Beim **Aktiv** steht der **Handelnde** im Vordergrund. → Der Uhrmacher wechselt die Batterie der Uhr.
- Beim **Passiv** stehen **Handlungen** oder **Vorgänge** im Vordergrund. → Die Batterie der Uhr wird gewechselt.
  Das **Passiv** wird mithilfe der Personalformen von **werden** und dem **Partizip II** des Verbs gebildet. → Die Batterie wird gewechselt.

Seite 109

Modalverben

Die Modalverben **können, dürfen, wollen, mögen, sollen, müssen** verändern die **Aussage eines Satzes**. Sie zeigen an, ob etwas

- als Fähigkeit oder Möglichkeit → können
- als Erlaubnis → dürfen
- als Absicht → wollen
- als Wunsch → mögen
- als Forderung → sollen
- als Verpflichtung oder Zwang → müssen

verstanden werden soll.

Seite 255

Modi des Verbs

Mit dem Modus kann man ausdrücken, wie man etwas sieht oder betrachtet:
Mit dem **Indikativ** wird etwas als **tatsächlich** oder **wirklich** dargestellt. → Sie gibt ihm ein Eis.
Den **Konjunktiv II** verwendet man, wenn man etwas als **nicht wirklich**, als **möglich** oder **wünschenswert** darstellen möchte. → Sie gäbe ihm gern ein Eis.
Mit dem **Imperativ fordert** man zu etwas **auf**. → Gib ihm ein Eis!

Das Indefinitpronomen „man“

Seite 91

Das Indefinitpronomen **man** ersetzt eine Person. Man kann damit **Aktivsätze** bilden und so komplizierte Passivkonstruktionen vermeiden.
→ Zuerst reinigt man die Haut und dann entfernt man die Haare.

Bedeutung von Wörtern

Seite 205

Antonyme sind Wörter mit gegenteiliger Bedeutung. → groß - klein
Synonyme sind Wörter mit **gleicher** oder **ähnlicher Bedeutung**. → Lift - Aufzug

Der Satz

Satzreihen

Seite 21

Satzreihen bestehen aus zwei (oder mehreren) **Hauptsätzen**. Sie können durch **nebenordnende Konjunktionen** verbunden werden. → Ich zögere nicht und (ich) helfe Schwächeren.
Zwischen den Hauptsätzen steht ein **Komma**, **außer** bei den Konjunktionen und sowie oder.
Nebenordnende Konjunktionen sind → und, aber, oder, doch, denn, trotzdem …

In **Hauptsätzen** steht die **gebeugte** (konjugierte) **Verbform** an **erster** oder **zweiter** Stelle.

Satzgefüge

Seite 23

Satzgefüge bestehen aus einem **Hauptsatz** und einem **Nebensatz** (oder mehreren Nebensätzen). Sie können durch **unterordnende Konjunktionen** verbunden werden. Zwischen den Sätzen steht ein **Komma**. → Ich zögere nicht, wenn ich Schwächeren helfen kann.
Unterordnende Konjunktionen sind → weil, da, damit, wenn, sodass, falls, indem, während, dass, obwohl …
In **Nebensätzen** steht die gebeugte (konjugierte) Verbform immer am **Satzende**.

Das Prädikat und das Feldermodell

Seite 65

Das Prädikat steht im **Zentrum** des Satzes. Nach der **Stellung des gebeugten** (konjugierten) **Verbs** kann man die **Satzarten** unterscheiden:
- Bei **Aufforderungssätzen** und **Entscheidungsfragen** steht das gebeugte Verb an erster Stelle. → Verberstsatz

- Bei **Aussagesätzen** und **W-Fragesätzen** steht das gebeugte Verb an **zweiter Stelle**. → Verbzweitsatz
- Bei **Nebensätzen** steht das gebeugte Verb an **letzter Stelle**. → Verbletztsatz

Prädikate können aus einem oder zwei Teilen bestehen. **Zweiteilige Prädikate** bilden eine **Satzklammer**. Die Satzklammer teilt den Satz in drei Felder ein: **Vorfeld, Mittelfeld** und **Nachfeld**. Die Satzklammer besteht aus zwei Teilen: dem **linken** und dem **rechten Verbfeld**.

	Vorfeld	linkes Verbfeld	Mittelfeld	rechtes Verbfeld	Nachfeld
einteiliges Prädikat	Romeo	liebt	Julia.	–	(evtl. Nebensatz)
zweiteiliges Prädikat		---	**Satzklammer**	---	
1. Modalverben	Romeo	will	Julia	vergessen.	
2. trennbare Verben	Romeo	fährt	auf Julia	ab.	
3. zusammengesetzte Zeitformen	Romeo	hat	Julia	geliebt.	
	Romeo	wird	Julia	vergessen.	

Seite 66

Satzglieder

Wörter und Wortgruppen, die man in einem Satz umstellen kann, ohne dass sich die Bedeutung verändert, heißen **Satzglieder**.

Seite 67

Adverbialbestimmung

Adverbialbestimmungen liefern wichtige Informationen über:
- die **zeitlichen** Umstände (Wann? Wie lange? Seit wann? Wie oft?)
- die **räumlichen** Umstände (Wo? Wohin? Woher? Wie weit?)
- die **Art und Weise** (Wie? Auf welche Weise?)
- die **Gründe** (Warum? Weshalb? Wieso?)

Seite 69

Objekte

Das Objekt ergänzt einen Satz durch Informationen. Man unterscheidet:
Akkusativobjekte → Man fragt: Wen oder was? → Sie liebt ihren Kater.
Dativobjekte → Man fragt: Wem? → Er antwortet seiner Freundin.
Präpositionalobjekte → Man fragt mit der Präposition: Zu wem? Von wem? Wozu? Wofür? Worüber? Worauf? … → Sie bedankt sich für das Geschenk.

Zeichensetzung

Zeichensetzung bei wörtlicher Rede

Seite 222

In Texten werden Gespräche mithilfe der **wörtlichen Rede** wiedergegeben. Die wörtliche Rede wird durch **Anführungszeichen** gekennzeichnet. Wer etwas sagt, steht im **Redebegleitsatz**. Dieser kann **vor**, **zwischen** oder **nach** der **wörtlichen Rede** stehen. Man trennt mit Doppelpunkt und Kommas ab.

vor → Alex rief: „Ich möchte für Sie nicht als Spion arbeiten!“
zwischen → „Hat eine Qualle“, fragte Alex, „überhaupt ein Gehirn?“
nach → „Weißt du, was dein Onkel gemacht hat?“, fragte Mr Blunt.

Die indirekte Rede

Seite 223

Mit der **indirekten Rede** gibt man wieder, was jemand gesagt hat. Die gebeugte Verbform steht meist im **Konjunktiv I**. → Sergej sagt, er wisse nichts davon.
Wenn sich der Konjunktiv I nicht vom Indikativ Präsens unterscheidet (wir wissen – wir wissen), dann wird als Ersatzform der **Konjunktiv II** verwendet. → Sergej sagt, sie wüssten nichts davon.

Sprachbetrachtung

Standardsprache und Dialekte

Seite 127

Die **Standardsprache** (das Hochdeutsch) entspricht der **Hochsprache** bzw. der **Schriftsprache**. **Dialekte** sind **regional** gebunden und haben einen **eigenen Wortschatz** und eine **eigene Grammatik**.

Fremdwörter und Lehnwörter

Seite 238

Die deutsche Sprache enthält viele Wörter, die aus anderen Sprachen stammen. Man unterscheidet in:
Fremdwörter: Wörter, die **kaum verändert** wurden. → Pizza (ital. pizza), Computer (engl. computer), Jeans (engl. jeans)
Lehnwörter: Wörter, die in **Aussprache und Schreibung verändert** wurden. Sie wurden der deutschen Sprache angepasst. → Mauer (lat. murus), Gulasch (ungar. gulyás), Wein (lat. vinum)

Verzeichnis der Operatoren

Operatoren	Definitionen	AFB
analysieren/untersuchen	Zerlege einen Text in Einzelheiten des Inhalts und der Form. Erschließe die einzelnen Aspekte des Textes systematisch und strukturiert. Stelle die einzelnen Aspekte des Textes für sich dar und setze sie zueinander in Beziehung. Die Analyse ist bei literarischen Texten die Grundlage für eine Interpretation.	◒
anwenden	Nutze eine bekannte Methode oder einen bekannten Sachverhalt, um eine Problemstellung zu lösen oder um ein Ziel zu erreichen.	◒
auswerten	Gewinne Informationen aus vorgegebenen Materialien und verarbeite sie zielgerichtet.	◒
begründen	Gib einen oder mehrere Gründe für deine Meinung an.	◒
belegen	Stütze eine Aussage durch ein Zitat oder durch einen Verweis.	◒
(be-)nennen	Zähle Informationen auf, ohne sie zu bewerten.	○
beschreiben	Stelle einen Ort, einen Weg, einen Gegenstand, eine Person, einen Vorgang oder eine Situation sachlich dar. Eine Beschreibung enthält keine eigene Meinung und keine Wertung.	○
bestimmen	Gib eindeutige und treffende Ursachen, Gründe oder Ziele an.	○
beurteilen/bewerten	Reflektiere und prüfe Textinhalte und Textgestaltungen, Sachverhalte, Aussagen, Maßnahmen, Lösungen usw. Ordne sie in ein ästhetisches und/oder ethisches Wertesystem ein. Begründe deine Einordnung.	●
charakterisieren	Stelle Personen, Vorgänge oder Sachverhalte mit ihren Besonderheiten dar.	◒
darstellen/darlegen	Gib ein Problem, eine Situation oder eine Begebenheit wieder. Umschreibe die Zusammenhänge oder die Merkmale, ohne sie zu bewerten.	○
diskutieren	Setze dich argumentativ mit einem Thema, einer Frage oder einem Problem auseinander. Eine Diskussion ist eine Variante der Erörterung. Ihre Struktur ist nicht so stark festgelegt.	●
einordnen	Stelle Textauszüge nach bestimmten Kriterien in einen Gesamtzusammenhang.	◒
entnehmen	Suche Informationen aus Texten, Grafiken usw. heraus.	○
erkennen/erfassen	Verstehe ein Beurteilungs- oder Bewertungsproblem und stelle es dar. Untersuche die Voraussetzungen, Zusammenhänge und Bedeutungen. Ordne das Problem dann ein.	●
erklären	Teile einer anderen Person mit, was ein Wort oder eine Aussage bedeutet.	◒

Operatoren	Definitionen	AFB
erläutern	Veranschauliche einen Sachverhalt. Erkläre ihn genauer.	◒
formulieren	Drücke ein Ergebnis, einen Standpunkt oder einen Eindruck knapp und mit eigenen Worten aus.	○
gestalten	Erarbeite einen Text inhaltlich und sprachlich (z. B. einen inneren Monolog, einen Tagebucheintrag, einen Brief usw.). Orientiere dich am Vorlagentext und arbeite eigenständig-kreativ.	●
gliedern	Strukturiere einen Text unter bestimmten Aspekten. Stelle ihn in gleichordnender Form und/oder unterordnend in seinen Teilen dar.	◒
herausarbeiten	Suche die Leitgedanken, bestimmte Strategien oder Strukturen aus einem Text heraus und stelle sie dar.	◒
klären	Suche bestimmte Positionen, Verhaltensweisen, Situationen usw. aus einem Text heraus. Hebe die wichtigsten Punkte hervor.	●
nutzen	Verwende Informationen aus unterschiedlichen Quellen/Texten zielgerichtet.	○
planen	Erstelle ein Grundkonzept zu einem Text, einem Schema, …	◒
präsentieren	Trage Informationen zu einem Thema strukturiert und adressatengerecht vor. Nutze zur Vorbereitung verschiedene Medien.	◒
problematisieren	Erfasse und benenne gegensätzliche Positionen und Wertekonflikte.	●
prüfen	Betrachte eine Argumentation, eine Auffassung, ein Ergebnis usw. Untersuche seine Schlüssigkeit, seine Gültigkeit und seine Berechtigung nach bestimmten Kriterien. Bewerte sie dann.	●
überarbeiten	Prüfe Textinhalte und/oder Textformen. Mache Verbesserungsvorschläge.	○
unterscheiden	Ermittle Unterschiede, Ähnlichkeiten und Gemeinsamkeiten.	◒
vergleichen	Untersuche zwei oder mehrere Dinge. Suche dabei Gemeinsamkeiten und Unterschiede.	◒
wiedergeben	Fasse Inhalte in eigenen Worten strukturiert zusammen.	○
zeigen/aufzeigen	Lege Sachverhalte, Textinhalte und/oder Textformen sachbezogen dar. Beschreibe und analysiere sie.	○
zusammenfassen	Gib Inhalte, Textzusammenhänge oder Texte verkürzt, strukturiert und fachsprachlich richtig wieder.	○

Unregelmäßige Verben

Grundform	Präsens	Präteritum	Perfekt
befehlen	du befiehlst	ich befahl	ich habe befohlen
beißen	du beißt	ich biss	ich habe gebissen
biegen	du biegst	ich bog	ich habe gebogen
binden	du bindest	ich band	ich habe gebunden
bitten	du bittest	ich bat	ich habe gebeten
blasen	du bläst	ich blies	ich habe geblasen
bleiben	du bleibst	ich blieb	ich bin geblieben
brechen	du brichst	ich brach	ich habe gebrochen
bringen	du bringst	ich brachte	ich habe gebracht
denken	du denkst	ich dachte	ich habe gedacht
dürfen	du darfst	ich durfte	ich habe gedurft
empfehlen	du empfiehlst	ich empfehle	ich habe empfohlen
essen	du isst	ich aß	ich habe gegessen
fahren	du fährst	ich fuhr	ich bin gefahren
fallen	du fällst	ich fiel	ich bin gefallen
fangen	du fängst	ich fing	ich habe gefangen
finden	du findest	ich fand	ich habe gefunden
fliegen	du fliegst	ich flog	ich bin geflogen
fliehen	du fliehst	ich floh	ich bin geflohen
fließen	es fließt	es floss	es ist geflossen
fressen	es frisst	es fraß	es hat gefressen
frieren	du frierst	ich fror	ich habe gefroren
geben	du gibst	ich gab	ich habe gegeben
gehen	du gehst	ich ging	ich bin gegangen
geschehen	es geschieht	es geschah	es ist geschehen
gewinnen	du gewinnst	ich gewann	ich habe gewonnen
gießen	du gießt	ich goss	ich habe gegossen
graben	du gräbst	ich grub	ich habe gegraben
greifen	du greifst	ich griff	ich habe gegriffen
haben	du hast	ich hatte	ich habe gehabt
halten	du hältst	ich hielt	ich habe gehalten
hauen	du haust	ich haute	ich habe gehauen
heißen	du heißt	ich hieß	ich habe geheißen
helfen	du hilfst	ich half	ich habe geholfen
kennen	du kennst	ich kannte	ich habe gekannt
klingen	es klingt	es klang	es hat geklungen
kommen	du kommst	ich kam	ich bin gekommen
können	du kannst	ich konnte	ich habe gekonnt
kriechen	du kriechst	ich kroch	ich bin gekrochen
lassen	du lässt	ich ließ	ich habe gelassen
laufen	du läufst	ich lief	ich bin gelaufen
lesen	du liest	ich las	ich habe gelesen
liegen	du liegst	ich lag	ich habe gelegen
lügen	du lügst	ich log	ich habe gelogen
messen	du misst	ich maß	ich habe gemessen
mögen	du magst	ich mochte	ich habe gemocht
müssen	du musst	ich musste	ich habe gemusst
nehmen	du nimmst	ich nahm	ich habe genommen

Grundform	Präsens	Präteritum	Perfekt
pfeifen	du pfeifst	ich pfiff	ich habe gepfiffen
raten	du rätst	ich riet	ich habe geraten
reißen	du reißt	ich riss	ich habe gerissen
reiten	du reitest	ich ritt	ich bin geritten
rennen	du rennst	ich rannte	ich bin gerannt
riechen	du riechst	ich roch	ich habe gerochen
rufen	du rufst	ich rief	ich habe gerufen
schieben	du schiebst	ich schob	ich habe geschoben
schießen	du schießt	ich schoss	ich habe geschossen
schlafen	du schläfst	ich schlief	ich habe geschlafen
schlagen	du schlägst	ich schlug	ich habe geschlagen
schleichen	du schleichst	ich schlich	ich bin geschlichen
schließen	du schließt	ich schloss	ich habe geschlossen
schneiden	du schneidest	ich schnitt	ich habe geschnitten
schreiben	du schreibst	ich schrieb	ich habe geschrieben
schreien	du schreist	ich schrie	ich habe geschrien
schweigen	du schweigst	ich schwieg	ich habe geschwiegen
schwimmen	du schwimmst	ich schwamm	ich bin geschwommen
sehen	du siehst	ich sah	ich habe gesehen
sein	du bist	ich war	ich bin gewesen
singen	du singst	ich sang	ich habe gesungen
sinken	du sinkst	ich sank	ich bin gesunken
sitzen	du sitzt	ich saß	ich habe gesessen
sprechen	du sprichst	ich sprach	ich habe gesprochen
springen	du springst	ich sprang	ich bin gesprungen
stechen	du stichst	ich stach	ich habe gestochen
stehen	du stehst	ich stand	ich habe gestanden
stehlen	du stiehlst	ich stahl	ich habe gestohlen
steigen	du steigst	ich stieg	ich bin gestiegen
sterben	er stirbt	er starb	er ist gestorben
stinken	es stinkt	es stank	es hat gestunken
stoßen	du stößt	ich stieß	ich habe gestoßen
streichen	du streichst	ich strich	ich habe gestrichen
streiten	du streitest	ich stritt	ich habe gestritten
tragen	du trägst	ich trug	ich habe getragen
treffen	du triffst	ich traf	ich habe getroffen
trinken	du trinkst	ich trank	ich habe getrunken
tun	du tust	ich tat	ich habe getan
vergessen	du vergisst	ich vergaß	ich habe vergessen
verlieren	du verlierst	ich verlor	ich habe verloren
verzeihen	du verzeihst	ich verzieh	ich habe verziehen
wachsen	du wächst	ich wuchs	ich bin gewachsen
waschen	du wäschst	ich wusch	ich habe gewaschen
werden	du wirst	ich wurde	ich bin geworden
werfen	du wirfst	ich warf	ich habe geworfen
wissen	du weißt	ich wusste	ich habe gewusst
ziehen	du ziehst	ich zog	ich habe gezogen
zwingen	du zwingst	ich zwang	ich habe gezwungen

Konjunktivformen der Verben

Grundform/ Infinitiv	3. Person Präsens Indikativ	3. Person Konjunktiv I	3. Person Präteritum Indikativ	3. Person Konjunktiv II	Umschreibung mit würde
befehlen	er befiehlt	er befehle	er befahl	er befähle	er würde befehlen
beißen	er beißt	er beiße	er biss	er bisse	er würde beißen
biegen	er biegt	er biege	er bog	er böge	er würde biegen
binden	er bindet	er binde	er band	er bände	er würde binden
bitten	er bittet	er bitte	er bat	er bäte	er würde bitten
blasen	er bläst	er blase	er blies	er bliese	er würde blasen
bleiben	er bleibt	er bleibe	er blieb	er bliebe	er würde bleiben
brechen	er bricht	er breche	er brach	er bräche	er würde brechen
bringen	er bringt	er bringe	er brachte	er brächte	er würde bringen
denken	er denkt	er denke	er dachte	er dächte	er würde denken
dürfen	er darf	er dürfe	er durfte	er dürfte	er würde dürfen
empfehlen	er empfiehlt	er empfehle	er empfahl	er empfähle	er würde empfehlen
essen	er isst	er esse	er aß	er äße	er würde essen
fahren	er fährt	er fahre	er fuhr	er führe	er würde fahren
fallen	er fällt	er falle	er fiel	er fiele	er würde fallen
fangen	er fängt	er fange	er fing	er finge	er würde fangen
finden	er findet	er finde	er fand	er fände	er würde finden
fliegen	er fliegt	er fliege	er flog	er flöge	er würde fliegen
fliehen	er flieht	er fliehe	er floh	er flöhe	er würde fliehen
fließen	er fließt	er fließe	er floss	er flösse	er würde fließen
fressen	er frisst	er fresse	er fraß	er fräße	er würde fressen
frieren	er friert	er friere	er fror	er fröre	er würde frieren
geben	er gibt	er gebe	er gab	er gäbe	er würde geben
gehen	er geht	er gehe	er ging	er ginge	er würde gehen
geschehen	es geschieht	es geschehe	es geschah	es geschähe	es würde geschehen
gewinnen	er gewinnt	er gewinne	er gewann	er gewänne	er würde gewinnen
gießen	er gießt	er gieße	er goss	er gösse	er würde gießen
graben	er gräbt	er grabe	er grub	er grübe	er würde graben
greifen	er greift	er greife	er griff	er griffe	er würde greifen
haben	er hat	er habe	er hatte	er hätte	er würde haben
halten	er hält	er halte	er hielt	er hielte	er würde halten
hauen	er haut	er haue	er haute	er haute	es würde hauen
heißen	er heißt	er heiße	er hieß	er hieße	er würde heißen
helfen	er hilft	er helfe	er half	er hälfe/hülfe	er würde helfen
kennen	er kennt	er kenne	er kannte	er kennte	er würde kennen
klingen	es klingt	es klinge	es klang	es klänge	es würde klingen
kommen	er kommt	er komme	er kam	er käme	er würde kommen
können	er kann	er könne	er konnte	er könnte	er würde können
kriechen	er kriecht	er krieche	er kroch	er kröche	er würde kriechen
lassen	er lässt	er lasse	er ließ	er ließe	er würde lassen
laufen	er läuft	er laufe	er lief	er liefe	er würde laufen
lesen	er liest	er lese	er las	er läse	er würde lesen
liegen	er liegt	er liege	er lag	er läge	er würde liegen
lügen	er lügt	er lüge	er log	er löge	er würde lügen
messen	er misst	er messe	er maß	er mäße	er würde messen
mögen	er mag	er möge	er mochte	er möchte	er würde mögen
müssen	er muss	er müsse	er musste	er müsste	er würde müssen

Grundform/ Infinitiv	3. Person Präsens Indikativ	3. Person Konjunktiv I	3. Person Präteritum Indikativ	3. Person Konjunktiv II	Umschreibung mit würde
nehmen	er nimmt	er nehme	er nahm	er nähme	er würde nehmen
pfeifen	er pfeift	er pfeife	er pfiff	er pfiffe	er würde pfeifen
raten	er rät	er rate	er riet	er riete	er würde raten
reißen	er reißt	er reiße	er riss	er risse	er würde reißen
reiten	er reitet	er reite	er ritt	er ritte	er würde reiten
rennen	er rennt	er renne	er rannte	er rennte	er würde rennen
riechen	er riecht	er rieche	er roch	er röche	er würde riechen
rufen	er ruft	er rufe	er rief	er riefe	er würde rufen
schieben	er schiebt	er schiebe	er schob	er schöbe	er würde schieben
schießen	er schießt	er schieße	er schoss	er schösse	er würde schießen
schlafen	er schläft	er schlafe	er schlief	er schliefe	er würde schlafen
schlagen	er schlägt	er schlage	er schlug	er schlüge	er würde schlagen
schleichen	er schleicht	er schleiche	er schlich	er schliche	er würde schleichen
schneiden	er schneidet	er schneide	er schnitt	er schnitte	er würde schneiden
schließen	er schließt	er schließe	er schloss	er schlösse	er würde schließen
schreiben	er schreibt	er schreibe	er schrieb	er schriebe	er würde schreiben
schreien	er schreit	er schreie	er schrie	er schriee	er würde schreien
schweigen	er schweigt	er schweige	er schwieg	er schwiege	er würde schweigen
schwimmen	er schwimmt	er schwimme	er schwamm	er schwämme/schwömme	er würde schwimmen
sehen	er sieht	er sehe	er sah	er sähe	er würde sehen
sein	er ist	er sei	er war	er wäre	er würde sein
singen	er singt	er singe	er sang	er sänge	er würde singen
sinken	er sinkt	er sinke	er sank	er sänke	er würde sinken
sitzen	er sitzt	er sitze	er saß	er säße	er würde sitzen
sprechen	er spricht	er spreche	er sprach	er spräche	er würde sprechen
springen	er springt	er springe	er sprang	er spränge	er würde springen
stechen	er sticht	er steche	er stach	er stäche	er würde stechen
stehen	er steht	er stehe	er stand	er stünde	er würde stehen
stehlen	er stiehlt	er stehle	er stahl	er stähle	er würde stehlen
steigen	er steigt	er steige	er stieg	er stiege	er würde steigen
sterben	er stirbt	er sterbe	er starb	er stürbe	er würde sterben
stinken	es stinkt	es stinke	es stank	es stänke	es würde stinken
stoßen	er stößt	er stoße	er stieß	er stöße	er würde stoßen
streichen	er streicht	er streiche	er strich	er striche	er würde streichen
streiten	er streitet	er streite	er stritt	er stritte	er würde streichen
tragen	er trägt	er trage	er trug	er trüge	er würde tragen
treffen	er trifft	er treffe	er traf	er träfe	er würde treffen
trinken	er trinkt	er trinke	er trank	er tränke	er würde trinken
tun	er tut	er tue	er tat	er täte	er würde tun
vergessen	er vergisst	er vergesse	er vergaß	er vergäße	er würde vergessen
verlieren	er verliert	er verliere	er verlor	er verlöre	er würde verlieren
verzeihen	er verzeiht	er verzeihe	er verzieh	er verzeihe	er würde verzeihen
wachsen	er wächst	er wachse	er wuchs	er wüchse	er würde wachsen
waschen	er wäscht	er wasche	er wusch	er wüsche	er würde waschen
werden	er wird	er werde	er ward	er würde	er würde werden
werfen	er wirft	er werfe	er warf	er würfe	er würde werfen
wissen	er weiß	er wisse	er wusste	er wüsste	er würde wissen
ziehen	er zieht	er ziehe	er zog	er zöge	er würde ziehen
zwingen	er zwingt	er zwinge	er zwang	er zwänge	er würde zwingen

Autorenverzeichnis

Astl, Christa (1947 geboren) ist eine deutsche Autorin. Sie schreibt seit 2005 Märchen, Erzählungen und Gedichte. Viele der Gedichte verfasst sie in ihrem Tiroler Dialekt.
A Neimondtraam → Seite 127

Bauer, Michael Gerard (1955 geboren) ist ein australischer Autor. Er arbeitete eigentlich als Englisch- und Wirtschaftslehrer in Brisbane. Mit seinem ersten Roman „Running Man" und seiner „Ismael-Reihe" konnte er sich jedoch als Autor einen Namen machen und wird seither international gefeiert. Seine Werke werden in über 40 Länder verkauft und in viele Sprachen, wie Deutsch, Türkisch oder Koreanisch, übersetzt. Mittlerweile hat Bauer den Lehrerberuf aufgegeben, um sich gänzlich seiner Schriftstellerkarriere zu widmen.
Nennt mich nicht Ismael! → Seite 8

Bondoux, Anne-Laure (1971 geboren) ist eine französische Autorin von Kinder- und Jugendliteratur. Nachdem sie zunächst moderne Literaturwissenschaft studierte und als Lektorin und Journalistin tätig war, entdeckte sie das Schreiben für sich. Heute gilt sie als eine der wichtigsten Autorinnen für Kinder- und Jugendbücher in Frankreich. Neben ihrer Arbeit als Autorin engagiert sich Bondoux für die Förderung von Kindern mit Lese- und Rechtschreibschwächen.
Die Zeit der Wunder → Seite 142/143

Borchert, Wolfang (1921–1947) war ein deutscher Schriftsteller. Er zählt zu den wichtigsten Autoren der Trümmerliteratur. Er verfasste Kurzgeschichten, Gedichte und ein Drama. Das Schauspielen war Borcherts Leidenschaft. Als Kritiker des NS-Regimes wurde er mehrfach verhaftet. Dennoch musste er für die Nationalsozialisten in den Krieg ziehen und zog sich dabei starke Verletzungen und Krankheiten zu. Nach dem Krieg schrieb Borchert sein bekanntes Drama „Draußen vor der Tür", was er innerhalb von nur acht Tagen fertigstellte. Einen Tag vor der Uraufführung starb Borchert mit 26 Jahren aufgrund einer Lebererkrankung.
Die Küchenuhr → Seite 56

Brentano, Clemens (1778–1842) war ein deutscher Schriftsteller. Nach mehrfachem Ausbildungsabbruch, konzentrierte er sich vor allem auf das Schreiben. Er war sehr gut mit dem Schriftsteller Achim von Arnim befreundet. Gemeinsam gelten sie als die wichtigsten Vertreter der Heidelberger Romantik.
Wiegenlied → Seite 117

Budde, Nadia (1967 geboren) ist eine deutsche Kinderbuchillustratorin, Autorin und Grafikerin. Sie hat erst eine Ausbildung zur Gebrauchswerberin gemacht, dann ihr Abitur an einer Abendschule absolviert und später Kunst in Berlin und London studiert. Neben ihrer freien Autoren- und Illustratorentätigkeit unterrichtet Budde seit 2002, gibt Workshops und hält Vorträge auf der ganzen Welt. Sie wurde bereits mit zahlreichen Preisen ausgezeichnet.
Such dir was aus, aber beeil dich! → Seite 102/103

Claudius, Matthias (1740–1815) war ein deutscher Lyriker und Journalist. Er studierte Jura und Theologie. Sein Gedicht „Abendlied" („Der Mond ist aufgegangen") gilt als eines der bekanntesten deutschen Literaturwerke.
Die Sternseherin Lise → Seite 120

Dahl, Roald (1916–1990) war ein britischer Schriftsteller. Er verfasste vor allem Kurzgeschichten, Gedichte und Romane. Dahl ist für den schwarzen Humor in seinen Texten bekannt. Besonders erfolgreich sind seine Werke „Matilda" und „Charlie und die Schokoladenfabrik", welche auch verfilmt wurden. Für „Charlie und die Schokoladenfabrik" schrieb er selbst das Drehbuch.
Text über Dahl → Seite 179

Dahn, Therese (1845–1929) war eine deutsche Schriftstellerin. Sie studierte in Würzburg und lernte dort ihren späteren Mann, den Professor Felix Dahn, kennen. Er war ebenfalls Schriftsteller. Das Ehepaar arbeitete viel gemeinsam und unterstütze sich gegenseitig beim Schreiben.
Wasserfahrt → Seite 119

Dehmel, Richard (1863–1920) war ein deutscher Lyriker und Schriftsteller. Er studierte Philosophie und Naturwissenschaften in Berlin und Leipzig. Er war Förderer einiger berühmter Schriftsteller wie Thomas Mann und Hermann Hesse.
Manche Nacht → Seite 124, 125

Eich, Günter (1907–1972) war ein deutscher Dichter und Hörspielautor. Besonders bekannt sind seine Nachkriegsgedichte „Latrine" und „Inventur". Eich war Mitglied der Gruppe 47 und wurde als erster mit dem Literaturpreis „Preis der Gruppe 47" ausgezeichnet.
Abend im März → Seite 117

Eichendorff, Joseph von (1788–1857) war ein deutscher Dichter und Schriftsteller. Er zählt zu den bekanntesten deutschen Lyrikern. Eichendorff gilt als einer der wichtigsten Vertreter der deutschen Romantik. „Mondnacht" ist eines seiner bekanntesten Gedichte.
Mondnacht → Seite 116

Engelke, Gerrit (1890–1918) war ein deutscher Schriftsteller. Nachdem er die Volksschule besuchte, machte er eine Lehre zum Malermeister. Er war ein begabter Zeichner, doch er interessierte sich auch sehr für das Schreiben. Engelke ist vor allem für seine Lyrik bekannt. In seinen Gedichten geht es meist um das Leben in der Großstadt sowie Arbeit und Technik. Trotz seiner einfachen Ausbildung war Engelke sehr belesen und besaß über 400 Bücher. Später war er jedoch aus finanzieller Not gezwungen, diese wieder zu verkaufen. Er starb mit nur 28 Jahren an der Front im Ersten Weltkrieg.
Nachtsegen → Seite 125

Fontane, Theodor (1819–1898) war ein deutscher Schriftsteller. Er wuchs in Neuruppin und Berlin auf und wurde zunächst Apotheker. 1849 gab er den Beruf auf, um Schriftsteller zu werden. Er arbeitete in Berlin und in England. In dieser letzten Phase schrieb er sein bekanntestes Werk „Effi Briest". Fontane ist einer der wichtigsten Vertreter des deutschen Realismus.
Am Abend → Seite 122

Hebel, Johann Peter (1760–1826) war Schriftsteller, Lyriker, Lehrer und Theologe. Besonders bekannt sind seine im alemannischen Dialekt verfassten Gedichte und unterhaltsamen und lehrreichen Kalendergeschichten. Er wurde von berühmten Schriftstellern und Dichtern, wie Johann Wolfgang von Goethe und Leo Tolstoi, für seine Arbeit bewundert.
Unverhofftes Wiedersehen → Seite 60

Heine, Heinrich (1797–1856) war ein deutscher Lyriker, Journalist und Schriftsteller. Er gilt als einer der wichtigsten deutschen Literaten des 19. Jahrhunderts. Heine gilt als außergewöhnlich, da sein Werk sehr vielseitig ist und sich nicht nur einer, sondern verschiedenen Literaturepochen zuordnen lässt. Dazu gehören die Romantik, der Vormärz, die Aufklärung und der Realismus. Heine wurde seinerzeit als Schriftsteller und Lyriker der jungen Generation für seinen ungewöhnlichen Stil einerseits umjubelt, andererseits auch für seine offene Einstellung und seine teilweise provozierenden Texte von Konservativen stark kritisiert. Wenige Werke deutscher Lyriker wurden so häufig vertont und in andere Sprache übersetzt wie die von Heine.
Auf den Wolken ruht der Mond → Seite 124

Henschke, Alfred bzw. Klabund (1890–1928) war ein deutscher Schriftsteller. Er schrieb Prosatexte, Gedichte und Theaterstücke. Henschke verfasste seine Literatur unter dem Namen „Klabund", was eine Zusammensetzung aus den Wörtern „Klabautermann" und „Vagabund" ist. Seit seinem 16. Lebensjahr litt er an einer schweren Lungenkrankheit, weshalb er sich häufig in Kurkliniken aufhalten musste und früh starb.
Wenn ich in Nächten wandre → Seite 114

Hosseini, Khaled (1965 geboren) ist ein US-amerikanischer Schriftsteller und Arzt. Er wurde in Afghanistan geboren. Aufgrund der schwierigen politischen Lage in Afghanistan, musste seine Familie ihre Heimat verlassen und Asyl in den USA beantragen. Seit 1980 lebt er in Kalifornien. Hosseini studierte Medizin und arbeitet seit 1996 als Arzt. Er hat sich bereits als Kind für das Schreiben interessiert. Sein erster Roman, „Drachenläufer", wurde 2003 veröffentlicht und handelt von Hosseinis Kindheit in Afghanistan. „Drachenläufer" ist ein internationaler Bestseller. 2007 erschien die Filmadaption des Romans.
Drachenläufer → Seite 96/97

Kaléko, Mascha (1907–1975) war eine deutschsprachige Lyrikerin. Sie lebte viele Jahre in Berlin und schrieb schon als junge Frau Gedichte für Zeitungen, Texte für den Rundfunk sowie Lieder für das Kabarett, aber auch Werbetexte. Nachdem die Nazis in Deutschland ihre Bücher verboten hatten, musste sie mit ihrer Familie in die USA fliehen. Ihr Werk umfasst zahlreiche, gern gelesene Gedichtbände und Liedtexte.
Strickmusterspruch fürs Kopfkissen → Seite 123

Kästner, Erich (1899–1974) war ein deutscher Schriftsteller, Lyriker und Publizist. Mit seinen Gedichten in sachlichem Stil kritisierte er oft auf humorvolle Weise die Verhältnisse. Während der Zeit des Nationalsozialismus blieb er in Deutschland und erhielt Schreibverbot. Weltweite Bekanntheit erreichte er mit seinen Kinderbüchern, z. B. „Emil und die Detektive", „Das doppelte Lottchen", „Das fliegende Klassenzimmer".
Text über Kästner → Seite 178

Kreller, Susan (1977 geboren) ist eine deutsche Kinderbuchautorin und Journalistin. Kreller studierte Deutsch und Englisch. Mit ihrem Buch „Elefanten sieht man nicht" wurde sie in Deutschland bekannt. 2015 wurde Kreller für ihren Roman „Schneeriese" mit dem Deutschen Jugendliteraturpreis ausgezeichnet.
Elefanten sieht man nicht → Seite 18/19

Lambert, Joseph (1984 geboren) ist ein US-amerikanischer Zeichner und Presseillustrator. Der 2012 erschienene Comic „Sprechende Hände" ist seine erste große Veröffentlichung.
Sprechende Hände → Seite 106

Levithan, David (1972 geboren) ist ein US-amerikanischer Jugendbuchautor und Herausgeber. Er studierte Englische Literatur und Politikwissenschaften. Sein Roman „Letztendlich sind wir dem Universum egal" wurde mit dem Deutschen Jugendliteraturpreis 2015 ausgezeichnet.
Letztendlich sind wird dem Universum egal → Seite 260/261

Lindgren, Astrid (1907–2002), schwedische Schriftstellerin. Weltberühmt wurde sie durch Kinderbücher wie „Pippi Langstrumpf", „Die Kinder von Bullerbü" oder „Kalle Blomquist", die alle erfolgreich verfilmt wurden. Lindgren setzte sich ihr Leben lang für Frieden, Kinderrechte und den Umwelt- und Tierschutz ein.
Interview → Seite 170/171
Text über Lindgren → Seite 172

London, Jack (1876–1916) war ein US-amerikanischer Schriftsteller und Journalist. Er ist für seine Abenteuerromane weltweit bekannt. Sein Besteller „Der Seewolf“ wurde bereits zehnmal verfilmt. Eines seiner bekanntesten Werke ist der Abenteuerroman „Ruf der Wildnis“, welcher aus der Sicht eines Hundes erzählt wird.
Inhaltsangabe zu Londons Roman „Die Reise mit Snark“ → Seite 174
Text über London → Seite 176

Maier, Corinne (1963 geboren) ist eine französische Psychologin, Historikerin, Soziologin und nebenberufliche Schriftstellerin. Ihr Buch „Die Entdeckung der Faulheit“ hat sie in Deutschland bekannt gemacht. In Zusammenarbeit mit der Illustratorin Anne Simon hat Maier die Graphic Novels „Marx“, „Freud“ und „Einstein“ verfasst, welche die Biografien dieser weltberühmten Persönlichkeiten bildlich darstellen.
Einstein → Seite 104

Pressler, Mirjam (1940 geboren) ist eine deutsche Schriftstellerin und Übersetzerin. Sie gilt als eine der erfolgreichsten Jugendbuchautorinnen Deutschlands, schreibt aber auch Bücher für Erwachsene. Besonders bekannt wurde sie für das Übersetzen des „Tagebuchs der Anne Frank“. Presslers Bücher handeln von jungen Menschen, die sich in schwierigen Lebensumständen befinden. So erzählt ihr Roman „Malka Mai“ von einem jüdischen Mädchen, das während des zweiten Weltkrieges zu überleben versucht. Presslers Arbeit als Autorin und Übersetzerin wurde mit zahlreichen Preisen ausgezeichnet.
Malka Mai → Seite 146–149

Ramadan, Ortwin (1962 geboren) ist ein deutsch-ägyptischer (Drehbuch-)Autor. Er studierte Politik und Ethnologie. Seine Bücher schreibt er vor allem für Kinder- und Jugendliche. Ramadan wurde in Deutschland geboren. Sein Vater ist Ägypter und seine Mutter ist Deutsche. Das Zusammentreffen verschiedener Kulturen spielt in seinen Büchern oftmals eine wichtige Rolle.
Der Schrei des Löwen → Seite 138/139

Reinhards, Otto (1911–2003) war ein deutscher Lyriker.
Roter Mond → Seite 119

Röder, Marlene (1983 geboren) ist eine deutsche Jugendbuchautorin. Sie ist außerdem ausgebildete Glasmalerin und studierte nach ihrer Ausbildung Deutsch und Kunst auf Lehramt. Bereits mit 14 Jahren hat sie in ihrer Freizeit angefangen, Geschichten zu schreiben. Das Besondere an Röders Büchern ist, dass die Handlung immer aus verschiedenen Perspektiven erzählt wird.
Zebraland → Seite 16

Rowling, Joanne K. (1965 geboren), britische Schriftstellerin. Schon mit 25 Jahren kam ihr die Idee von einem kleinen Zauberlehrling und dem Internat für Hexen und Zauberer. Aus dieser Idee wurde die Harry-Potter-Serie mit sieben Bänden, die in 70 Sprachen übersetzt und von der mehr als 450 Millionen Exemplare verkauft wurden (2015). Sie schreibt aber auch für Erwachsene, z. B. Krimis.
Interview → Seite 166/167
Text über Rowling → Seite 168

Ruijters, Marcel (1966 geboren) ist ein niederländischer Illustrator und Comicautor. Seit seinem siebten Lebensjahr zeichnet er Comics. 2015 wurde er für seine Arbeit mit dem größten Preis für Comicautoren in den Niederlanden, dem Stripschap-Preis, ausgezeichnet.
Hieronymus Bosch → Seite 95

Salus, Hugo (1866–1929) war ein deutschsprachiger Schriftsteller und böhmischer Arzt. Nachdem er Medizin in Prag studierte, war Salus hauptberuflich als Frauenarzt tätig. Nebenberuflich schrieb er zahlreiche Gedichte und Erzählungen. Er galt seinerzeit als einer der wichtigsten Persönlichkeiten der deutschen Prager Literatur.
Verträumter Großstadtabend → Seite 125

Schnurr, Eva-Maria (1974 geboren) ist Redakteurin. Sie hat Geschichte studiert und arbeitet seit 2012 bei der Wochenzeitschrift „Spiegel". Vorher hat sie als Journalistin gearbeitet und für Zeitschriften wie „Stern" und „Zeit" Texte geschrieben.
Iss dich glücklich → Seite 200/201

Schwitters, Kurt (1887–1948) war ein deutscher Künstler, Werbegrafiker und Schriftsteller. Er studierte in Hannover und Dresden Kunst und entwickelte einen eigenen Kunststil, welcher als „Merzkunst" bezeichnet wird. Er gilt als eine wichtige Person des Dadas. Während des Nationalsozialismus wanderte er zunächst nach Norwegen aus und floh später nach England, wo er bis zu seinem Lebensende lebte.
Das Urgebet der Scholle → Seite 259

Simon, Anne (1980 geboren) ist eine französische Illustratorin und Texterin. Sie hat in Paris Kunst studiert und seitdem für viele Comics und Bücher Zeichnungen angefertigt. In Zusammenarbeit mit der Schriftstellerin Corinne Maier hat Simon die Graphic Novels „Marx", „Freud" und „Einstein" verfasst, welche die Biografien dieser weltberühmten Persönlichkeiten bildlich darstellen.
Einstein → Seite 104

Steinhöfel, Andreas (1962 geboren), deutscher Kinder- und Jugendbuchautor. Bekannt machten ihn vor allem die Bücher „Paul Vier und die Schröders" und „Rico, Oskar und die Tieferschatten". Letzteres wurde sehr erfolgreich verfilmt. Darüber hinaus schreibt Steinhöfel Drehbücher für Kinderfernsehsendungen wie „Käpt'n Blaubär Club" oder „Löwenzahn" und übersetzt Bücher aus dem Englischen.
Interview → Seite 158/159
Texte über Steinhöfel → Seite 160/161

Sturm, Julius Karl Reinhold (1816–1896) war ein deutscher Schriftsteller. Er studierte Theologie in Jena und gilt als einer der wichtigsten Lyriker der Spätromantik. Sturms Literatur ist für ihre religiöse Prägung bekannt.
Nachts/Gruß an die Nacht → Seite 122

Tetzner, Lisa (1894–1963) war eine deutsche Kinderbuchautorin, Übersetzerin und Märchenerzählerin. Neben Kinder- und Bilderbüchern, verfasste sie auch Märchen und Reportagen. Als die Nationalsozialisten 1933 die Macht ergriffen, verließ Tetzner gemeinsam mit ihrem Mann Deutschland und lebte fortan in der Schweiz. Sie förderte fantastische Kinderliteratur und deren Autoren, wie Astrid Lindgren. Außerdem übersetzte Tetzner zwei Bücher der Reihe „Die Chroniken von Narnia" aus dem Englischen ins Deutsche.
Die Kinder aus Nr. 67 → Seite 132/133

Tieck, Ludwig (1773–1853) war ein deutscher Schriftsteller, Herausgeber und Übersetzer. Nach mehrfachem Studienabbruch, begann er in Berlin als freier Schriftsteller zu arbeiten.
Er zählt zu den bedeutendsten Dichtern der deutschen Frühromantik. Neben dem Verfassen seiner eigenen Werke, übersetzte er Literatur von William Shakespeare und gab Texte von Heinrich von Kleist heraus.
Wunder der Liebe → Seite 113

Till, Jochen (1966 geboren) ist ein deutscher Schriftsteller. In seiner Schulzeit musste er dreimal die achte und einmal die elfte Klasse wiederholen. 1988 mache er sein Abitur und studierte dann Englisch und Deutsch. Als Jugendlicher hat er vor

allem Gedichte und Songtexte geschrieben. Später verfasste er Kinder- und Jugendbücher, aber auch Theaterstücke und Drehbücher.
Fette Ferien → Seite 14

Voigt, Lene (1891–1962) war eine deutsche Schriftstellerin und Dichterin. Schon als Jugendliche begann sie mit dem Dichten und konnte ab 1920 damit ihren Lebensunterhalt verdienen. Außergewöhnlich war, dass sie ihre Gedichte in sächsischer Mundart verfasste. Darüber hinaus war sie für den Humor in ihren Texten bekannt. Während der Nazidiktatur wurde Voigt vorgeworfen, sie würde mit ihren Gedichten absichtlich die sächsische Sprache ins Lächerliche ziehen, weshalb der Vertrieb ihrer Werke verboten wurde.
Ahmdfrieden → Seite 126

Wohmann, Gabriele (1932–2015) war eine deutsche Schriftstellerin. Ihre Schriftstellertätigkeit umfasste zahlreiche unterschiedliche literarische Werke, wie Lyrik, Romane, Hörspiele, Essays oder Fernsehstücke. Wohmann war vor allem in den 1970er- und 1980er-Jahren äußerst erfolgreich. Ihre Bücher wurden in 15 Sprachen übersetzt. Sie war sehr produktiv und veröffentlichte in ihrem Leben mehr als 600 Erzählungen.
Ein wirklich netter Kerl → Seite 52/53

Wondratschek, Wolf (1943 geboren) ist ein deutscher Schriftsteller. Er studierte Literaturwissenschaft, Philosophie sowie Soziologie in Heidelberg, Frankfurt am Main und Göttingen. Seit Ende der 1960er-Jahre arbeitet er als Schriftsteller. Zu seinem Werk zählen vor allem Lyrik und Prosatexte, aber auch einige Hörspiele und Übersetzungen. Viele seiner Texte handeln von der Beziehung zwischen Mann und Frau.
43 Liebesgeschichten → Seite 45

Zimmermann, Tanja
Sommerschnee → Seite 46/47

Textartenverzeichnis

Zeitungsartikel (auch online)

Zusammenfassung

Register

Textquellen

S. 8 Aus: Marlies Koenen (Hrsg.), https://www.dtv.de/_files_media/downloads/unterrichtsmodell-nennt-mich-nicht-ismael-62435-12.pdf, erarbeitet v. Julia Beyer (19.05.2017); Michael Gerard Bauer: Nennt mich nicht Ismael!, übers. v. Ute Mihr, dtv , München 2016, S. 67, 69, 77–79 © Carl Hanser Verlag 2008; **S. 14** Jochen Till: Fette Ferien. Ravensburger Buchverlag, Ravensburg 2004, S. 42–46; **S. 16** Marlene Röder: Zebraland. Ravensburger Buchverlag, Ravensburg 2009, S. 52–54; **S. 18/19** Susan Kreller: Elefanten sieht man nicht. Carlsen Verlag, Hamburg 2016 © 2012, S. [7], 39 f., 46, 64–67, 119, 122; **S. 24** Aus: Anant Agarwala, Zivilcourage. Auf der Suche nach der Heldenformel, v. 19.01.2017, unter: http://www.zeit.de/2017/02/zivilcourage-gerechtigkeit-aktivismus-unrecht-helden-vorbilder (14.06.2017); **S. 32** Aus: T. Lampert/G.B.M. Mensink/ N. Romahn/ A. Woll: Körperlich-sportliche Aktivität von Kindern und Jugendlichen in Deutschland, in Bundesgesundheitsblatt – Gesundheitsforschung – Gesundheitsschutz v. 5/6 2007, unter: http://edoc.rki.de/oa/articles/relsecOPHagsg/PDF/29Z1rP6o7dbw.pdf (05.10.2017); Aus: Hermann Städtler: http://bewegteschule.de/infoboerse/meldungen/Studie-belegt-Deutsche-Kinder-und-Jugendliche-bewegen-sich-zu-w (05.10.2017); Aus: https://www.bundesregierung.de/Content/DE/Magazine/MagazinSoziales FamilieBildung/065/sc-bewegte-kinder.html (05.10.2017); **S. 34** Aus: Nils Christian Haag: https://www.datenschutzbeauftragter-info.de/videoueberwachung-an-schulen-schutz-oder-beeintraechtigung-der-schueler/v. 13.05.2013 (31.05.2017); **S. 36/37** Leonie Achtnich, Schul-Sponsoring: Mit freundlicher Unterstützung der Keksfirma, in: Die Zeit. Nr. 29/14.07.2011, auch unter: http://www.zeit.de/2011/29/C-Werbung-an-Schulen (31.05.2017); **S. 45** Aus: Wolf Wondratschek: Früher begann der Tag mit einer Schusswunde. Hanser Verlag, München/Wien 1971 © 1969, S. 67; **S. 46/47** Aus: Total verknallt, hrsg. v. Marion Bolte/Gisela Corves/Bärbel Maiwurm. Rowohlt, Reinbek 1984, S. 121; **S. 52/53** Aus: Gabriele Wohmann: Habgier. Erzählungen. Rowohlt, Reinbek 1978, S. 68 ff.; **S. 56/57** Aus: Wolfgang Borchert: Das Gesamtwerk. Rowohlt, Reinbek bei Hamburg 1949, S. 201–204; **S. 60/61** Aus: http://gutenberg.spiegel.de/buch/johann-peter-hebel-schatzk-329/90 (15.06.2017); **S. 64** Aus: Katharina Wiechers: Mein Körper. Schweißausbruch (Auszug), v. 11.07.2017, unter: http://www.wdr.de/tv/werwolf/themen/mein_koerper/Pheromone.php5 (28.11.2017); **S. 96/97** Khaled Hosseini: Drachenläufer. Graphic Novel. Aus dem Italienischen von Pieke Biermann. Bloomsbury, Berlin 2011, S. 10 f.; **S. 98** Khaled Hosseini: Drachenläufer. Aus dem Amerikanischen von Angelika Naujokat und Michael Windgassen. Berlin Verlag in der Piper Verlag GmbH, Berlin 2015, S. 19 f., 28 f. © Riverhead, New York 2003; **S. 100** Khaled Hosseini: Drachenläufer. Graphic Novel. Aus dem Italienischen von Pieke Biermann. Bloomsbury, Berlin 2011, S. 50 f.; **S. 113** Aus: Ludwig Tieck: Gedichte. Zweiter Theil. Hilscher, Dresden 1821, S. 212–214; **S. 114** Aus: http://www.traumnarben.de/weitere-autoren/klabund/wenn-ich-in-naechten-wandre/ (28.11.2017); **S. 116** Aus: Christine Knödler (Hrsg.): In wenigen Worten die ganze Welt. Gedichte für Kinder und Erwachsene. Thienemann, Stuttgart/Wien 2009, S. 113; **S. 117** Clemens Brentano: Wiegenlied. In: http://www.lyrikwelt.de/gedichte/brentanog4.htm (28.11.2017); Günter Eich: Abend im März. Aus: Günter Eich: Gesammelte Werke, Bd. 1, Suhrkamp, Frankfurt/Main 1973, S. 59 (gekürzt); **S. 119** Otto Reinhards: Roter Mond. In: https://www.aphorismen.de/suche?f_rubrik=Gedichte&f_autor=3125_Otto+Reinhards&f_thema=Mond (28.11.2017); Dahn, Therese: Wasserfahrt. In. http://gedichte.xbib.de/Dahn,+Therese_gedicht_Wasserfahrt.htm (28.11.2017); **S. 120** http://gutenberg.spiegel.de/buch/gedichte-9594/18 (28.11.2017); **S. 122** Theodor Fontane: Am Abend. In: Die schönsten Kindergedichte. Ausgewählt von Max Kruse. Aufbau Verlag, Berlin 2003; Julius Karl Reinhold Sturm: Nachts. In: http://www.gedichte-fuer-alle-faelle.de/allegedichte/gedicht_3351.html (28.11.2017); **S. 123** Aus: Mascha Kaléko: In meinen Träumen läutet es Sturm. Gedichte und Epigramme aus dem Nachlass. Hrsg. und eingel. von Gisela Zoch-Westphal. dtv, München 2012, S. 74 © 1977; **S. 124** Richard Dehmel: Manche Nacht. In: http://gutenberg.spiegel.de/buch/gedichte-9592/29 (28.11.2017); Heinrich Heine: Auf den Wolken ruht der Mond. In: http://www.staff.uni-mainz.de/pommeren/Gedichte/HeineNachlese/mond.htm (28.11.2017); **S. 125** Gerrit Engelke: Nachtsegen. In: http://gutenberg.spiegel.de/buch/rhythmus-des-neuen-europa-gedichte-6737/39 (28.11.2017); Hugo Salus: Verträumter Großstadtabend. In: https://www.aphorismen.de/gedicht/160464 (28.11.2017); **S. 126** Aus: Das große Lene Voigt Buch. Herausgegeben von Monica und Wolfgang U. Schütte. Sachsenbuch Verlagsgesellschaft mbH, Leipzig 2010 (3. Auflage), S. 481; **S. 127** Aus: https://www.e-stories.de/gedichte-lesen.phtml?210710 (16.05.2017); **S. 128** Aus: https://nds.wikipedia.org/wiki/Maand_(Eer) (16.05.2017); **S. 129** Aus: https://als.wikipedia.org/wiki/Mond (16.05.2017); **S. 132/133** Lisa Tetzner: Die Kinder aus Nr. 67. Band 3 und 4, Deutscher Taschenbuch Verlag, München 1986, S. 9, 11, 22 f., 37 f., 57–59, 147 f. © Verlag Sauerländer, Aarau und Frankfurt am Main 1944; **S. 138/139** Ortwin Ramadan: Der Schrei des Löwen. Carlsen Verlag, Hamburg 2011, S. 62, 89, 110, 112 f., 138, 171 f., 260; **S. 142/143** Anne-Laure Bondoux: Die Zeit der Wunder. übers. v. Maja von Vogel, Carlsen Verlag, Hamburg 2014, S. 8, 12–14, 22, 43 f., 125, 127 f., 131–133 © Bayard Editions, Montrouge Cedex 2009; **S. 145** Anne-Laure Bondoux: Die Zeit der Wunder. übers. v. Maja von Vogel, Carlsen Verlag, Hamburg 2014, S. 159, 173 © Bayard Editions, Montrouge Cedex 2009; **S. 146–149** Mirjam Pressler: Malka Mai. Beltz Verlag, Weinheim und Basel 2001, S. 8, 18–20, 24 f., 30 f., 35 f., 39, 42 f., 50–53, 73 f.,96, 113 f., 160, 189, 211 f., 215 f., 269–271; **S. 158/159** Interview von Jutta Rinas mit Andreas Steinhöfel. Warum hilft Lachen gegen Angst?, v. 28.10.2016, unter: http://www.lvz.de/Sonntag/Promi-Talk/Warum-hilft-Lachen-gegen-Angst-Interview-mit-Andreas-Steinhoefel (02.05.2017); **S. 160** Andreas Wicke v. 01.09.2012: In: http://www.kinderundjugendmedien.de/index.php/autoren/420-steinhoefel-andreas (02.05.2017); Kurzbeschreibung zu"Dirk und ich" von Andreas Steinhöfel, Aus: http://www.buecher.de/shop/abenteuer/dirk-und-ich/steinhoefel-andreas/products_products/detail/prod_id/09890375/ (02.05.2017); **S. 161** Aus: Miriam Smidt, Andreas Steinhöfel, v. 06.07.2012, In: Rossipotti-Litearurlexikon, hrsg. v. Annette Kautt, unter: https://www.rossipotti.de/inhalt/literaturlexikon/autoren/steinhoefel_andreas.html (gekürzt) (08.05.2017); **S. 166** Marc Lechtenfeld/ Matthias Noebels, Harry Potter und Ich, Die Idee zu Harry Potter, unter: http://www.harrypotter-xperts.de/jkrowling/hpundich/2/ (02.05.2017); **S. 166/167** Marc Lechtenfeld/ Matthias Noebels, Harry Potter und Ich, Das erste Buch nimmt Gestalt an, unter: http://www.harrypotter-xperts.de/jkrowling/hpundich/3/?sid=22fbc3b805a2a7388f8d6ee2b4c1748a (08.05.2017); **S. 167** J. K. Rowling at the Edinburgh Book Festival, Interview mit J. K. Rowling von Lindsey Fraser, v. 15.08.2004, übers. von Marc Lechtenfeld/ Matthias Noebels, unter: http://www.harrypotter-xperts.de/jkrowling/interviews?interview=27&sid=bd7738af5a8acbb1c9fef0c3d77f5695 (08.05.2017); **S. 170/171** Walter Ausweger, Interview mit der berühmtesten Kinderbuchautorin der Welt, im Deutschlandfunk. Büchermarkt, v. 28.01.2002, unter: http://www.deutschlandfunk.de/interview-mit-der-beruehmtesten-kinderbuchautorin-der-welt.700.de.html?dram:article_id=80396 (gekürzt) (02.05.2017); **S. 174** Aus: http://www.mare.de/index.php?article_id=4324 (02.05.2017); **S. 176** Aus: Michail Krausnick: Jack London. Deutscher Taschenbuch Verlag,

München 2006, S. 148–150; **S. 182** Aus: Tonia Tünnissen-Hendricks, Astrid Lindgren: Niemals Gewalt – Friedenspreis des Deutschen Buchhandels, unter: http://efraimstochter.de/167-Astrid-Lindgren-Niemals-Gewalt-Friedenspreis-des-Deutschen-Buchhandels.htm#content (15.05.2017); **S. 185** Aus: http://www.zitate-online.de/sprueche/kuenstler-literaten/17057/das-glueck-ist-das-einzige-das-sich-verdoppelt.html (07.08.2017); Aus: Karl Kreichgauer, Der Begriff „Glück", unter: https://www.gluecksarchiv.de/inhalt/begriff_glueck.htm (07.08.2017); **S. 186** Aus: http://www.faz.net/aktuell/sport/fussball/wm-analyse-darum-wurde-deutschland-weltmeister-13068778/deutschland-wurde-nicht-13068926.html, v. 28.07.2014 (07.08.2017); Aus: (dpa/bee), Fußball-WM. „Dieses tiefe Glücksgefühl wird für alle Ewigkeit bleiben", v. 14.07.2014, unter: https://www.morgenpost.de/sport/fussball-wm/article130123259/Dieses-tiefe-Gluecksgefuehl-wird-fuer-alle-Ewigkeit-bleiben.html?service=amp (07.08.2017); **S. 187** Aus: https://www.unicef.de/informieren/aktuelles/letzte-chance-fuer-eine-kindheit/mats-hummels-aufruf (07.08.2017); Aus: https://www.unicef.de/informieren/aktuelles/letzte-chance-fuer-eine-kindheit/mats-hummels-aufruf (12.10.2017); **S. 188/189** Aus: Mach dich schlau! Was denkst du? Macht was zusammen! Aktion Schulstunde zur ARD-Themenwoche 2013 © Rundfunk Berlin-Brandenburg, unter: https://www.rbb-online.de/schulstunde-glueck/das-kleine-glueck/was-passier-bei-glueck-im-koerper.file.html/A_schlau_Was%20passiert%20bei%20Glueck%20im%20Koerper.pdf (10.08.2017); **S. 190** Aus: Reinhold Vogt: Gedächtnistraining in Frage & Antwort. Junfermann Verlag, Paderborn 2007, S. 26; **S. 192** Carolin Sadrozinski, Gut zu wissen! Warum Schweine Glück bringen, v. 28.12.2013, In: http://www.stuttgarter-nachrichten.de/inhalt.gut-zu-wissen-warum-schweine-glueck-bringen.72dd9168-275d-41f5-98f9-0f925ae3d263.html (11.8.2017); **S. 194/195** Dieter Sell. Glücksbringer haben eine psychologische Wirkung, v. 27.12.2014, unter: https://www.welt.de/gesundheit/psychologie/article135786123/Gluecksbringer-haben-eine-psychologische-Wirkung.html (11.08.2017); **S. 196/197** Jochen Schönmann. Neues Schulfach „Glück", v. 25.07.2008, unter: http://www.taz.de/!5178450/ (05.08.2017); **S. 200/201** Eva-Maria Schnurr. Ernährung und Psyche: Iss dich glücklich!, in Zeit Wissen 5/03.08.2010, unter: http://www.zeit.de/zeit-wissen/2010/05/Iss-dich-gluecklich (15.08.2017); **S. 212** Miriam Karout: Tausend und eine Hoffnung. In: Paralympics Zeitung. Ein Gemeinschaftsprojekt von Tagesspiegel und der Deutschen Gesetzlichen Unfallversicherung. Ausgabe 02/2016, S. 4; (dpa), Paralympics 2016. Zwei Athleten starten im Flüchtlings-Team, v. 26.08.2016, unter: http://www.rp-online.de/sport/olympia-sommer/paralympics/zwei-athleten-starten-im-fluechtlings-team-aid-1.6216034 (26.09.2017); **S. 216** Tilmann Bauer: Blindes Vertrauen. In: Paralympics Zeitung. Ein Gemeinschaftsprojekt von Tagesspiegel und der Deutschen Gesetzlichen Unfallversicherung. Ausgabe 01/2016, S. 11; **S. 225** Interview von Gerhard Pfisterer mit Marcel Nguyen. „Ich fühle mich in Stuttgart gut aufgehoben", v. 16.08.2012, unter: http://www.stuttgarter-zeitung.de/inhalt.interview-mit-marcel-nguyen-ich-fuehle-mich-in-stuttgart-gut-aufgehoben.eaa6a07d-9589-4fcd-a059-35f8df8f8da6.html (22.06.2017); **S. 236** Constantin Binder, Bad im riesigen Futternapf. London zeigt erste Kunstausstellung für Hunde, v. 21.08.2016, unter: https://www.noz.de/deutschland-welt/vermischtes/artikel/762414/london-zeigt-erste-kunstausstellung-fur-hunde#gallery&59589&0&762414 (04.08.2017); **S. 259** Aus: Kurt Schwitters: Das literarische Werk. Band 5: Manifeste und kritische Prosa. DuMont, Köln 1981, S. 443; **S. 260/261** David Levithan: Letztendlich sind wir dem Universum egal. Aus dem Amerikanischen von Martina Tichy. S. Fischer Verlag, Frankfurt am Main 2014, S. 7 und S. 42–46 © Alfred A. Knopf, an imprint of Random House Children's Books, New York 2012

Bildquellen

Cover Getty Images RF (Jutta Klee), München; **S. 6 (1)** F1online digitale Bildagentur (Imagebroker RM), Frankfurt; **S. 6 (2)** Picture-Alliance (JOKER), Frankfurt; **S. 6 (3)** Adobe Stock (Picture-Factory), Dublin; **S. 6 (4)** Adobe Stock (satori), Dublin; **S. 6 (5)** Picture-Alliance (dpa/Wolfgang Kumm), Frankfurt; **S. 8** © DTV/Peter Schössow, Hamburg; **S. 14** Jochen Till, Fette Ferien © 2004 by Ravensburger Buchverlag Otto Maier GmbH, Ravensburg; **S. 16** Marlene Röder, Zebraland, © 2010 by Ravensburger Buchverlag Otto Maier GmbH, Ravensburg; **S. 18** Carlsen Verlag GmbH, München; **S. 22** Getty Images (Pool BOUVET/DE KEERLE /Gamma-Rapho), München; **S. 44 o.** shutterstock (oneinchpunch), New York, NY; **S. 44 u.** plainpicture GmbH & Co. KG (Terje Rakke), Hamburg; **S. 66** Picture-Alliance (dpa/Frank Rumpenhorst), Frankfurt; **S. 72 (1)** iStockphoto (FangXiaNuo), Calgary, Alberta; **S. 72 (2)** iStockphoto (pixelfit), Calgary, Alberta; **S. 72 (3)** Alamy stock photo (Blue Jean Images), Abingdon, Oxon; **S. 72 (4)** iStockphoto (kali9), Calgary, Alberta; **S. 72 (5)** Alamy stock photo (Juice Images), Abingdon, Oxon; **S. 72 (6)** Picture-Alliance (ZB/dpa/Waltraud Grubitzsch), Frankfurt; **S. 74** Thinkstock (Jack Hollingsworth), München; **S. 83** Picture-Alliance (Jörg Lange), Frankfurt; **S. 85** Alamy stock photo (fStop Images GmbH), Abingdon, Oxon; **S. 86** Picture-Alliance (dpa/Holger Hollem), Frankfurt; **S. 90** Picture-Alliance (CTK/CandyBox), Frankfurt; **S. 93** Alamy stock photo (Wavebreak Media), Abingdon, Oxon; **S. 94/95 li. + re.** © Marcel Ruijters, avant-verlag, 2016; **S. 96/97/100** aus: Khaled Hosseini/Fabio Celoni/Mirka Andolfo: Drachenläufer, dt. Übersetzung: Pieke Biermann, Bloomsbury, Berlin 2011. Copyright © 2011 by Khaled and Roya Hosseini Family Charitable Remainder Unitrust; Concept and Artwork Copyright © 2011 by Edizioni Piemme S.p.A, Italy; Illustrations: Fabio Celoni (ink) e Mirka Andolfo (colour); **S. 102/103** Nadia Budde, Such dir was aus, aber beeil dich! Kindsein in 10 Kapiteln. © S. Fischer Verlag GmbH, Frankfurt am Main 2009; **S. 104/105** aus: Corinne Maier/Anne Simon: Einstein, Knesebeck, München 2015, S. 6 (c) Knesebeck Verlag, München; **S. 106/107** aus: Joseph Lambert: Sprechende Hände. Die Geschichte von Helen Keller. Aus dem Amerikanischen von Johanna Wais, S. 11 (c) 2015 Egmont Graphic Novel, verlegt durch Egmont Verlagsgesellschaften mbH; **S. 110** BPK, Berlin; **S. 112 o.li.** Getty Images (Cultura Creative/Lisbeth Hjort), München; **S. 112 o.re.** F1online digitale Bildagentur, Frankfurt; **S. 112 u.li.** plainpicture GmbH & Co. KG (Cavan Images), Hamburg; **S. 112 u.re.** laif (Xinhua/Polaris), Köln; **S. 127/128/129 (3 Karten)** Zwick, Joachim, Gießen; **S. 130 (1)** Cover: Die Kinder aus Nr. 67. Bannd II von Lisa Tetzner (c) S. Fischer Verlag GmbH, Frankfurt am Main, 2017. Erstmals erschienen 1947 im Sauerländer Verlag; **130 (2)** Anne-Laure Bondoux, Die Zeit der Wunder © Carlsen Verlag GmbH, Hamburg 2011; **S. 130 (3)** Carlsen Verlag GmbH, München; **S. 130 (4)** Beltz & Gelberg in der Verlagsgruppe Beltz, Weinheim, Basel, Weinheim; **S. 156 (1)** laif (Gunter Gluecklich), Köln; **S. 156 (2)** akg-images, Berlin; **S. 156 (3)** Alamy stock photo (Rolf Adlercreutz), Abingdon, Oxon; **S. 156 (4)** Picture-Alliance (Photoshot), Frankfurt; **S. 158** laif (Martin Lengemann), Köln; **S. 160 u.li.** Foto: Jennifer Trautmann, Stuttgart. Mit freundlicher Genehmigung von Dirk und Andreas Steinhöfel; **S. 160 u.re.** Carlsen Verlag GmbH, München; **S. 161** Carlsen Verlag GmbH, München; **S. 166** Joanne K. Rowling, Harry Potter und der Stein der Weisen. Coverillustration von Sabine Wilharm © Carlsen Verlag GmbH, Hamburg 1998; **S. 170** Astrid Lindgren: Wir Kinder aus Bullerbü, Einband und farbige Illustrationen von Katrin Engelking, aus dem Schwedischen von Else von Hollander-Lossow © Verlag Friedrich Oetinger GmbH, Hamburg, ISBN 978-3-7891-4177-5; **S. 172** Astrid Lindgren: Die Menschheit hat den Verstand verloren. Tagebücher 1939–1945. Aus dem Schwedischen von Angelika Kutsch und Gabriele Haefs (c) 2015 Ullstein Buchverlage GmbH, Berlin; **S. 174** mareverlag GmbH & Co. oHG, Hamburg; **S. 175 o.li.** Alamy stock photo (Pictorial Press Ltd), Abingdon, Oxon; **S. 175 o.re.** akg-images, Berlin; **S. 175 u.li.** akg-images (Mondadori Portfolio), Berlin; **S. 175 u.re.** akg-images, Berlin; **S. 177** Thinkstock (AdrianHancu), München; **S. 178** Getty Images (Hulton Archive/Imagno/Schostal Archiv), München; **S. 179** Picture-Alliance (dpa), Frankfurt; **S. 184 (1)** Alamy stock photo (Jim O Donnell), Abingdon, Oxon; **S. 184 (2)** Alamy stock photo (eyctwa), Abingdon, Oxon; **S. 184 (3)** plainpicture GmbH & Co. KG (Maskot), Hamburg; **S. 184 (4)** plainpicture GmbH & Co. KG (Hero Images), Hamburg; **S. 184 (5)** plainpicture GmbH & Co. KG (Westend61/Rainer Berg), Hamburg; **S. 186 o.** Picture-Alliance (dpa/Alexander Demianchuk), Frankfurt; **S. 186 u.** Picture-Alliance (dpa/EPA/Guido Bermann), Frankfurt; **S. 187** Picture-Alliance (dpa/Henning Kaiser), Frankfurt; **S. 188** iStockphoto (BlackJack3D), Calgary, Alberta; **S. 192** iStockphoto (AlexRaths), Calgary, Alberta; **S. 193 o.li.** iStockphoto (doublediamondphoto), Calgary, Alberta; **S. 193 o.mi.** shutterstock (Watcharaporn_B), New York, NY; **S. 193 o.re.** iStockphoto (chaoss), Calgary, Alberta; **S. 193 u.li.** iStockphoto (ElenaLux), Calgary, Alberta; **S. 193 u.mi.** Alamy stock photo (Agentur World History Archive), Abingdon, Oxon; **S. 193 u.re.** iStockphoto (kontrast-fotodesign), Calgary, Alberta; **S. 194.** Gothaer Versicherung; **S. 195** Adobe Stock (beeboys), Dublin; **S. 198** Quelle: Rees, G. & Main, G. (eds) (2015) Children's views on their lives and well-being in 15 countries: An initial report on the Children's Worlds survey, 2013–14. York, UK: Children's Worlds Project (ISCWeB); **S. 200** Super Size Me, R: Morgan Spurlock, USA 2004 © laif (Piero Oliosi/Polaris), Köln; **S. 202** Klett-Archiv-RF-HF (Quelle: BMEL; AMI; DBV-Situationsbericht 2016/17), Stuttgart; **S. 202 li.v.o. 1** Fotolia.com (emuck), New York; **S. 202 li.v.o. 2** iStockphoto (RF), Calgary, Alberta; **S. 202 li.v.o. 3** shutterstock (Ivonne Wierink), New York, NY; **202 li.v.o. 4** iStockphoto (fcafotodigital), Calgary, Alberta; **202 re. v.o. 1** Fotolia.com (A_Bruno), New York; **S. 202 re.v.o. 2** iStockphoto (Ingram Publishing), Calgary, Alberta; **202 re.v.o. 3** shutterstock (Alexandr Vlassyuk), New York, NY; **S. 205** Alamy stock photo (Peter Schatz), Abingdon, Oxon; **S. 206** Thinkstock (Dziurek), München; **S. 208 (1)** Bauer München Redaktions KG, München; **S. 208 (2)** Mit freundlicher Genehmigung DIE ZEIT, Hamburg; **S. 208 (3)** 11 Freunde, Nr. 185, April 2017 © 11FREUNDE Verlag GmbH & Co. KG, Berlin; **S. 208 (4)** Svenska Dagbladet, Stockholm; **S. 208 (5)** Axel Springer Syndication GmbH, Berlin; **S. 208 (6)** Medienholding Süd GmbH, Stuttgart; **S. 210** Süddeutsche Zeitung, 28.11.2017; **S. 214** Picture-Alliance (dpa/Lukas Schulze), Frankfurt; **S. 216** Alamy stock photo (Bob Daemmrich), Abingdon, Oxon; **S. 220** Picture-Alliance (dpa/Fredrik von Erichsen), Frankfurt; **S. 225** Picture-Alliance (Pressefoto Baumann), Frankfurt; **S. 226 (1)** laif (Polaris Images), Köln; **S. 226 (2)** F1online digitale Bildagentur, Frankfurt; **S. 226 (3)** Alamy stock photo (bkc5m7), Abingdon, Oxon; **S. 226 (4)** Adobe Stock (bloomicon), Dublin; **S. 226 (5)** iStockphoto (Mahlebashieva), Calgary, Alberta; **S. 226 (6)** Alamy stock photo (Panther Media GmbH), Abingdon, Oxon; **S. 227/228** Emoji, unter Verwendung von: shutterstock (MoreVector), New York, NY/ shutterstock (ober-art), New York, NY/Adobe Stock, Dublin/shutterstock (Treter), New York, NY; shutterstock (Aratehortua), New York, NY; **S. 229** Alamy stock photo (Dimitar Petarchev), Abingdon, Oxon; **S. 235 li.** Alamy stock photo (Cronos/Urbanandsport), Abingdon, Oxon; **235 mi.** iStockphoto (Andrey Danilovich), Calgary, Alberta; **S. 235 re.** iStockphoto (fotografixx), Calgary, Alberta; **S. 236** Alamy stock photo (Raymond Tang), Abingdon, Oxon; **S. 242 (1)** Alamy stock photo (Joern Sackermann), Abingdon, Oxon; **S. 242 (2)** DRK Deutsches Rotes Kreuz, Berlin; **S. 242 (3)** Picture-Alliance (augenklick/firo Sportphoto/Ralf Ibing), Frankfurt; **S. 242 (4)** Internationale Filmfestspiele Berlin, Berlin; **S. 242 (5)** Alamy stock photo (age fotostock), Abingdon, Oxon; **S. 244 li.** Thüringer Waldquell Mineralbrunnen GmbH, Schmalkalden; **S. 244 re.** © Bundeszentrale für gesundheitliche Aufklärung (BZgA), Köln-Ehrenfeld; **S. 245** Kletterwald Nord GmbH & Co. KG, Wallenhorst/KLARTEXT grafikbüro GmbH & Co. KG, Osnabrück; **S. 247 (1)** iStockphoto (tobiasjo), Calgary, Alberta; **S. 247 (2)** Alamy stock photo (Wing Lun Leung), Abingdon, Oxon; **S. 247 (3)** iStockphoto (encrier), Calgary, Alberta; **S. 248** Brauerei C. & A. Veltins GmbH & Co. KG, Meschede-Grevenstein; **S. 249 (A)** Fotolia.com (poplasen), New York; **S. 249 (B)** iStockphoto (Dzurag), Calgary, Alberta; **S. 249 (C)** Adobe Stock (Style-Photography), Dublin; **S. 250 li.** Stadtreinigung Hamburg, Hamburg; **S. 250 re.** Staatsministerium Baden-Württemberg, Stuttgart; **S. 252 (1–6)** DB TV-Spot „Autonomes Fahren: die Zukunft der Mobilität?" 2017 © Deutsche Bahn AG/ Ogilvy & Mather Advertising Frankfurt; **S. 258 o.li.** Picture-Alliance (Sueddeutsche Zeitung Photo), Frankfurt; **S. 258 o.re.** Picture-Alliance (dpa/Uli Deck), Frankfurt; **S. 258 u.** Picture-Alliance (ZB/Tom Schulze), Frankfurt; **S. 260** S. Fischer Verlag GmbH, Frankfurt am Main; **S. 263** Argon Verlag GmbH, Berlin; **S. 265** Picture-Alliance (dpa/Maximilian Schönherr), Frankfurt; **S. 266** „Audacity" (trademark of Dominic Mazzoni)

Sollte es in einem Einzelfall nicht gelungen sein, den korrekten Rechteinhaber ausfindig zu machen, so werden berechtigte Ansprüche selbstverständlich im Rahmen der üblichen Regelungen abgegolten.